Hart Backbord – auf Grund

Back
-auf G

A. B. Judowitsch

Seeunfälle und ihre Verhütung

Herausgegeben und bearbeitet von
Konteradmiral a. D.
Dr. jur. Friedrich Elchlepp

transpress
VEB Verlag für Verkehrswesen
Berlin 1988

Titel der Originalausgabe:

А.Б. ЮДОВИЧ

ПРЕДОТВРАЩЕНИЕ

НАВИГАЦИОННЫХ

АВАРИЙ МОРСКИХ СУДОВ

im Verlag „Transport", Moskau, 1982

Judovič, A. B.:
Seeunfälle und ihre Verhütung / A. B.
Judowitsch. Hrsg. u. bearb. von
Friedrich Elchlepp. Übers.: Werner
Klugmann: Manfred Lau. – 1. Aufl.
Berlin Transpress, 1988. – 264 S.:
218 Bilder, 8 Tab.
NT: Hart Backbord – auf Grund.
EST: Predotvrašenie navigacionnych
avarij morskich sudov ‹dt.› –
Aus d. Russ.
NE: Hrsg.; NT

Übersetzer:
Kapitän zur See Werner Klugmann
Fregattenkapitän d. R. Manfred Lau

Gutachter:
Lutz Weiprecht
Rudolf Lammel

ISBN 3-344-00261-9

1. Auflage 1988

VEB Verlag für Verkehrswesen
1086 Berlin, Französische Straße 13/14
VLN 162-925/116/88
Printed in the German Democratic Republic
Gesamtherstellung:
IV/10/5 Druckhaus Freiheit Halle
Verlagslektor: Dr. Eberhard Heinze
Gestaltung: Helke Reuter
LSV 3865
567 048 9
[redacted]

Inhalt

Vorwort

Die Meere und Ozeane sind unerbittlich, wenn der Seemann ihnen nicht die erforderliche Aufmerksamkeit schenkt. Trotz der Maßnahmen, die für die Sicherheit der Schiffahrt getroffen werden, gehen auf den Weltmeeren jährlich über 300 Schiffe aus den unterschiedlichsten Staaten verloren. Dreiviertel dieser Ereignisse ist auf Verstöße gegen Gesetze und Vorschriften sowie auf das Verhalten der beteiligten Schiffe zurückzuführen. Für die Besatzungen ergibt sich daraus die Aufgabe, durch eine hohe bewußte Disziplin in Verbindung mit einer ständig verbesserten Ausbildung den Kampf gegen Seeunfälle zu führen. Es gilt das Leben und die Gesundheit aller Besatzungsangehörigen des eigenen Schiffs zu schützen, anderen auf See in Not befindlichen Menschen Hilfe zu leisten sowie Schiff und Ladung vor Schäden oder gar völligem Verlust zu bewahren.

Das vorliegende Buch enthält Untersuchungsergebnisse von Seeunfällen, die durch Schiffe des Ministeriums für Seeflotte der UdSSR mit einer Bruttoregistertonnage über 500 t innerhalb einer zehnjährigen ununterbrochenen Folge verursacht wurden. Gesondert werden Festkommen und Grundberührungen, Zusammenstöße sowie Berührungen von Schiffen untersucht. Anhand der Analyse einer großen Zahl derartiger Fälle wurde typisches Fehlverhalten von Schiffsführern herausgearbeitet, das die Ursache für die beschriebenen Seeunfälle war.

Das Werk ist für die nautischen Offiziere aller seegehenden Fahrzeuge gedacht. Es wird aber auch bei der Ausbildung angehender Nautiker von Nutzen sein. Dem allgemein maritim interessierten Leser gibt es einen interessanten Einblick in die Ursachen von Seeunfällen.

Im Interesse der Leser wurde der Aufbau des Buchs verändert. Die ursprünglich vom Autor an den Anfang der drei Hauptabschnitte

- Festkommen und Grundberührungen,
- Zusammenstöße,
- Berührungen

gesetzten ausführlichen Analysen wurden gekürzt, da sie zu speziell auf die geographischen Bedingungen der sowjetischen Seegewässer bezogen sind. Sie wurden an das Ende des jeweiligen Abschnitts gesetzt. Daher kann sich der Leser sofort mit der Darstellung der jeweiligen Seeunfälle beschäftigen. Sie sind mit einer kritischen Einschätzung der Handlungen der Beteiligten verbunden.

Der Originaltitel enthält als vierten Hauptabschnitt einen Kommentar zu den Internationalen Regeln zur Verhütung von Zusammenstößen auf See – 1972. Auf seine Wiedergabe im vorliegenden Buch wurde verzichtet, weil 1985 im Verlag transpress der Kommentar von Helmut Hilgert und Rolf Schilling, Kapitäne auf Großer Fahrt, zu den Internationalen Regeln zur Verhütung von Zusammenstößen auf See (1972) erschienen war.

Dem vorliegenden Buch wurden eine Vielzahl von Fotoaufnahmen der an den Seeunfällen beteiligten Schiffe und fast lückenlos

die ihnen zugehörigen Schattenrisse beigefügt. Auch die 11 Seekartenausschnitte wurden vom Verlag neu in das Buch aufgenommen.
Der Herausgeber fügt dem Buch ein eigenes Kapitel an, das für den DDR-Leser wichtige Erläuterungen zu speziellen Fragen der Organisation und Durchführung der Seeschiffahrt in der DDR und der UdSSR enthält, denn nicht in jedem Fall stimmen die jeweils getroffenen Regelungen beider Länder überein.
Der Vergleich bezieht sich auf die Abschnitte:

- Leitungsstruktur des Seeverkehrs in der DDR und in der UdSSR,
- Seeunfalluntersuchung nach DDR- und UdSSR-Vorschriften,
- Dienst- und Wachdurchführung auf DDR- und UdSSR-Handelsschiffen.

Der Abschnitt „Erscheinungen und Bedingungen der Seefahrt" enthält Hinweise auf den unterschiedlichen Inhalt der in diesem Buch zur Anwendung kommenden Internationalen Regeln zur Verhütung von Zusammenstößen auf See, Ausgaben 1960 und 1972. Fragen des Lotswesens werden erörtert. Es folgen Ausführungen zum Problem des Risikos in der Seeschiffahrt. Der Unterschied zwischen einem Taifun und einem Hurrikan wird dargelegt. Diesem Abschnitt ist eine Windstärketafel nach Beaufort beigefügt.
Bei der Übersetzung der geographischen Namen der UdSSR wurde nach der Allgemeinen Richtlinie für die Schreibweise geographischer Namen der UdSSR, Teil I, herausgegeben vom DDR-Ministerium des Innern, Verwaltung Vermessungs- und Kartenwesen, Berlin 1981, verfahren. In allen anderen Fällen ist die Grundlage für die Schreibweise geographischer Namen: Haack Großer Weltatlas, Register, Gotha/Leipzig 1968.
Alle dort nicht enthaltenen Termini wurden den Seehandbüchern des Seehydrographischen Dienstes der DDR oder den Seekarten des Deutschen Hydrographischen Instituts, Hamburg (BRD), und die Schreibweise der Schiffsnamen Lloyds Schiffsregister (Lloyds Register of Shipping) entnommen.
Besonderen Dank gilt den Mitgliedern des DDR-Arbeitskreises Schiffahrts- und Marinegeschichte für die vielen zur Verfügung gestellten fotografischen Aufnahmen und dem Seehydrographischen Dienst der DDR für die Seekarten.
Herausgeber und Verlag hoffen, daß das Buch einen Beitrag zur Seeunfallverhütung leisten wird.

Herausgeber und Verlag

Abkürzungsverzeichnis

AGB	Arbeitsgesetzbuch der DDR vom 16. 06. 1977 (GBl. I S. 185)
Bb.	Backbord
Bf	Beaufort
BRT	Bruttoregistertonnen Bestimmungen, die an den Brutto- oder Nettoraumgehalt von Schiffen in Registertonnen (BRT oder NRT) Rechtsfolgen knüpfen, sind auf Schiffe, die einen Internationalen Schiffsmeßbrief (1969) mit sich führen, mit der Maßgabe anzuwenden, daß die Zahl der Bruttoregistertonnen (BRT), der Bruttotonnage (GT), und die Zahl der Nettoregistertonnen (NRT), der Nettotonnage (NT), gleichgestellt werden (siehe GT). Da die Bezeichnung BRT bis 1982 weltweit gültig war, wurde sie in diesem Buch verwendet.
D	1. Distanz 2. Drehkreisdurchmesser
DES	Dieselelektroschiff
DS	Dampfschiff
e	Entfernung, Abstand allgemein
GBl.	Gesetzblatt der DDR
GT	gross tonnage. Diese Bruttotonnage bedeutet das Vermessungsergebnis für die in Übereinstimmung mit den Bestimmungen der Internationalen Konvention über die Schiffsvermessung, 1969 (GBl. Sonderdruck Nr. 1096 vom 12. 11. 82) ermittelte Gesamtgröße eines Schiffes.
ILO	International Labor Organization (Internationale Arbeitsorganisation)
IMCO	Intergovernmental Maritime Consultativ Organization (Zwischenstaatliche Beratende Schiffahrtsorganisation); seit dem 22. 05. 1982 ist die Bezeichnung IMO
IMO	International Maritime Organization (Internationale Schiffahrtsorganisation)
kbl	Kabellänge
kn	Knoten
KRK	Kreiselkompaßkurs
KVR	Kollisionsverhütungsregeln
LTO	Leitender Technischer Offizier
MS	Motorschiff
MT	Motortanker
NT	Nettotonnage. Bedeutet das Vermessungsergebnis für die in Übereinstimmung mit den Bestimmungen der Internationalen Konvention über die Schiffsvermessung, 1969 (Gesetzblatt, Sonderdruck Nr. 1096 vom 12. 11. 82) ermittelte nutzbare Teilgröße eines Schiffs.
PS	Pferdestärke
Radar	radio detecting and racing
RKP	Radarkreiselpeilung
RSP	Radarschiffspeilung
RWK	Rechtweisender Kurs
SeeUO	Seeunfalluntersuchungsordnung
SeeVO	Seeverkehrsordnung
SFA	Seefahrtsamt der DDR
SHD	Seehydrographischer Dienst der DDR
SHSG	Seehandelsschiffahrtsgesetz der DDR (GBl. I/1976 S. 109 ff.)
sm	Seemeile

SP	Schiffspeilung
SOLAS	Schiffssicherheitsvertrag 1974
SRK	Seerechtskonvention
SSBO	Seeschiffsbesetzungsordnung
SSO	Seestraßenordnung
SSV	Schiffssicherheitsvertrag
Stb.	Steuerbord
STCW-Konvention	Internationale Konvention über Standards für Ausbildung, Zeugniserteilung und Wachdienst für Seeleute – 1978 (GBl. Sonderdruck Nr. 1153)
SWO	Seewasserstraßenordnung
TES	Turbinenelektroschiff
TG	Territorialgewässer
VGL	voraus ganz langsame Fahrtstufe
VH	voraus halbe Fahrtstufe
VL	voraus langsame Fahrtstufe
VV	voraus volle Fahrtstufe
WO	Wachoffizier
ZGL	zurück ganz langsame Fahrtstufe
ZH	zurück halbe Fahrtstufe
ZL	zurück langsame Fahrtstufe
ZV	zurück volle Fahrtstufe

Einleitung

In den sechziger Jahren sowie in der ersten Hälfte der siebziger Jahre des 20. Jh. kam es infolge des raschen Anwachsens der Welthandelsflotte, der Vergrößerung der Tonnage sowie der größeren Geschwindigkeit der Schiffe zu einer erheblichen Intensivierung des Schiffsverkehrs. Es ist nicht schwer, diese Feststellung allein durch die Anzahl der sich gleichzeitig auf See befindenden Schiffe nachzuweisen. Daraus läßt sich ableiten, daß die Intensität der Schiffsbewegungen wesentlich schneller ansteigt als der zahlenmäßige Schiffsbestand der Welthandelsflotte. So erhöht sich beispielsweise bei einer Verlängerung der durchschnittlichen Einsatzdauer der Schiffe von 270 auf 330 Tage und einer mittleren Erhöhung des Laufzeitfaktors von 0,4 auf 0,6 die Intensität des Schiffsverkehrs um fast das Doppelte, wobei noch nicht einmal die erhöhte durchschnittliche Geschwindigkeit Berücksichtigung findet.

Im genannten Zeitraum erlitt die gesamte Welthandelsflotte eine große Anzahl von Seeunfällen; praktisch war jährlich jedes dritte oder vierte Schiff mit einer Tonnage von mehr als 500 BRT an einem Seeunfall beteiligt. Die verbesserte Ausbildung der Offiziere, die Einführung strengerer internationaler technischer Normen, die umfassendere Ausstattung der Schiffe mit modernen Funknavigationsgeräten und -anlagen sowie die Einführung von Verkehrstrennungsgebieten für die Schiffahrt in sogenannten Ballungsgebieten, auf den Ansteuerungen von Großhäfen und in Hafengewässern trugen dazu bei, den Prozentsatz der Seeunfälle zu senken.

Dieser Prozeß ging sehr langsam vor sich und entsprach durchaus nicht den Erfordernissen. Er wurde bei weitem von den gewaltigen Verlusten überschattet, die sich aus den Katastrophen bei modernen Schiffsriesen ergaben. Allein der materielle Schaden, hervorgerufen durch das Sinken solcher Großschiffe, wie die Supertanker TORRY CANYON (38562 BRT), gestrandet am 18. 03. 1967 auf Scilly Islands (Südküste Englands), Ausflußmenge an Öl etwa 110000 t; AMOCO CADIZ (109700 BRT), gestrandet am 16. 03. 1978 an der Bretonischen Küste, Ausflußmenge an Öl 220000 t; ATLANTIC EMPRESS (128399 BRT)

MT TORREY CANYON, gestrandet in den Seven Stones (Scilly Islands) am 18. 03. 1967

MT ATLANTIC EMPRESS wartet darauf, auf den Atlantik hinausgeschleppt zu werden, nachdem er mit einem anderen Liberianischen Tanker, der AEGEAN CAPTAIN, kollidiert war

nach Kollision im Juli 1979, Ausflußmenge an Öl 270000 t, und anderer Schiffe dieser Größe, beläuft sich auf mehr als eine Milliarde Dollar.

Am 16. 03. 1978 trugen sich von 07.26 Uhr bis zur Katastrophe um 23.18 Uhr auf der AMOCO CADIZ (AC) und dem Bergungsschlepper PACIFIC (PA), vermessen mit 1013 BRT, folgende Ereignisse zu (siehe Schema der Bewegungen der AMOCO CADIZ, Ziffern 1 bis 20):

+ + + Um 06.00 Uhr werden losgerissene Fässer auf dem BB-Achterdeck bei einem Kurs von 270° der AC gesichert. Es wehen starke Winde aus SW mit Stärke 7. Um 07.26 Uhr enthält das Schiffstagebuch die Position: Peilung „Quessant" in 79°, Entfernung 15 sm, Kurs 37° (1). Für den Zeitraum von 07.26 bis 09.30 Uhr gibt es keine Eintragung im Schiffstagebuch. Die Standorte in der Seekarte sind wahrscheinlich falsch. Die Aussagen des Kapitäns und der Wachoffiziere über Kurs und Geschwindigkeit des Schiffs sind äußerst widersprüchlich. Der Untersuchungsausschuß sieht sich außerstande, den Verlauf der Reise bis 09.46 Uhr zu rekonstruieren. Er bezweifelt die Wahrheit der von den Zeugen gemachten Aussagen (2 bis 5). PA verläßt um 08.24 Uhr Brest in Richtung Dover. *Ein folgenschwerer Ruderversager tritt auf AC um 09.46 Uhr auf (6).* Das Ruder liegt hart Bb. Der Kapitän läßt die Maschine stoppen und 2 schwarze Bälle setzen. Auf UKW-Kanal 16 wird die übrige Schiffahrt über Steuerungsschwierigkeiten auf AC gewarnt („security message").

Gegen 10.05 Uhr wird als Ursache des Ruderversagers durch das Maschinenpersonal festgestellt, daß 5 der 6 Bolzen, die einen Flansch einer hydraulischen Ölleitung an dem Hauptverteilerblock der Ruderanlage halten, abgeschert sind und Öl aus dem System herausströmt. Die Bewegungen des Ruders und der Ruderpinne sind so heftig, daß der Haken der Kettenblöcke aufgeht und die Bewegungsbegrenzung verloren geht. Das Ruder schlägt mit zunehmendem Ölaustritt bis zum Anschlag hin und her. Es wird erkennbar, daß das Beheben der Schäden mit den an Bord zur Verfügung stehenden Mitteln kaum Aussicht auf Erfolg hat (7). Das Schiff liegt auf 270°. Grobe See aus SW, wodurch das Schiff weit überholt. Schlepperhilfe wird nicht angefordert, die Anker werden nicht geworfen, weil im Falle des Ankerns ihr Verlust befürchtet wird.

Um 10.06 Uhr wird die Sicherheitsmeldung nochmals auf 500 kHz abgesetzt. Zu dieser Zeit passiert PA den Du-Four-Kanal (Chenal de Four). Um 10.20 Uhr wird die Wetterlage auf AC und PA mit SW-Sturm (8 bis 9 Beaufort) angegeben. Das Seewetteramt bestätigt später diese Angaben. Das Schiff vertreibt bis 11.00 Uhr in südöstlicher Richtung um etwa 0,5 sm und dreht auf 160°.

Das Schiff liegt quer zur See (8). Mit der Maschine wird nicht gearbeitet. Der Untersuchungsausschuß wirft später dem Kapitän vor, er hätte bereits zu dieser Zeit mit der Maschine auf Zurück arbeiten müssen. Dem widerspricht der Kapitän mit dem

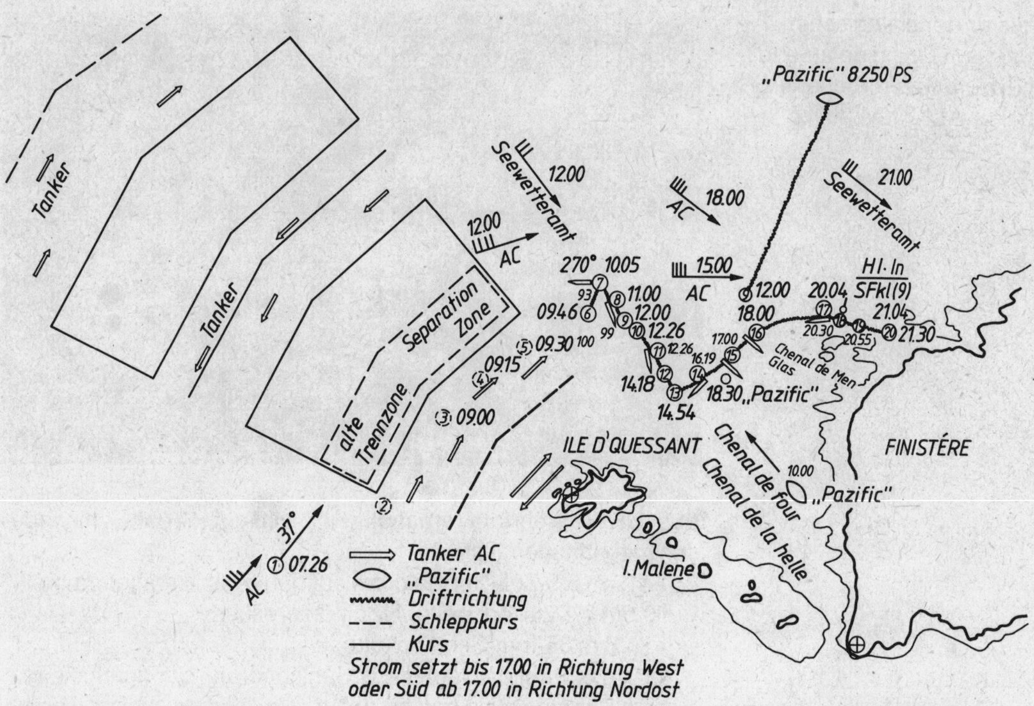

Schema der Bewegungen der AMOCO CADIZ am 16. 03. 1978

Hinweis, daß dann die Arbeiten an der Ruderanlage hätten eingestellt werden müssen.

Der Leitende Ingenieur meldet dem Kapitän, daß die Anlage bei der herrschenden Wetterlage und mit den an Bord vorhandenen Mitteln nicht repariert werden kann. Es ist 11.20 Uhr. Nunmehr fordert der Kapitän über Radio Brest Schlepperassistenz an. PA empfängt diesen Funkspruch (11.25 Uhr) und bricht die Reise nach Dover ab. AC befindet sich zu dieser Zeit in einer Peilung von 268° und in einem Abstand von 12,8 sm zum Schlepper PA. PA bietet AC Hilfe unter der Bedingung von Lloyd's Open Form an. Auf die Anfrage, ob AC beladen sei, erfolgt die Antwort: „Please stand by. 230000 t crude oil". Der stärkere Bergungsschlepper SIMSON der gleichen Hamburger Reederei, der in Höhe Cherbourg steht, nimmt Kurs auf AC. Herr Maynard, ein nautischer Berater auf der AC, führt auf Anweisung des Kapitäns ab 11.30 Uhr Aufzeichnungen über die Ereignisse.

Um 12.00 Uhr (9) befindet sich AC auf der Position 48° 36,5' N 5°3,12' W; 7,5 sm nördlich von Quessant. Zu dieser Zeit stand PA noch etwa 6,4 sm ab. Nachdem der Kapitän der AC seinen Spruch um Hilfeleistung abgesetzt hat, spricht er mit Kapitän Ridell vom Hauptbüro seiner Reederei in Chicago. Um 12.26 Uhr trifft PA an Stb.-Seite der AC ein (10). AC liegt annähernd auf Südkurs und driftet nach Süden. Es werden weitere Absprachen über den Abschluß eines Bergungsvertrags auf der Grundlage von Lloyd's Open Form geführt. Eine Annahme seitens AC erfolgt nicht, weil der Kapitän „einen Schleppvertrag mit einer ehrlichen Bugsierrate" wünscht. Unabhängig vom Ausgang der

Der vor der bretonischen Küste auf Grund gelaufene und danach zerbrochene Tanker AMOCO CADIZ

über UKW geführten Verhandlungen wird auf PA das Schleppgeschirr zusammengestellt:

- 1419 m 6,5-Zoll-Spezialdraht auf der Winsch aufgetrommelt,
- 50 m 14,0 Zoll doppelter Nylon-Seerecker,
- 7 ... 8 m 65-mm-Schleppkette,
- 110 m 6,5-Zoll-Vorläufer aus Schleppdraht, der durch die vordere Panamaklüse geführt auf der Back der AC belegt werden soll (11).

Ab 12.51 Uhr erfolgt die Übergabe der Schleppleine. *Um 14.18 Uhr ist der Vorläufer dieser Leine auf AC fest.*

Die zwischen Nylon-Seerecker und Vorläufer angesteckte Kette befindet sich in der vorderen Panamaklüse. Zu diesem Zeitpunkt (12) besteht noch immer keine Klarheit über die Hilfeleistungsbedingungen. *Kapitän Bardari* der AC behauptete vor dem Untersuchungsausschuß, einen Schleppvertrag abgeschlossen zu haben, während *Kapitän Weinert* von PA behauptet, die Hilfeleistung auf der Basis eines Bergungsvertrags nach Lloyd's Open Form angeboten zu haben. Es ist 14.54 Uhr. Beide Maschinen der PA laufen mit 250 U/min (13). PA taut nach Stb. Es gelingt dem Schlepper, die AC um etwa 20° nach Stb. zu drehen. Die Südtrift des Schiffs kommt zum Stehen. AC vertreibt nach Osten.

Um 16.19 Uhr bricht die Schleppleine (14). Die Bestätigung der Annahme der Hilfeleistung auf der Basis Lloyd's Open Form erfolgt um 16.25 Uhr. Der Bergungsschlepper SIMSON kündigt seine Ankunft für 22.00 Uhr an. Auf AC beginnt die Maschine mit 65 bis 70 U/min auf rückwärts zu arbeiten. Das Schiff dreht mit dem Heck in den Wind. Die Maschine arbeitet rückwärts. Der Strom setzt in NO-Richtung. Es ist 17.00 Uhr (15). Der Wind dreht gegen 18.00 Uhr auf Nordwest (16). AC nähert sich wieder der Küste. Die Position der AC um 18.30 Uhr befindet sich auf 48°33,9' N 4°56,3'W. Bis zur Herstellung einer neuen Schleppverbindung gibt es Streit zwischen AC und PA über die Anbringung der Schleppleine. Während AC wiederum über den Bug ge-

Verölung der bretonischen Küste nach dem Unfall der AMOCO CADIZ

zogen werden will, setzt PA nach längerem Hin und Her durch, die AC diesmal über Heck zu schleppen mit der Absicht, die AC mit ihrer rückwärtslaufenden Maschine in den Wind und von der Küste weg zu schleppen. Die AC beginnt auf einen Kurs von 270° einzudrehen.
Es ist 19.00 Uhr geworden. PA nähert sich dem Heck der AC. Auf AC wird die Maschine gestoppt. Um 20.04 Uhr wirft AC den Bb.-Anker. Ein Versuch, den Stb.-Anker zu werfen, wird wegen der überkommenden Brecher nicht unternommen (17). Um 20.30 Uhr rauscht die Ankerkette um weitere zwei bis drei Kettenlängen aus. Die Dampfleitung zum Ankerspill bricht. Auf AC wird um 20.55 Uhr ein Vorläufer der neuen Schleppverbindung belegt. *Das Anschleppen beginnt von Neuem (18).* Um 21.04 Uhr geht folgende Meldung von AC an PA: „Sire, we are groundet" (19). Die AC setzt mit ihrem Achterschiff hart auf die Felsen auf. Der Schiffsboden wird beschädigt. Öl tritt aus. Um 21.08 Uhr verlöschen auf AC alle Lichter, weil wegen Explosionsgefahr der Strom abgeschaltet wird. Auf AC wird Generalalarm gegeben. Gegen 21.30 Uhr erleidet AC eine zweite Grundberührung. *Der Schiffsboden wird so weit aufgerissen, daß der Maschinenraum voll Wasser läuft* (20). Es werden rote Leuchtraketen geschossen. PA taut weiterhin mit höchster Leistung. *Um 22.12 Uhr*

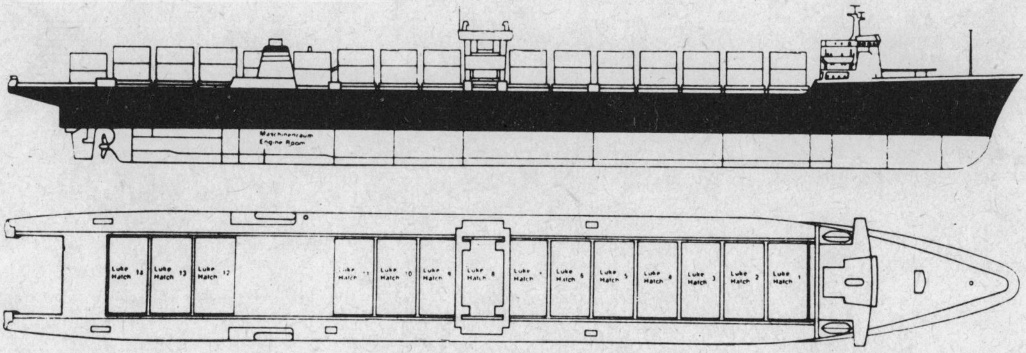

Seitenriß des Lashschiffs MÜNCHEN

bricht erneut die Schleppverbindung. Gegen 22.30 Uhr trifft der Schlepper SIMSON am Unfallort ein, ohne noch helfen zu können. *Kapitän Bardari (AC) läßt um 23.18 Uhr SOS funken.* Französische Marinehubschrauber retten unter schwierigen Bedingungen die Besatzung und fliegen sie nach Brest. Der Tanker beginnt zu zerbrechen. Das Öl fließt ins Meer und an die Strände. + + +

Später wird festgestellt, daß der Meeresboden im Katastrophengebiet durch 40000 t abgesunkenes Rohöl langfristig verseucht ist. Bei den dreimonatigen Einsätzen waren insgesamt 10000 Soldaten, Feuerwehrleute und freiwillige Helfer tätig, um

Tabelle 1
Handelsflotten 1979

Land	Schiffe	Mill. BRT[+])	Mill. tdw
Liberia	2466	81528	160038
Japan	9981	39993	66315
Griechenland	3827	37353	63310
Großbritannien	3211	27951	45080
UdSSR	8120	22900	25293
Norwegen	2531	22349	39451
Panama	3803	22324	35927
USA[1])	5088	17542	26259
Frankreich	1247	11946	20825
Italien	1711	11695	19130
BRD	1926	8563	13745
VR China[2])	1336	8346	12602
Spanien	2773	8314	13943
Singapore	1031	7869	12924
Indien	601	5854	9375
Dänemark	1315	5524	8981
Niederlande	1233	5403	8405
Schweden	697	4637	7376
Brasilien	585	4007	6657
Südkorea	1287	3593	6169
VR Polen	813	3580	5030
Kanada[3])	1290	3016	3661
Finnland	344	2509	3845
Kuwait	270	2428	4081
Jugoslawien	478	2407	3662
Zypern	762	2356	3362
Argentinien	495	2344	3372

[+]) Erfaßt wurden Dampf- und Motorschiffe ab 100 BRT nach dem Stand vom 1. Juli 1979.

[1]) Die Schiffe der US-Reserve-Flotte sind mit etwa 1,7 Mill. BRT und die Schiffe auf den Großen Seen mit 1,763 Mill. BRT erfaßt.

[2]) In den „Statistical Tables 1979" werden die Angaben über die Bruttotonnage der Flotten der VR China und der Republik Taiwan getrennt aufgeführt und als Summe beider Flotten ausgeworfen (480 Schiffe und 2,011 Mill. BRT für Taiwan).

[3]) Hier sind die Große-Seen-Schiffe mit 1,944 Mill. BRT enthalten.

Tabelle 2
Schiffsverluste 1978
lt. Lloyd's statistical tables

Land	Anzahl der Schiffe	BRT	% der eigenen Tonnage
Australien	1	1616	0,11
Argentinien	3	2527	0,13
Belgien	-	-	-
Brasilien	-	-	-
Kanada	3	1167	0,04
Zypern	31	83473	3,21
Dänemark	12	4004	0,07
Finnland	2	1423	0,06
Frankreich	3	12651	0,10
DDR	1	1744	0,11 (MS SEEADLER)
BRD	6	44131	0,45 (u. a.MS MÜNCHEN)
Griechenland	87	782291	2,30
Hongkong	-	-	-
Indien	7	38303	0,67
Italien	11	17211	0,15
Japan	57	39011	0,10
Südkorea	17	13032	0,44
Liberia	8	205550	0,26
Niederlande	6	4145	0,08
Norwegen	17	16763	0,06
Panama	62	223867	1,08
Philippinen	11	10935	0,86
VR Polen	1	103	0,00
Portugal	-	-	-
Singapore	6	21754	0,29
Somalia	-	-	-
Spanien	17	8824	0,11
Schweden	1	2285	0,04
Türkei	3	1875	0,14
UdSSR	-	-	-
Großbritannien	16	11447	0,04
USA	21	24394	0,15
Jugoslawien	2	4333	0,18
andere Staaten	61	131949	0,42
gesamt	437	1710813	

die von AC verschmutzten Strände einigermaßen zu säubern. Der Schaden aber, der durch diese Katastrophe der Umwelt zugefügt wird, läßt sich überhaupt nicht mit Geld aufwiegen.
Die Seeunfälle gehen jedoch nicht nur mit materiellen Verlusten einher, sondern sind sehr häufig auch mit Menschenopfern verbunden. Der Untergang der Öl-Erz-Frachter BERGE ISTRA (71222 BRT) und BERGE VANGA (115426 BRT), des Lash-Schiffes MÜNCHEN (37134 BRT) und vieler anderer gemeinsam mit ihren Besatzungen ist der Preis für verantwortungsloses Verhalten gegenüber Sicherheitsfragen auf See. Die Verringerung der Seeunfälle ist deshalb nach wie vor ein sehr aktuelles Problem.
In der sowjetischen Handelsflotte ist die Zahl der Seeunfälle im Vergleich zu anderen großen Seehandelsflotten in anderen Staaten erheblich geringer. Um nur ein Beispiel zu nennen: 1979

MS VELIKIY USTYUG

MS PSKOV

betrug die Gesamttonnage der Welthandelsflotte Mitte des Jahres 413 Mill. BRT. Tabelle 1 zeigt einige ausgewählte Länder und ihre Handelsflotten. Die Aufstellung der Weltschiffsverluste für das Jahr 1978 (einem Jahr mit den höchsten Verlustzahlen) beweist, daß die sowjetische Handelsflotte mit ihren Schiffsverlusten unter dem Weltdurchschnitt liegt. Trotzdem ist aber auch in der UdSSR diese Frage akut. Dafür einige Beispiele:

Infolge Stabilitätsverlust kenterten und sanken in anderen Jahren die Motorschiffe VELIKIY USTYUG (9437 BRT), RUDNYI (4497 BRT), ABRUKA (433 BRT), RECHITSA (4497 BRT), KOMSOMOLETS KALMYKII (5923 BRT), und aus gleicher Ursache sanken mit ihren Besatzungen die Motorschiffe TIKSI (9501 BRT), TAVRICHANKA (3234 BRT), BOLSHERETSK (1179 BRT), BASKUNCHAK (2288 BRT).

Nach Zusammenstößen mit ausländischen Schiffen **gingen verloren** der Tanker ALAGIR (3359 BRT), das Dampfschiff IVAN SECHOV (5626 BRT) und das Motorschiff MOZDOK (9518 BRT), während die Motorschiffe PSKOV (10977 BRT) und TALLINN (3920 BRT) sowie das Bergungsschiff HERMES (828 BRT) schwer beschädigt wurden. Noch gut in Erinnerung ist die Kollision des Motorschiffes SVETLOGORSK (8874 BRT) mit dem ausländischen Tanker AQUARIUS (97450 BRT). Die Folge war, daß der Maschinenraum des ausländischen Schiffs voll Wasser lief und seine Aufbauten ausbrannten. Ein weiterer Fall ist der Zusammenstoß zwischen dem Motorschiff SERGEY

MS ARKHANGELSK trifft zwischen Rundi Misari und Baltalimani (Bosporus) ein Haus

Vollcontainerschiff KHUDOZNIK SARYAN

YESENIN (10152 BRT) und dem kanadischen Fährschiff QUEEN OF VICTORIA (4900 BRT), das wie durch ein Wunder nicht sank. Mit einem völligen Verlust endete das Auflaufen der Motorschiffe PAKRI (478 BRT), KURA (3560 BRT) und ZEVS (1161 BRT) auf Riffe, während die Strandung des Dampfschiffes MEKHANIK BONDIK (3516 BRT) zu erheblichen Verlusten führte. Eine Kollision des Motorschiffes ARCHANGELSK (5660 BRT) mit einem am Ufer stehenden Haus am Bosporus gehört zu den Kuriositäten des Seeunfallgeschehens.

Im letzten Jahrzehnt stieg die durchschnittliche Tragfähigkeit eines Schiffes des Ministeriums für Seeflotte der UdSSR von 8300 auf 10600 tdw, d. h. um etwa das 1,25fache. Gleichzeitig erhöhte sich auch der zahlenmäßige Bestand der Handelsflotte in einer ähnlichen Größenordnung. Daraus ist ersichtlich, daß eigentlich keine bedeutenden Veränderungen vor sich gegangen sind. Tiefgreifender veränderte sich allerdings die qualitative Zusammensetzung der Flotte. Es wurde eine Vielzahl neuer Spezialschiffe in Dienst gestellt, wie Containerschiffe, Rollcarrier, Eisenbahngroßfähren und große Leichtertransportschiffe (Lash-Schiffe), aber auch sowjetische Großtanker und moderne kleinere Bulkcarrier befahren die überseeischen Schiffahrtslinien.

Dagegen war der Zuwachs an Durchschnittsgeschwindigkeit nicht allzu groß. Er wurde weniger durch die Indienststellung neuer Schiffe, deren Geschwindigkeit kaum höher war als die der in den sechziger Jahren gebauten Schiffstonnage, sondern viel-

UL-ESC-II-Schiff KAPITAN KUDLAI

mehr durch Außerdienststellung alter langsamlaufender Schiffe erreicht.

Wesentlich erhöhte sich der Ausrüstungsgrad der fahrenden Einheiten mit modernen Schiffsführungsanlagen, verbessert wurden die praktischen Fertigkeiten der Nautiker für ihren Einsatz. Dabei wird deutlich, daß die These „Naturkräfte sind gegen neue zuverlässige Schiffe machtlos“ gleichsam eine Antithese in sich birgt: „Mit der Entwicklung der Qualität des Schiffbaus werden die Naturkräfte unterschätzt“. Hierauf sind viele Fehlhandlungen der Nautiker in den behandelten Seeunfällen dieses Buchs zurückzuführen. *Es bedurfte gründlicher Analysen und einer breiten, offen und direkt geführten Auswertung, um auf die Gefahren der See und der Seefahrt mit dem notwendigen Nachdruck hinzuweisen.* Natürlich bleibt nach wie vor das Spezifische der Seefahrt bestehen, d. h. der Seemann ist im Wirkungsbereich der Naturkräfte tätig. Diese Naturkräfte sind gefährlich. Aufmerksamkeit, Reaktionsvermögen und Gründlichkeit in der Navigation nehmen die technischen Geräte dem Menschen nur dann ab, wenn er sie ständig überwacht und richtig einsetzt. Außerdem beinhalten das Leben, die Arbeit und der Kampf des Seemannes auf See eine Reihe von Besonderheiten. Untersuchungen zeigen, daß die spezifischen Bedingungen der Seefahrt auch in den nächsten 20 Jahren den Menschen, die Stabilität der Besatzungen und die reibungslose Arbeit beeinflussen werden.

Zehntausende von Fahrten über See erfolgten reibungslos und ohne besondere Vorkommnisse. Gewissenhaft sorgten die Nautiker für die Sicherheit von Besatzung, Schiff und Ladung auf See. Bei den dennoch auftretenden Seeunfällen ist jeder Seeunfall ein Unfall zuviel. Nur wenn ihre Ursachen bekannt sind, kann man sie beseitigen. Diesem Anliegen ist dieses Buch gewidmet. Es soll der weiteren Unterstützung der in allen Bereichen der Hochseeschiffahrt zu leistenden Arbeit für ein unfallfreies Fahren dienen. In den letzten Jahren konnte die Anzahl der schweren Seeunfälle zurückgedrängt werden. Trotzdem ist ihre Gesamtzahl ebenso wie auch der durch sie verursachte Schaden immer noch zu hoch.

Nautische Seeunfälle, d. h. Zusammenstöße, das Festkommen und die Grundberührungen sowie Berührungen, machen mehr als zwei Drittel aller Seeunfälle aus.

Bedeutung der Analyse des Seeunfallgeschehens

Um unter den heutigen Verhältnissen wirksame und begründete Maßnahmen zur Bekämpfung des Seeunfallgeschehens festlegen zu können, genügt allein die Berufung auf eine gute seemännische Praxis nicht mehr. Vielmehr ist eine tiefgreifende Analyse dieser Vorfälle erforderlich. Obligatorischer Bestandteil dieser Analyse muß es sein, die typischen Verhaltensfehler der Schiffsführer zu ermitteln. Dabei geht es nicht nur darum, die Verletzung einzelner Grundsatzvorschriften festzustellen, sondern auch deren Ursache zu ergründen. Das vorliegende Werk beinhaltet eine derartige Analyse sowie einige Empfehlungen, die auf die Senkung der Zahl der Seeunfälle gerichtet sind. Bei der Analyse einzelner Fälle wurden die Fehler und Verletzungen von Vorschriften durch Schiffsführer untersucht, die entsprechend den Schiedsgerichtssprüchen und Schlußfolgerungen von Aufsichtsorganen in keinem ursächlichen Zusammenhang mit dem jeweiligen Seeunfall standen. Aus prophylaktischen Gründen wird dargelegt, wie einseitige vorausschauende Handlungen eines Nautikers bei vollständiger oder überwiegender Schuld des anderen zu einer Vermeidung der herbeigeführten Kollision hätten führen können. Die Wertung der Handlungen der Schiffsführer, ihres Ausbildungsstands sowie der Berechtigung, eine solch verantwortungsvolle Funktion zu bekleiden, widerspiegelt ausschließlich die persönliche Auffassung des Autors.

Begriff des Seeunfalls

Entsprechend der sowjetischen „Ordnung über das Verfahren zur Untersuchung von Seeunfällen der Seeschiffe“ wird als **Seeunfall** ein Vorkommnis mit einem Schiff bezeichnet, in dessen Ergebnis das Schiff so beschädigt wurde, daß es nicht mehr seetüchtig ist und mindestens 48 Stunden erforderlich sind, um es wieder flott zu machen. Zu Seeunfällen zählen weiterhin Beschädigungen von Küsteneinrichtungen durch ein Schiff, wenn deren Beseitigung die Außerbetriebsetzung dieser Einrichtung für mindestens 48 Stunden erforderlich macht, sowie das Festkommen eines Frachtschiffs länger als 48 Stunden bzw. eines Fahrgastschiffs von mehr als 12 Stunden, und zwar unabhängig davon, ob dabei Beschädigungen aufgetreten sind oder nicht. Solche Fälle werden von den Hafenkapitänen untersucht und unterliegen der Kontrolle durch die Hauptschiffahrtsinspektion des Ministeriums für Seeflotte. (Die Struktur des Ministeriums für Seeflotte und die neuen Bezeichnungen der nachgeordneten Organe sind im Abschnitt „Ergänzungen des Herausgebers“ enthalten.)

Bei Verlust der Seetüchtigkeit, der Außerbetriebsetzung einer Küsteneinrichtung oder dem Festkommen eines Schiffs für einen Zeitraum, der unter dem zuvorgenannten liegt, wird dieser Vorfall als *Seezwischenfall* bezeichnet und vom Schiffseigner untersucht. *Vorfälle, die keinen Verlust der Seetüchtigkeit zur Folge haben* und keine Ausfallzeiten verursachen, gehören nicht zu Seeunfällen oder Seezwischenfällen.

Hierbei sei jedoch festgestellt, daß auch die nicht zu den Seeunfällen zählenden Vorfälle, die etwa 40 % der Gesamtzahl ausmachen, häufig nach Ablauf einer gewissen Zeitspanne doch noch erhebliche materielle Schäden nach sich ziehen können. Die Seeredereien des Ministeriums für Seeflotte untersuchen zwar diese Fälle, werten sie aber insgesamt weniger hoch als solche, die zu ernsthafteren und offensichtlicheren Sofortfolgen führen. Daraus ergibt sich, daß die Maßnahmen zur Verhinderung von Seeunfällen in erster Linie aus den Folgen falscher Handlungen der Schiffsführer, aber nicht aus dem Ereignis selbst, abgeleitet werden. Zur Vervollständigung der Analyse wurden hier sowohl Seeunfälle und Seezwischenfälle als auch die nicht zu diesen Kategorien zählenden Vorfälle berücksichtigt.

Einbezogen wurden alle mit eigenem Antrieb versehenen Hochseefahrzeuge des Ministeriums für Seeflotte mit einer Tonnage von 500 Bruttoregistertonnen und darüber. *Nach geographischen Gesichtspunkten* wurde das gesamte Weltmeer für die nachfolgenden Ausführungen wie folgt untergliedert:

Geographische Gliederung des gesamten Weltmeeres

Zum **Einsatzgebiet Süd** gehören das Asowsche, das Schwarze und das Mittelländische Meer, das Kaspische und das Rote Meer, das **Einsatzgebiet Nordwest** umfaßt die Ost- und Nordsee, die Barentssee, das Weiße Meer, die Norwegische sowie die Karasee und das Gebiet **Fernost** das Japanische, das Ochotskische, das Bering- und das Ostsibirische Meer, die Laptewsee, das Süd- und das Ostchinesische Meer sowie den nordwestlichen Pazifik, der an die Kurilen und an Japan grenzt. Alle **übrigen Meere und Seen** werden als „weitere Einsatzgebiete“ bezeichnet.

Jedes dieser Einsatzgebiete wurde der besseren Übersicht wegen willkürlich in *Seegebiete unterteilt*, und zwar in das offene Meer und Küstengebiet, Flüsse und Kanäle, Meerengen und Fahrwasser sowie Reeden und Häfen.

Beim **offenen Meer** und den **Küstengebieten** handelt es sich um Gewässer, in denen die Wahl des Kurses vom Schiffsführer abhängig ist, in denen kein allzu intensiver Schiffsverkehr herrscht und die Manövrierfreiheit nicht eingeschränkt ist. Darunter sind solche Gewässer zu verstehen, wie die mittlere und nördliche Nordsee, die Ostsee im Raum östlich Bornholm, das Skagerrak, das Ochotskische, das Japanische Meer u. a.

Flüsse und Kanäle sind Wasserstraßen, die für Hochseeschiffe befahrbar sind, wie der Leningrader Seekanal, der Nord-Ostsee-Kanal, der Kaliningrader, der Kertsch-Jenikal- und der Bug-Dnepr-Liman-Kanal, sowie solche Flüsse, wie die Schelde, die

Wolga und die Donau; aber auch Zufahrtskanäle zu Häfen und Liegeplätzen.

Meerengen und Fahrwasser sind Gebiete mit starkem Schiffsverkehr, in denen demzufolge die Ausführung von Manövern erheblich eingeschränkt ist. Es sind dies Fahrwasser in der südwestlichen und südlichen Ost- und Nordsee, die Ostseemeerengen, der englische Kanal, der Bosporus, die Dardanellen, der Amurliman, Schärengebiete u. a.

Bei **Häfen und Reeden** handelt es sich um Hafengewässer, Ankerliegeplätze auf Außenreeden und um Vorhäfen.

Unterschiedliche Seegebiete und die Besonderheiten der Schiffsführung

Bei dieser Untergliederung in verschiedene Seegebiete wurden nicht nur die Intensität der Schiffahrt und die Möglichkeiten der *Manöverausführung* in Betracht gezogen, sondern auch die Besonderheiten der Schiffsführung, die für das Befahren der verschiedenen Gebiete kennzeichnend sind. So sind z. B. beim Anlaufen einer Reede bzw. beim Einlaufen in einen Hafen sowie bei Manövern im Hafen beim Ankern – mit gewissen Ausnahmen – geringe Geschwindigkeiten mit häufigen Ruder- und Maschinenmanövern charakteristisch. Werden Flüsse und Kanäle befahren, dann sind i. allg. die Geschwindigkeiten größer, und die Anzahl der auszuführenden Manöver verringert sich. Kollidiert beispielsweise ein Schiff auf der Reede Brunsbüttel, dann handelt es sich bei dem Kollisionsgebiet um eine Reede, denn das Schiff steuert oder manövriert vor dem Nord-Ostsee-Kanal, um in die Schleuse ein- oder auszulaufen oder um zu ankern. Läuft es jedoch, von Hamburg kommend, in Richtung Nordsee oder entgegengesetzt, dann wird die Kollision wie auf einem Fluß gewertet. Hierbei spielt natürlich das Problem der Auslegung eine bestimmte Rolle. Trotzdem aber ist durch ein solches Herangehen die Möglichkeit gegeben, für die in Frage kommenden Gebiete in sogenannten Grenzfällen eine fundiertere Trennlinie zu ziehen. Für Vergleiche des Schweregrads von Seeunfällen oder des durchschnittlichen Schadens, der auf ein/an einem Seeunfall beteiligtes Schiff entfällt, wurden in der Analyse die technischen Verluste herangezogen.

Vgl. Ergänzungen des Herausgebers, Kapitel 4

Auf die von DDR-Vorschriften oder Gepflogenheiten an Bord der DDR-Schiffe abweichenden Darstellungen in diesem Buch wird im Abschnitt „Ergänzungen des Herausgebers“ erläuternd eingegangen.

1. Festkommen und Grundberührungen

Nachstehend werden typische Fälle des Festkommens und der Grundberührungen untersucht. Die dabei vorgenommene Untergliederung wurde willkürlich gewählt, da einem Seeunfall meist nicht nur ein Fehler oder eine Vorschriftenverletzung zugrunde liegt. Deshalb wurden alle Fälle, in Abhängigkeit von der unter den jeweiligen Umständen überwiegenden Ursache, in einzelne Gruppen eingeteilt.

1.1. Ursachen für das Festkommen und die Grundberührungen

1.1.1. Ungenügende Kontrolle des Schiffsorts

Die ungenügende Kontrolle des Standorts des Schiffs ist die am weitesten verbreitete Ursache für das Auflaufen und für Grundberührungen. Das wurde in 61,9 % aller Fälle festgestellt und betraf die verschiedensten Umweltbedingungen und Einsatzgebiete. Beim *Anlaufen von Häfen oder Ankerplätzen*, besonders in bekannten Revieren oder bei günstigen äußeren Bedingungen, wurde häufig die optische oder technische Kontrolle des Schiffsorts vernachlässigt oder völlig eingestellt; es wurde außerdem nicht mitgekoppelt. Unter solchen Voraussetzungen braucht der Kapitän nur für einen kurzen Moment abgelenkt zu werden und schon kann sich das Schiff in einer Gefahrensituation befinden.

Das Auftreten der geschilderten Mängel wurde meistens dadurch begünstigt, daß der Einsatz der Schiffe für das Befahren sogenannter kritischer Abschnitte lediglich formal oder nautisch überhaupt nicht vorbereitet wurde.

+ + + Das Motorschiff NEVELSK der Sachaliner Reederei, vermessen mit 1 237 BRT, mit Ladung von Wladiwostok kommend, lief die Reede des Hafens Nevelsk an. Nachdem um 03.15 Uhr bekannt wurde, daß noch kein Liegeplatz zur Verfügung steht, drehte das Schiff auf einen Kurs von 360°, um mit ganz langsamer Fahrt gegen den Wind aus Nordwest mit Stärke 5 bis 7 bei See 4 anzugehen. Es schneite und die Sicht lag bei 5 kbl. Nach einer Stunde etwa wurde vom Dispatscher des Hafens mitgeteilt, daß der Liegeplatz in einer halben Stunde frei werde. Aufgrund dieser Ankündigung entschied der 1. Offizier, das Schiff in Richtung Hafeneinfahrt zu drehen. Dazu gab er das Kommando „Langsam nach Steuerbord drehen“. Eine Standortbestimmung wurde von ihm nicht durchgeführt, auch das Radargerät wurde nicht eingeschaltet, obwohl sich alle Funknavigationsanlagen technisch in betriebsfähigem Zustand befanden. Um 04.30 Uhr erschien der Kapitän auf der Brücke. Zu diesem Zeitpunkt fuhr das Schiff mit ganz langsamer Fahrt voraus in unmittelbarer Küstennähe einen Drehkreis nach Steuerbord. Es gingen 120° am Kreiselkompaß durch. Der Kapitän wollte einen Kurs von 200° erreichen und ging um 04.40 Uhr mit der Geschwindigkeit auf langsame Fahrt voraus, um die eingeleitete Drehung schneller auszuführen. Aber bereits eine Minute später saß das Schiff mit dem Bug auf einer Felsenklippe fest. Die Ortsbestimmung mit Hilfe des Radargeräts, das daraufhin in Betrieb gesetzt wurde, ergab, daß sich das Schiff auf dem Nordostaus-

läufer eines Riffs befand. Durch Wind und Dünung wurde es auf einen Kurs von 305° gedreht. Im Laderaum 1 sowie im Kabelgatt kam es zum Wassereinbruch. Erst am 9. Januar 1971 konnte das Schiff nach teilweiser Leichterung und nach Abdichten des im Kabelgatt vorhandenen Lecks vom Riff geborgen werden. + + +
Wie anders, als mit grenzenloser Selbstüberschätzung kann man diese Drehung – praktisch blind – in Richtung auf die Küste, d. h. in Richtung der Gefahr, erklären. Die Handlungen des Kapitäns zeugten von Unkenntnis der realen Lage. Seine nach der Grundberührung eingeleiteten Maßnahmen kamen mit erheblicher Verspätung zur Wirkung.
Aber es war auch falsch, die Übergabe der Schiffsführung an den 1. Offizier zu einem Zeitpunkt durchzuführen, als dafür keinerlei Notwendigkeit bestand. Hinzu kommt, daß er ihm die Art der Durchführung des Manövers hätte erklären müssen, unabhängig davon, welches Vertrauen er in seinen 1. Offizier setzte.
Die unmittelbaren Ursachen für diesen Seeunfall sind die Drehung des Schiffs in Richtung Gefahr, die Nichteinschaltung des Radargeräts und die Überantwortung der Schiffsführung an den 1. Offizier. Grundursache aber war das ungerechtfertigte Selbstvertrauen des 1. Offiziers und – als wesentlichstes – die unbefriedigende Dienstorganisation auf der Brücke.

MS NEVELSK

+ + + Das Dampfschiff ALEKSANDR BARANOV der Sachaliner Reederei, vermessen mit 3688 BRT, schloß am 2. Mai 1972 im Hafen Petropawlowsk-Kamtschatski die Ladungsübernahme ab. Um 08.20 Uhr kam der Lotse an Bord. Das Schiff machte die Leinen los und lief in Richtung Hafenausfahrt. Nachdem der Lotse das Schiff verlassen hatte, wurde volle Fahrt voraus aufgenommen. Dabei wurde das empfohlene Fahrwasser und die Ansteuerungsdeckpeilung nicht benutzt und danach ein Kurs

DS ALEKSANDR BARANOV

DS PRIVOLYSK, ein Schwesterschiff des DS ALEKSANDR BARANOV

von 190° gesteuert. Dieser sollte in unmittelbarer Nähe am Westausläufer der Rakowaja-Untiefe östlich der Osttonne, die diese Untiefe bezeichnet, vorbeiführen. Um 08.40 Uhr aber hatte das Schiff Grundberührung. Erst daraufhin wurde der Kurs nach Steuerbord geändert. Das Schiff drehte in die Richtfeuerlinie ein und lief in Richtung Ausfahrt aus der Bucht Awatschinskaja-Guba. Sofort, nachdem der Wassereinbruch gemeldet wurde und damit eine Beschädigung des Schiffskörpers erkannt war, lief die ALEKSANDR BARANOV zur Untersuchung des Schadens und zur Instandsetzung nach Petropawlowsk-Kamtschatski zurück. + + +

Man braucht kaum noch die Fehlleistungen und Unterlassungen der Schiffsleitung zu kommentieren. Es ist wirklich schwer zu sagen, welche Grundforderungen an die Sicherheit der Schiffahrt eigentlich nicht verletzt worden sind. Dieser Vorfall ist eine anschauliche Illustration für maßlose Selbstüberschätzung, Besserwisserei und Pflichtvergessenheit.

Gleiche Gründe liegen auch für das Festkommen bzw. für Grundberührungen *während der Ausführung von Kompensierungs- und anderer Sonderaufgaben* vor. In dem hier untersuchten Zeitraum traten sechs solcher Fälle auf. Wie die nachfolgenden Untersuchungen zeigen, spielten hierbei auch Fehlverhalten psychologischen Charakters eine gewisse Rolle, ähnlich der Fehler, die von Kapitänen begangen werden, wenn sie sich ausschließlich und allein auf die Lotsen verlassen. Selbstverständlich sind in den meisten Fällen die für die Kompensierung verantwortlichen Spezialisten erfahrene Fachleute, die auch das Seegebiet gut kennen. Während der Erfüllung ihrer Spezialaufgabe gilt aber ihr Hauptaugenmerk den Kompassen. Übt die Schiffsleitung keine exakte Kontrolle über den Schiffsort aus, dann kann es leicht zu einer Grundberührung kommen.

+ + + Der Tanker PORT-ILYICH von der Kaspischen Reederei, vermessen mit 3860 BRT, führte am 28. November 1975 in der Bucht von Baku Kompensierungsarbeiten durch. Die Windstärke lag bei 6 bis 7, der Seegang war schwach und die Sicht gut. Das Schiff war in Ballast, hatte einen Tiefgang vorn von 0,2 m und achtern von 2,8 m. Als sich der Tanker um 12.30 Uhr im Ostteil der Bucht befand und nach Backbord drehte, kam er mit der Steuerbordseite in einer Wassertiefe von 2,0 bis 2,2 m fest. + + +

Die anschließende Untersuchung zeigte, daß die Wache nicht verstärkt worden war, die Manöver nach Augenmaß ausgeführt wurden, keine Standortbestimmung erfolgte, der Kapitän die Tiefenverhältnisse nicht kannte und sich auf die Erfahrungen des Kompensierers verließ.

MT PORT-ILYICH

DS AVACHA

+ + + Das Dampfschiff AVACHA der Schwarzmeer-Reederei, vermessen mit 7162 BRT, lief am 24. Februar 1971 die Reede von Odessa an, um Kompensierungsarbeiten durchzuführen. Das Schiff hatte Stückgut geladen, der Tiefgang vorn betrug 6,71 m und achtern 7,01 m. Nachdem der Kompensierer an Bord gekommen war, wurde mit den Arbeiten im Kompensierungsgebiet bei Kap Lonsheron begonnen. Außer dem Kapitän und dem Kompensierer befanden sich noch der 1. und 2. Offizier sowie der Rudergänger auf der Brücke. Das Schiff macht langsame Fahrt voraus. Auf Bitte des Kompensierers wurde ab 15.31 Uhr ein Drehkreis nach Backbord, und zwar in Richtung auf die Küste, gelaufen, um die für die Peilungen erforderlichen Feuer besser unterscheiden zu können. Da eine weitere Annäherung an die Küste gefährlich schien, entschloß sich der Kapitän um 15.32 Uhr, die Geschwindigkeit auf volle Fahrt zu erhöhen, um den Drehkreis zu verkleinern. Nachdem der Kapitän feststellte, daß sich das Schiff nur sehr langsam drehte, war ihm klar, daß er sich in einem Flachwassergebiet befand. Daraufhin ließ er weiter volle Fahrt voraus fahren, was sich jedoch als unwirksam erwies, so daß das Schiff um 15.39 Uhr bei Drehkreisfahrt in der Nähe von Kap Lonsheron auf eine Untiefe lief und festkam. + + +
Das Festkommen der AVACHA ist ebenfalls ein typisches Beispiel für sogenannte Unfälle „vor der Haustür“, bei denen man sich auf die Kenntnis des Seegebiets und möglicherweise auch auf die Erfahrungen des Kompensierers verläßt. So war es auch hier. Der Kapitän fuhr seinen Drehkreis, ohne das Radargerät oder das Echolot einzuschalten. Nautisch hatte man keine Vorbereitungen getroffen. Dabei hätte es bereits genügt, zuvor den gefährlichen Abstand zur Küste zu ermitteln und diesen ständig unter Kontrolle zu halten, um das Auflaufen zu verhindern. Ohne näher auf die Handlungen des Kapitäns einzugehen, dessen Fehler und Pflichtverletzungen ebenso wie auch die seiner Offiziere offenkundig sind, sei festgestellt, daß die Hauptursache für dieses Versagen in der mangelhaften Organisation des Dienstes auf der Brücke liegt. Nur so läßt sich erklären, daß weder der 1. noch der 2. Offizier ihre Aufgaben erfüllten. Die auf der Brücke befindlichen Offiziere waren eigentlich nur nutzlose Statisten. Es besteht kein Zweifel daran, daß bei einer Kontrolle durch verschiedene nautische Verfahren der Fehler rechtzeitig erkannt (in diesem Fall der Fehler des Kapitäns) und der beschriebene Unfall verhindert worden wäre.

+ + + Das Motorschiff VILYUYLES, ein Schiff der Fernöstlichen Reederei, vermessen mit 4531 BRT, beendete am 20. Mai 1975 in Wladiwostok die Übernahme von Holz für Japan. Die

MS VILYUYLES

metazentrische Höhe betrug 18 cm. Am folgenden Tag lief das Schiff um 09.45 Uhr mit langsamer Fahrt in die Amur-Bucht ab, um dort Magnetfeldmessungen ausführen zu lassen. Um 10.25 Uhr wurde volle Fahrt (Manöverfahrt) befohlen. Mit Anlaufen des Gebiets der Vermessungsschleife wurde der Drehkreisdurchmesser bei einer Ruderlage von 5° bis 7° mit 7 kbl ermittelt. Einen größeren Ruderlagenwinkel wollte man nicht riskieren, da ein Stabilitätsverlust bei starken Krängungswinkeln zu befürchten war. Auf der Brücke hielten sich der Kapitän, der Vermessungsspezialist, der wachhabende 2. Offizier, der Rudergänger und der Ausguck auf. Die Wetterlage war gut.

Um 12.05 Uhr durchlief das Schiff die Tonnen der Vermessungsschleife. Beim erneuten Passieren wurde das Ruder auf 7° Backbord gelegt und die Drehkreisfahrt begonnen. Um 12.07 Uhr erkannte der Kapitän, daß er mit diesem Drehkreis den Tonnenstrich nicht erreichen wird. Deshalb befahl er, das Ruder auf 7° Steuerbord zu legen. Dadurch sollte das Schiff seine Drehung vor der 5-m-Bank vor Kap Firsow beendet haben. Der mit Radar gemessene Abstand zur Untiefentonne betrug zu diesem Zeitpunkt 4 kbl. Obwohl der verbliebene Raum nicht ausreichte, setzte der Kapitän das begonnene Manöver fort. Er vertraute offensichtlich auf sein Augenmaß und nahm an, daß er das Schiff vor dem Erreichen der Untiefe gedreht bekommt. Von der Vermessungsstelle aus, auf der man die Annäherung des Schiffs an

MS SEVEROLES, ein Schwesterschiff des MS VILYUYLES

die Gefahrenstelle erkannte, wurde eine entsprechende Warnung über Sprechfunk übermittelt. Das Schiff lief jedoch weiterhin volle Fahrt und drehte nach Steuerbord. Die Maschine wurde gestoppt und anschließend volle Fahrt zurück gegeben, als man um 12.10 Uhr einen heftigen Stoß im Vorschiff verspürte. Diese Maßnahme kam aber schon zu spät, denn das Schiff saß auf der Untiefe fest, verlor 0,83 m Tiefgang und wies am Schiffskörper erhebliche Beschädigungen auf. Erst zwei Tage später gelang es, nach einer teilweisen Leichterung mit Hilfe anderer Schiffe, die VILYUYLES freizuschleppen. + + +

Wie man sieht, handelte auch hier der Kapitän wieder nach Augenmaß, obwohl das Radargerät eingeschaltet war und der Wachoffizier den Abstand zur Tonne ermittelt hatte. Der Kapitän war zuvor mit dem allgemein üblichen und bewährten Ablauf der Manöver im Gebiet der Vermessungsschleife vertraut gemacht worden. Allerdings handelte er nicht nach diesen Hinweisen. Die Häufigkeit der Standortkontrollen entsprach nicht den Fahrtbedingungen, denn bei der Drehung über Steuerbord wurde die Entfernung zur Küste nicht ermittelt. Bereits eine Überschlagsrechnung hätte gezeigt, daß das Schiff beim Steuerborddrehkreis bis dicht an die gefährlichen Tiefen herankommt und die Tonne in großem Abstand in Richtung Küste passieren wird. Aber trotz aller Fehler und Verstöße wäre es nicht zu diesem Unfall gekommen, hätte der wachhabende Offizier bei der Fahrt in Richtung Küste den Abstand zu dieser und zu den Untiefen gemeldet. Der Kapitän hat weiterhin nicht berücksichtigt, daß mit Erreichen sehr geringer Tiefen das Drehverhalten des Schiffs schlechter wird. Seine ungerechtfertigte Selbstüberschätzung erwies sich stärker als der gesunde Menschenverstand (bei dem Kapitän handelte es sich um einen erfahrenen Fachmann mit zwanzig Dienstjahren).

Die Hauptursache für diesen Seeunfall besteht darin, daß die die Sicherheit der Schiffahrt betreffenden Binsenweisheiten unberücksichtigt blieben.

+ + + Der Tanker OCHAKOV von der Noworossijsker Reederei, vermessen mit 7653 BRT, traf am 22. September 1976 auf der Außenreede des kubanischen Hafens Puerto Padre ein und ließ sich in Erwartung des Lotsen treiben. Um 16.00 Uhr wurde das Backbordboot für eine Fahrt zur Gingobucht zu Wasser gebracht. Kurz darauf drehte der Wind, es kam Dünung auf. Der Kapitän entschloß sich, näher unter Land zu gehen, um das Boot zu sichern und aufzunehmen. Er drehte daher das Schiff über Steuerbord. Ohne einen Blick in die Karte zu werfen, befragte er den Wache gehenden 4. Offizier nach der Entfernung zur Küste.

MS OCHAKOV

Dieser ermittelte den Standort mit 12 kbl Abstand zur Küste, trug ihn jedoch nicht in die Karte ein. Zwei Minuten nach der Meldung, d. h. genau um 18.32 Uhr, gab der Kapitän Befehl, einen Kurs von 235° in Richtung Küste zu steuern, ohne die eigene Position zu kennen. Um 18.40 Uhr führte der 4. Offizier eine erneute Standortbestimmung durch und trug die ermittelte Position diesmal in eine kleinmaßstäbliche Karte ein. Das Schiff befand sich danach 10 kbl vor der Küste und 8 kbl von der 10-m-Tiefenlinie entfernt. Trotz der unmittelbar drohenden Gefahr meldete der wachhabende Offizier seinem Kapitän davon nichts.
Der Kapitän vertraute offensichtlich auf sein gutes Augenmaß und steuerte weiter in Richtung Land, wobei er weder Wind noch Strom berücksichtigte. Erst um 18.45 Uhr setzte sich bei ihm die Erkenntnis durch, daß der gesteuerte Kurs zur Gefahr für das Schiff werden könnte. Er ließ daraufhin das Ruder hart Steuerbord legen und hoffte, damit von der Untiefe freizukommen. Ihm war durchaus noch nicht klar, daß das Schiff kurz vor der Katastrophe stand. Wind und Strom versetzten das Schiff weiter in Richtung Land, und um 18.48 Uhr hatte es Grundberührung. Es wurde jetzt zwar volle Fahrt zurück gegeben, aber das Ergebnis war gleich Null – das Schiff saß fest. Es hatte 60 cm Tiefgang verloren. Danach wurde schließlich erstmals in einer großmaßstäblichen Karte eine Position eingetragen, aber nur noch die des Festkommens. Es dauerte drei Tage, bis die OCHAKOV nach einer teilweisen Leichterung freigeschleppt werden konnte. + + +
Die Sorge des Kapitäns um die Menschen im Boot und sein Wunsch, das Boot so schnell wie möglich aufzunehmen, sind durchaus verständlich. Erklärlich ist daher auch sein Entschluß, näher unter Land zu laufen. Aber wie dieses Vorhaben ausgeführt wurde, dafür gibt es keine Rechtfertigung.
Eine weitere typische Ursache für das Festkommen und für Grundberührungen in küstennahen Gebieten ist die unzureichende Kontrolle des Schiffsortes *beim unmittelbaren Passieren von Wracktonnen.* Im Analysezeitraum gab es drei derartige Fälle.

+ + + Auf dem Motorschiff KYPU der Estnischen Reederei, vermessen mit 3236 BRT wurden am 22. Juni 1977 auf der Reede vor dem Hafen Ventspils Funkbeschickungsarbeiten durchgeführt. Das Wetter und die Sicht waren gut. Auf der Brücke befanden sich der Kapitän, der die Schiffsführung übernommen hatte, der Funkspezialist, der dem Kapitän Hinweise für den zu steuernden Kurs gab, und der 1. Offizier, der Wache hatte und auf Signal des Spezialisten die Seitenpeilung nahm. Am Ruder stand ein Vollmatrose und auf der Back als Ankerwache der Bootsmann. Während der Drehkreisfahrt nach Backbord kreuzte das Schiff um 05.22 Uhr die Richtfeuerlinie mit einem Kurs von etwa 0° und setzte diesen Kurs in Richtung grüne Wracktonne mit kleiner Fahrt fort.

Zum gleichen Zeitpunkt lief aus dem Hafen ein finnischer Tanker aus und hielt die Richtfeuer in Deckpeilung. Der auf dem Tanker befindliche Lotse bemerkte das Manöver der KYPU. Er versuchte einige Male, sich mit ihr über Sprechfunk auf Kanal 16 in Verbindung zu setzen, um sie aufzufordern, sich seitlich zu halten und das Passieren des Tankers nicht zu behindern. Es gelang jedoch nicht, die Verbindung herzustellen, da auf der KYPU das Sprechfunkgerät nicht eingeschaltet war. Ohne den genauen Standort zu kennen und den Abstand zur Tonne richtig einzuschätzen, entschloß sich der Kapitän, nach Steuerbord zu drehen, um sich in unmittelbarer Nähe der Tonne zu halten, damit der Tanker ungehindert passieren könne. Unter Fortsetzung der Steuerborddrehung kollidierte das Schiff aber an seiner Backbordseite mit dem Wrack, wobei es im Bereich des Laderaums 2 leckgeschlagen wurde. Trotz der umfangreichen Beschädigungen wurde der Wassereinbruch jedoch erst nach sieben Stunden festgestellt, als der Laderaum 2 bereits bis Höhe Wasserlinie vollgelaufen war. Das Schiff mußte nach Ventspils zurücklaufen. + + +

MS KYPU

Unmittelbare Ursache für diesen Seeunfall war die falsche Einschätzung der nautischen Lage durch den Kapitän. Die Bestimmung der Entfernung zur Tonne beruhte auf Schätzung und führte zur Fehleinschätzung der Möglichkeit, das Schiff beidrehen zu können. Hinzu kam der falsche Entschluß, das Manöver an diesem Ort auszuführen. Es hätte genügt, Fahrt voraus zu machen und etwas aus dem Fahrwasser auszuscheren. Dabei war das Wrack zu meiden, um jedem Risiko einer Kollision mit diesem aus dem Wege zu gehen. Die Grundursache für diesen schweren Vorfall aber lag, ebenso wie für die meisten anderen, wieder in der ungenügenden Organisation des Dienstes auf der Brücke. Der Kapitän erachtete es beim Manövrieren vor der Hafeneinfahrt und nach dem Durchlaufen der Richtfeuerlinie nicht für nötig, die Wache auf der Brücke zu verstärken. Im

Gegenteil, der einzige Wache gehende Offizier wurde noch zur Unterstützung des Funkspezialisten eingesetzt. Er konnte also dem Kapitän nicht helfen. Außerdem wurden bei der Vorbereitung auf die Funkbeschickung keine Maßnahmen ins Auge gefaßt, die bei einem eventuellen Ein- oder Auslaufen anderer Schiffe getroffen werden sollten. Die mangelhafte Organisation des Dienstes an Bord der KYPU führte nach Berührung des Wracks fast den Untergang des Schiffs herbei.

+ + + Das Motorschiff KARL LIEBKNECHT der Schwarzmeer-Reederei, vermessen mit 10028 BRT, lief am 7. März 1975 bei schwachem Wind und guter Sicht von Odessa nach Karachi. Das Schiff hatte 11078 t Ladung übernommen. Der Tiefgang vorn betrug 8,4 m und achtern 9,3 m. Alle Seekarten und Seehandbücher waren laufend gehalten, d. h. auf den neuesten Stand gebracht. Um 17.30 Uhr befand sich das Schiff auf der Ansteuerung zum Hafen Karachi. Es steuerte einen Kurs von 50°. Zunächst wurde alle 10 Min. und bei der weiteren Annäherung an die Küste alle 5 Min. der Schiffsort nach Peilung und Entfernung zum Kap Manora bestimmt. Die Beobachtungen zeigten, daß das Schiff richtig im Fahrwasser lag. Rechtzeitig war vorgekoppelt worden. Der Hinweis des Lotsen, die grüne Wracktonne an Steuerbord zu lassen, wurde berücksichtigt. Diese Tonne kam in einer Entfernung von etwa 3 sm an Steuerbordseite voraus in Sicht. Obwohl die Kennung, die vom Wachoffizier überprüft wurde, nicht mit der in der Karte übereinstimmte, befand sich die Tonne, wie der Kapitän um 18.45 Uhr feststellte, am vorgeschriebenen Ort. Nach 10 Min. wurde die Geschwindigkeit auf halbe Fahrt zurückgenommen, nach weiteren 8 Min. auf langsame Fahrt. Gleichzeitig wurde eine allmähliche Kursänderung auf 90° eingeleitet. Um 19.09 Uhr, d. h. 9 Min. nach der letzten Schiffsortbestimmung und 6 Min. nach Beginn der Kursänderung, kam die KARL LIEBKNECHT auf dem Wrack fest. Der Abstand zur grünen Tonne, der im Moment des Festkommens mit Radar gemessen wurde, betrug 1,1 kbl. Die Tonne lag Steuerbord querab. Durch dieses Auflaufen erlitt das Schiff im Unterwasserbereich erhebliche Beschädigungen, wobei der Schaden mehr als 200000 Rubel betrug. + + +

Im Unterschied zu vielen anderen Schiffen, die derartige Seeunfälle verursacht haben, war der Dienst auf der Brücke der KARL LIEBKNECHT richtig organisiert. Die Hauptursache für diesen Vorfall lag in der mangelnden nautischen Umsicht und Vorsicht des Kapitäns. Er hätte berücksichtigen müssen, daß die Wartung dieser Tonnen in diesem Seegebiet in größeren Zeitabständen

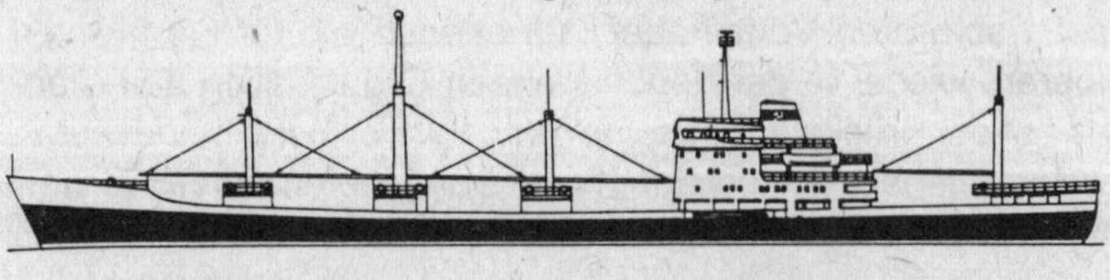

MS KARL LIEBKNECHT

MS KURA

erfolgt und ein Vertreiben nicht auszuschließen ist. Er näherte sich ohne Notwendigkeit zu dicht der Wracktonne und damit auch dem Wrack. Die Fahrwasserbreite und der Platz zum Manövrieren waren völlig ausreichend. Der eigentliche Grund für diesen schweren Seeunfall war das Außerachtlassen des Grundsatzes, immer den notwendigen, „respektvollen" Abstand zu Gefahrenstellen einzuhalten.
Festkommen und Grundberührungen auf dem offenen Meer und in Küstengebieten haben einen erheblichen Anteil an den Seeunfällen. Die überwiegende Anzahl entfällt auf Flachwassergebiete in unmittelbarer Küstennähe. Dagegen ist das Auflaufen auf Bänke, die auf offener See liegen, eine recht seltene Erscheinung. Trotzdem sank nach dem Auflaufen auf den Felsen Neugrund im Finnischen Meerbusen das Motorschiff PAKRI. Mit voller Fahrt auf eine vor der Küste der Insel Sommers liegende Untiefe auflaufend, sank der Bananenfrachter KURA (3560 BRT). Die genannte Insel liegt gleichfalls im offenen Teil des Finnischen Meerbusens. Das Festkommen des Motorschiffes YAUZA in der mittleren Karibik führte nur dank des glücklichen Zusammenfalls verschiedener Umstände nicht zum Verlust des Schiffes. Nachstehend die Schilderung dieses Falls.

+ + + Das Motorschiff YAUZA, vermessen mit 28467 BRT, wurde in England durch eine Besatzung der Schwarzmeer-Reederei aufgrund eines Bareboat-Chartervertrags übernommen. Nach Durchführung einer Reihe von Instandsetzungs- und Modernisierungsarbeiten ging das Schiff in Ballast am

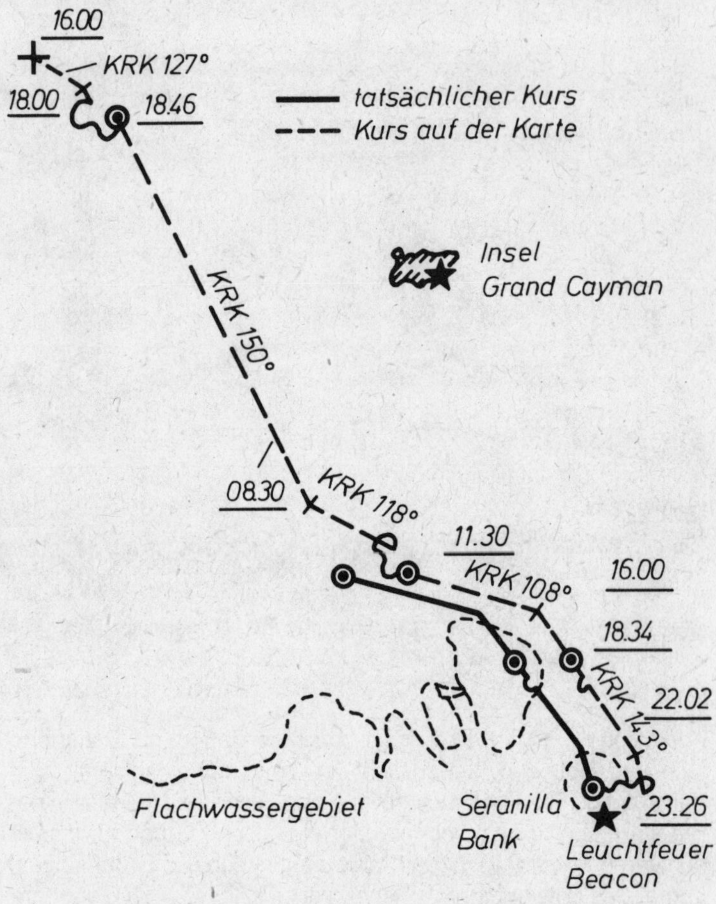

Schematische Darstellung des Festkommens des MS YAUZA

14. Juni 1978 nach den USA in See. Entsprechend den Minimalforderungen der Konvention zum Schutze des menschlichen Lebens auf See war das Schiff mit Chronometer und Sextant ausgestattet. Der Bordempfänger des Navigationssystems „Omega" und das Echolot fielen auf der Überfahrt aus. Außerdem wurde eine starke Veränderung des Ganges des Chronometers festgestellt. Der Chronometerstand mußte deshalb täglich drei- bis fünfmal korrigiert werden. In den letzten Tagen stabilisierten sich die Chronometeranzeigen.
Nachdem das MS YAUZA am 8. Juli 1978 in New Orleans Mais übernommen hatte, lief es nach Wladiwostok aus. Der Tiefgang vorn betrug 11,48 m und achtern 12,14 m. Es war während der Hafenliegezeit in New Orleans nicht gelungen, das Echolot oder den Omega-Empfänger instandsetzen zu lassen. Im Canal de Yucatán wurde am 10. Juli um 09.39 Uhr der Schiffsort mit Hilfe des Radargeräts nach Peilung und Entfernung zum Kap San Antonio (Kuba) bestimmt und ein rechtweisender Kurs von 127° gesteuert. Dieser führte in einem Abstand von 13 sm an der südwestlichen flachauslaufenden Huk der Insel Grand Cayman vorbei. Auf ihm sollte der Standort vor der Kursänderung in Richtung des Seegebiets, in dem sich viele dicht unter der Oberfläche lie-

gende Untiefen befinden, genau bestimmt werden. Um 18.00 Uhr änderte der Kapitän seinen Entschluß und ging auf einen rechtweisenden Kurs von 150°, um die Insel in größerer Entfernung zu passieren. Später motivierte er den neuen Entschluß damit, daß er nachts eventuell zu dicht an die Insel gekommen wäre. Er hätte Zweifel an der zuverlässigen Funktion des Radargeräts gehegt, da mit dessen Hilfe die Insel mit einer Höhe von nur 15 m möglicherweise nicht rechtzeitig auszumachen gewesen wäre. Am 11. Juli wurde um 11.30 Uhr die Sonne geschossen. Um 16.00 Uhr wurde der Kurs auf 143° geändert, um den am Südausläufer der Serranilla-Bank stehenden Leuchtturm in einem Abstand von 23 sm, d. h. in der Entfernung seiner maximalen Tragweite, zu passieren. Um 18.34 Uhr wurde ein Standort aus 4 Höhen ermittelt. Als um 22.02 Uhr der Leuchtturm nicht in dem berechneten Abstand ausgemacht werden konnte, wurde der Kurs auf 159° mit der Absicht geändert, ihn im Abstand einer zuverlässigeren optischen Sicht von 18 sm zu passieren (später wurde festgestellt, daß der Leuchtturm Beacon-Cay zeitweilig erloschen war, ohne daß eine Veröffentlichung in den Nautischen Mitteilungen erfolgte). Um 22.38 Uhr wurden auf dem Radarschirm fast recht voraus zwei Ziele geortet. Da man annahm, es handele sich um Fischerboote, wurde um 22.58 Uhr nach Steuerbord auf einen neuen Kurs von 184° gedreht, um ihnen in sicherem Abstand auszuweichen. Um 23.03 Uhr zeigten sich auf dem Radarschirm in gefährlicher Nähe Ziele, die ihrer Anordnung nach den kleinen Inseln der Serranilla-Bank ähnlich waren. Das Ruder wurde hart Steuerbord gelegt, um das Flachwassergebiet auf Gegenkurs zu verlassen. Da verspürte man leichte Erschütterungen. Nunmehr war klar, daß an der Steuerbordseite geringe Tiefen liegen mußten. Das Ruder wurde nach Backbord gelegt. Obwohl offensichtlich war, daß sich das Schiff bereits in flachen Gewässern befand, wurde nicht gestoppt.
Von 23.05 bis 23.18 Uhr ließ der Kapitän, ohne die Fahrt herabzusetzen, einige Kursänderungen ausführen, um aus dem gefährlichen Gebiet herauszukommen. Nachdem er sich aber von der Nutzlosigkeit seines Vorhabens überzeugt hatte, gab er volle Fahrt zurück. Um 23.26 Uhr saß das Schiff auf dem sandigen Grund der Serranilla-Bank mit einem Verdrängungsverlust von etwa 10000 t fest.
Die Chronometerberichtigung, die am 12. Juli um 09.40 Uhr vorgenommen wurde, zeigte, daß der Gang vom 11. Juli 08.00 Uhr, d. h. vom Zeitpunkt der letzten Ermittlung (weitere Berichtigungen waren an diesem Tag nicht möglich), sich um 1 min 48 s geändert hatte. Die um 11.30 Uhr und 18.34 Uhr festgestellten astronomischen Orte waren daher um 22 sm nach Osten versetzt. Der tatsächliche Kurs führte in das Flachwassergebiet. Nach 20 Tagen konnte die YAUZA von der Untiefe freigeschleppt werden. Dazu waren eine Leichterung von 10000 t Ladung unter komplizierten hydrometeorologischen Bedingungen und der Einsatz leistungsstarker Bergungsschiffe erforderlich. Glücklicherweise kamen in

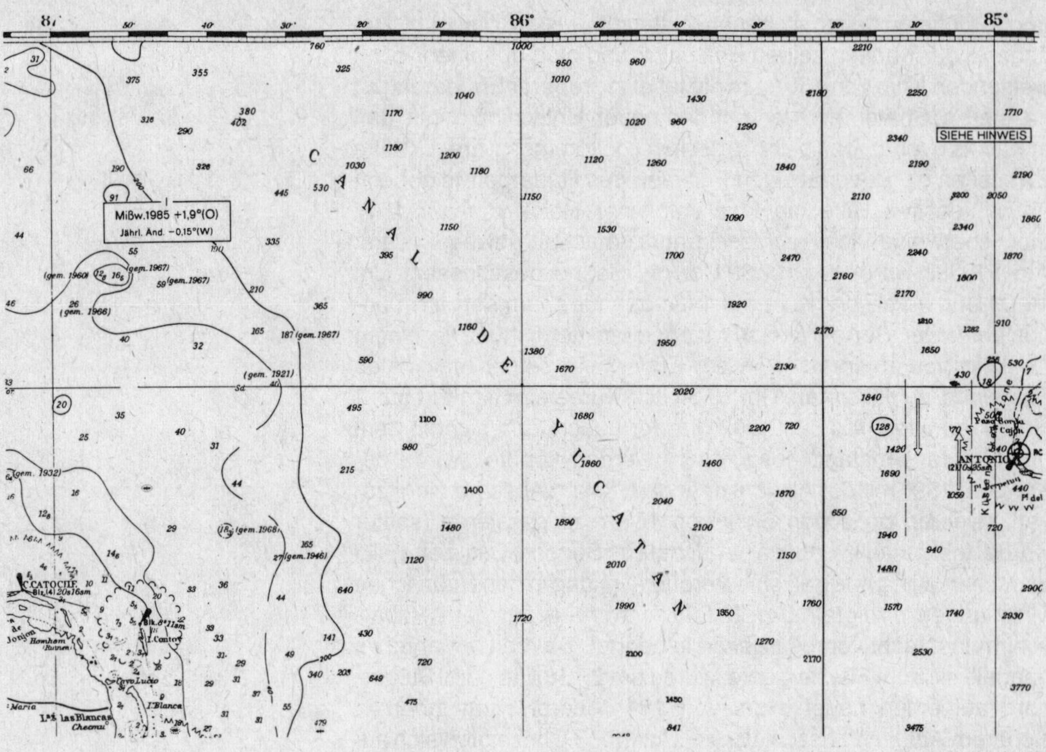

DHI-Seekarte Nr. 590; Ausschnitt Kap San Antonio (Kuba)

dieser Zeit keine schweren Stürme auf. Daher verlief die Bergung des Schiffs erfolgreich. + + +

Man muß natürlich einräumen, daß der Kapitän mit einigen objektiven Schwierigkeiten zu kämpfen hatte. Die Funknavigationsgeräte waren bis zu einem solchen Grade veraltet, daß nicht einmal die Fachleute in New Orleans in der Lage waren, den „Omega“-Empfänger und das Echolot einsatzklar zu machen. Die bisherigen Eigentümer waren bestrebt, die Ausgaben für das Schiff weitestgehend niedrig zu halten. Daher war das Schiff lediglich mit einem Chronometer, das dazu noch veraltet und völlig unzuverlässig war, und mit einem Sextanten ausgerüstet. Außerdem verfügte das Schiff über ein Schlepplog. Das Funkgerät war auch nicht im besten Zustand und gestattete nicht, rechtzeitig die Zeitzeichen zur Berichtigung des Chronometers zu empfangen. Kurz, im Vergleich zu unseren Schiffen war dieses im Ausland unter den Bedingungen einer Bareboat-Charter übernommene Fahrzeug völlig unzureichend mit Schiffsführungsmitteln ausgerüstet.

Vor Antritt einer so langen und komplizierten Fahrt hätte der Kapitän das betriebsunklare und nicht reparaturfähige Echolot gegen ein einsatzfähiges auswechseln lassen müssen. Die Beschaffung eines weiteren, neuen Chronometers wäre unerläßlich gewesen. Er hätte sich über die vom Leiter der Schiffsübernahme verantwortungslos vorgebrachten Bedenken gegen diese Käufe hinwegsetzen müssen. Aber der junge Kapitän, mit nur halbjähriger Praxis in der selbständigen Schiffsführung, besaß nicht die in einer solchen Situation erforderliche Härte. Das waren also die Schwierigkeiten, die man der Kategorie objektiver Bedingungen zuordnen könnte. Untersuchen wir nun die Handlungen des Kapitäns, ausgehend von den vorhandenen ungünstigen Bedingungen.

Sein Entschluß, den Kurs am 10. Juli um 18.00 Uhr zu ändern, ruft Befremden hervor. Erstens ist es erstaunlich, daß der Kapitän acht Stunden (von 09.39 Uhr bis 18.00 Uhr) brauchte, um festzustellen, daß das Schiff bei Nacht Grand Cayman passieren werde. Zweitens reichen die Tiefen in der Nähe der Insel völlig aus, um sich ihr soweit zu nähern, daß sie zuverlässig im Radar zu orten ist. Außerdem fällt die Küste unter Wasser recht steil ab, so daß es möglich gewesen wäre, rechtzeitig abzudrehen, falls die Insel nicht im theoretisch berechneten Abstand geortet worden wäre. Aus all dem kann man schließen, daß die wahre Ursache für die Kursänderung auf 150° offensichtlich der Wunsch war, die Fahrtroute zu verkürzen.

Es besteht kein Zweifel daran, daß bei Fortsetzung des ursprünglichen Kurses von 127° die Schiffsführung der YAUZA den Schiffsort in der Nähe der Insel Grand Cayman hätte genau bestimmen können. Dabei wäre ihr aufgefallen, daß bei der Bestimmung des Schiffsorts um 18.46 Uhr die Abweichung von 13 sm offensichtlich auf einen Fehler zurückzuführen war. Nunmehr wären sicher auch die Beobachtungen vom 11. Juli in Zweifel gezogen worden.

Schwer zu begreifen ist auch die Kursänderung auf 143°, die am 11. Juli um 16.00 Uhr erfolgte, um den Schiffsort anhand des Leuchtturms Beacon-Cay zu präzisieren. Er sollte in einem Abstand von 23 sm passiert werden, d. h. fast im Abstand der äußersten Tragweite dieses Feuers. Als am vorausberechneten Ort der Leuchtturm um 22.02 Uhr nicht in Sicht kam, änderte der Kapitän den Kurs, um ihn zuverlässiger in einem Abstand von 18 sm visuell peilen zu können. Es ist unschwer zu erkennen, daß die Insel Grand Cayman sicherer auf Radarreichweite passiert worden wäre. Den Leuchtturm optisch auszumachen, war weit risikovoller. Unter keinen Umständen aber durfte sich der Kapitän bei der Fahrt durch das Flachwassergebiet blind auf die astronomischen Standortbestimmungen verlassen.

Der Kapitän hätte die Unzuverlässigkeit des einzigen an Bord vorhandenen Chronometers und das Fehlen eines Echolots voll berücksichtigen müssen. Der Kapitän war verpflichtet, die Genauigkeit der astronomisch bestimmten Positionen anzuzweifeln und größte Vorsicht walten zu lassen. Konkret hätte er beim Erreichen der vorgekoppelten Position, auf der der Leuchtturm in Sicht kommen sollte, die Geschwindigkeit auf langsame oder sogar auf ganz langsame Fahrt herabsetzen müssen, auch wenn dadurch zwei bis drei Stunden verlorengegangen wären. Daraufhin wäre es erforderlich gewesen, vier bis fünf Längen Ankerkette

zu stecken, auf der Back einen Posten aufzustellen und diese Vorsichtsmaßnahmen solange beizubehalten, bis entweder die Untiefe zuverlässig passiert war oder das Schiff im Falle einer Grundberührung des Ankers schnell gestoppt werden konnte. Natürlich bestand dabei das Risiko, daß der Anker und ein Teil der Ankerkette verloren gingen, aber dieser Verlust wäre durchaus vertretbar gewesen. Statt dessen ließ der Kapitän 9° nach Steuerbord abdrehen, also in Richtung auf das Flachwasser zu, ohne die Fahrt herabzusetzen. Er wurde auch nicht unruhig, als er um 22.38 Uhr fast recht voraus im Abstand von 5 sm Ziele ortete; ihn warnte das nicht. Er lief mit großer Fahrt weiter ohne den Kurs zu ändern. Erst 20 Min. später (um 22.58 Uhr) begann er mit Ausweichmanövern gegenüber den ausgemachten Zielen, obwohl deren Bewegungselemente schon mit Stoppuhr innerhalb von drei bis vier Minuten zu bestimmen gewesen wären.
Da der Kapitän innerlich nicht bereit war, an eine so dramatische Wende der Situation zu glauben, und sich völlig blind und unbegründet in Sicherheit wiegte, benötigte er weitere 20 Min., um überhaupt das Gefährliche der Lage zu begreifen. Aber auch jetzt noch hinderten ihn seine geistige Trägheit und die Hoffnung auf eine ungefährliche Situation daran, das Schiff zu stoppen. Als es schon keine Zweifel mehr geben konnte, daß sich das Schiff über der Serranilla-Bank befand, behielt der Kapitän – wahrscheinlich unter der großen emotionalen Auswirkung der Gefahr stehend und trotzdem unterschwellig auf einen günstigen Ausgang hoffend – noch eine viertel Stunde lang große Fahrt bei. Dabei fuhr er weiterhin Manöver, um aus dem Flachwasserbereich herauszukommen.
Dieser Unfall geht allein zu Lasten des Kapitäns. Er hatte zwar vor dem Auslaufen alle erforderlichen Maßnahmen getroffen, um die Tätigkeit auf der Brücke nach Vorschrift zu organisieren, d. h. die gesamte Fahrt war mit den nautischen Offizieren an Bord durchgesprochen, die Seekarten zusammengestellt und auf den neuesten Stand gebracht worden. Die Wache wurde ohne Beanstandungen gegangen. Daran gibt es nichts auszusetzen. Aber es fehlte am Durchsetzungsvermögen gegenüber dem Leiter der Schiffsübernahme und bei der technischen Vorbereitung des Einsatzes. Erfahrungen für das Verhalten in einer derartig komplizierten und vor allem ungewohnten Situation besaß er nicht.
Der junge, gut ausgebildete Kapitän, der all seine Erfahrungen auf modernen und in gutem technischen Zustand befindlichen Schiffen gesammelt hatte, war psychologisch nicht darauf vorbereitet, unter den gegebenen Umständen „altertümliche" Sicherheitsmaßnahmen (Wegfieren des Ankers) zu ergreifen. Wäre er weiterhin auf dem modernen Großfrachter gefahren, auf dem er

TS
BALTIKA

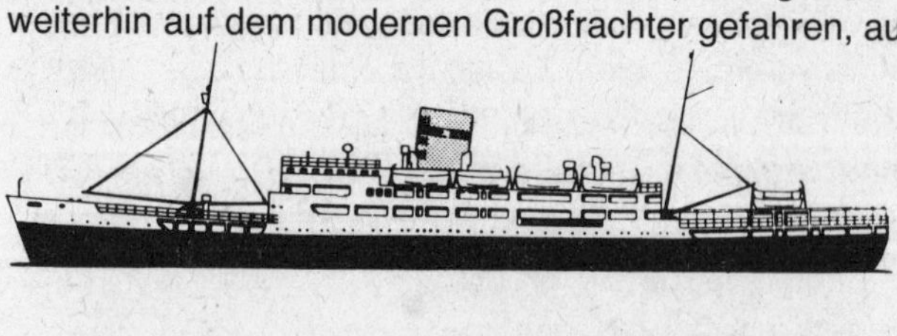

TS BALTIKA

zuvor als 1. Offizier eingesetzt war, und wäre er in den ersten Jahren seiner Kapitänszeit nicht mit einer ähnlichen Lage konfrontiert worden, dann wären sicher die Lücken in seiner praktischen Ausbildung rechtzeitig geschlossen worden. In der nun aufgetretenen Situation war er absolut überfordert. Diese Anforderungen müssen aber von den Reedereien beim Einsatz ihrer Kapitäne berücksichtigt werden. Abschließend sei festgestellt, daß sich der Kapitän der YAUZA bei der Durchführung der komplizierten Bergungsaktion von seiner besten Seite zeigte.

+ + + Das Turbinen-Fahrgastschiff BALTIKA der Baltischen Reederei, vermessen mit 7494 BRT, lief am 28. August 1973 mit Passagieren an Bord aus La Habana (Havanna) mit Kurs Leningrad aus. Am folgenden Tag ging das Schiff auf Kurs von 57°, d. h. auf den ersten Abschnitt des Großkreises. An Bord gab es keine Seekarte vom Gebiet der Bermudas. Außerdem war nicht bekannt, daß der in einer Entfernung von 10 sm an einer Insel vorüberführende Kurs durch ein Schiffahrtsverbotsgebiet verlief. Der gewählte Abstand garantierte keine sichere Durchfahrt durch das Gefahrengebiet. Ab Mitternacht des 31. August wurde eine Merkatornetzkarte benutzt, in die das Leuchtfeuer Gibbs Hill eingetragen wurde. Als um 11.00 Uhr zu diesem Leuchtfeuer der Schiffsort nach Peilung und Entfernung bestimmt war, stellte man fest, daß dieser 17,2 sm vor dem vorgekoppelten Ort lag und um 8 sm von diesem nach Steuerbord versetzt war. Ab 11.39 Uhr wurde dennoch der bereits vorgekoppelte Kurs von 61,5° auf dem Großkreis gesteuert, wobei die Abdrift in Richtung Küste nicht in Betracht gezogen wurde. Um 12.00 Uhr wurde erneut die Position des Schiffs, bezogen auf das genannte Leuchtfeuer, er-

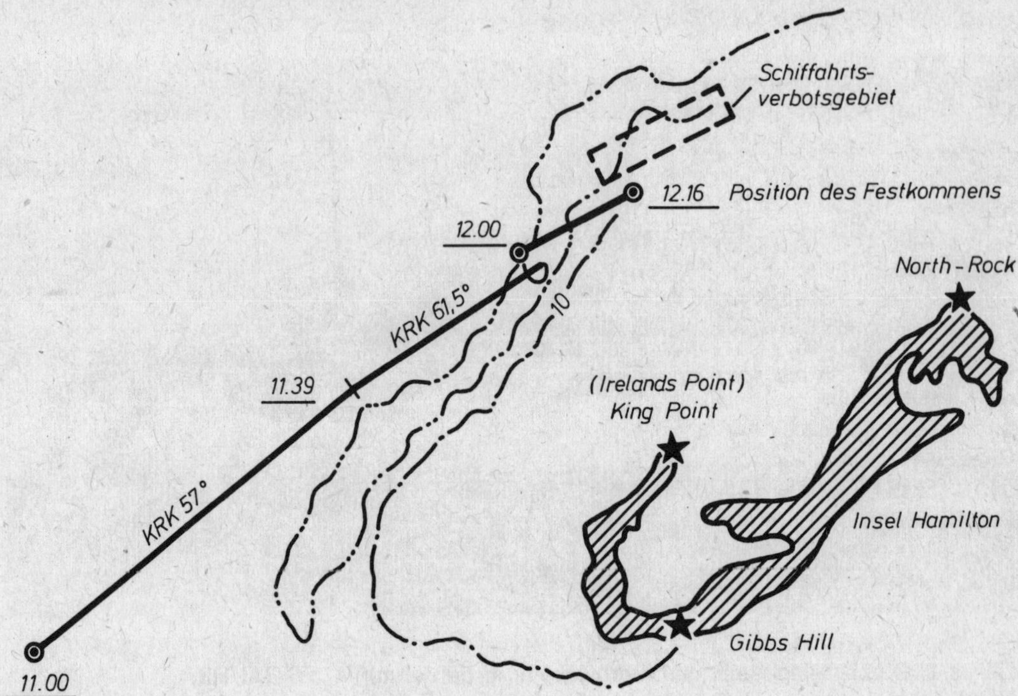

Schematische Darstellung des Festkommens des TS BALTIKA

mittelt und unverändert Kurs auf die Gefahrenstelle genommen. Der Wind wehte schwach, die See war ruhig und die Sicht ausgezeichnet. Gegen Mittag wurde der Kurs nach Steuerbord auf 75° geändert, um ausgelegte Fischernetze nicht zu beschädigen. Aus diesem Grund kam das Schiff dichter unter Land. Der Kapitän – ohne entsprechende Seekarte – war völlig unbegründet der Auffassung, daß das Leuchtfeuer North Rock seeseitig vor den vorhandenen Gefahrenstellen liege. Sie müßten nur südlich gehalten werden, um sie klar passieren zu können. Den Kapitän beunruhigte nicht die Tatsache, daß sich die BALTIKA nun bereits 6,7 sm und nicht mehr 10 sm von der Küste entfernt befand. Er war nach wie vor davon überzeugt, daß dem Schiff keinerlei Gefahren drohen. Deshalb wurde auch nicht gelotet. Bei der Ortsbestimmung wurde irrtümlich nicht das Leuchtfeuer Gibbs Hill, sondern der Leuchtturm King Point gepeilt. Um 12.16 Uhr lief das Schiff mit großer Fahrt auf ein Riff auf und wurde unterhalb der Wasserlinie stark beschädigt. Erst am 4. September kam die BALTIKA nach dem Lenzen des Ballastwassers und der Übergabe von Kraftstoff mit Hilfe anderer Schiffe wieder frei. + + +

Bei der nachfolgenden Untersuchung stellte sich heraus, daß das Schiff nicht zum ersten Mal diesen Weg genommen hatte. Die unmittelbaren Ursachen für diesen Seeunfall waren die fehlenden Seekarten und das Außerachtlassen der primitivsten Anforderungen an eine sichere Schiffsführung sowie die Verantwortungslosigkeit der Schiffsleitung und hier in erster Linie des Kapitäns.

1.1.2. Verlust der Orientierung

Bisher wurden Fehler der Schiffsoffiziere bei der Ortsbestimmung beschrieben, die auf die Verletzung allgemeiner, gut bekannter Grundsätze und Methoden bei der Führung von Schiffen zurückzuführen waren. Allerdings gingen in den dazu angeführten praktischen Beispielen die Schiffsführer bei ihren Handlungen von der Annahme aus, ihren Standort genau zu kennen.

Im nachfolgenden Abschnitt werden nur solche Fälle analysiert, bei denen an Bord des jeweiligen Schiffs über einen gewissen Zeitraum hinweg, der aber meist für die Herausbildung einer Gefahrensituation ausreichend war, der Schiffsort „verloren ging" und teilweise völlige Unklarheit darüber bestand, wo man sich befand. Es bedarf eigentlich keines Nachweises, daß ein Orientierungsverlust in der Regel das Ergebnis gröblichster Vernachlässigungen durch den Wachoffizier während seiner Wache ist. Persönliches undiszipliniertes Verhalten, das sich im Verstoß gegen Grundforderungen äußert, oder eine ungenügende fachliche Ausbildung der Schiffsführer kommen meistens hinzu. Dazu einige Beispiele.

+ + + Das Fahrgast- und Frachtschiff ILYICH der Fernost-Reederei, vermessen mit 13101 BRT, befand sich am 12. Februar 1973 bei Windstärke 5 und guter Sicht im Südchinesischen Meer. Es war auf dem Weg von Wladiwostok nach Hongkong zur Instandsetzung und lief mit voller Fahrt (16 kn). Der Kurs von 248° führte 10 sm südlich eines Gefahrengebiets vorbei. Nach einer um 10.30 Uhr mit dem Radargerät durchgeführten Schiffsortbestimmung wurde der vorgekoppelte Kurs beibehalten. Als sich das Schiff um 22.00 Uhr dem Gefahrengebiet

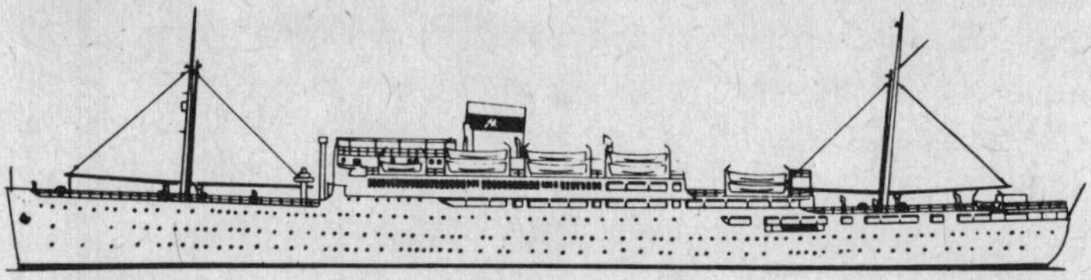

MS ILYICH

MS RUSS, ein Schwesterschiff des MS ILYICH

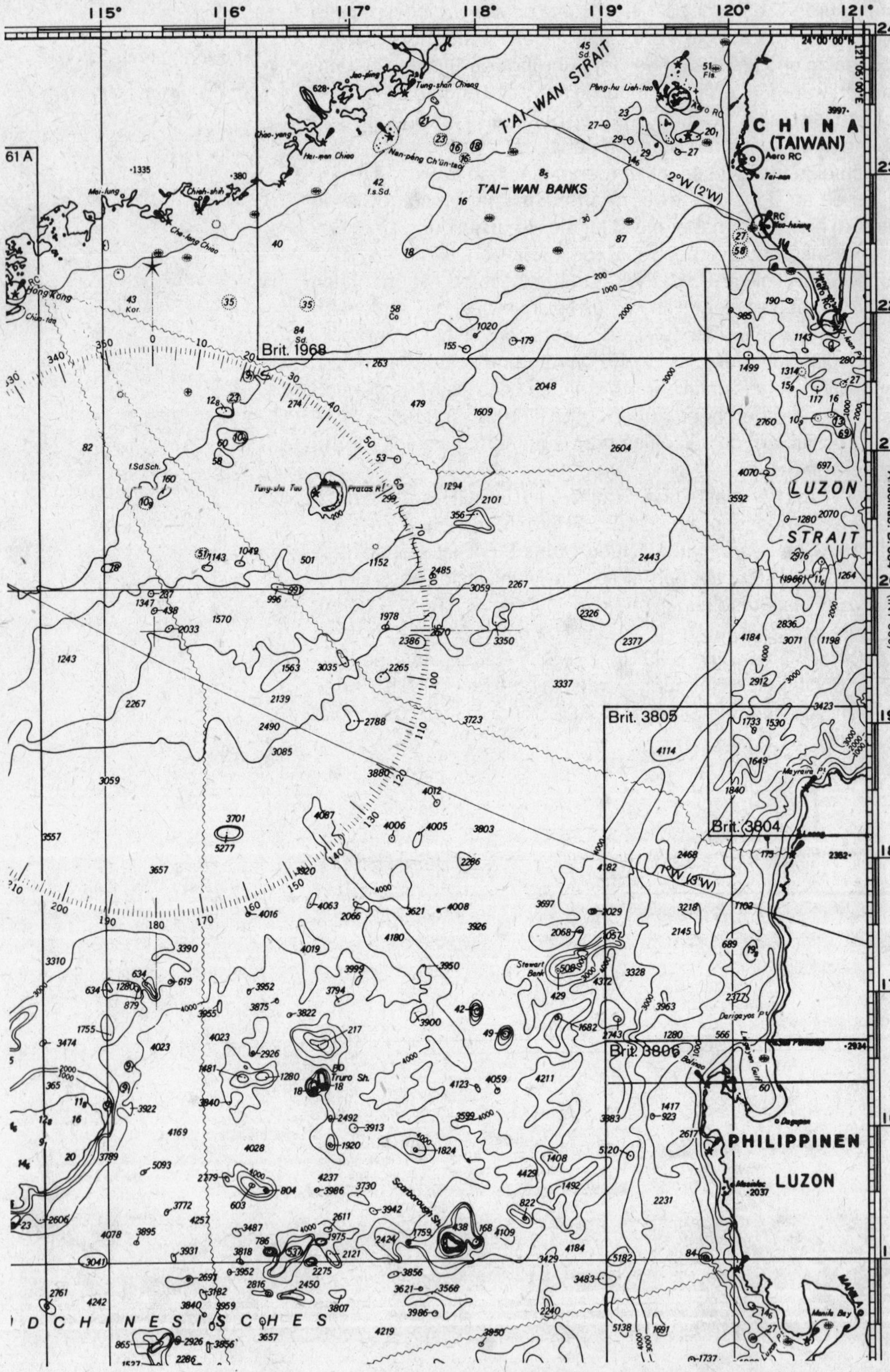
115°
116°
117°
118°
119°
120°
121°
24
23
22
21
20
19
18
17
16
15
24°00'00"N
121°05'00"E
T'AI-WAN STRAIT
T'AI-WAN BANKS
CHINA
(TAIWAN)
Aero RC
P'ing-hu Lieh-tao
Tung-shan Chiang
Chao-yang
Nan-p'eng Ch'ün-tao
Che-lang Chiao
Chieh-shih
Hong Kong
61 A
Brit. 1968
2°W (2'W)
Tung-sha Tao
Pratas Rf.
LUZON
STRAIT
Anschluß: D. 554 (INT 509)
Brit. 3805
Brit. 3804
Brit. 3806
1°W (3'W)
Stewart Bank
Truro Sh.
Scarborough Sh.
PHILIPPINEN
LUZON
Manila Bay
Lingayen Gulf
Dagupan
Mayraira Pt.
Dariganos Pt.
Bolinao
Laoag
SÜDCHINESISCHES

näherte, verminderte sich die Sicht auf 2 bis 3 sm. Um 23.00 Uhr stellte der auf der Brücke befindliche 3. Offizier auf dem Radarschirm in dem für die Schiffahrt gefährlichen Gebiet den Küstenstreifen und über Wasser liegende Objekte des Atolls Tung-sha-Tao fest. Er nahm eine Standortbestimmung vor, die mit der vorgekoppelten Position übereinstimmte. Der Kapitän, der dem vom 3. Offizier ermittelten Ort nicht vertraute, denn das Bild auf dem Radarschirm war nicht allzu deutlich, nahm um 23.50 Uhr selbst eine Funkpeilung zu einem Luftfahrtfunkfeuer. Der Peilstrahl kreuzte den Kurs 19 sm vor dem Koppelort. Ausgehend von dem neuen, durch den Kapitän um 23.50 Uhr bestimmten Schiffsort wurde eine Kursänderung auf 300° befohlen. Dieser Kurs sollte nach Auffassung des Kapitäns nach Hongkong führen. In Wirklichkeit aber war er in das Gefahrengebiet gerichtet. Kurze Zeit später wurden auf dem Bildschirm der helle Küstenstreifen eines Atolls sowie ein großes Objekt sichtbar. Nunmehr war klar, daß sich das Schiff einer Gefahrenstelle nähert. Es wurde aber nicht gehandelt – im Gegenteil. Der Kapitän hielt ohne nähere Untersuchung das in Sicht gekommene Objekt für ein entgegenkommendes Schiff und änderte um 00.20 Uhr den Kurs 7° nach Steuerbord. Erst um 00.37 Uhr, als der wachhabende 2. Offizier meldete, daß ein weißer Streifen optisch auszumachen sei, ging er auf einen Kurs von 180°, um vor der Gefahrenstelle abzudrehen. Ohne die Situation richtig zu erfassen, führte der Kapitän im Verlauf der folgenden halben Stunde periodisch Kursänderungen durch, um dem angeblichen Gegenkommer auszuweichen. Danach ließ er den alten Kurs von 300° steuern. Vom Zeitpunkt der Kursänderung nach Süd, d. h. ab 00.37 Uhr, wurde der Kurs nicht mehr mitgekoppelt. Als wieder der ursprüngliche Kurs anlag, waren auf dem Radarschirm an der Steuerbordseite erneut die gleichen Zielmarken wie zuvor zu beobachten. Trotzdem wurden daraus keine Schlußfolgerungen gezogen. Um 01.38 Uhr konnten in unmittelbarer Nähe recht voraus bereits mit bloßem Auge ein Flachwasserstreifen und Brandungswellen ausgemacht werden. Daraufhin wurde große Fahrt zurück befohlen. Diese

Abb. Seite 44:
DHI-Seekarte Nr. 298;
Ausschnitt
Atoll Tung-sha-Tao
(Südchinesisches Meer)

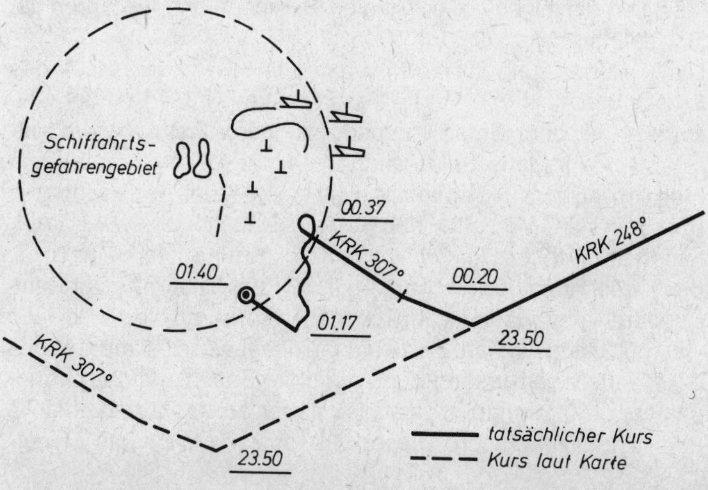

Schematische Darstellung
des Auflaufens des
MS ILYICH

Maßnahme kam allerdings schon zu spät, denn um 01.40 Uhr setzte das Schiff praktisch mit voller Fahrt auf Riffe auf und erlitt dabei erhebliche Beschädigungen im Unterwasserbereich. Nach drei Tagen konnte die ILYICH freigeschleppt und mit Hilfe dieser von der Reederei entsandten Schiffe nach Hongkong überführt werden. + + +

Bei diesem Seeunfall wirkten, wie der Zufall so spielt, fast alle erdenklichen Mängel in der Dienstorganisation auf der Brücke zusammen: es wurde die praktische Vorbereitung der Fahrt vernachlässigt, durch Kopflosigkeit, aber auch durch Unvermögen der nautischen Offiziere – vor allem aber des Kapitäns – die eingetretene Lage nicht richtig eingeschätzt und die erforderlichen Maßnahmen zur Klärung des eigenen Standorts und der Lichterscheinung nicht ergriffen.

Vor dieser Überfahrt nach Hongkong war das Schiff lange Zeit im sowjetischen Küstenbereich im Einsatz. Das hätte für den Kapitän Anlaß sein müssen, mit besonderer Sorgfalt und gemeinsam mit den anderen Offizieren der Schiffsleitung die bevorstehende Reise vorzubereiten. Das wurde jedoch unterlassen, selbst das Kartenstell wurde nicht richtig ausgewählt, großmaßstäbliche Karten wurden überhaupt nicht herangezogen. Der Einsatz der elektronautischen Geräte, insbesondere des Echolots, war nicht effektiv. Eine systematische Tiefenlotung im Zusammenwirken mit anderen Ortsbestimmungen hätte gezeigt, daß sich das Schiff einer Gefahrenstelle nähert. Die Genauigkeit der nachts genommenen Funkpeilung durfte nur mit Vorsicht als Grundlage für die weitere Kursfestlegung genommen werden, weil die Differenz zwischen gekoppeltem und durch Peilung erlangtem Ort alarmierend groß war.

All das zeugt davon, daß die Offiziere des Schiffs, das lange Zeit nur auf einer ständigen Passagierlinie im Einsatz war, ihre Kenntnisse und praktischen Fertigkeiten nicht auf dem erforderlichen Niveau hielten, um auch außerhalb ihrer „ständigen Route“ noch sicher navigieren zu können. Sie waren nicht bereit und in der Lage, einfachste navigatorische Aufgaben zu lösen. Sie vernachlässigten die allgemein bekannten Methoden und Verfahren der Schiffsführung.

Die Verantwortung für die Mißstände bei der Organisation des Brückendienstes und für die Passivität und Untätigkeit der Offiziere in der dem Unfall vorausgegangenen Zeit gehen in entscheidendem Maße zu Lasten des Kapitäns. Die Offiziere kann man von ihrer Schuld ebenfalls nicht freisprechen. Kritikwürdig ist besonders das Verhalten des Kapitäns unmittelbar vor dem Auflaufen des Schiffs. Der Ort aus der Funkpeilung stimmte nicht mit der Berechnung des wachhabenden Offiziers überein. Der Kapitän wäre – unabhängig vom Zuverlässigkeitsgrad dieser Position – verpflichtet gewesen, bis zu einer eindeutigen Bestimmung des Schiffsorts eine Kursänderung nur unter Beachtung des Grundsatzes: „Nimm stets an, daß Du näher an der Gefahrenstelle stehst!“ vorzunehmen. Dieser Grundsatz wird bereits jedem

DES SOVIETSKIY AZERBAYDZHAN

Studenten einer Seefahrtsschule vermittelt. Nur mit Sorglosigkeit, Unwissenheit und Leichtsinn ist die Kursänderung auf einer Position zu erklären, die geradewegs in die Katastrophe führen mußte.
Die weiteren Handlungen des Kapitäns und seine Manöver, um dem auf dem Radarschirm ausgemachten vermeintlichen Gegenkommer auszuweichen, zeugen von seiner Verwirrung, dem Verlust der Orientierung und dem Unvermögen, die Radarinformationen richtig zu deuten. Einige wenige Minuten der Beobachtung und eine Stoppuhr hätten ausgereicht, um, ohne zu koppeln, sich von der Bewegungslosigkeit des Zieles zu überzeugen. Die Instandsetzungskosten betrugen über 400000 Rubel. Ein hoher Preis für die Nichtbeachtung von Grundregeln der Schiffsführung.

+ + + Das Eisenbahnfährschiff SOVIETSKIY AZERBAYDZHAN der Kaspischen Reederei, vermessen mit 8840 BRT, verließ am 4. Januar 1979 um 18.06 Uhr Krasnowodsk in Richtung Baku. An Bord befanden sich 290 Fahrgäste, 1 Eisenbahnzug und 3 Kraftfahrzeuge. Der Tiefgang vorn betrug 3,9 m und achtern 4,0 m. Um 19.25 Uhr verließ das Schiff den Krasnowodsker Kanal und lief in das Kaspische Meer ein. Der aus Südwest wehende Wind erreichte Stärke 5 bis 6, der Seegang lag nicht über 3 bis 4. Nach 22.00 Uhr drehte der Wind auf Nordwest, nahm erheblich zu und erreichte gegen Mitternacht Orkanstärke mit einer Wellenhöhe von 5 bis 6 m. Das Schiff begann stark zu schlingern und zu stampfen. Um die Schiffsbewegungen zu mindern, wurde am 5. Januar um 01.00 Uhr der Kurs auf 295° geändert. Im weiteren Verlauf der Reise erfolgte – abhängig vom Verhalten des Schiffs – ein mehrmaliger Kurswechsel. Allerdings wurden weder die Änderungen in die Karte eingetragen, noch der Kurs überhaupt mitgekoppelt. Während der gesamten zehnstündigen Überfahrt wurde lediglich dreimal der Schiffsort bestimmt. Dabei wäre dies ununterbrochen im Verlauf der ganzen Fahrt

anhand der an Land befindlichen Leuchtfeuer und ortsfesten Bohrinseln möglich gewesen.
Um 04.25 Uhr gab der Kapitän seinem 2. Offizier (der 1. Offizier hatte sich zur Wachablösung verspätet) den Befehl, die Position zu bestimmen und Kurs auf die Tonne „Schachowa-Kosa" zu nehmen. Von hier aus sollte das Schiff auf dem üblichen Kurs in die Bucht von Baku einlaufen. Daraufhin verließ er die Brücke und begab sich in seine Kammer. Um 04.26 Uhr wurde der Schiffsort anhand zweier Leuchttürme bestimmt. Das Schiff lief zu diesem Zeitpunkt einen Kurs von 310° und befand sich 4 bis 5 sm von der besagten Tonne entfernt, die noch nicht auszumachen war. Als um 04.43 Uhr die Tonne immer noch nicht in Sicht kam, wurde der Kurs auf 255° geändert. Um 05.03 Uhr erschien der 1. Offizier auf der Brücke. Er hatte nicht mehr genügend Zeit, um die Lage zu erfassen und Maßnahmen einzuleiten. Um 05.06 Uhr lief die SOVIETSKIY AZERBAIDZHAN mit voller Fahrt auf die Schachowa-Kosa, eine der Bucht von Baku vorgelagerte Landzunge, auf. + + +
Bei der nachfolgenden Untersuchung wurde festgestellt, daß der 2. Offizier seinen Wachdienst nachlässig versehen hatte, denn es wurden weder Besteckrechnungen durchgeführt, noch die Kurse mitgekoppelt; Kursänderungen waren nicht in der Karte eingetragen und die Kurse selbst nirgends vermerkt. Unzureichend organisiert war auch die Beobachtung: sowohl der wachhabende Offizier als auch der Ausguck hielten sich fast während der gesamten Wache auf der Brücke auf. Sie konnten daher die Tonne von Schachowa-Kosa gar nicht ausmachen. Nachdem der wachhabende Offizier keine Kenntnis vom eigenen Standort mehr hatte, rief er weder den Kapitän auf die Brücke, noch unternahm er selbst etwas, um die Sicherheit des Schiffs zu gewährleisten. Zumindest hätte er den Schiffsort bestimmen und die Fahrt verringern müssen. Aber stattdessen beauftragte er den wachhabenden Matrosen, nach der Tonne Ausschau zu halten. Er selbst begab sich in den Kartenraum, um das Tagebuch zu führen. Der Kapitän kann ebenfalls nicht von einer unmittelbaren Verantwortung für diesen Unfall freigesprochen werden. Er vertraute die Schiffsführung im wichtigsten Moment der Annäherung an die Küste dem 2. Offizier an, und zwar nach mehrstündiger, praktisch unkontrollierter Seereise.
Die eigentliche Ursache für diesen Seeunfall ist jedoch darauf zurückzuführen, daß die Schiffsleitung absolut nicht auf erschwerte Einsatzbedingungen vorbereitet und völlig untätig war. Als Illustration der auf dem Schiff herrschenden Sitten mag auch die Tatsache dienen, daß für die Zeit dieser Überfahrt der andere 2. Offizier (im Stellenplan dieser Fährschiffe gibt es zwei 2. Offi-

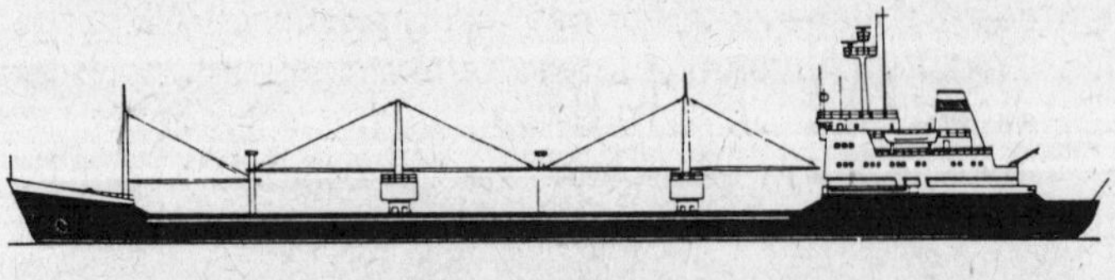

MS PYOTR SMIDOVICH

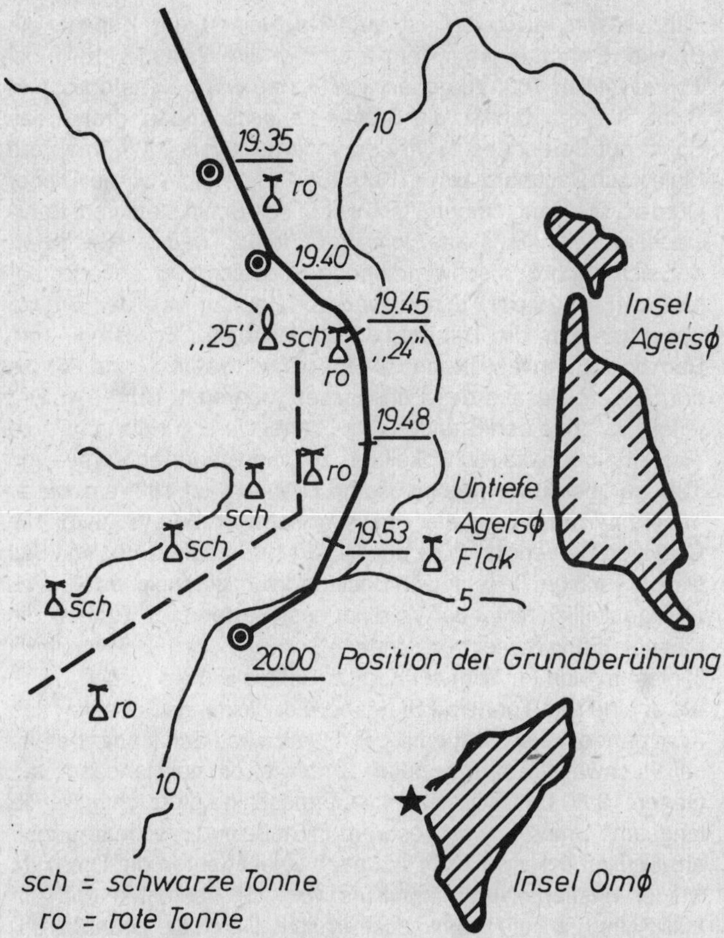

Schematische Darstellung der Grundberührung des MS PYOTR SMIDOVICH

ziere) vom Wachdienst freigestellt war und der 1. Offizier mit mehr als einer Stunde Verspätung zur Ablösung auf der Brücke erschien. Bei der Untersuchung des Unfalls versuchten dann sowohl der Kapitän als auch seine Offiziere, gemeinsam die wahren Umstände zu verschleiern.

+ + + Das Motorschiff PYOTR SMIDOVICH der Nordreederei, vermessen mit 10179 BRT und 13202 t Zucker an Bord, befand sich auf der Überfahrt von Kuba nach Riga. Der Tiefgang vorn betrug 8,45 m und achtern 8,75 m. Am 6. Juni 1976 passierte das Schiff den Großen Belt und benutzte dabei das tiefe Fahrwasser. Die Geschwindigkeit lag zwischen 13 und 14 kn. Um 16.00 Uhr übernahmen der 1. und der 4. Offizier die Wache. Darüberhinaus befanden sich der Kapitän, der Rudergänger und der Ausguck auf der Brücke.
Es herrschten folgende hydrometeorologische Bedingungen: Wind Südwest 4, Seegang schwach, Sicht bei 4 sm, vor der Küste diesig. Ab 19.15 Uhr steuerte das Schiff einen Kurs von 158° in Richtung Tonne 24. Als sich das Schiff um 19.35 Uhr einer roten Tonne, die eine 10-m-Untiefe bezeichnet und östlich des

Fahrwassers ausgelegt ist, näherte, verließ der Kapitän die Brücke. Er hatte vorher dem 1. Offizier die Weisung erteilt, bei Tonne 24 auf 183° zu gehen. Die Tonne war bereits optisch in Sicht. Als der Kapitän die Brücke verlassen hatte, drehte das Schiff auf Befehl des 1. Offiziers innerhalb von 4 Min. mehrere Male nach Backbord, bis ein Kurs von 138° erreicht wurde. Dieser wurde 5 Min. lang beibehalten, wobei das Schiff stark vom Fahrwasser abwich. Es stellte sich später heraus, daß der 1. Offizier, der sich nach den schwimmenden Seezeichen orientierte, bereits um 19.35 Uhr, d. h. bevor der Kapitän von der Brücke gegangen war, die Tonnen verwechselt hatte. Er hielt die rote Backbord-Fahrwassertonne 24 für die schwarze Tonne 25, die die Steuerbordseite des Fahrwassers begrenzt. Um 19.45 Uhr leitete er, ohne den Standort der Tonne, die er für die schwarze hielt, und ohne die Richtigkeit des zuvor gesteuerten Kurses von 138° zu überprüfen, die langsame Drehung auf 183° ein, die er um 19.47 Uhr beendete. Faktisch hatte er bereits zuvor die Orientierung verloren. Die um 19.48 Uhr ermittelte Position des Schiffs wich um 0,5 sm nach Backbord vom eigentlichen Kurs ab und lag seitlich hinter der Verbindungslinie der roten Tonnen, die das tiefe Fahrwasser bezeichnen.
In diesem Moment kam der Kapitän auf die Brücke zurück.
Als er eine rote Tonne an Steuerbord erblickte, gab er sofort das Kommando: „Hart Steuerbord!“. Da sich das Schiff aber bereits im Flachwasserbereich befand, drehte es nur langsam an. Gegen 19.50 Uhr machte die Hauptmaschine plötzlich nur noch langsame Umdrehungen, es wurden Stöße und Erschütterungen am Schiffskörper spürbar. Als nach zwei Minuten die Drehzahl wieder anstieg, wurde ein Kurs von 250° befohlen und um 20.05 Uhr das tiefe Fahrwasser erreicht. Durch die Grundberührung wurde das Schiff am Rumpf stark beschädigt. Die Instandsetzung erforderte einen Zeitraum von 14 Tagen und verursachte Kosten in Höhe von 82000 Rubel. + + +
Die Fehler und Verstöße, die zu diesem schweren Seeunfall führten, unterscheiden sich nur wenig von den bereits zuvor genannten: die gleiche schlechte Organisation des Dienstes auf der Brücke und das „Über-den-Daumen-Peilen“ bei der Schiffsführung, die fehlende menschliche Reife, gepaart mit unbegrenztem Vertrauen zu den schwimmenden Seezeichen. Es war so grenzenlos, daß die notwendigen terrestrischen Schiffsortbestimmungen unterlassen wurden. Sie hätten sofort gezeigt, daß das Schiff auf eine Untiefe zuläuft. Versuchen wir doch einmal, uns gedanklich ab 19.30 Uhr auf die Brücke dieses Schiffs zu versetzen. Die Lage ist ruhig, die Tonnen sind gut auszumachen. Dies trifft auf die Tonne 24 zu. Hier soll angedreht werden. Der beobachtete Schiffsort bestätigt die Richtigkeit des gesteuerten Kurses. Der 1. Offizier hat bereits seit dreieinhalb Stunden einen allseitigen Überblick und ist sehr gut mit der Lage vertraut. Was sollte es da für Schwierigkeiten geben, um an der Tonne 24 um 25° nach Steuerbord zu drehen? Der Kapitän begibt sich also ruhig in die

Offiziersmesse zum Abendessen, nachdem er den 1. Offizier an die bevorstehende Kursänderung erinnert hatte. Allerdings hatte er dafür nicht den Zeitpunkt angegeben. Der 1. Offizier sieht eine Tonne, aber eine andere, die bedeutend weiter in Backbordrichtung liegt. Daraufhin bestätigt er dem Kapitän, daß für ihn die Kursänderung auf 183° klar sei, wobei er aber die rote Tonne meint, die er für eine schwarze hält. Der Kapitän verläßt also die Brücke, und der 1. Offizier dreht auf einen Kurs von 138° ein, steuert damit "seine" Tonne an. Gegen 19.38 Uhr passiert das Schiff eine rote Tonne, die es an der Backbordseite etwa in einem Abstand von einer halben Seemeile läßt und die der 1. Offizier entweder nicht bemerkt oder für unwichtig hält. Nach zwei bis drei Minuten wird die Tonne 24 in einem Abstand von 3 kbl an Steuerbord passiert, aber der 1. Offizier steuert nach wie vor „seine" schwarze Tonne an, die weniger als 1 sm östlich der eigentlichen Tonne 24 ausliegt. Diese bleibt offensichtlich unbemerkt. Ohne den Zeitpunkt der Kursänderung berechnet zu haben, aber fühlend, daß die Zeit verstrichen ist, beginnt der 1. Offizier an der Richtigkeit der eigenen Position zu zweifeln. Voraus kommt eine Tonne in Sicht, die gar nicht vorhanden sein dürfte. Wie sich später herausstellt, handelte es sich um die Tonne zur Bezeichnung des Agersø-Flaks, die vom 3. Offizier fälschlicherweise 0,5 sm nördlich von ihrem eigentlichen Ort in die Seekarte eingetragen worden war. Außerdem tauchen weitere Tonnen an Steuerbord auf ... Im Gefühl einer aufkommenden Gefahr ist der 1. Offizier schon nicht mehr in der Lage, sachlich die Situation zu analysieren und durch Ortsbestimmung wenigstens annähernd die Zuverlässigkeit der von ihm angenommenen Position zu überprüfen.

Etwa um 19.45 Uhr beginnt er – immer noch recht unentschlossen – langsam den Kurs auf 183° zu ändern, wobei er volle Fahrt beibehält. Um 19.48 Uhr zeigt der durch Peilungen ermittelte Standort, daß das Schiff weit nach Backbord aus dem Fahrwasser ausgeschert ist ...

In diesem Moment kehrt der Kapitän auf die Brücke zurück. Er erblickt auf der Steuerbordseite in großer Entfernung eine rote Tonne und gibt sofort Befehl: „Hart Steuerbord!". Aber es ist schon zu spät, denn fast zum gleichen Zeitpunkt hat das Schiff Grundberührung.

Wie kam es zu diesem Unfall? Welche konkreten Mißstände waren dafür die entscheidenden Gründe?

Mit einem Wort: die gleichen, wie auch auf den anderen Schiffen, die einen Seeunfall erlitten. Die Überfahrt und vor allem die Passage der schwierigsten Abschnitte waren ungenügend vorbereitet, die Karten dieser Gebiete waren faktisch nicht laufend gehalten, die Zeiten für Kursänderungen nicht berechnet sowie Gefahrensektoren und Standlinien nicht eingetragen worden. Hinzu kommt, daß der Kapitän unmittelbar vor der Kursänderung die Brücke verließ. Das Abendessen hätte er nach dem Passieren der Gefahrenstelle oder etwas früher einnehmen können.

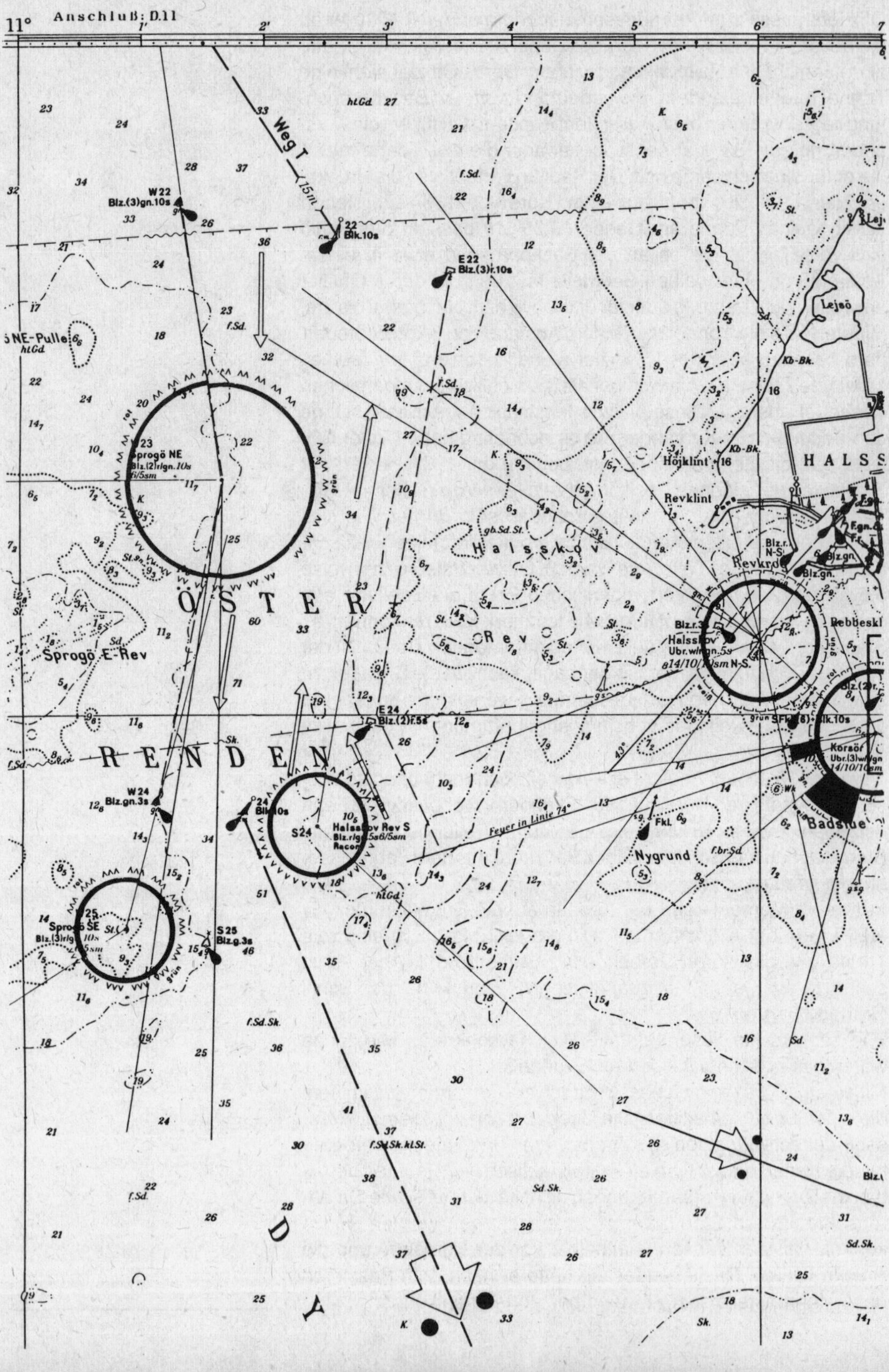
Anschluß: D.11
11°
Weg T
W 22
Blz.(3)gn.10s
Blk.10s
E 22
Blz.(3)r.10s
NE-Pulle
Sprogö NE
Sprogö E-Rev
Ö S T E R
R E N D E N
H a l s s k o v
R e v
Lejsö
Kb-Bk.
Højklint
Revklint
H A L S S
Revkrog
Halsskov
E 24
Blz.(2)r.5s
W 24
Blz.gn.3s
Blk.10s
S24
Halsskov Rev S
Racon
Sprogö SE
S 25
Blz.g.3s
Feuer in Linie 74°
Fkl.
Nygrund
Korsör
Badstue
D
Y

Abb. Seite 52:
DHI-Seekarte Nr. 13;
Ausschnitt Sprogø

Sich irren und eine Tonne verwechseln – das kann jedem passieren. Wäre aber die Einhaltung allgemein üblicher, unkomplizierter Vorsichtsmaßnahmen bei der Schiffsführung die Norm und unabdingbare Regel gewesen, dann hätte man den Fehler rechtzeitig bemerkt.
Im Zusammenhang mit den Ostseemeerengen und der Tatsache, daß hier Seeunfälle keine Seltenheit sind, muß folgendes festgestellt werden: Die Lage der schwimmenden Seezeichen ist hier zuverlässig. Anders darf es ja auch nicht sein, denn dafür werden sie ausgelegt. Sie sollen den Schiffsführern die Aufgabe erleichtern, ihr Schiff in dem schmalen Fahrwasser in sicherer Wassertiefe zu führen.
Aber nicht einmal die zuverlässigste Betonnung entbindet den Nautiker von der Pflicht, den Schiffsort nach Landmarken zu bestimmen. Beim Auslegen neuer Tonnen und Spieren oder beim Verlegen von Seezeichen kann die entsprechende Mitteilung hin und wieder verspätet veröffentlicht werden. Bei der Kartenberichtigung kann dem Navigationsoffizier ein Fehler unterlaufen (wie das in diesem Beispiel und in anderen Fällen auftrat), und schließlich kann eine Tonne oder Spiere durch Eisgang vertrieben oder durch ein anderes Schiff losgerissen worden sein. Selbst wenn alle Seezeichen am vorgeschriebenen Ort liegen, erfordert die Orientierung anhand der Betonnung eine ständige, nicht nachlassende Aufmerksamkeit und ein exaktes Registrieren ihrer Passage. Eine kurzzeitige, wenn auch durchaus begründete Ablenkung von der Beobachtung kann bereits zum Verlust der Orientierung und zu äußerst unerwünschten Folgen führen. Aus diesem Grunde besteht die optimale Variante bei der Nutzung der ausgelegten Betonnung in der Orientierung nach dieser *in Verbindung mit einer systematischen Schiffsortbestimmung nach Landmarken.* Diese Methode ist bekanntlich die zweckmäßigste. Sie muß durch einen zuverlässigen Ausguck ergänzt werden.
Die unmittelbare Ursache für den schweren Seeunfall war die schlechte Beobachtung sowie der Verlust der Orientierung. Der Hauptgrund allerdings war die Verantwortungslosigkeit des Kapitäns und des 1. Offiziers.

1.1.3. Ungenügende Beobachtung

Die visuelle und technische Beobachtung ist eines der Hauptelemente bei der Organisation des Brückendienstes. Sie ist ein wichtiges Mittel zur Aufrechterhaltung einer sicheren Schiffsführung. Die Anzahl der Beobachter ist abhängig vom Einsatzgebiet und den Fahrtverhältnissen. Dabei spielt das Zusammenwirken der visuellen und Radarbeobachtung mit den anderen funkelektronischen Anzeigegeräten eine ausschlaggebende Rolle. Ein unterlassener Einsatz technischer Mittel sowie unzulässig große Beobachtungsintervalle führen zu navigatorischen Fehlern und zum Verlust der Orientierung. Sie sind Ursachen für Seeunfälle.
Unzureichende Beobachtung des Seeraums führt bei sich

schnell ändernden Situationen zu zugespitzten Gefahrenlagen. Die geringste Ablenkung kann zum Übersehen von Zielen oder zu einer falschen Einschätzung der eingetretenen Lage führen. Das kann Fehlreaktionen der Schiffsführung zur Folge haben. Dies trifft vor allem auf Fahrten bei Dunkelheit zu.
Bei der Fahrt durch den Sund wurde zum Beispiel der wachhabende Offizier durch die Eintragung des Schiffsorts in die Karte sowie durch die Kontrolle der Zuverlässigkeit der Besteckrechnung abgelenkt. Während seiner auf zwei Minuten begrenzten Abwesenheit von der Brücke liefen von der schwedischen und dänischen Küste Fährschiffe ab, die den Kurs unseres Schiffes kreuzen mußten. Die Entfernung zu ihrem Kursweg betrug 2 bis 3 sm. Es war keine Zeit vorhanden, um ihre Bewegung zu verfolgen, und es war auch niemand da, der es hätte tun können. In einer solchen Situation kann auch ein auf sich allein gestellter, erfahrener Schiffsführer unsicher werden.
Beim Passieren von Meerengen verläßt man sich stärker als im freien Seeraum auf die Betonnung. Dann kann eine kurzzeitige Ablenkung schon ausreichend sein, um eine Tonne auszulassen und – bei nicht durchgeführter Besteckrechnung – den Kurs zu spät oder zu früh zu ändern. Fehler in der Beobachtung sind besonders auch für Fälle kennzeichnend, bei denen sich der Kapitän auf der Brücke aufhält, eine mitunter auftretende komplizierte Lage nur visuell kontrolliert und sich dabei ausschließlich auf den Wachoffizier verläßt. Dieser ist häufig auch noch recht unerfahren. Die vom Wachoffizier verursachten Fehler bleiben bei einer derartig oberflächlichen Kontrolle vom Kapitän unbemerkt. Sie haben das gleiche Ergebnis wie bei seiner Abwesenheit von der Brücke. Andererseits macht eine zu große Anzahl von Beobachtern sich eher störend als fördernd bemerkbar. Gefordert werden muß in jedem Fall, die Funktionen unter den Beobachtern exakt aufzuteilen und ihre Aufgaben (z. B. Sektorensuche) genau zu bestimmen. Anderenfalls kann es auf der Brücke schnell zu Hektik und unnötiger Nervosität kommen.
Es ist bekannt, daß sich auf der Brücke nur Personen aufhalten dürfen, die mit der Wachausübung zu tun haben. Leider wird dieser Grundsatz auf vielen Schiffen mißachtet. Dabei kann während der Fahrt in Meerengen und anderen komplizierten Gewässern der Aufenthalt von unbefugten Personen den Wachoffizier ablenken und Gefahren heraufbeschwören.
In unterschiedlichem Maße führen Mängel in der Organisation der Beobachtung zu Seeunfällen. Nachstehend werden die charakteristischen Fälle untersucht.

1.1.3.1. Unbefriedigende Organisation der Beobachtung

+ + + Der Tanker ALYOSHA DZHAPARIDZE, ein Schiff der Kaspischen Reederei, vermessen mit 3821 BRT, lief am 18. Oktober 1971 mit voller Ladung von Baku nach Machatschkala. Die Selbststeueranlage war eingeschaltet. Um 16.00 Uhr befahl der 1. Offizier, der eben die Wache übernommen hatte, dem wachhabenden Matrosen Arbeiten an Deck auszuführen. Um

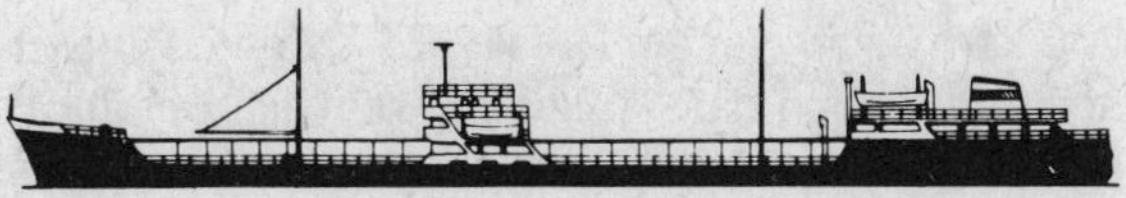

MT ALYOSHA DZAHAPARIDZE

17.00 Uhr kam der Kapitän auf die Brücke und entließ den 1. Offizier zur Teilnahme an einer Versammlung. Um 18.06 Uhr ermittelte der Kapitän fehlerhaft den Schiffsort nach Radarpeilung und Entfernung zu einer Landmarke. Eine rechnerische Überprüfung hätte den Kapitän sicher an der Richtigkeit seiner Ortsbestimmung zweifeln lassen, aber er unterließ diese. Obwohl die neue Position 2,5 sm näher zur Küste lag und der Kurs von dieser Position aus durch eine Verbotszone und ein Gefahrengebiet führt, änderte er noch zusätzlich den Kurs um 5° nach Backbord, d. h. in Richtung auf die Küste. Um 18.30 Uhr kehrte der 1. Offizier auf die Brücke zurück. Er machte den Kapitän darauf aufmerksam, daß das Schiff zu dicht unter Land läuft. Der Kapitän aber war der Meinung, daß keine Gefahr bestehe. Um 19.30 Uhr schlug der Kapitän dem 1. Offizier vor, erneut den Schiffsort zu bestimmen. Dieser kam jedoch nicht mehr dazu, da das Schiff mit voller Fahrt auf eine Untiefe auflief. + + +
Neben einer ungenügenden Organisation der Wache auf der Brücke, fallen die Selbstüberschätzung des Kapitäns sowie die Passivität des 1. Offiziers ins Auge.
Um einen solchen Unfall herbeizuführen, muß man alles, was nur irgendwie möglich ist, falsch machen. Das war ja schließlich auch der Fall. Es ist anzunehmen, daß die Bemerkung des 1. Offiziers über die gefährliche Nähe der Küste den Kapitän verärgerte. Bekanntlich herrscht bei nicht sehr sachkundigen Kapitänen meistens ein autoritäres Schiffsführungssystem, das keine Entgegnungen oder Ratschläge durch Unterstellte zuläßt.
Unter den gegebenen Verhältnissen wäre möglicherweise bereits ein Ausguck ausreichend gewesen.

MS BOLSHEVIK SUKHANOV

+ + + Das Motorschiff BOLSHEVIK SUKHANOV der Schwarzmeer-Reederei, vermessen mit 9518 BRT, lief am 15. Mai 1974 gegen 24.00 Uhr zu einem Ankerplatz auf der Außenreede von Odessa. Auf der Brücke befanden sich alle Offiziere. Der Kurs zum Ankerplatz war vorgekoppelt. Auf der Reede lag eine Vielzahl von Schiffen, deshalb mußten des öfteren Kurs und Geschwindigkeit geändert werden. Um 00.05 Uhr erreichte das Schiff den festgelegten Liegeplatz. Der Kapitän entschloß sich, das Schiff gegen den Wind zu drehen, wobei er Fahrt voraus und zurück machen ließ. Dadurch gelangte das Schiff in den Bereich der 10-m-Tiefenlinie und kam um 00.20 Uhr auf einer Untiefe fest, wobei es 0,4 m an Tiefgang verlor. + + +

Wie kam es zu diesem Unfall? Es waren doch genügend Beobachter da, auch das Wetter war günstig. Bei der Untersuchung der Umstände für das Festkommen wurde festgestellt, daß die das Ankergebiet begrenzenden Peilungen nicht vorherberechnet und in der Seekarte eingezeichnet waren. Das Echolot war nicht eingeschaltet. Eine Kontrolle des Schiffsorts bei der Ausführung der Manöver wurde unterlassen. Von einer schlechten Organisation der Beobachtung zeugt auch die Tatsache, daß an Bord niemand reagierte, als von Land aus darauf aufmerksam gemacht wurde, daß das Schiff auf eine Untiefe zuläuft.
Ursache für die Grundberührung war das Fehlen einer exakten Funktionsverteilung. Die zahlenmäßige Verstärkung der Brükkenwache war eine rein formale Angelegenheit und ergab, wenn man das Ergebnis betrachtet, mehr Schaden als Nutzen.
An dieser Stelle sei festgestellt, daß in allen genannten Fällen des Festkommens und der Grundberührungen Mängel in der Organisation der Beobachtung eine der wesentlichen Gründe und häufig sogar die Hauptursache für den Seeunfall waren.

1.1.3.2. Fehlerhaftes Absetzen der Peilungen

Ein Ergebnis unzureichender Organisation der Beobachtung sind Navigationsfehler, die dadurch hervorgerufen werden, daß bestimmte Objekte in der Natur beobachtet werden, die Peilungen aber von anderen, in den Seekarten vermerkten Objekten abgesetzt werden. Den Beweis dafür geben nachstehende Beispiele.
+ + + Das Motorschiff INDIGA der Baltischen Reederei, vermessen mit 2915 BRT, lief voll abgeladen am 27. Oktober 1976 im Finnischen Meerbusen von Wyborg in Richtung Ostsee. Der Tiefgang betrug vorn und achtern 6,1 m. Es wehte eine schwache achterliche Brise, die Sicht war gut. Das Schiff steuerte den üblichen Kurs von 257°. Um 00.30 Uhr bestimmte der Wachoffizier den Schiffsort nach den Leuchttürmen Naissaar und Pakri. Beim Übergang auf die nächste Karte nahm er fälschlicherweise die Peilung von den Leuchttürmen Tahkuna und Osmussaar. Entgegen der Weisung des Kapitäns verständigte er ihn nicht. Er änderte selbständig den Kurs auf 231°, wobei er den Winkel zwischen den Kursen von 257° und 216°, die durch Vorkoppeln festgelegt waren, anschnitt. Um 01.00 Uhr machte er eine Ortsbestimmung mit Hilfe des Radargeräts, bestimmte den Abstand zu den gleichen Objekten wie vor einer halben Stunde. Er trug aber in der Karte die Distanz von Kap Ristna und Tahkuna ab. Die Richtigkeit der Ortsbestimmung überprüfte er nicht durch Besteckrechnung. Daher fiel dem 2. Offizier auch nicht auf, daß zwischen den im halbstündigen Zeitzwischenraum ermittelten Positionen 22 sm durchlaufen worden wären. Der gleiche Fehler

MS INDIGA

MS KUPISHKIS, ein Schwesterschiff des MS INDIGA

wurde um 04.00 Uhr wiederholt, als die Wache an den 1. Offizier übergeben wurde.
Mit Übernahme der Wache vertraute der 1. Offizier blind den „beobachteten" Positionen des 2. Offiziers. Der fehlerhafte Schiffsort von 04.00 Uhr befand sich auf dem neuen Kurs, der 1. Offizier zögerte mit der Kursänderung, um eine Gruppe von Fischereifahrzeugen an Backbord zu passieren. Nachdem diese um 04.40 Uhr achteraus lagen, gab er den Befehl, auf einen Kurs von 216° zu drehen. Danach versuchte er einige Male, den Ort nach Funkpeilung festzustellen. Da die ermittelten Positionen aber stets im Finnischen Meerbusen lagen (wie es auch tatsächlich war), hielt der 1. Offizier seine Ortsbestimmungen für fehlerhaft. Er war der Überzeugung, daß sich das Schiff bereits in der Ostsee befindet. Dennoch unternahm er nichts, um den Schiffsort zu präzisieren. Dadurch lief das Schiff mit voller Fahrt auf die Hiiumaadal-Bank auf. + + +
Wo liegt die Ursache für diesen Seeunfall? Die unmittelbare Ursache, d. h. der Fehler des 2. Offiziers, steht außer Frage. Die Anwendung mehrerer Methoden der Standortbestimmung zur gleichen Zeit hätte den aufgetretenen Fehler sofort deutlich werden lassen. Hierzu hätte bereits die Benutzung des Lotes die erforderliche Kontrolle gebracht.
Die Wahrscheinlichkeit, daß gleichzeitig mehrere Parameter sowohl mit der falschen als auch mit der richtigen Position übereinstimmen, ist sehr gering. Deshalb gehören diese einfachen Kontrollmethoden zu den Grundsatzforderungen an die Schiffs-

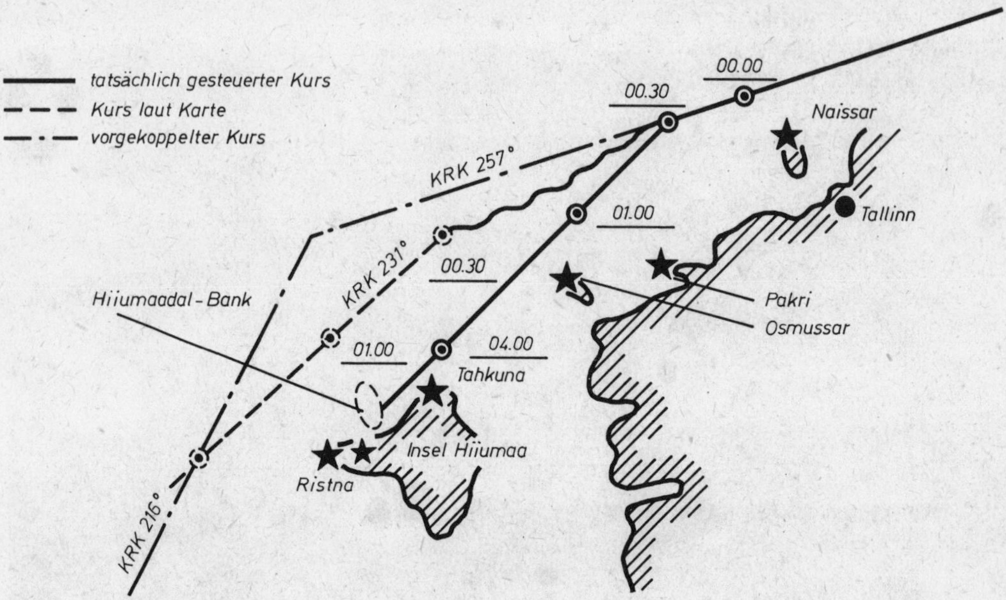

Schematische Darstellung des Festkommens des MS INDIGA

führung. Hätte jedoch der 2. Offizier aufmerksamer und vor allem verantwortungsbewußter gehandelt, wäre ihm so ein grober „Schnitzer" beim Übergang von einer Karte auf die andere nicht unterlaufen. Es gab keinen Grund für übereiltes Handeln. Die Lage war ruhig, und es gab eigentlich nichts, was einen derartigen Fehler rechtfertigen könnte. Wenn er sich nun aber schon geirrt hatte, dann hätte er bei etwas größerer Aufmerksamkeit den Irrtum selbst feststellen müssen. Es ist sicher keine neue Erkenntnis, daß, wenn man in westlicher Richtung läuft und auf die Anschlußkarte gleichen Maßstabs übergeht, man die eigene Position sehr nahe am Ostrand der neuen Karte wiederfinden muß. In diesem Fall befand sie sich in der Mitte der neuen Karte. Dies fiel dem 2. Offizier aber nicht weiter auf. Schon eine einfache rechnerische Kontrolle hätte ihm gezeigt, daß der ermittelte Ort falsch ist. Aber er führte keine Besteckrechnung durch. Zwischen 01.00 Uhr und dem Ende seiner Wache unterließ er dann jede weitere Ortsbestimmung, obwohl dafür genügend Möglichkeiten vorhanden waren: Leuchttürme waren visuell sichtbar, deutlich abgegrenzte Inseln und Landmarken befanden sich in Radarreichweite. Der 1. Offizier versah seine Wache nicht besser als der 2. Offizier. Als er zum Beispiel den Fischereifahrzeugen auswich, schaltete er nicht das Radargerät ein. Ihm wäre dann sicher die sehr nahe liegende Küste aufgefallen. Im weiteren Verlauf seiner Wache war er so „tüchtig", daß er die in einem Abstand von 4 bis 5 sm befindliche Insel Hiiumaa und den optisch sichtbaren Leuchtturm gleichen Namens einfach übersah. Stattdessen unternahm er den Versuch, die eigene Position mit Hilfe des Funkpeilers zu ermitteln. Die dabei erhaltenen Schnittpunkte der Peilstrahlungen lagen weit östlich seines gekoppelten Schiffsorts. Das machte ihn nicht stutzig. Hier, wie auch in vielen anderen Fällen, ist festzustellen, daß die Schiffsführung felsenfest an die ermittelten Werte glaubt – ein sogenanntes Sicherheitssyndrom – ohne mögliche Fehler einzukalkulieren und deshalb die ermittelten Schiffsorte durch andere navigatorische Verfahren zu überprüfen unterläßt. Man muß sich aber auch über die erstaunliche Ruhe des Kapitäns wundern. Er hatte um 23.00 Uhr die Brücke verlassen und es nicht ein einziges Mal für notwendig befunden, sich um die Schiffsführung zu kümmern oder wenigstens die Richtigkeit der Kursänderung zu kontrollieren. Solange er sich in Ruhe erholte, manövrierte sein 2. Offizier, wich einer Vielzahl von Schiffen aus, berichtigte den vom Kapitän vorgegebenen Kurs, ohne dem Kapitän darüber Meldung zu machen. Kurz – er fühlte sich durch die Abwesenheit oder eine eventuelle Kontrolle des Kapitäns keineswegs belastet. Ein Schiff, auf dem der Wachdienst so gegangen wird und auf dem die „Kaltblütigkeit" der Schiffsoffiziere nur von ihrer ungerechtfertigten Selbstüberschätzung und Verantwortungslosigkeit zeugt, muß zwangsläufig früher oder später in die Katastrophe laufen.

+ + + Das Motorschiff KAPITÄN KAMINSKIY der Schwarzmeer-Reederei, vermessen mit 11 278 BRT, lief am 10. März 1975 die Außenreede von La Habana (Havanna) an und ließ sich in Erwartung eines Liegeplatzes treiben. Das Ankern in diesem Gebiet ist gefährlich, deshalb ist ein Treibenlassen des Schiffes vor der Zuweisung eines Liegeplatzes im Hafen eine hier übliche Maßnahme. Im Verlaufe von vier Tagen trieb das Schiff mit dem Strom auf eine Entfernung von 5 bis 10 sm von der Küste weg in östlicher Richtung, wobei es von Zeit zu Zeit zur Ausgangsposition zurücklief. Am 14. März brachte der Kapitän das Schiff weiter unter Land, um die Driftgeschwindigkeit zu vermindern und Kraftstoff zu sparen. Der Abstand zur Küste wurde auf 0,7 bis 0,8 sm verringert, wobei bis zu den gefährlichen Tiefen nur die Hälfte dieser Entfernung verblieb. Um 05.00 Uhr morgens machte der 1. Offizier den Kapitän darauf aufmerksam, daß das Schiff gefährlich nah auf die Küste zutreibt. Der Kapitän aber beachtete diesen Hinweis nicht. Die vom 3. Offizier durchgeführten Ortsbestimmungen zeigten, daß sich das Schiff allmählich von der Küste entfernt. Der 2. Offizier, der die nächste Wache übernommen hatte, meldete um 12.25 Uhr dem Kapitän, daß sich die Tiefe auf 20 m verringert habe. Aber auch davon nahm der Kapitän keine Notiz, der von der Richtigkeit der vom 3. Offizier vorgenommenen Standortbestimmungen überzeugt war. Er unternahm weder selbst den Versuch, diese zu überprüfen, noch beauftragte er den Wachoffizier damit. Sogar eine solch simple Maßnahme, wie die Abstandsmessung zur Küstenlinie wurde unterlassen. Darüberhinaus ignorierte er den Vorschlag des wachhabenden Offiziers, die Maschinen in ständiger Bereitschaft zu halten. Aber auch die „Initiative" des 2. Offiziers beschränkte sich auf die Lotung der Tiefe und die Meldung an den Kapitän, daß sie geringer werde. Selbst unternahm er jedoch

auch nichts, um die Position des Schiffes genau zu bestimmen. Um 13.00 Uhr, d. h. eine halbe Stunde nach der Meldung des 2. Offiziers über die Verminderung der Wassertiefe, stellte der Funkoffizier, der sich gleichfalls auf der Brücke aufhielt, fest, daß das Schiff keine Fahrt mehr gegenüber dem Festland macht. Diese Beobachtung äußerte er laut auf der Brücke. Zu diesem Zeitpunkt saß das Schiff bereits mit dem gesamten Rumpf auf der Untiefe fest und hatte 23 cm an Tiefgang verloren. Erst nach 3 Tagen konnte die KAPITÄN KAMINSKIY nach teilweiser Leichterung mit Hilfe anderer Schiffe freigeschleppt werden. + + +
Bei der Untersuchung dieses Seeunfalls wurde festgestellt, daß der 3. Offizier am 14. März um 10.00 Uhr und um 11.00 Uhr Peilung und Entfernung von der einen Landmarke genommen, aber von einer anderen in der Karte abgetragen hatte. Da die Schiffsortbestimmung nicht kontrolliert wurde, wurde der Fehler, der bei normaler Organisation des Dienstes auf der Brücke ungefährlich gewesen wäre, zur Ursache für diesen Unfall. Mit anderen Worten: Der wirkliche Grund für das Festkommen war die überraschende Sorglosigkeit des Kapitäns. Er unternahm nicht nur selbst nichts für die Sicherheit des Schiffs, sondern hielt auch noch den wachhabenden Offizier von der Erfüllung seiner eigentlichen Aufgaben ab, indem er nach dem Mittag das gesamte nautische Personal mit dem Studium der englischen Sprache beschäftigte.

+ + + Das Motorschiff OKA der Nordreederei, vermessen mit 4506 BRT, lief am 1. Dezember 1975 in Ballast bei schwachem Wind und guter Sicht mit Kurs auf den Hafen Kem, um Ladung zu übernehmen. Der Tiefgang betrug vorn 1,66 m und achtern 5,32 m. Das Schiff machte volle Fahrt, d. h., es lief 16 kn. Unterwegs sollte es in die Bucht Kemostrowskaja-Guba einlaufen, um den Hafenlotsen an Bord zu nehmen. Um 20.00 Uhr wurde ein Kurs von 217° gesteuert. Auf der Brücke befanden sich der Kapitän, der 3. Offizier, der eben die Wache angetreten hatte, und der Rudergänger. Um 21.29 Uhr führte der 3. Offizier durch Peilung von zwei Leuchtfeuern eine Ortsbestimmung durch. Es handelte sich dabei um den Solowezkij- und den Jushnyi-Rombak-Leuchtturm. Im Ergebnis der Peilung war der gekoppelte Schiffsort um 133° und 4,3 sm falsch. Außerdem führte der Peilstrahl durch den roten Sektor des Leuchtturms Jushnyi-Rombak. Er meldete das sofort dem Kapitän. Dieser gab Weisung, die Kennung des Leuchtfeuers zu überprüfen. Da er aber annahm, daß sich das Schiff einer Gefahrenstelle nähert, gab er, ohne das Überprüfungsergebnis abzuwarten, den Befehl, den Kurs auf 270° zu ändern. Um 21.36 Uhr ging er mit der Geschwindigkeit auf halbe

MS OKA

MS NIZHNIY TAGIL, ein Schwesterschiff des MS OKA

Fahrt herunter. Um 22.10 Uhr wurde der Kurs um 35° nach Backbord geändert und nach weiteren sechs Minuten ein Kurs von 215° gesteuert. Die Geschwindigkeit wurde auf langsame Fahrt herabgesetzt. Plötzlich zeigte das Echolot eine schnelle Verringerung der Wassertiefe an. Um 22.33 Uhr wurde angesichts des vorhandenen flachen Wassers die Maschine gestoppt und anschließend volle Fahrt zurück befohlen. Fast im gleichen Augenblick saß das Schiff mit dem Heck auf felsigem Grund fest und wurde stark beschädigt. Bei Hochwasser und durch Austrimmen kam das Schiff von der Untiefe frei und lief nach Archangelsk. Hier mußte es zur Instandsetzung eingedockt werden. + + +

Bei der Untersuchung dieses Seeunfalls wurde festgestellt, daß der 3. Offizier irgendein unbekanntes weißes Leuchtfeuer gepeilt hatte und nicht den roten Sektor des Leuchtturms Jushnyi-Rombak. Dieser war mit seiner Tragweite von 5 sm vom Schiff aus noch gar nicht sichtbar, denn die Entfernung zwischen Schiff und Leuchtturm betrug zum Zeitpunkt der Messung 12 sm. Als der 3. Offizier auch die weiteren Ortsbestimmungen mit zwei Peilungen vornahm, erhielt er Positionen, die den vorgekoppelten Kursen von 270° und 235° nahe kamen. Es hätte ausgereicht, den für 22.10 Uhr gekoppelten mit dem beobachteten Ort zu vergleichen, um den gemachten Fehler festzustellen. Doch der Kapitän überprüfte und analysierte nicht die Beobachtungen des 3. Offiziers, sondern glaubte an die „Unfehlbarkeit" einer ganzen Serie von Positionen, die sich überzeugend entlang der vorgekoppelten Kurslinie einordneten.

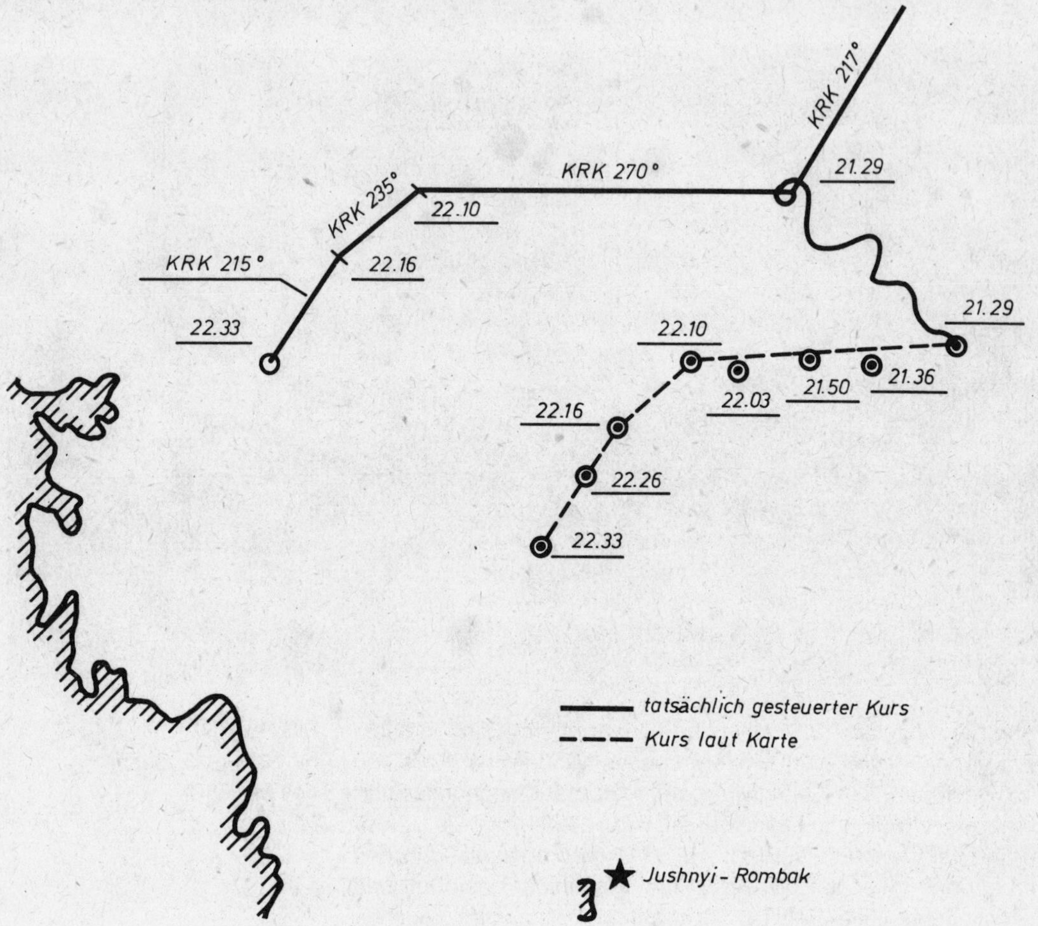

Schematische Darstellung des Festkommens des MS OKA

Die Hauptursache dieses Falles war nicht der Fehler des Wache gehenden Offiziers, sondern das Fehlen eines Systems der Kontrolle, das das Auffinden eines eventuell gemachten Fehlers garantiert hätte. Auch die weiteren Handlungen des Kapitäns, und zwar die siebenminütige Fortsetzung der Fahrt, nachdem eine rasche Verringerung der Wassertiefe beobachtet wurde, halten keiner Kritik stand.

+ + + Das Motorschiff SOCHI der Schwarzmeer-Reederei, vermessen mit 9547 BRT, lief am 29. Dezember 1975 bei schwachem Wind und guter Sicht von Cherson nach Iljitschowsk, um zusätzliche Ladung zu übernehmen. Das Schiff hatte einen Tiefgang vorn von 6,40 m und achtern von 6,51 m. Auf der Brücke hielten sich der Kapitän, der 1. und der 4. Offizier, die Seewache gingen, und der Lotse sowie der Rudergänger auf. Auf der Back hatte der Bootsmann Ankerwache. Kurz bevor das Schiff den Bug-Dnepr-Liman-Kanal verließ, beauftragte der Kapitän den 1. Offizier mit der Schiffsführung und begab sich dann in die Offiziersmesse. Um 18.53 Uhr verließ das Schiff den Kanal-

MS SOCHI

bereich und ging auf einen Kurs von 272°. Nach Passieren der Tonne „Adshijaskij" ging der Lotse mit Einverständnis des 1. Offiziers für kurze Zeit von der Brücke. Um 19.18 Uhr nahm der 1. Offizier Peilung und Entfernung zum Kap Karabusch. Auf seinen nun folgenden Befehl änderte das Schiff den Kurs auf 260° und um 19.25 Uhr auf 250°. Der 4. Offizier wurde davon nicht in Kenntnis gesetzt. Eine viertel Stunde später, d. h. nach der letzten Kursänderung, lief das Schiff mit voller Fahrt auf Grund, verlor etwa 2000 t an Verdrängung. + + +

Es stellte sich heraus, daß der 1. Offizier die um 19.18 Uhr zum Kap Karabusch genommene Peilung, nach Übergang auf die Anschlußkarte, irrtümlich von Kap Sytschawskij abtrug. Als er bei den folgenden Peilungen und Entfernungsmessungen stets von Karabusch ausging, sie in der Karte aber ständig von Kap Sytschawskij abtrug, erhielt er Positionen, die ideal im Kurs lagen, bis plötzlich von der Maschine das Fallen der Drehzahl gemeldet wurde.

Die unmittelbare Ursache ist hier die gleiche wie bei den bereits beschriebenen Fällen. Sie liegt in den Fehlern des wachhabenden Offiziers. Hauptursache ist aber wiederum die mangelhafte Organisation des Dienstes auf der Brücke, d. h. die Kontrolle der Schiffsortbestimmung ist unzureichend oder sie fehlt ganz. Die Grundsatzvorschriften für den Brückendienst sind der Vergessenheit anheimgefallen und die Verstärkung der Brückenwache nichts weiter als eine reine Formsache. Es hätte in der Tat ausgereicht, um den Unfall zu verhindern, wenn vom 1. Offizier zwei Peilungen und Entfernungen genommen oder wenigstens die vorgekoppelte und die beobachtete Position verglichen worden wären. Das hätte bereits den Fehler deutlich gemacht. Der 1. Offizier unterließ dies alles. Auch vom 4. Offizier forderte er keine Überprüfung des Schiffsorts.

+ + + Das Fahrgastschiff LATVIYA der Schwarzmeer-Reederei, vermessen mit 5035 BRT, war am 6. Juni 1975 bei gutem Wetter und ausgezeichneter Sicht von Korfu (Kèrkyra) nach Split mit Passagieren an Bord unterwegs. Um 09.30 Uhr nahm der 3. Offizier Peilung und Entfernung zu einem Orientierungspunkt, den er irrtümlich für die Insel Stipanski ansah. Als er weitere Ortsbestimmungen nach der gleichen Methode und auf

MS LATVIYA

MS LITVA, ein Schwesterschiff des MS LATVIYA

den gleichen Orientierungspunkt bezogen vornahm, stellte er fest, daß die Positionen Backbord vom Kurs auswanderten. Er wich, ohne den Kapitän zuvor zu verständigen, allmählich vom festgelegten Kurs von 346° nach Steuerbord ab. Der ursprüngliche Kurs führte zur Scholtanski-Straße. Der jetzt gesteuerte Kurs von 357° war auf eine andere schmale Durchfahrt zwischen den Inseln gerichtet.

Um 09.30 Uhr erschien der Kapitän auf der Brücke. Mit der Lage machte er sich wirklich nur dem Augenschein nach vertraut, ohne die Zuverlässigkeit der Beobachtungen des 3. Offiziers zu prüfen. Als er nach einer viertel Stunde den in der Karte eingezeichneten Kurs betrachtete, bemerkte er nichts Auffälliges. Erst um 09.53 Uhr, als die Insel recht voraus in unmittelbarer Nähe lag, zweifelte er an der Richtigkeit des Schiffsorts. Nachdem er in die Karte geschaut hatte, begriff er schließlich die ganze Dramatik der Situation. In der Hoffnung, das Schiff noch durch die enge Durchfahrt zwischen den Inseln manövrieren zu können, befahl er: „Hart Steuerbord!“, aber es war schon zu spät. Nach einer halben Minute – das Schiff hatte erst um 20° gedreht – lief es auf felsigen Grund und erlitt dabei erhebliche Beschädigungen. + + +

Die geschilderten Unfälle haben vieles gemeinsam. Alle ereigneten sich bei gutem Wetter und einfachen navigatorischen Bedingungen. In allen Fällen wurden die Schiffe von einem Wachoffizier geführt, dessen navigatorische Fehler die unmittelbare Ursache für das Festkommen waren. In allen Fällen wurde ein bestimmter Orientierungspunkt gepeilt, die Peilung aber in der Karte von einem anderen Punkt abgetragen. Das ist gewis sermaßen die Außenseite der fünf genannten Fälle. Aber sie eint auch noch ein tiefer innerer Zusammenhang. In keinem einzigen Fall lagen außergewöhnliche oder erschwerende Umstände vor, die wenigstens einigermaßen die groben Fehlleistungen der wachhabenden Offiziere erklären könnten. Es gab keine Probleme mit dem Ausweichen vor entgegenkommenden Schiffen, mit einer Sichtverminderung oder mit aufkommendem Sturm. Es gab keine Veränderungen in der Kennung der Leuchtfeuer, auch die Betonnung war am vorgeschriebenen Ort ausgelegt. Keiner der Offiziere aber hatte die ermittelte Schiffsposition mit Hilfe einer anderen navigatorischen Methode überprüft. Keiner führte bei der Ortsbestimmung nach Landmarken eine Besteckrechnung durch und verglich den berechneten mit dem beobachteten Ort. Alle hatten sie die einfachsten Methoden für die Bestimmung des Schiffsorts gewählt, nämlich zwei Peilungen und zwei Abstandsmessungen bzw. eine Peilung und eine Abstandsmessung. Im allgemeinen gestatten es diese Methoden nicht, einen Fehler schnell aufzufinden. Und alle haben, nachdem sie sich einmal geirrt hatten, den gleichen Fehler auch noch mehrere Male wiederholt. Nicht einer der Kapitäne kontrollierte die Ausführung seiner Weisung, ihn bei einer Kursänderung auf die Brücke zu rufen. Nicht einer hatte zuvor den Zeitpunkt für die Kursänderung berechnet und konnte demzufolge auch nicht von sich aus zum entsprechenden Moment auf der Brücke sein. Keiner der Kapitäne interessierte sich bei der Rückkehr auf die Brücke für das Verfahren, mit dem die jeweilige Position ermittelt wurde. Er konnte daher auch nicht deren Zuverlässigkeit einschätzen und überprüfte sie auch nicht – und wenn auch nur rechnerisch. Alle Kapitäne der betreffenden Schiffe eint das bedingungslose Vertrauen und unkritische Verhalten gegenüber ihren Offizieren. Ihnen fehlt ein bestimmtes Maß an innerer Unruhe und Sorge, das sogenannte Gefühl für die Gefahr, das einen Kapitän auszeichnen sollte.

Aus diesem Grunde ist es auch nicht verwunderlich, daß an Bord all dieser Schiffe die Organisation des Wachdienstes nicht den Forderungen entsprach, um eine sichere Schiffsführung zu gewährleisten. In jedem Fall wurde die Kontrolle der Ortsbestimmung durch ein zweites Verfahren unterlassen, und die Beobachtung war unbefriedigend organisiert. Dadurch wurden Fehler, die auf jedem Schiff durchaus auftreten können, die jedoch keine Gefahr verursachen, wenn sie rechtzeitig festgestellt und beseitigt werden, hier zur Ursache bedeutender Seeunfälle. Wenn man von der Beobachtung spricht, dann ist die Feststellung interessant, daß in einer Reihe von Fällen sogar Lichtsignale von Land oder Warnungen über Sprechfunk unbeachtet blieben.

Zum Beispiel lief während der Überfahrt von Tallinn nach Helsinki das Fahrgastschiff ANTONINA NEZHDANOVA, vermessen mit 3941 BRT, am 1. Februar 1979, bei leichtem Eisgang, in voller Fahrt auf die Makarow-Riffe auf. Es erlitt erhebliche Beschädigungen. Bei der Untersuchung wurde festgestellt, daß ein finnischer Eisbrecher, der sich in der Nähe befand und die Manöver der ANTONINA NEZHDANOVA beobachtete, zweimal das Schiff vor dem gefährlichen Kurs warnte. Andere Beispiele für ähnliche Seeunfälle sind die bereits untersuchten Vorkommnisse mit den Schiffen BOLSHEVIK SUKHANOV und VILYUYLES sowie der noch zu behandelnde Fall des Tankers MEKHANIK AFANASYEV.

1.1.4. Übertragung der Schiffsführung an den Lotsen

Es gibt unerfahrene Schiffsleitungen, die bei der Lotsenübernahme darauf vertrauen, daß der Lotse am für das Schiff ungefährlichen Ort an Bord kommen wird. Daher unterlassen sie Schiffsortbestimmungen. Außerdem lassen sie unberücksichtigt, daß der Lotse die Parameter des Schiffs erst an Bord erfährt. Grundsätzlich kann sich die Schiffsleitung auf die Erfahrungen der Lotsen verlassen. Sie kennen ihr Lotsrevier ausgezeichnet. Meistens treten bei der Lotsenberatung keine Seeunfälle auf. Dennoch trugen auch Fehler von Lotsen zur Herausbildung von Gefahrensituationen bei. An den erfaßten Grundberührungen und Fällen des Auflaufens waren zu 8 % Lotsen beteiligt.

\+ + + Das Motorschiff KASPIYSK der Baltischen Reederei, vermessen mit 8540 BRT, hatte im kubanischen Hafen Cienfuegos 11568 t Zucker übernommen. Es legte am 28. Januar 1977 um 21.45 Uhr bei Windstille und guter Sicht ab und lief mit einem kubanischen Lotsen an Bord in Richtung See. Der Tiefgang betrug vorn 9,26 m und achtern 9,44 m. Neben dem Kapitän und dem Lotsen befanden sich der 1. Offizier und der 3. Offizier sowie der Rudergänger und der Ausguck auf der Brücke. Auf der Back ging der Bootsmann Wache. Das Schiff lief etwa halbe Fahrt. Es näherte sich einer Stelle, an der eine harte Kursänderung erforderlich war. Der Lotse gab an der schmalsten Stelle des engen Fahrwassers das falsche Kommando „Hart Steuerbord!“. Es wurde vom Rudergänger wiederholt und dann ausgeführt. Der Kapitän reagierte sofort und berichtigte dieses Kommando mit dem Befehl „Hart Backbord!“. Bei der Lage des Ruders Bb. 15 erhöhte er die Geschwindigkeit auf volle Fahrt. Vordem hatte der Lotse dem Kapitän die nichtzutreffende Information gegeben, daß Ebbstrom herrsche. Tatsächlich aber traten bei Flutstrom besondere Gefahren auf. Obwohl das Ruder nunmehr hart Backbord lag, drehte das Schiff nur langsam an. Als auf diese Weise die Kursänderung nicht gelang, befahl der Kapitän „Zurück voll“, außerdem wurde der Backbordanker mit zwei Kettenlängen fallengelassen. Die Grundberührung war aber nicht mehr zu vermeiden. Um 22.44 Uhr saß das Schiff mit dem Vorschiff auf einer der Küste vorgelagerten Untiefe fest und hatte starke Beschädi-

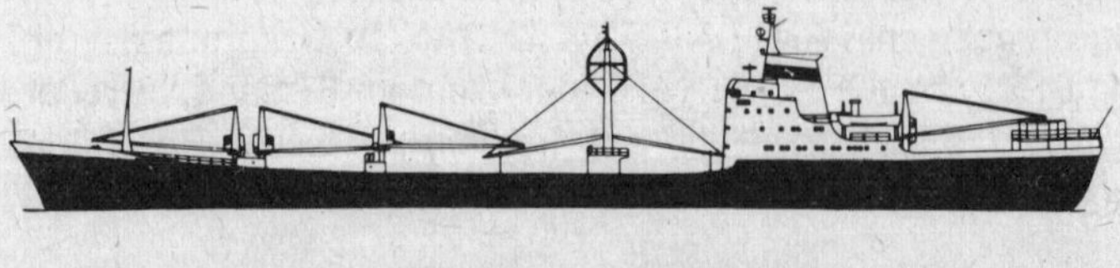

MS KASPIYSK

gungen erlitten. Ihre Beseitigung kostete 56000 Rubel. + + +
Die unmittelbare Ursache für den Seeunfall war das falsche Kommando des Lotsen. Zum mißglückten Manöver trug auch die falsche Angabe über die Stromrichtung bei. Man kann allerdings auch den Kapitän des Schiffs nicht von jeder Schuld freisprechen. *Die weitverbreitete Praxis, die Schiffsführung dem Lotsen anzuvertrauen, ist durch nichts gerechtfertigt.* Bekanntlich hat der Rudergänger nur die Befehle des Kapitäns auszuführen. Die Tätigkeit des Kapitäns als „Befehlsübermittler" benötigt praktisch nicht mehr Zeit, als für die Ausführung eines vom Lotsen direkt gegebenen Kommandos notwendig wäre. Die Zwischenschaltung des Kapitäns kann aber die negativen Folgen möglicher Lotsenfehler wesentlich herabsetzen.
Im vorgenannten Fall hätte der Fehler des Lotsen nicht die Folgen gehabt, wäre sein Kommando über den Kapitän gegeben worden. Der Kapitän, der faktisch die Schiffsführung dem Lotsen anvertraute, reagierte zwar richtig, aber nicht schnell genug, denn der Rudergänger hatte bereits begonnen, das Ruder nach Steuerbord zu legen, wodurch die Drehung nach Backbord verzögert wurde.

+ + + Eine der Hauptursachen für die Grundberührung des Motorschiffs BALTIYSK, vermessen mit 5585 BRT, das am 20. September 1975 den St.-Lorenz-Strom befuhr, war ebenfalls ein falsches Kommando des Lotsen für eine Kursänderung in Richtung auf eine nahegelegene Gefahrenstelle. Im Unterschied zum vorhergehenden Fall wurden auf der BALTIYSK die Kommandos vom Kapitän wiederholt. Obwohl ein falsches Kommando des Lotsen rechtzeitig vom Kapitän berichtigt wurde, komplizierte sich die Situation durch für diese Lage ungerechtfertigte Handlungen. Es wurde volle Fahrt zurück gegeben und gleichzeitig der Anker fallen gelassen. Dadurch ging das Schiff völlig auf Stopp und trieb durch den Strom auf einen Felsen. + + +

MS BALTIYSK

Diese beiden Seeunfälle zeigen, welche Folgen auftreten können, wenn der Kapitän nicht bereit ist, sofort einen Fehler des Lotsen zu berichtigen. Dafür sind aber ein ständiges Mitkoppeln, höchste Aufmerksamkeit und eine kritische Einstellung zum Lotsenrat erforderliche Voraussetzung. Nicht selten werden Lotsen angetroffen, die ungenügende Qualifikation für die Führung von Großschiffen besitzen. Aber auch mit ihren Kenntnissen des Lotsenreviers, besonders der Tiefen in den Hafengewässern, ist es nicht immer gut bestellt. Verdeutlichen wir dies anhand einiger Beispiele.

+ + + Das Motorschiff BEREZNIK der Litauischen Reederei, vermessen mit 2873 BRT, hatte Bauxit geladen und lief vom Hafen Itèa zum schwedischen Hafen Oxelösund. Der Tiefgang vorn betrug 4,9 m und achtern 5,5 m. Am 22. Januar 1977 erreichte das Schiff um 23.13 Uhr die Lotsenübernahmeposition in der Nähe des Leuchtturms Gustav-Dalèn. Nachdem die BEREZNIK selbständig zum Ankerliegeplatz gelaufen war, ging sie um 01.00 Uhr (am 23. Januar) 5 kbl westlich der Insel Vinterklasen in Erwartung des Lotsen vor Anker. Nach Lotsenübernahme ging das Schiff um 02.32 Uhr Anker auf, machte langsame Fahrt voraus und drehte auf 140°, um die Ausgangsposition anzulaufen, von der aus das Schiff in den Hafen einlaufen konnte. Zu dieser Zeit wehte ein Südostwind mit Stärke 5 bis 6. Es herrschte Seegang 4 und durch leichten Schneefall eine Sicht von 3 sm. Neben dem Kapitän und dem Lotsen befanden sich der 2. Offizier, der die Radaranzeigen verfolgte und die Lotsenkommandos registrierte, der Rudergänger und ab 02.40 Uhr auch der 1. Offizier auf der Brücke. Da die Sicht ausreichend war, orientierte sich der Lotse anhand der verschiedenfarbigen Sektoren der Leuchtbaken. Er benutzte daher kaum das Radargerät. Um 02.43 Uhr war der Schiffsort bestimmt. Der Lotse bestätigte, daß das Schiff die berechnete Position erreicht hatte. Daraufhin wurde auf Kommando des Lotsen eine Kursänderung nach Backbord eingeleitet, um in das zum Hafen zwischen den Inseln Klasshällan und Beten hindurchführende Fahrwasser einzudrehen. Um 02.47 Uhr gab der Lotse das Kommando „Recht so!". Das Schiff steuerte einen Kurs von 350°. Nach einer weiteren Minute, also um 02.48 Uhr, wurde das Ruder erneut zunächst um 5° und danach nochmals um 20° nach Backbord gelegt. Es war noch keine halbe Minute vergangen, als das Schiff auf einem Kurs von 340° etwa 70 m von der Leuchtbake Klasshällan entfernt mehrere Male Grundberührung hatte. Das Ergebnis waren starke Beschädigungen am Schiffsboden. Die Kosten für deren Beseitigung beliefen sich auf 87000 Rubel. + + +

Es ist offensichtlich, daß der unmittelbare Grund für diesen Seeunfall ein vom Lotsen begangener Fehler war, bei dem es sich um eine fehlerhafte Schätzung der Entfernung zwischen Schiff und Feuer Klasshällan handelte. Die tieferen Ursachen

MS JOSE DIAZ, ein Schwesterschiff des MS BEREZNIK

MS BEREZNIK

liegen jedoch nicht im Fehler des Lotsen. Die Schiffsführer sind verpflichtet, die Möglichkeit des Auftretens solcher Fehler einzukalkulieren. Die Schiffsleitung wäre in der Lage gewesen, die schwere Grundberührung zu verhindern, wenn sie selbständig navigiert hätte. Dazu hätte jedoch die Karte so vorbereitet sein müssen, daß ein Blick genügte, um festzustellen, daß eine weitere Drehung des Schiffs in Richtung Klasshällan-Feuer, über eine Seitenpeilung von 350°hinaus, gefährlich ist. Wenn also die Gefahrenstandlinien zu beiden Feuern eingetragen und die Mindestabstände zu diesen ermittelt worden wären, hätte man das Risiko eines Seeunfalls erheblich herabgesetzt. In diesem Zusammenhang sei daran erinnert, daß sich auf der Brücke der Kapitän und zwei seiner erfahrensten Offiziere aufhielten und das Radargerät vom Lotsen nicht benutzt wurde. Es war frei für die Navigatoren. Damit waren alle Voraussetzungen für eine aktive Kontrolle der Schiffsbewegung gegeben. Stattdessen befaßte sich der Wache gehende 2. Offizier mit der Schiffsortbestimmung, wobei er offenkundig veraltete, wenn auch nur um eine Minute verspätete Ortsbestimmungen in die Karte eintrug. Der 1. Offizier stand zu dieser Zeit unbeteiligt neben dem Kapitän. Bei einem solchen System der „Aufteilung“ der Beobachter mußte der Fehler des Lotsen zwangsläufig zu einem Seeunfall führen. Die Grundberührung hätte vermieden werden können, wenn die Gefahrenstandlinien in die Seekarte eingetragen und die Peilungen bestimmt gewesen wären. Eine genaue Beobachtung und rechtzeitige Meldung über Peilung und Abstand hätte die Grundberührung verhindern können.

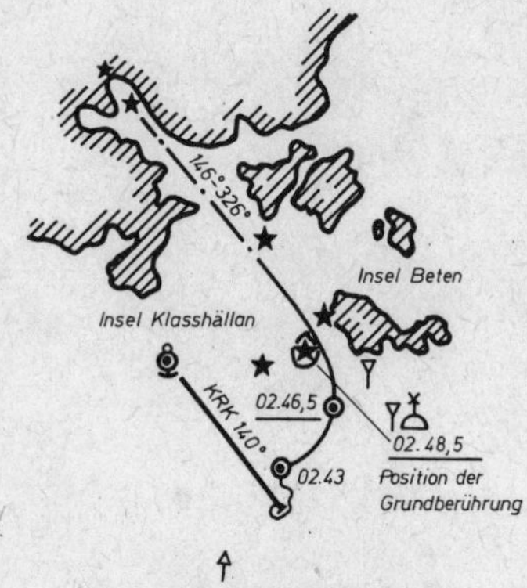

Schematische Darstellung der Grundberührung des MS BEREZNIK

Tatsächlich bezieht sich die letzte Schiffsposition vor der Grundberührung auf die Uhrzeit 02.46,5 Uhr. Das heißt, zwischen dieser und der Position der Grundberührung lagen zwei Minuten. Berücksichtigt man eine Verzögerung durch das Legen des Ruders und die Rückmeldung an den Kapitän, dann verbleibt noch eine Minute. Voraussetzen muß man natürlich, daß der Kapitän eine gewisse Zeit benötigt, um in die Karte zu schauen und eventuell die Seitenpeilung zum Vergleich mit der sichtbaren Lage zu bestimmen. Hierfür kann etwa eine Minute veranschlagt werden. Wird außerdem in Rechnung gestellt, daß der Lotse seine Kommandos direkt an den Rudergänger gab und um 02.48 Uhr der Befehl zur weiteren Backborddrehung gegeben wurde, dann war die Grundberührung unvermeidlich.

Nun war schon die Wache verstärkt worden, der Anker war klar zum Fallen, die Maschine klar zum Manöver, die Schiffsorte wurden bestimmt und trotzdem entsprach die Art der Schiffsführung nicht den Revierverhältnissen. Es wurden die in den Vorschriften festgelegten Forderungen zur Verstärkung der Wache, an die Beobachtung, an die sorgfältige Vorbereitung des zu laufenden Wegs nur formal erfüllt. Die Sicherheit des Schiffs war hierdurch nicht garantiert.

Noch eine Bemerkung: Der Kapitän hätte, ausgehend von den Prinzipien einer guten seemännischen Praxis, nicht sein Einver-

ständnis für das Einlaufen in die Meerenge mit einem solch großen Drehkreis geben dürfen. Er hätte darauf bestehen müssen, weiter zu laufen und kurzfristig den Kurs auf 326° zu ändern. Das umso mehr, da die Sicht eine Nutzung der Ansteuerungsdeckpeilung nicht zuließ. Demzufolge bestand die Grundursache für diesen Seeunfall in der praktisch unkontrollierten Schiffsführung durch den Lotsen.
Nachstehend Beispiele, die auf das unbegründete Vertrauen in die Fähigkeiten der Lotsen, insbesondere auf ihre Kenntnisse über die tatsächlichen Wassertiefen, zurückzuführen sind. Es handelt sich um die Seeunfälle der Motorschiffe USSURIYSK der Fernost-Reederei und MUSA DZHALIL der Schwarzmeer-Reederei.

+ + + Das Motorschiff USSURIYSK, vermessen mit 9501 BRT, legte am 7. August 1977 mit Schlepperhilfe voll abgeladen vom Liegeplatz in Da-nang ab. Der Tiefgang betrug vorn 8,23 m und achtern 8,99 m. Auf der Brücke befanden sich der Kapitän, der Lotse, der 1. und der 4. Offizier sowie der Rudergänger. Nachdem des Schiff von der Pier freikam und zunächst ganz langsame Fahrt zurück machte, wurde ganz langsame Fahrt voraus befohlen. Das Ruder wurde nach Backbord gelegt mit der Absicht, das Motorschiff OTRADNOYE anzulaufen, um diesem Kraftstoff zu übergeben. Um 08.17 Uhr wurde auf Kommando des Lotsen das Ruder auf Steuerbord 10 gelegt. Das Schiff befand sich zu diesem Zeitpunkt bereits in unmittelbarer Nähe einer Untiefe, die an Steuerbord lag. Eine Minute später saß die USSURIYSK auf dieser fest. Das Freischleppen des Schiffs dauerte zwei Tage und machte eine teilweise Leichterung erforderlich. + + +

MS USSURIYSK

Der Fehler des Lotsen bedarf keiner zusätzlichen Erläuterungen. Er beherrschte einfach seine Aufgabe schlecht. Auf der Brücke hielten sich aber der Kapitän und sein 1. Offizier auf. Sie wußten doch bereits vorher, wo sie hinlaufen wollten. Hätten sie vorher die Peilung zu einer Landmarke oder den sicheren Abstand zur Pier eingetragen und dann diese navigatorischen Eintragungen unter Kontrolle gehalten, so wäre das Schiff nicht festgekommen. Aber auch in diesem Fall hatte der Kapitän dem Lotsen unkontrolliert die Schiffsführung überlassen.

+ + + Das Motorschiff MUSA DZHALIL, vermessen mit 10109 BRT, hatte im philippinischen Hafen Tacloban Ladung bis zu einem Tiefgang von 10,04 m übernommen und lief am 4. Oktober nach Mitternacht selbständig vom Liegeplatz ab, da es im

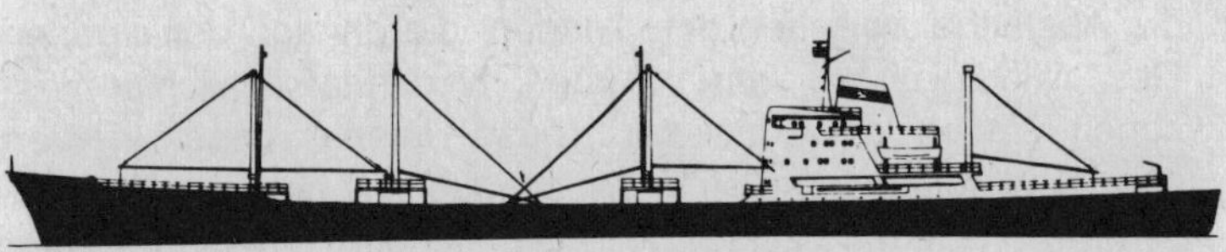

MS MUSA DZHALIL

Hafen keine Schlepper gab. Der Kapitän machte den Lotsen darauf aufmerksam, daß die Tiefen an der Wendestelle nicht ausreichen. Aber der Lotse erklärte ihm, daß die Angaben in der sowjetischen Karte veraltet seien, da im gesamten Hafenbereich Baggerarbeiten durchgeführt wurden. Während der Drehung, die vollständig unter Leitung des Lotsen erfolgte, kam das Schiff auf einer Untiefe fest. + + +

Ohne die offensichtliche Unzuverlässigkeit des Lotsen bemänteln zu wollen, sei festgestellt, daß während des Aufenthaltes im Hafen durchaus die Möglichkeit bestanden hat, die Zuverlässigkeit der in der Karte angegebenen Tiefen zu überprüfen, zumal der Kapitän ja wußte, daß keine Schlepper zur Verfügung stehen werden und daß das Schiff selbständig ablegen und anschließend drehen muß. Natürlich hätte sich diese Überprüfung nur auf eine Rücksprache mit dem Hafenamt erstrecken können. Das Aussetzen eines Bootes und die Vornahme von Peilungen wäre nur mit Zustimmung des Hafenkapitäns möglich gewesen.

1.1.5. Fahrt ohne Lotsen in einem Lotsrevier

Manche Kapitäne begehen den Fehler, ohne Lotsen das Lotsrevier zu befahren. Das geschieht meistens dann, wenn die Anwesenheit eines Lotsen, seine genauen Kenntnisse der örtlichen Besonderheiten, neuer Erscheinungen und zeitweiliger Schiffahrtshindernisse eine bedeutende Hilfe für den Kapitän sein könnten. Besonders klar treten solche Fehler bei der Fahrt in „fremden“ Gewässern zutage, d. h. in Gebieten, in denen der Kapitän zuvor nie oder selten bzw. vor langer Zeit war.

So ereigneten sich beispielsweise die schwersten Seeunfälle der Schiffe der Fernost-Reederei im Schwarzen Meer und in Nord- und Ostsee. Die Kapitäne der entsprechenden Schiffe hatten völlig unbegründet eine Lotsenberatung abgelehnt. Hervorgehoben werden muß dabei, daß nicht nur die Wichtigkeit der Lotsenberatung in einem wenig bekannten Seegebiet verkannt wurde, sondern gleichzeitig auch ernsthafte Mängel in der Organisation des Dienstes auf der Brücke zu verzeichnen waren.

Vielfach wurde bei der Fahrt in komplizierten Gewässern ohne Lotsenberatung der Schiffsort nur anhand der schwimmenden Seezeichen kontrolliert. Das führte bei einer auch nur kurzzeitigen Ablenkung, vor allem beim Wachwechsel oder bei einer Abweichung der tatsächlichen Lage der Tonnen von der in der Karte eingezeichneten Position, in vielen Fällen zum Verlust der Orientierung, und zu einer vorzeitigen oder verspäteten Kursänderung. In einigen Fällen unterließen die Offiziere sogar das Mitkoppeln. Vor allem versäumten sie, die Zeitzwischenräume und die Abstände zwischen den Tonnen, die anhand der eigenen Geschwindigkeit berechnet wurden, mit den tatsächlich gemessenen Werten zu vergleichen. Diese Unterlassungen werden aber nicht nur in „fremden", sondern auch in bekannten Gewässern des „eigenen" Einsatzgebiets begangen. Sie können katastrophale Folgen bei Fahrten von Großschiffen haben, die unter Bedingungen erhöhter Schwierigkeit, zum Beispiel bei verminderter Sicht oder nachts im Bosporus, in den Ostseemeerengen und einigen anderen komplizierten Seegebieten ausgeführt werden. Schiffe, auf denen unbegründet die Beratung durch einen Lotsen abgelehnt wurde, sind mit 9 % an der Zahl der Seeunfälle beteiligt. Nachstehend einige charakteristische Beispiele für das Festkommen und für Grundberührungen bei der Fahrt ohne Lotsenberatung in Lotsrevieren.

+ + + Der Tanker TBILISI mit einer Tonnage von 7653 BRT, ein Schiff der Grusinischen Reederei, lief am 2. Mai 1976 aus Klaipeda, beladen mit Dieselkraftstoff, nach westeuropäischen Häfen aus. Der Tiefgang betrug vorn 8,7 m und achtern 8,8 m. Am folgenden Morgen machte um 05.00 Uhr der Wache gehende 1. Offizier eine Ortsbestimmung und stellte dabei fest, daß die Position nach hinten und nach Backbordseite vom empfohlenen Fahrwasser Nr. 55 abwich. Das Schiff lief aber trotzdem den zuvor gesteuerten Kurs weiter. Die um 07.40 Uhr durchgeführte Beobachtung ergab, daß sich das Schiff auf einer Position befand, die 4,5 sm hinter dem berechneten Ort lag. Die Versetzung wurde nicht in die Karte eingetragen. Um 08.00 Uhr führte der 1. Offizier erneut eine Ortsbestimmung durch und übergab die Wache an den 3. Offizier. Dieser überprüfte den Schiffsort nur einmal während der gesamten Wache, und zwar um 12.00 Uhr bei der Wachübergabe. Er beschränkte sich darauf, die Zeiten für das Passieren der Tonnen und die Abstände zu ihnen (die auch nur geschätzt wurden) zu registrieren. Auf die gleiche Weise wurde die Position des Schiffes auch von dem den 3. Offizier ablösenden 4. Offizier bestimmt, der unter Aufsicht des 1. Offiziers Wache ging. Der Unterschied bestand hier allerdings darin, daß überhaupt keine Ortsbestimmungen mehr durchgeführt wurden, sondern daß man sich voll und ganz auf die Betonnung verließ. Weder der Kapitän noch der 1. Offizier forderten Schiffsortbestimmungen mittels navigatorischer Verfahren. Gegen 17.00 Uhr durchlief der Tanker den Langelands Baelt mit Kurs auf die Einfahrt in die Østerrenden. Um 17.28 Uhr wurde der Kurs um 4° nach Steuerbord geändert. Zwei Minuten nach dieser Kursänderung lief das Schiff mit großer Fahrt auf das Halsskov Rev und verlor dabei 1,3 m Tiefgang. + + +

Abb. Seite 73:
DHI-Seekarte Nr. 13;
Ausschnitt Agersø

MT TBILISI

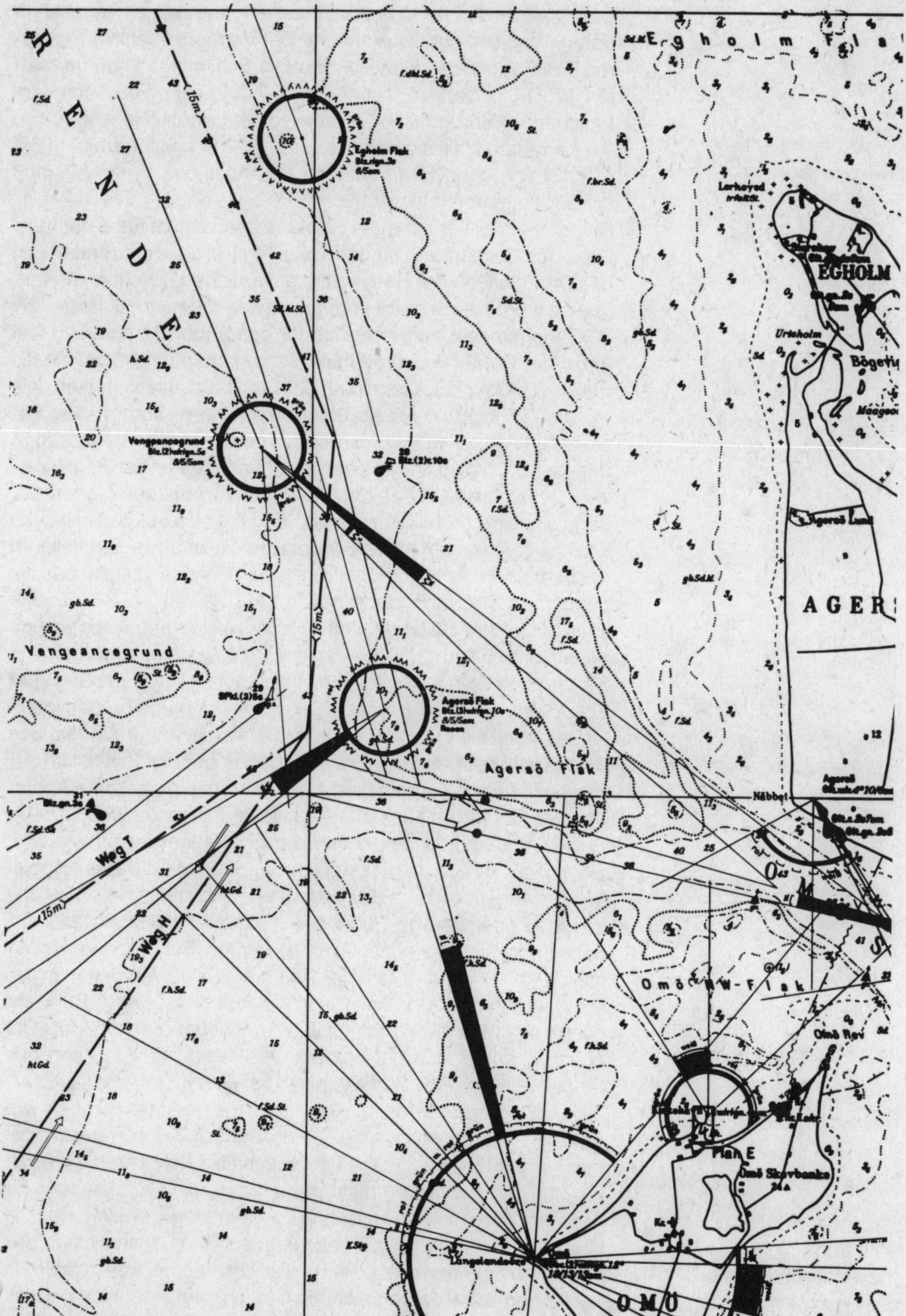
R E N D E
E g h o l m F l a
Egholm Flak
EGHOLM
Lerhoved
Urtsholm
Vengeancegrund
Vengeancegrund
Agersö Flak
Agersö Flak
Näbbet
Weg T
Weg H
Omö NW-Flak
Omö Rev
Plan E
Omö Skovbanke
OMÖ

Die Position, auf der das Schiff festkam, lag seitlich vom schiffbaren Abschnitt der Østerrenden. Der Vermerk über das Passieren des Feuers Halsskov Rev Süd im Schiffstagebuch, der sich auf 17.21 Uhr bezieht, zeugt davon, daß dieses Feuer mit dem Leuchtfeuer Sprogø Süd-Ost verwechselt wurde. Schaut man in die Karte und stellt sich die „Qualität" der Schiffsführung auf der TBILISI vor, dann wird einem recht schnell das ganze Ausmaß der begangenen Fehler klar.

Nachdem der sehr schmale Fahrwasserabschnitt nahe der Insel Omø durchlaufen war, steuerte das Schiff in die Østerrenden ein. Die Organisation der Beobachtung wurde dabei nicht verändert. Visuell wurde steuerbord voraus das Leuchtfeuer Halsskov Rev Süd ausgemacht und irrtümlich für das Feuer Sprogø Süd-Ost gehalten. Daraufhin wurde nach Steuerbord gedreht, um dieses Feuer in 6 bis 7 kbl Abstand an der Backbordseite zu halten, wie es auch wirklich zu passieren gewesen wäre. Sprogø Süd-Ost wiederum wurde wahrscheinlich als der Leuchtturm auf Sprogø angesehen. Völlig sorglos handelnd kam keiner der Schiffsoffiziere (einschließlich Kapitän und 1. Offizier) auf den Gedanken, den Schiffsort zu bestimmen und dabei gleichzeitig die Richtigkeit des gesteuerten Kurses und die Identifikation der Seezeichen nachzuprüfen. An dieser Stelle sei aber auch festgestellt, daß die genannten Seezeichen so angeordnet sind, daß bei Kursen, die etwa in gleicher Seitenpeilung zu jedem dieser Feuer liegen, und bei einer Schiffsortbestimmung mit Hilfe des Radargeräts nach Peilung und Entfernung, ein Fehler bei der Ortsbestimmung über einen verhältnismäßig langen Zeitraum unbemerkt bleiben kann. Hätten aber die Offiziere auf dem Tanker auch nur ein Mal den Schiffsort bestimmt, dann wären ihnen unbedingt Zweifel an der Richtigkeit ihrer Kurse gekommen, dann hätten sie ihren Fehler bemerkt. Es waren auch alle Voraussetzungen gegeben, um den Schiffsort anhand anderer Orientierungspunkte zu ermitteln. Und wenn dies schon unterlassen wurde, brauchte nur das Echolot bei der Annäherung an das Leuchtfeuer Halsskov Rev Süd (das für das Feuer Sprogø Süd-Ost gehalten worden war) oder bei dessen Passieren eingeschaltet zu werden. Schnell wäre festzustellen gewesen, daß sich die Tiefen erheblich von denen in der Karte unterscheiden. Aber nichts dergleichen geschah. Mehr noch, als man sich dem „falschen" Feuer Sprogø Süd-Ost näherte, erhob sich bei keinem die Frage, wo sich denn das Feuer Halsskov Rev Süd eigentlich befindet. Das hätte nämlich 3 bis 4 kbl in Steuerbordrichtung liegen müssen. Offensichtlich war man fest von der durch eigene Einbildung und Fehler geschaffenen „ungefährlichen" Lage überzeugt. Dadurch waren der Kapitän und seine Offiziere nicht in der Lage, die Situation und die eigenen Handlungen kritisch zu werten. Sie gerieten nicht in Zweifel, sondern schoben unbewußt zur Seite, was nicht in das von ihnen angenommene Bild paßte. Ungeachtet aber aller Fehlleistungen wäre es natürlich nicht zu diesem Seeunfall gekommen, wenn man die Seezeichen nicht verwechselt hätte. Zwar

Abb. Seite 75:
Schematische Darstellung des Festkommens der Tanker TBILISI und PENZA

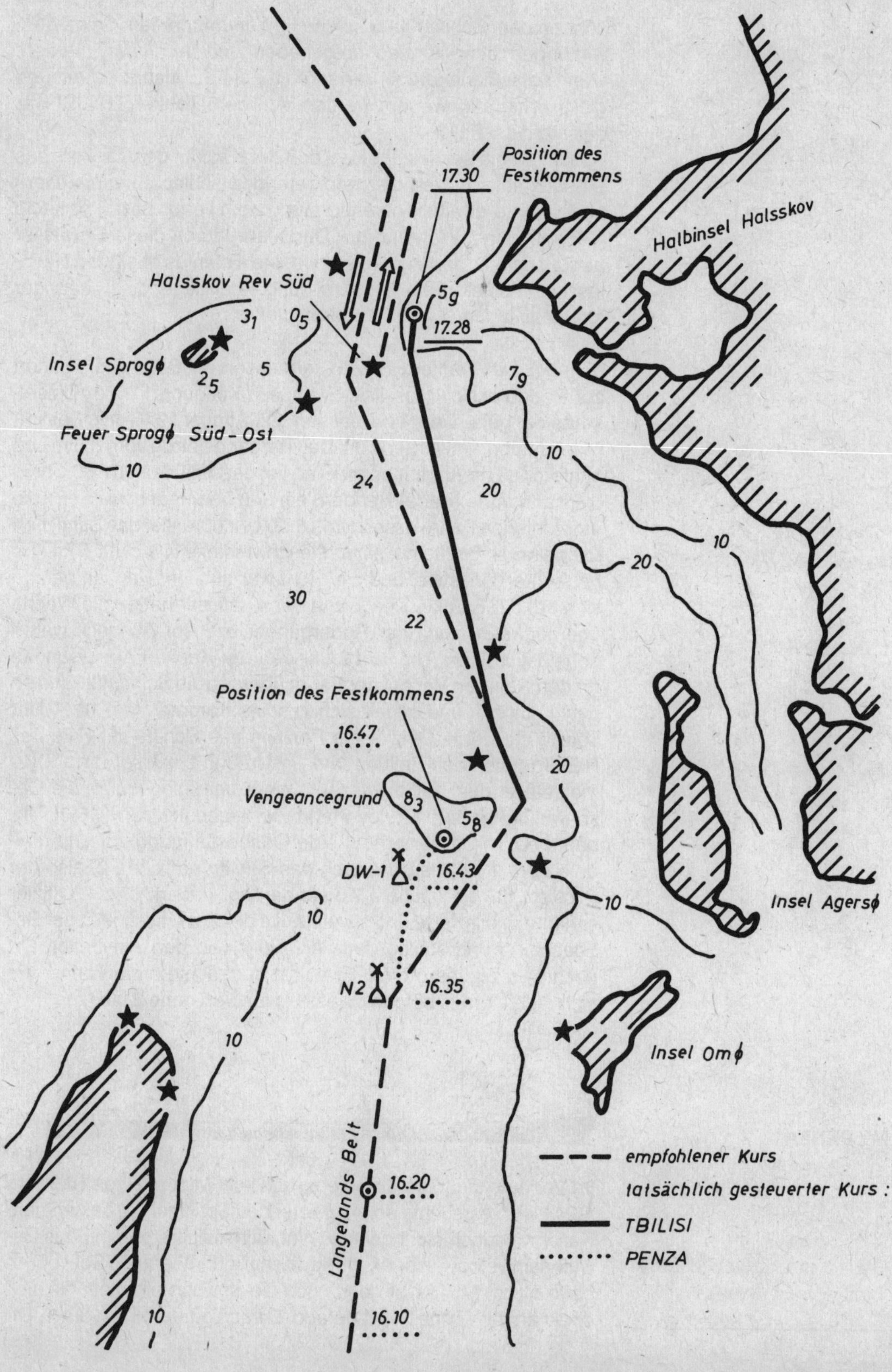

Position des Festkommens
17.30
Halbinsel Halsskov
Halsskov Rev Süd
5g
05
31
17.28
Insel Sprogø
25
5
7g
Feuer Sprogø Süd-Ost
10
10
24
20
10
20
30
22
Position des Festkommens
16.47
20
Vengeancegrund
83
58
DW-1
16.43
10
Insel Agersø
10
N2
16.35
Insel Omø
10
Langelands Belt
16.20
10
16.10
empfohlener Kurs
tatsächlich gesteuerter Kurs :
TBILISI
PENZA

können dem Schiffsführer solche Fehler unterlaufen. Seine Auswirkungen aber können aufgehoben und verhindert werden, wenn verschiedenartige Verfahren für die Schiffsortbestimmung gleichzeitig angewendet werden. Auf dem Tanker TBILISI war das nicht der Fall.
Abschließend sei hinzugefügt, daß der Kapitän des Tankers das Einsatzgebiet in den Ostseemeerengen schlecht kannte. Dennoch lehnte er eine Lotsenberatung ab. Hierfür besaß er keine Genehmigung. Während der Durchfahrt durch diese Gewässer begünstigte er dann noch durch seine Tatenlosigkeit und Nachlässigkeit objektiv die Herausbildung einer Lage, die früher oder später zu einem Seeunfall führen mußte.

+ + + Der Tanker PENZA, vermessen mit 8229 BRT, gehört zur Reederei Noworossijsk. Er hatte in Klaipeda 11660 t Dieselkraftstoff gebunkert und lief am 22. August 1976 mit Bestimmungshafen Antwerpen aus. Der Tiefgang betrug vorn 8,5 m und achtern 9,2 m. Am folgenden Tag lief das Schiff um 07.00 Uhr in die Kadetrinne (Kadet Renden) ein und befuhr anschließend die empfohlenen Fahrwasser. Um 16.00 Uhr durchlief das Schiff den Langelands Baelt mit einer Geschwindigkeit von 11,5 kn. Es herrschte Windstille, und die Sicht war gut. Der Kapitän befand sich auf der Brücke. Der 1. und der 4. Offizier hatten die Wache übernommen, auch der Rudergänger und der Ausguck waren abgelöst worden. Um 16.10 Uhr gab der Kapitän Anweisungen für den weiteren Verlauf der Fahrt, übergab die Schiffsführung an den 1. Offizier und begab sich in seine Kammer. Um 16.20 Uhr überprüfte der 4. Offizier die Position des Schiffs mit Hilfe des Radargeräts nach Peilung und Entfernung zur Insel Omø. Dies meldete er dem 1. Offizier. Auf sein Kommando wurde die Geschwindigkeit auf Manöverfahrt herabgesetzt. Um 16.35 Uhr nahm der 4. Offizier erneut eine Ortsbestimmung vor und meldete dem 1. Offizier, daß sich das Schiff der Tonne 2, also der Position für die nächste Kursänderung, nähert. Der 1. Offizier schaute in die Karte und zweifelte an der Zuverlässigkeit der Beobachtung und schlug dem 4. Offizier vor, den ermittelten Ort nochmals zu überprüfen. Er selbst beobachtete die Tonne, die sich recht voraus befand und die er für die Tonne 2 hielt.

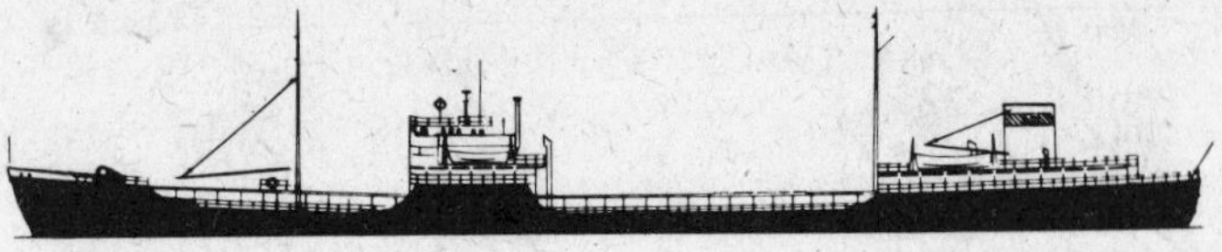
MT PENZA

Im Verlaufe der folgenden sieben bis acht Minuten (von 16.36 bis 16.44 Uhr) versuchte der 4. Offizier den Schiffsort zu bestimmen, was ihm jedoch nicht gelang. Wahrscheinlich störte ihn das Bewußtsein einer schnell heraufziehenden Gefahr. Schließlich hatte er um 16.44 Uhr doch noch die Position ermittelt, die sich direkt an der Tonne DW-1 befand. Diese Tonne wurde vom 1. Offizier beobachtet. Ein oder zwei Minuten zuvor war der Kapitän auf der Brücke erschienen. Ihm war vom 1. Offizier gemeldet worden, daß das Schiff die Tonne 2 voraus anläuft und der Kurs auf 32° geändert wird. Auch an die Richtigkeit der letzten, vom 4. Offizier ermittelten Position, glaubte der 1. Offizier nicht, so daß er selbst mit der Schiffsortbestimmung begann. Das Schiff steuerte seit 16.45 Uhr den neuen Kurs von 32°. Der Schiffsort konnte nicht mehr ermittelt werden, denn um 16.47 Uhr kam der Tanker PENZA mit großer Fahrt auf dem Vengeance-Grund fest. Dabei verlor er 110 cm Tiefgang. Erst vier Tage später konnte die PENZA nach einer teilweisen Leichterung mit Hilfe eines Bergungsschiffes freigeschleppt werden. + + +

Wo liegen die Ursachen für diesen Seeunfall? Wenn ein solches Schiff, wie die PENZA, die kompliziertesten Fahrwasserabschnitte des Großen Belt und insbesondere die Engen in der Nähe der Insel Omø und der Østerrenden passiert, reicht es völlig aus, wenn sich auf der Brücke der Kapitän und zwei seiner Offiziere befinden. Da es sich bei dem einen Offizier um den 1. Offizier handelte, konnte der Kapitän die Brücke verlassen. Ein 1. Offizier muß in der Lage sein, die Seewache auch selbständig in einem schwierigen Fahrwasser zu gehen. Der Kapitän kam um 16.43 Uhr, d. h. vier Minuten vor dem Festkommen auf die Brücke zurück. Zu diesem Zeitpunkt war eine Kursänderung ausgeführt und das Schiff näherte sich schnell dem Flachwassergebiet.

In Vorbereitung auf die Fahrt waren der gefährliche Abstand zur Insel Omø, die sich nicht einmal 3 sm vom Kurs des Schiffes entfernt befand, sowie die Peilung und die Zeit für die Kursänderung nicht ermittelt worden. Wäre dies geschehen, dann hätte der 1. Offizier keine Zweifel bezüglich der Zeit für die Kursänderung zu hegen brauchen, auch dann nicht, als er feststellte, daß der 4. Offizier, als er um 16.35 Uhr die Position des Schiffs in die Karte eintrug, diese nicht mit der Uhrzeit versehen hatte. Bei einer vorschriftsmäßigen Kartenführung hätte der Kapitän seinen 1. Offizier auch nicht fragen müssen, ob die Kursänderung erfolgt sei. Trotz der Schiffsführung durch den 1. Offizier hätte der Kapitän dennoch bedenken sollen, ob er im entscheidenden Abschnitt der Passage die Brücke verlassen darf. So verlor er für längere Zeit den Überblick über die Lage, zumal man völlig ohne Vorbereitung die Durchfahrt durch diese Meerengen begonnen hatte. Die Zeit wäre auf jeden Fall ausreichend gewesen, um in ruhiger Atmosphäre die richtigen Parameter für die Kursänderung zu ermitteln. Aber das ist es ja gerade, daß der Kapitän mögliche Gefahren nicht voraussah und die Wahrscheinlichkeit eines eventuellen Fehlers ausschloß. Nach Rückkehr auf die Brücke hörte er, daß das Schiff bereits an der Tonne DW-1 und nicht erst bei Tonne 2 stehe. Nun war es schon zu spät für ein Eingreifen in die Schiffsführung des 1. Offiziers. Der Kapitän hatte schon nicht mehr die Zeit, um in die Karte zu schauen, wenigstens ungefähr innerhalb weniger Sekunden den Abstand zur letzten Position abzutragen (was sofort Alarm bei ihm ausgelöst hätte) und die Peilung zur Insel Omø zu nehmen sowie zu versuchen, beizudrehen oder das Schiff aufzustoppen. Aber ohne Kenntnis der richtigen Peilungs- und Abstandsangaben und ohne Übersicht über die Lage konnte der Kapitän weder die Situation rechtzeitig einschätzen noch schnell die prinzipiell neue Lage beherrschen. Außerdem sah er eine Tonne in Vorausrichtung, die der 1. Offizier überzeugend als Tonne 2 bezeichnete und an der demzufolge die Kursänderung erfolgen sollte. Zudem war das Wetter ruhig und angenehm, also auch kein Anlaß für eine Alarmsituation. Mit einem Wort, das natürliche Gefühl eines Kapitäns, d. h. das Gefühl einer inneren Unruhe, das Gefühl einer nahenden Gefahr, wurde im Kapitän der PENZA nicht geweckt. Das alte Steuermannsgebot: „Nimm an, Du bist bereits näher an der Gefahrenstelle als Du glaubst" – ein Gebot, das bereits im ersten Ausbildungsjahr an der Seefahrtsschule vermittelt wird, wurde zu diesem Zeitpunkt voll und ganz vergessen.

Die Handlungen des 1. Offiziers sind ursächlich für den Seeunfall. All das, was bereits zum Thema Vorbereitung der Reise gesagt wurde, trifft in vollem Maße auf ihn zu. Was jedoch die Wachdurchführung des 1. Offiziers angeht, so kann man sein Verhalten nicht anders als völlig hilflos und von Fehlern strotzend bezeichnen. Man steht seinen Unterlassungen sprachlos gegenüber. Offensichtlich mißtraute der 1. Offizier den Handlungen des 4. Offiziers in so starkem Maße, daß er die Standorte als unglaubwürdig abtrat, aber selbst erst viel zu spät mit einer Standortbestimmung begann.

Wieviel Zeit braucht man denn, um die Peilung und Entfernung selbst in die Karte einzutragen? Eine Minute! Gut – sagen wir zwei, aber höchstens fünf! Nehmen wir nochmal die gleiche Zeit für die Ortsbestimmung und die Kontrolle der Lage auf dem Radarbildschirm. Es war also genügend Zeit vorhanden. Der 4. Offizier hätte in der Zwischenzeit bereits in der Brückennock am Peildiopter stehen und das Einsteuern in die Peilung für die Kursänderung kontrollieren können. Annähernd gleiche Werte der Radar- und der visuellen Peilung in Verbindung mit der Entfernung und einer Tiefenlotung wären eine Garantie für die Sicherheit der Fahrt gewesen. Dabei sei darauf hingewiesen, daß eine Garantie hierfür nur unter den vorhandenen günstigen äußeren Bedingungen existierte, denn in diesem Gebiet liefen in diesen Minuten keine anderen Schiffe und hydrometeorologische Störungen fehlten ganz. Bei Vorhandensein derartiger Störfaktoren wäre das Schiff weitaus stärker gefährdet gewesen. Der 1. Offizier verließ sich einzig und allein auf die Betonnung. Er vertraute nicht den Beobachtungen des 4. Offiziers. Er fand nicht einmal die Zeit, auf der Karte alle zehn Minuten den Koppelort zu vermerken. Dies läßt sich nur mit sehr großer Selbstüberschätzung erklären. Den Kapitän trifft vor allem der Vorwurf, daß er keinen Lotsen annahm, und als er wieder auf der Brücke erschien, sich nur auf die schwimmenden Seezeichen verließ.

Schlußfolgernd kann man feststellen, daß die Grundursache dieses Seeunfalls im fehlenden Verantwortungsbewußtsein des Kapitäns und des 1. Offiziers des Tankers PENZA, in ihrer unzureichenden Vorbereitung auf die Passage zu suchen ist.
Unschwer kann man Ähnlichkeiten zwischen den beiden zuletzt beschriebenen Seeunfällen feststellen. Obwohl beiden Kapitänen Erfahrungen für die Fahrt in den dänischen Meerengen fehlten, lehnten sie eine Lotsenberatung ab.
Sie legten eine ganz und gar unbegründete Selbstsicherheit an den Tag. Auf beiden Schiffen verließ man sich ausschließlich auf die Betonnung. Das Vorkommnis mit dem Tanker TBILISI war für die Schiffsleitung der PENZA keine Lehre. Bedenkt man, daß der zeitliche Abstand zwischen beiden Seeunfällen nicht einmal vier Monate betrug und die Grundberührungen fast an der gleichen Stelle erfolgten, so kommt die ganze Verantwortungslosigkeit der Schiffsleitung zum Ausdruck.
Nicht weniger aufschlußreich sind auch die Fälle des Festkommens der beiden Tanker LENINABAD und LYUBERTSY, die nachstehend beschrieben werden.
+ + + Der Tanker LENINABAD von der Noworossijsker Reederei, vermessen mit 23110 BRT, hatte in Ventspils 32816 t Rohöl bis zu einem Tiefgang von 10,84 m geladen. Er lief am 2. November 1974 mit Bestimmungshafen Emden aus. Für die Fahrt durch die dänischen Meerengen forderte der Kapitän einen Lotsen an, den er zu Beginn des Fahrwassers 55 übernehmen wollte. Als er jedoch auf der festgelegten Position keinen Lotsen antraf, beschloß er, ohne Lotsenberatung die Fahrt fortzusetzen. Hierfür hatte er weder eine Genehmigung, noch besaß er Erfahrungen für das Durchlaufen dieser Meerengen. Auch die anderen Offiziere an Bord verfügten über keine entsprechenden Erfahrungen. Das Passieren dieser gefährlichen Gewässer war zuvor auch nicht theoretisch durchgespielt worden.
Um 02.53 Uhr, das Schiff lief mit 17 kn, wurde der Große Belt erreicht. Der Wachingenieur wurde davon nicht verständigt, die Wache auf der Brücke nicht verstärkt und der Anker nicht klar zum Fallen gemacht. Um 04.30 Uhr begab sich der Kapitän, der sich zuvor lange Zeit auf der Brücke aufgehalten hatte, ohne irgendwelche Weisungen an den Wache gehenden 1. Offizier zu erteilen, in den Kartenraum, um sich auszuruhen.
Als ihn dann später der 1. Offizier wecken wollte, reagierte er nicht. Er hatte somit in diesem Zeitraum keinen Anteil an der Schiffsführung. Um 08.00 Uhr sollte die Wache an den 3. Offizier übergeben werden. Diese Funktion wurde aber wegen Abwesenheit des 3. Offiziers vom 4. Offizier wahrgenommen. Zusätzlich blieb der 1. Offizier auf der Brücke und behielt die Schiffsführung

MT LENINABAD

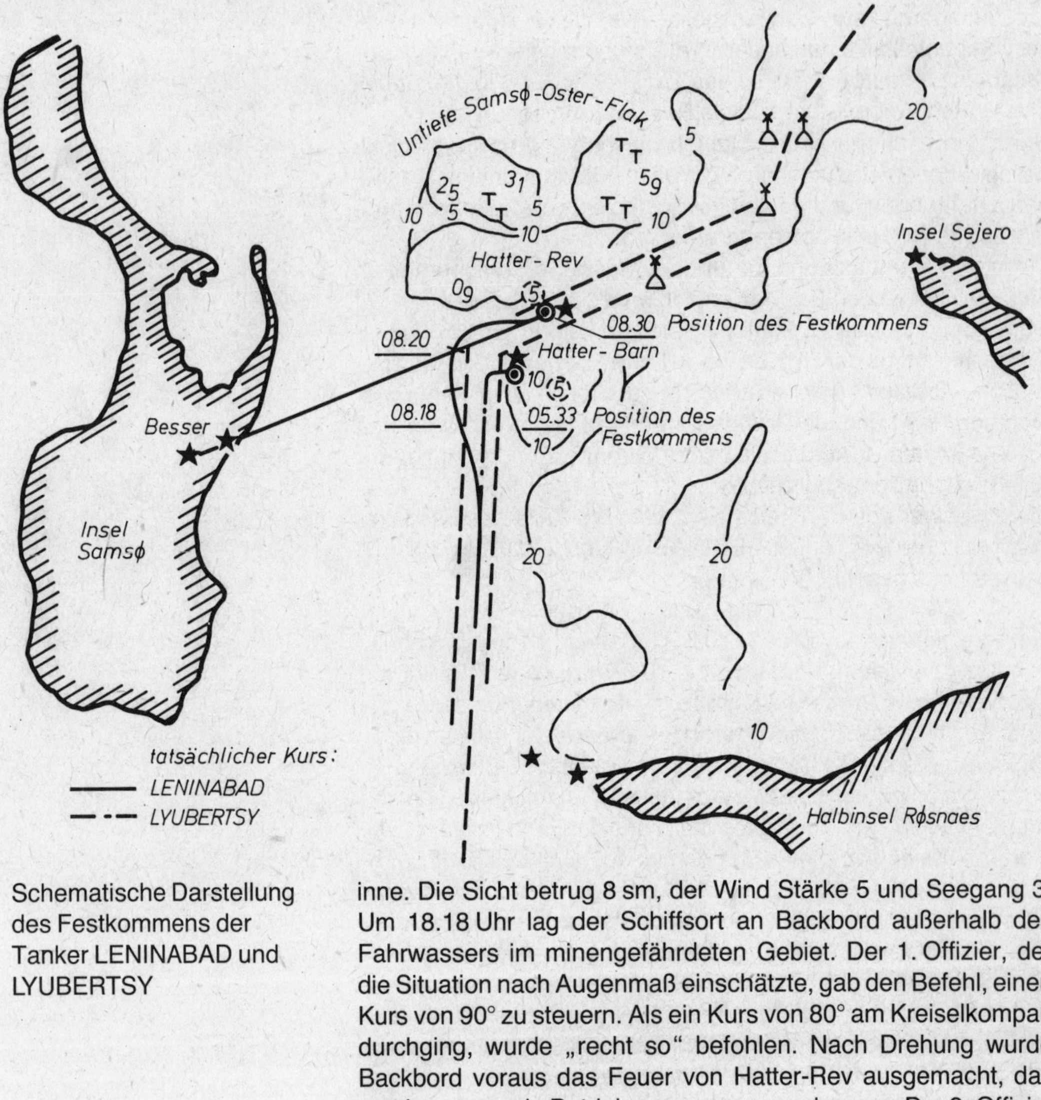

Schematische Darstellung des Festkommens der Tanker LENINABAD und LYUBERTSY

inne. Die Sicht betrug 8 sm, der Wind Stärke 5 und Seegang 3. Um 18.18 Uhr lag der Schiffsort an Backbord außerhalb des Fahrwassers im minengefährdeten Gebiet. Der 1. Offizier, der die Situation nach Augenmaß einschätzte, gab den Befehl, einen Kurs von 90° zu steuern. Als ein Kurs von 80° am Kreiselkompaß durchging, wurde „recht so" befohlen. Nach Drehung wurde Backbord voraus das Feuer von Hatter-Rev ausgemacht, das erst kurz zuvor in Betrieb genommen worden war. Der 3. Offizier hatte irrtümlich dieses Feuer südlich von seinem tatsächlichen Standort in die Karte eingetragen. Daher entschied sich der 1. Offizier, es an Steuerbord zu halten, um nicht durch das sehr schmale Fahrwasser zwischen dem Leuchtfeuer und der Flachwasserbank Hatter-Barn laufen zu müssen. Um 08.28 Uhr ging das Schiff auf Befehl des 1. Offiziers auf einen Kurs von 63°, wonach das Feuer in geringem Abstand schwach Backbord voraus in Sicht kam. Der 1. Offizier gab den Befehl „Backbord 10!" und anschließend „Hart Backbord!". Nach etwa zwei Minuten befand sich der Tanker im Drehkreis und setzte mit voller Fahrt auf das Hatter-Rev auf. Erst fünf Tage später kam das Schiff nach teilweiser Leichterung frei. + + +

Die unmittelbare Ursache für diesen Seeunfall liegt in der falschen Eintragung des Seezeichens in die Karte und im Manöver, das aufgrund dieses Fehlers ausgeführt wurde. Hätte nun die Sicherheit des Schiffes trotz des Fehlers gewährleistet werden können? Das wäre möglich gewesen, wenn beim Passieren der kritischen Fahrwasserabschnitte der Schiffsort zu jedem Zeitpunkt bekannt gewesen wäre, und wenn die Kursänderung nach voraus berechneten navigatorischen Parametern, die einer ständigen Kontrolle unterliegen müßten, durchgeführt worden wäre. Insbesondere wäre aufmerksam in die Deckpeilung „besser" einzusteuern gewesen, die zwischen Hatter-Rev und Hatter-Barn hindurchführt. Außerdem hätte das Verantwortungsbewußtsein den Kapitän zwingen müssen, auf den Lotsen zu warten. Wäre dies unmöglich gewesen, hätten die schwierigsten Fahrwasserabschnitte am Tage passiert werden können. Da dies leider nicht erfolgte, ergab sich letztlich daraus der eigentliche Grund für diesen Seeunfall.

+ + + Das Schwesterschiff der LENINABAD, der Tanker LYUBERTSY, hatte gleichfalls im Hafen Ventspils 11 496 t Heizöl und 22517 t Rohöl übernommen. Es lief am 21. Juni 1976 nach Kuba aus. Der Tiefgang auf ebenem Kiel betrug 11,3 m. Am 22. Juni lief der Tanker um 20.20 Uhr in die Kadetrinne (Kadet Renden) ein. Das Wetter war ruhig, die Sicht gut. Obgleich der Kapitän keine Erlaubnis seiner Reederei für das selbständige Passieren der Ostseemeerengen hatte, entschloß sich dieser, keinen Lotsen anzufordern. Ungeachtet der unzureichenden Kenntnisse vom Fahrgebiet wurde die Marschroute durch die Meerengen nicht vorgekoppelt. Eine Verstärkung der Wache auf den kompliziertesten Abschnitten des Fahrwassers war nicht vorgesehen. Der Tanker lief mit voller Fahrt 16 kn. Für die Maschine wurden keine Manöverumdrehungen befohlen. Auf der Back war keine Ankerwache aufgezogen. Während der Wache des 2. Offiziers, d. h. am 23. Juni in der Zeit von Mitternacht bis 04.00 Uhr, ruhte der Kapitän im Kartenraum auf der Liege. Er erhob sich von Zeit zu Zeit, um die Lage zu prüfen. 40 Min. nach Antritt der Wache durch den 1. Offizier wurde dieser vom Kapitän befragt, ob ihm die weitere Fahrt klar sei. Als er eine bejahende Antwort erhielt, begab er sich auf seine Kammer, ohne Weisungen im Wachorderbuch einzutragen. Um 05.24 Uhr hatte das Schiff die Tonne „15" querab. Infolge einer falschen Geschwindigkeitsannahme (der 1. Offizier rechnete mit 18 kn) ergab sich für die Kursänderung auf 65° etwa ein Fehler von anderthalb Minuten. Dies entspricht einer Strecke von 0,4 sm. Nach dem Passieren der genannten Tonne begab sich der 1. Offizier mit dem Ausguck in den Kartenraum, um diesem die Position zu zeigen, auf der der Tanker LENINABAD festgekom-

MT LYUBERTSY

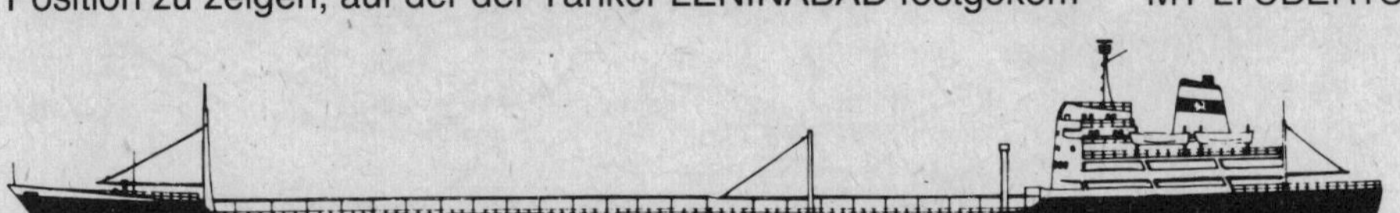

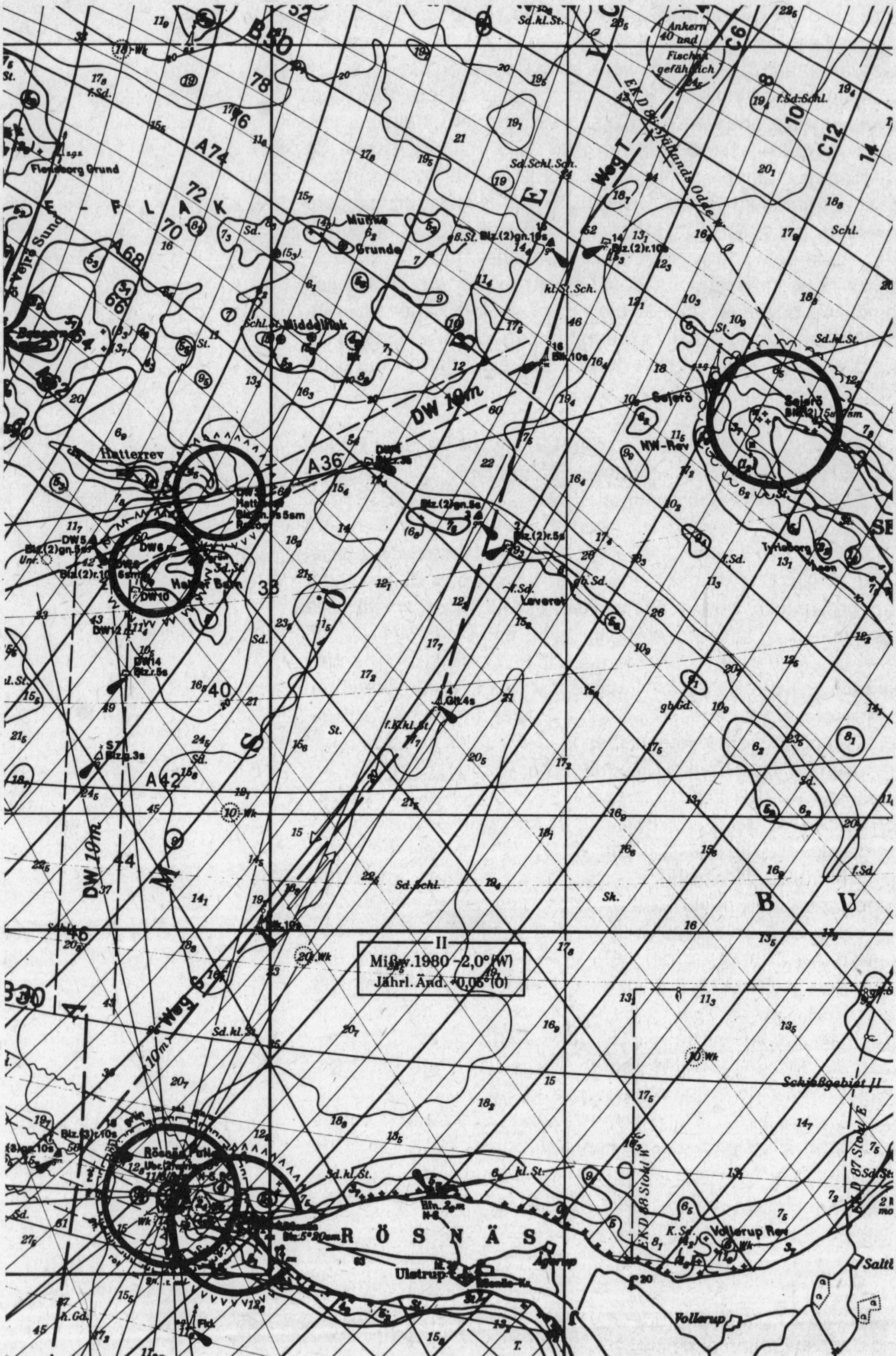
Ankern und Fischen gefährlich
Flensborg Grund
Hatterrev
DW 10m
Weg 1
Sejerö
NW-Rev
Leveret
Sd.Schl.
Sd.kl.St.
B U
Mißw. 1980 -2,0° (W)
Jährl. Änd. +0,05° (O)
Schießgebiet II
R Ö S N Ä S
Ulstrup
Agerup
Vollerup Rev
Vollerup
DW 10m
Weg 6

men war. Er erläuterte ihm die näheren Umstände dieser Grundberührung. Dabei vergingen etwa zwei Minuten. Dieser Zeitraum reichte aus, um eine einsetzende Sichtverschlechterung nicht zu bemerken. Insgesamt fünf Minuten unterließ der 1. Offizier Schiffsortbestimmungen und beobachtete nur den Bildschirm des Radargeräts. Dann betrat er kurz darauf den Kartenraum und bemerkte, daß es bereits 05.30 Uhr war. Er kam zu der Überzeugung, daß er die Kursänderung verpaßt hatte. Sie war ja schon für 05.29 Uhr vorgesehen gewesen. Außerdem schien es ihm, er habe nicht die Bake Hatter-Barn, sondern Hatter-Rev in Sicht. Deshalb gab er ohne Zögern den Befehl zur Kursänderung auf 65°. Als aber das Schiff auf diesen Kurs einschwenkte, tauchte die Hatter-Barn-Bake an Steuerbord voraus auf. Irrtümlicherweise glaubte er zu diesem Zeitpunkt, daß es sich hier um die Hatter-Rev-Bake handele. Er wollte nicht den gleichen Fehler wie die Schiffsleitung der LENINABAD wiederholen und gab dem Rudergänger Befehl, mehr Steuerbord zu steuern, um die Bake an Backbordseite zu halten. Die Hatter-Barn-Bake hatte zu diesem Moment einen Abstand von 2 bis 3 kbl. Der Rudergänger legte das Ruder hart Steuerbord, um die Drehung des Schiffs zu beschleunigen. Etwa eine Minute nach dem letzten Befehl lief der Tanker mit einem Kurs von 81° in voller Fahrt 0,5 kbl südlich der Bake Hatter-Barn auf eine Untiefe auf, wobei er 0,9 m Tiefgang verlor. Erst vier Tage später kam das Schiff nach teilweiser Leichterung wieder frei. + + +

Die unmittelbare Ursache für das Festkommen war der Fehler des 1. Offiziers. Aber betrachten wir doch einmal, was diesem vorausging. Knapp eine Stunde vor Erreichen eines der schwierigsten Abschnitte des Fahrwassers verläßt der Kapitän die Brücke, um – wie er selbst erklärte – in seiner Kammer eine Tasse Kaffee zu trinken und darauf zu warten, daß er vor der Kursänderung auf die Brücke gerufen wird. Da aber dieser Zeitpunkt nicht vorausberechnet war, was eine Stunde vor der Kursänderung des Schiffs mit ausreichender Genauigkeit hätte erfolgen können, konnte er gar keine Vorstellung davon haben, wann er auf die Brücke gerufen würde. Den Kapitän beunruhigte keineswegs die Tatsache, daß der 1. Offizier allein auf der Brücke war und daß er selbst nach seiner Rückkehr eine bestimmte Zeit benötigt, um sich in der neuen Lage zurechtzufinden. Stellen wir uns einmal vor, daß der 1. Offizier unmittelbar vor der Kursänderung den Kapitän auf die Brücke gebeten und ihm gemeldet hätte, daß Backbord voraus die Bake Hatter-Rev in Sicht ist. Wäre dadurch der Seeunfall verhindert worden? Das ist unwahrscheinlich, denn bis zum Festkommen verblieb so wenig Zeit, daß der Kapitän kaum mit der Lage vertraut geworden wäre. Der 1. Offizier unterschätzte die komplizierten Fahrtbedingungen in diesem Gebiet. Er unterließ es, den Kapitän rechtzeitig vor der Kursänderung (besonders nach der Sichtverschlechterung) auf die Brücke zu bitten und den wachfreien Offizier zur Durchführung der Navigation einzusetzen.

Abb. Seite 82:
DHI-Seekarte NR. 20;
Ausschnitt Hatter-Barn

Anzulasten ist ihm auch das Verlassen der Brücke zusammen mit dem Ausguck unmittelbar vor der Änderung des Kurses. Deshalb bemerkte er verspätet die Sichtverminderung und verlor letztlich die Kontrolle über die Lage.

Eins ist klar: Hätte sich auf der Brücke nur ein Beobachter mehr befunden und hätte sich der 1. Offizier in den entscheidenden Minuten vor dem Festkommen nicht unter dem emotionalen Einfluß der herannahenden Gefahr, sondern in einer ruhigen und besonnenen Verfassung befunden, dann wäre es nicht zu diesem Seeunfall gekommen.

Die Vorkommnisse mit den Tankern LENINABAD und LYUBERTSY gleichen sich sehr. An Bord beider Schiffe verließ der Kapitän die Brücke zu einem Zeitpunkt, als eine der kompliziertesten Stellen des Fahrwassers erreicht wurde. Auf beiden Schiffen hatte man sich ungenügend auf das Durchlaufen der Meerengen vorbereitet. Auf beiden war der Dienst auf der Brücke ungenügend organisiert. Beide Kapitäne handelten verantwortungslos und erkannten nicht die Schwierigkeiten, die ein selbständiges Befahren der Ostseemeerengen mit sich bringt. Beide legten eine unbegründete Selbstüberschätzung an den Tag, als sie auf die Annahme eines Lotsen verzichteten.

+ + + Der Tanker PYATIDYESYATILYETIYE SOVIETSKOY GRUZII der Grusinischen Reederei, vermessen mit 15035 BRT, hatte in Ventspils 22306 t Vergaser- und Dieselkraftstoff übernommen. Er lief am 18. April 1971 mit Bestimmungsort Antwerpen aus. Der Tiefgang betrug vorn 9,46 m und achtern 10,06 m.

Am 20. April erreichte das Schiff um 04.00 Uhr das Feuerschiff Halsskov-Rev. Es wurde ein Kurs von 338° gesteuert. Mit Manöverumdrehungen erreichte das Schiff bei voller Fahrt eine Geschwindigkeit von 13 kn. Das Wetter war ruhig, die Sicht lag bei 3 sm. Auf der Brücke befanden sich der Kapitän, der 1. Offizier, der Rudergänger sowie der Ausguck. Aller drei bis sechs Minuten kontrollierte der Wache gehende 1. Offizier den Ort des Schiffs anhand des Radargeräts. Um 04.45 Uhr befand sich der Tanker 2 kbl nach Steuerbord außerhalb der Fahrwassermitte. Es war zu befürchten, daß das Schiff in den Wassertiefenbereich von 10,3 bis 10,5 m einläuft. Deshalb wurde auf Befehl des Kapitäns der Kurs um 18° nach Backbord geändert, d. h. ein Kurs von 320° gesteuert. Um 04.48 Uhr ergab die nächste Ortsbestimmung, daß die Steuerbordabweichung kompensiert war und das Schiff die Position der Kursänderung auf 0° anläuft. Der Kapitän hätte jedoch berücksichtigen müssen, daß vom Moment der Peilung und der Entfernungsmessung bis zum Erhalt der Position mindestens eine Minute vergeht, in der das Schiff bei einer Ge-

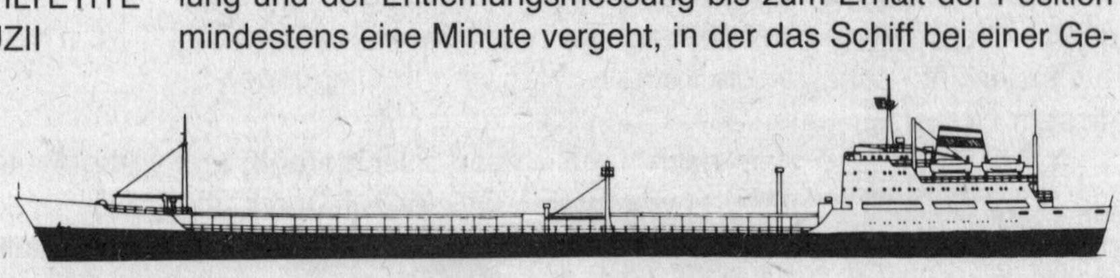

MT PYATIDYESYATILYETIYE SOVIETSKOY GRUZII

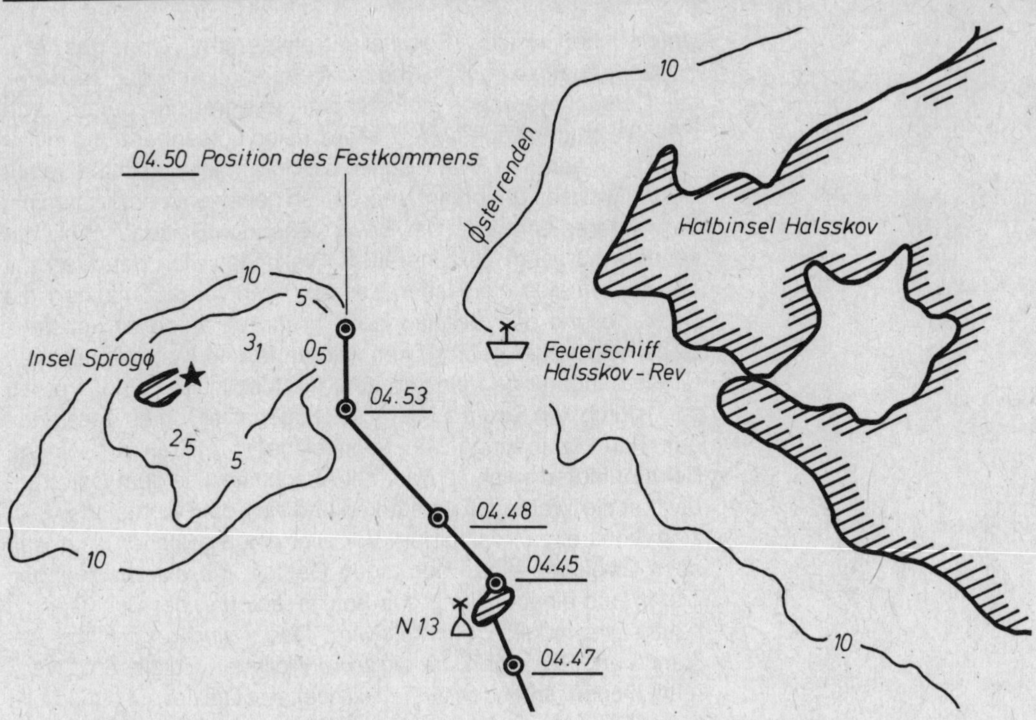

Schematische Darstellung des Festkommens des Tankers PYATIDYESYATILYETIYE SOVIETSKOY GRUZII

schwindigkeit von 13 kn mehr als 2 kbl zurücklegt. Daraus hätte sich ergeben, daß die Position für die Kursänderung bereits erreicht war. Aber, ohne in die Karte zu schauen und die Lage einzuschätzen, setzte er die Fahrt mit dem alten Kurs von 320° fort. Damit schnitt er den Kurs der entgegenkommenden Schiffe. Der 1. Offizier blieb untätig, schätzte die Situation nicht ein und meldete auch nicht das Erreichen der Position zur Kursänderung. Mehr noch: er unterließ es, fünf Minuten lang (nach 04.48 Uhr) den Schiffsort zu bestimmen, obwohl der Tanker sich in einem Gebiet befand, in dem der sichere Abstand nicht nach Seemeilen, sondern nach Kabellängen gemessen wird. Erst 04.53 Uhr kontrollierte er die Position. Als er feststellte, daß sich das Schiff dicht an einer Gefahrenstelle befindet, meldete er dies dem Kapitän und teilte ihm mit, daß es Zeit für die Kursänderung sei. Sofort wurde der Befehl „Hart Steuerbord, Kurs 360°!“ gegeben. Das zeugt davon, daß der Kapitän auch zu diesem Zeitpunkt noch nicht völlig den ganzen Umfang der Gefahr erfaßt hatte. Andernfalls hätte er versuchen müssen, so schnell wie möglich das Schiff aus dem Flachwassergebiet herauszubringen. Er aber beschränkte sich darauf, den zuvor geplanten Kurs zu laufen. Nachdem das Schiff drei Minuten lang auf diesem Kurs gelaufen war, setzte es mit voller Fahrt auf eine Untiefe auf, wodurch es 86 cm Tiefgang verlor. + + +

Die unmittelbare Ursache des Seeunfalls bestand in der verspäteten Änderung des Kurses auf 0°. Der Hauptgrund aber war die Selbstsicherheit des Kapitäns und die unbefriedigende Wachausübung durch den 1. Offizier.

Untersuchen wir diese Feststellung etwas näher. Ohne das Fahrwasser genau zu kennen und ohne Genehmigung der Reederei, die Ostseemeerengen selbständig passieren zu dürfen, entschloß sich der Kapitän trotz allem, keine Lotsenberatung in Anspruch zu nehmen. Wenn schon ein derartiger Entschluß gefaßt wurde, wäre es unbedingt erforderlich gewesen, gemeinsam mit den anderen Offizieren den bevorstehenden Reiseabschnitt besonders sorgsam vorzubereiten. Sie hätten sich detailliert mit den hydrometeorologischen Verhältnissen vertraut machen, die Seekarte und das Seehandbuch gründlich studieren müssen. Dabei waren die gefährlichen Abstände und Kontrollpeilungen für Kursänderungen einzutragen, die Möglichkeit einer Versetzung durch den Strom zu berücksichtigen, die Routen der ständigen Fährverbindungen zu kennzeichnen und anderes mehr. Beim Anlaufen solch schwieriger Abschnitte, wie dem Østerrenden, ist die Wache zu verstärken und sind die Pflichten der Offiziere konkret zu bestimmen. Vor allem muß gesichert sein, daß beim Erreichen eines derartigen Gebiets mit extrem geringen Tiefen und einer Ballung des Schiffsverkehrs, der Schiffsort so häufig wie möglich ermittelt wird. Dabei sind gefährliche Abstände und Peilungen ständig zu kontrollieren. Zu diesem Zweck hätte für den fehlenden Lotsen ein weiterer Offizier auf die Brücke beordert werden müssen.

Zum Beispiel führt der 2. Offizier die Besteckrechnungen durch und trägt die Positionen in die Karte ein, deren Ausgangswerte ihm vom 1. Offizier vom Radargerät mitgeteilt werden. Gleichzeitig kontrolliert er, ob sich das Schiff innerhalb der bereits vorher bestimmten sicheren Abstände und Peilungen zu bestimmten Orientierungspunkten befindet. In diesem Fall konnte es sich um das Feuerschiff Halsskov-Rev und den Leuchtturm auf der Insel Sprogø handeln. Der Kapitän analysiert die nautische Lage und führt das Schiff. Es wäre auch ein anderer Einsatz der Offiziere denkbar. Man muß jedoch stets von den konkreten Besonderheiten und von den vorhandenen Erfahrungen ausgehen und den Einsatz des Radargeräts berücksichtigen. In unserem Fall wurde aber darauf verzichtet. Es ging nur ein Offizier Wache, wenn es sich auch um den 1. Offizier handelte. Aber dieser stand nicht auf der Höhe seiner Aufgaben. Mit einem Wort – der moderne Großtanker wurde wie ein langsam laufendes 500-t-Dampfschiff der zwanziger Jahre geführt, als es vergleichsweise wenige Schiffe, jedoch viel Zeit gab, um einen Fehler festzustellen und zu berichtigen.

1.1.6. Fehlerhafte Handlungen beim Ausweichen vor anderen Schiffen

Ungenügende Beobachtung führt nicht selten zum Festkommen während des Ausweichens vor anderen Schiffen. Häufig ereignen sich solche Fälle auf Flüssen, Kanälen und Fahrwassern sowie in Hafengewässern. Die unmittelbaren Ursachen dafür sind zu späte Ortung des anderen Schiffs und als Folge davon fehlerhafte Ausweichmanöver oder Überholmanöver an nicht geeigneter Stelle. Dies ist zurückzuführen auf eine falsche Vorstellung über die tatsächlich eintretende Situation aufgrund ungenügender optischer Beobachtung.

Zwei Drittel dieser Vorkommnisse entfallen auf Schiffe von Reedereien im Einsatzgebiet Süd, wobei 79 % der beteiligten Schiffe der Kaspischen, der Asowschen und der Sowjetischen Donaureederei angehören, d. h. Reedereien, deren Schiffe häufiger als andere in engen Flachwassergebieten zum Einsatz kommen. Hier schafft das vielfache Passieren enger Gewässer ohne Vorkommnisse eine völlig unbegründete Selbstsicherheit der Schiffsführer. Es ist natürlich nicht leicht, über einen längeren Zeitraum ununterbrochen aufmerksam und ständig bereit zu sein, auf unerwartete Veränderungen der Lage zu reagieren. Aber die Wahrscheinlichkeit für das Auftreten eines Seeunfalls in einer komplizierten Situation ist bei gut ausgebildeten und erfahrenen Offizieren erheblich geringer.

Wenn auch die Mehrzahl dieser Fälle auf kleinere Schiffe entfällt, haben die Schadensumme doch einige wenige, dafür aber großtonnagige Schiffe verursacht. Insgesamt machen für die untersuchte Periode Fälle des Festkommens im Zusammenhang mit dem Ausweichen vor anderen Schiffen 10,2 % der Gesamtzahl der Seeunfälle aus. Nachstehend einige Beispiele für diese Art des Festkommens.

+ + + Der Tanker NIKOLAY PODVOYSKIY, ein Schiff der Noworossijsker Reederei, vermessen mit 15090 BRT, lief am 5. Juni 1974 mit einer vollen Ladung Petroleum aus Tuapse nach Häfen der BRD aus. Der Tiefgang des Schiffs betrug vorn und achtern 9,2 m. Auf der Ansteuerung zum Bosporus lief das Schiff mit einem Kurs von 248°. Es hatte einen Abstand von der Küste von 1,5 sm. Die Geschwindigkeit betrug bei voller Fahrt 17 kn. Die Sicht war gut, und es herrschte schwacher Wind. Ab 19.30 Uhr wurde für die Maschine Manöverfahrt befohlen. Damit machte das Schiff noch 14 kn. Es war also auf die Revierfahrt vorbereitet. Auf der Brücke befanden sich der Kapitän, der 1., der 3. und der 4. Offizier.

Als der Tanker die Einfahrt in den Bosporus erreicht hatte, wurden in einem Abstand von etwa 3 sm zwei Fahrzeuge ausgemacht, die aus der Meerenge ausliefen und bei ihrer weiteren Fahrt den Kurs des Tankers von Backbord nach Steuerbord kreu-

MT NIKOLAY PODVOYSKIY

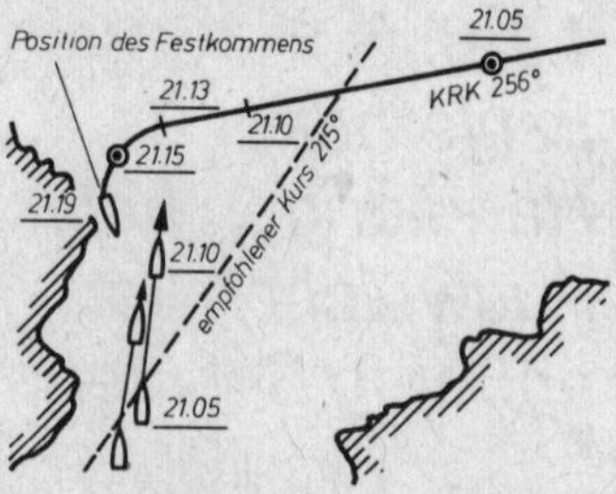

Schematische Darstellung des Festkommens des Tankers NIKOLAY PODVOYSKIY

zen mußten. An der Steuerbordseite, etwas achterlicher als querab, folgte in einem Abstand von 6 bis 7 kbl ein weiteres Schiff. Nachdem der Kapitän die Situation eingeschätzt hatte, entschloß er sich, nicht den empfohlenen Kurs von 215° zu steuern, sondern den an Backbord entgenkommenden Schiffen auszuweichen, anschließend nach Steuerbord zu drehen und gestoppt das Tageslicht abzuwarten. Um 21.05 Uhr wurde der Schiffsort bestimmt. Zu diesem Zeitpunkt betrug der Abstand zu den visuell beobachteten Schiffen 1,5 sm. Die Peilung veränderte sich nach Backbord achteraus, d. h. der Tanker mußte sie voraus passieren. Um den Abstand für das Ausweichen zu vergrößern, wurde vom Kapitän der neue Kurs von 256° befohlen. Um 21.10 Uhr ergab die Beobachtung, daß sich das Schiff in einem Abstand von 1,2 sm von der Küste befand. Als das Schiff weiter in Richtung auf die Küste mit einer Geschwindigkeit von 14 kn lief, faßte der Kapitän um 21.13 Uhr den neuen Entschluß, über Backbord beizudrehen. Um 21.15 Uhr wurde die Maschine gestoppt und das Ruder blieb nach Backbord gelegt. Um den aus dem Bosporus auslaufenden Schiffen auszuweichen, lief der Tanker weiter einen Backborddrehkreis. Um 21.19 Uhr saß er auf einer Untiefe im Gebiet von Kap Rumel fest und wurde schwer beschädigt. Für die Beseitigung der Schäden waren 190000 Rubel erforderlich. + + +

Die Schwierigkeiten, die der Kapitän mit dem Ausweichmanöver hatte, bereite er sich selbst. Zunächst durfte er nicht bei Dunkelheit in diese Meerenge einlaufen. Er verstieß damit gegen ein Verbot der Reederei. Da er sich nun aber über diese Weisung hinweggesetzt hatte, mußte er auch alle Maßnahmen zur Aufrechterhaltung der Sicherheit der Schiffahrt treffen. Insbesondere mußte er die Einfahrt in diese Meerenge so ansteuern, daß er rechtzeitig und in ausreichender Entfernung von der Küste entsprechend den Empfehlungen auf einen Kurs von 215° gehen konnte. Stattdessen hielt der Kapitän den Kurs sehr dicht unter der Küste und schränkte damit selbst seine Manöverfreiheit ein. Er war verpflichtet, auch die Möglichkeit eines Ausweichens vor Schiffen, die aus dem Bosporus kamen, bei der Kursfestlegung zu berücksichtigen. Der Tanker befand sich in der Position des Kurshalters gemäß Artikel 21 SSO (alles nach KVR-60). Dennoch unternahm der Kapitän Maßnahmen, um den von Backbord kreuzenden Schiffen (nach Artikel 19 SSO waren diese ausweichpflichtig) unbedingt seinerseits auszuweichen, wobei er die entstandene Situation im Sinne der Anwendung von Artikel 27 und 29 der Kollisionsverhütungsregeln völlig falsch auslegte. Zur richtigen Einschätzung der Lage mit Hilfe des Radar waren jedoch ausreichend Zeit und Möglichkeiten vorhanden. Aber auch die weitere Backborddrehung in einer Entfernung von der Küste unter 0,5 sm und ohne Berücksichtigung des Drehkreisradius zeugt davon, daß der Kapitän unter den gegebenen Umständen keinen richtigen Entschluß faßte. Er übersah nicht mehr die

Abb. Seite 89: DHI-Seekarte Nr. 1111; Ausschnitt Nördlicher Eingang des Bosporus

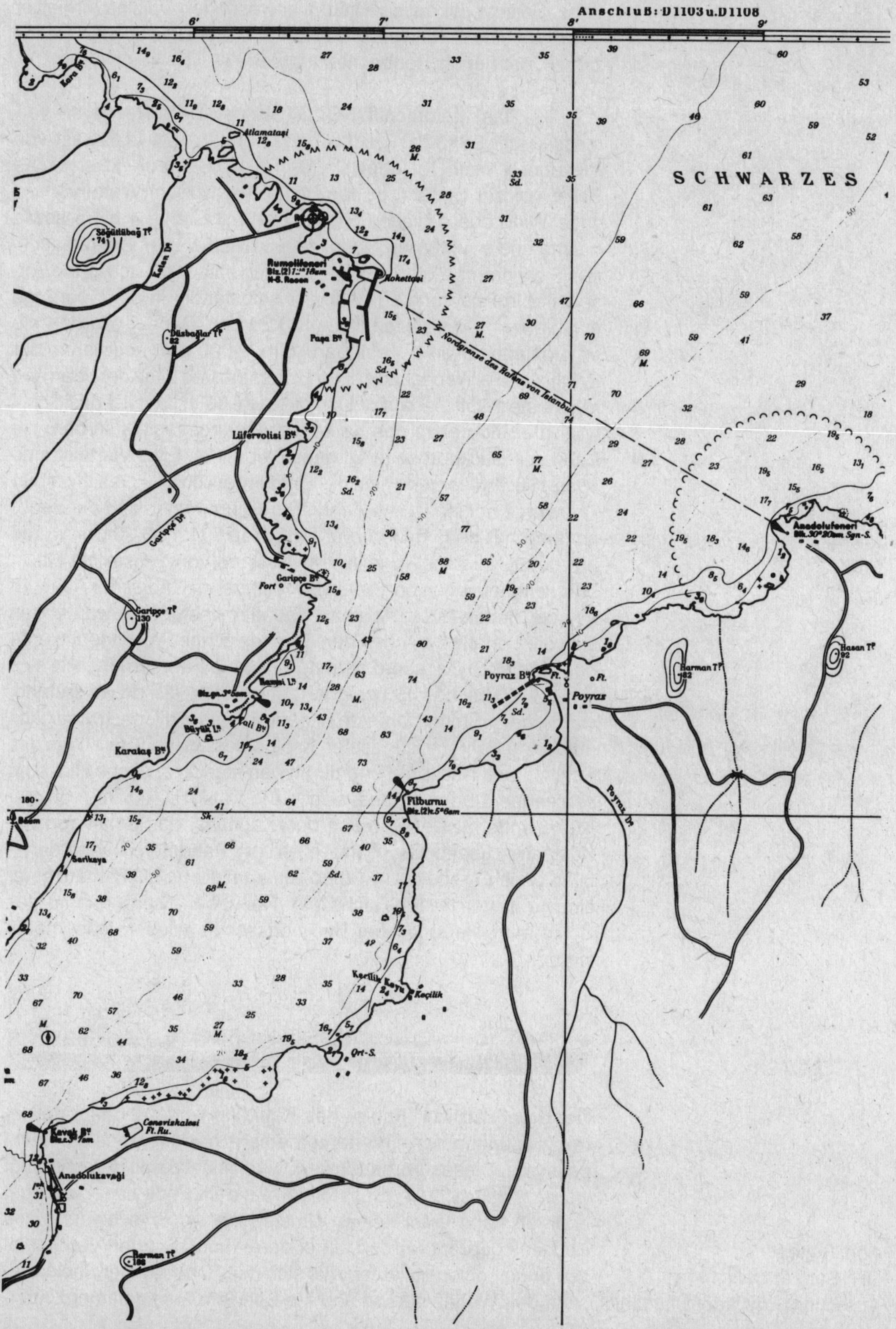
Anschluß: D1103 u. D1108
SCHWARZES
Nordgrenze des Hafens von Istanbul
Rumelifeneri
Rokettaşı
Atlamataşi
Paşa Bᵘ
Lüfervolisi Bᵘ
Garipçe Bᵘ
Garipçe Dᵉ
Garipçe Tᵉ
Düzbağlar Tᵉ
Kalan Dᵉ
Karataş Bᵘ
Büyük Lᵉ
Fali Bᵘ
Sarikaya
Poyraz Bᵘ
Poyraz
Poyraz Dᵉ
Filburnu
Anadolufeneri
Harman Tᵉ
Hasan Tᵉ
Keçilik Koyu
Keçilik
Ort-S.
Cenevizkalesi
Ft. Ru.
Kavak Bᵘ
Anadolukavaği
Fort
Ft.
Sd.
M.
Sk.

Lage. Seitens der auf der Brücke anwesenden Offiziere erhielt er weder Hilfe noch Hinweise. Das trifft in erster Linie auf den 1. Offizier zu, der nur als Beobachter fungierte.

+ + + Das Motorschiff POLOTSK der Nord-Reederei, vermessen mit 9813 BRT, lief am 28. Januar 1974 in Ballast von Alexandria nach Iljitschowsk. Um 23.00 Uhr befand sich das Schiff vor der Einfahrt in den Bosporus, wo laut Wettervorhersage Wind aus östlichen Richtungen mit Stärke 4 bis 5 sowie nachts und am Morgen Nebel zu erwarten waren. Die tatsächliche Sicht betrug 2 bis 3 sm. Der Kapitän entschloß sich, ohne Lotsenhilfe in Anspruch zu nehmen, selbständig in die Meerenge einzulaufen. Dies geschah um 23.28 Uhr. Danach wurden die empfohlenen Kurse gesteuert. Um 24.00 Uhr übernahm der 2. Offizier die Wache. Zu seiner Unterstützung blieb der eben erst abgelöste 3. Offizier auf der Brücke. Um 00.15 Uhr lief das Schiff über die Südgrenze des Verkehrstrennungsgebiets, in dem die Fahrt auf Backbordseite vorgeschrieben ist. Eine Viertelstunde später verschlechterte sich die Sicht erheblich. Die Geschwindigkeit wurde auf langsame Fahrt zurückgenommen und die Beobachtung mit dem Radargerät fortgesetzt. Um 00.30 Uhr wurde auf dem Radarschirm in einem Abstand von 1,1 sm mit Backbordseitenpeilung von 15° ein Echosignal im Gebiet der Ausfahrt aus der Bebek-Bucht sichtbar. Nachdem festgestellt wurde, daß sich die Distanz zwischen den Schiffen schnell verringert, wurde der Kurs nach Backbord geändert und die Fahrt erhöht. Als sich um 00.35 Uhr das Echosignal achterlicher als dwars befand, wurde nach Steuerbord zurückgedreht und die Geschwindigkeit auf kleine Fahrt herabgesetzt. Infolge des ersten Abdrehens des Schiffs nach Backbord und durch den stark in südliche Richtung setzenden Strom befand sich die POLOTSK 0,5 kbl von der Küste entfernt. Der Versuch des Kapitäns, das Schiff von der Küste freizubekommen, indem er die Fahrtstufen veränderte, blieb ohne Ergebnis. Um 00.40 Uhr kam die POLOTSK auf einer Untiefe in der Bebek-Bucht fest. Nach vier Tagen konnte das Schiff mit Hilfe türkischer Bergungsschiffe wieder flottgemacht werden. + + +

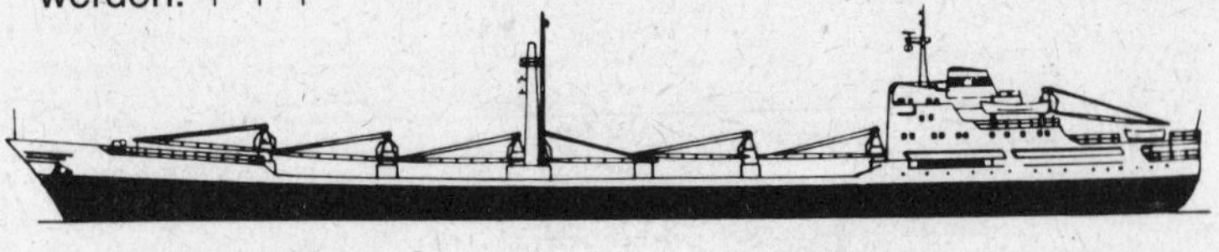

MS POLOTSK

Der grundsätzliche Fehler des Kapitäns bestand darin, daß er trotz der ungünstigen Wettervorhersage die Meerenge bei Nacht passierte. Dieses Vorhaben kann auch nicht damit gerechtfertigt werden, daß sich die Kraftstoffvorräte dem Ende näherten. Zum anderen kann unter keinen Umständen die Entscheidung des Kapitäns gebilligt werden, unter derart komplizierten Verhältnissen ohne Lotsen zu laufen. Als sich das Schiff auf der Backbordseite des Weges befand und ein Echosignal in geringer Entfer-

Abb. Seite 91:
DHI-Seekarte Nr. 1111;
Ausschnitt Büyükdere-Limani

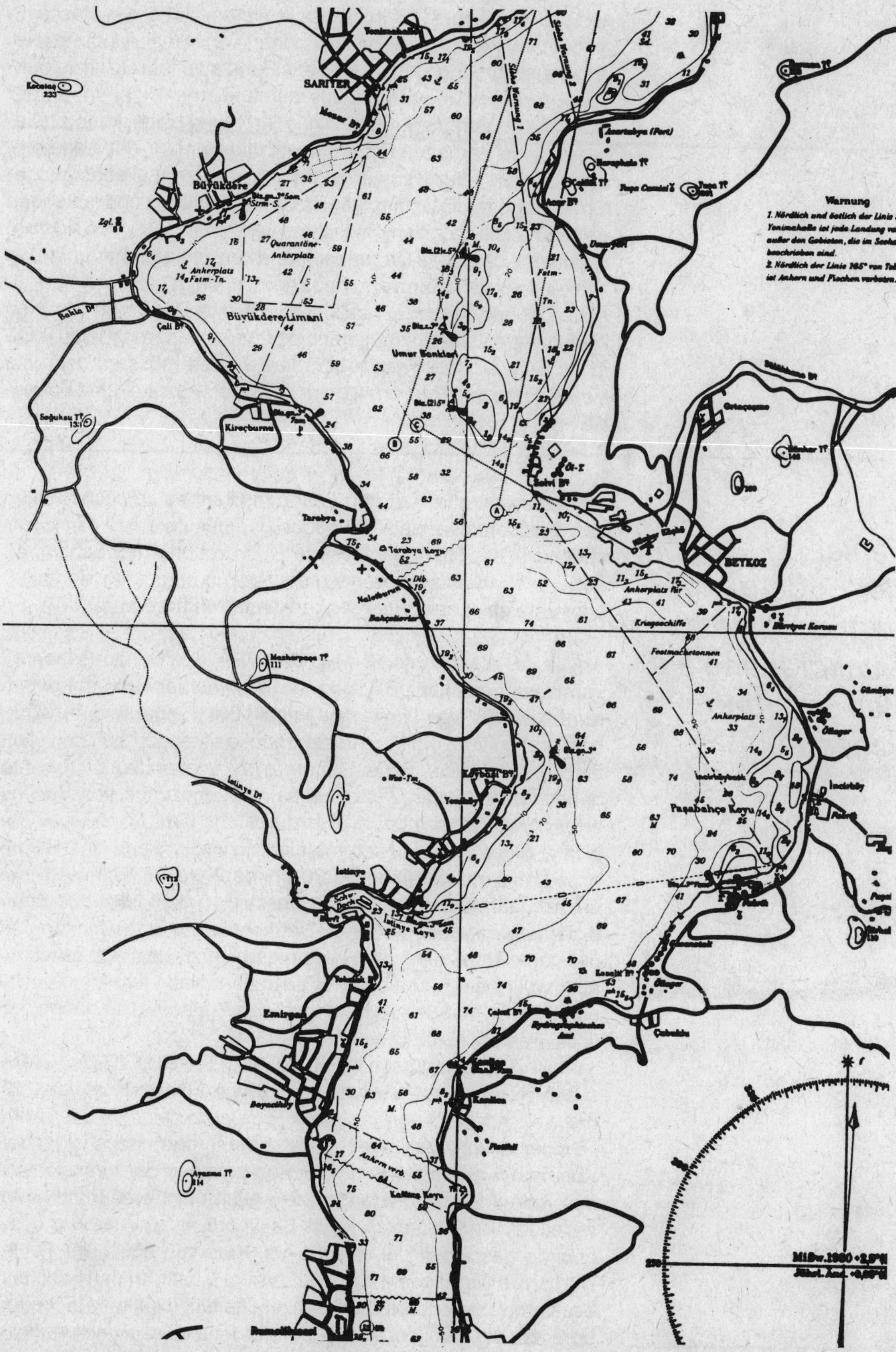

SARIYER
Büyükdere
Quarantäne-Ankerplatz
Büyükdere Limanı
Kireçburnu
Umur Bankleri
Tarabya
Tarabya Koyu
BEYKOZ
Anker platz
Kriegsschiffe
Paşabahçe Koyu
İstinye
İstinye Koyu
Emirgan
Warnung
1. Nördlich und östlich der Linie
Yenimahalle ist jede Landung
außer den Gebieten, die im
beschrieben sind.
2. Nördlich der Linie 165° von
ist Ankern und Fischen verboten.

nung an Backbord 15° festgestellt wurde, hätte die Maschine gestoppt werden müssen. Ausgehend von der sich entwickelnden Lage wäre möglicherweise alle Fahrt aus dem Schiff zu nehmen gewesen, wobei man sich durch kurzes Angehen mit der Maschine in Vorausfahrt gegen die Strömung halten konnte. Dieses passive Verhalten hätte zwar nicht die gefährliche Lage entschärft, wäre aber weniger gefährlich gewesen, als das ausgeführte Manöver. Bei ständiger Radarbeobachtung und fehlenden weiteren Zielen auf dem Bildschirm wäre beim optischen Ausmachen der Lichter des Gegenkommers kurzzeitige Fahrterhöhung zum Ausweichen dann durchaus gerechtfertigt gewesen.

Abschließend sei festgestellt, daß für das Passieren einer so komplizierten und unzureichend bekannten Meerenge der 1. Offizier hätte auf die Brücke beordert werden müssen, denn die Verstärkung der Wache mit dem 3. Offizier war eine reine Formalität.

1.1.7. Fehler der Rudergänger und verspätete Rückdrehung auf den ursprünglichen Kurs

Während des untersuchten Zeitraums kam es zu sechs Fällen von Festkommen und Grundberührungen, die auf eine verspätete oder völlig unterlassene Rückdrehung des Schiffs auf den ursprünglichen Kurs nach der Ausführung eines Manövers oder auf Fehler der Rudergänger zurückzuführen waren.

MS MASSANDRA

+ + + Das Motorschiff MASSANDRA der Donau-Reederei, vermessen mit 1161 BRT, lief am 11. Februar 1978 mit einem Kurs von 255° von Izmir nach Ismail. Der Tiefgang vorn betrug 4,52 und achtern 4,54 m. Auf der Brücke befanden sich der Kapitän, der 3. Offizier und der Rudergänger. Wetter und Sicht waren gut. Kurz bevor die Meerenge an der Landzunge von Sancak erreicht wurde, kamen in einem Abstand von 2 sm visuell die Lichter eines entgegenkommenden Schiffs in Sicht. Um diesem auszuweichen, wurde um 21.30 Uhr der Kurs um 15° nach Steuerbord geändert, während die Geschwindigkeit für große Fahrt beibehalten wurde. Um 21.32 Uhr konnte der Entgegenkommer passiert werden, und zwar in einem Abstand von 1 kbl. Es wurde aber weiter ein Kurs von 270° gesteuert. Nach fünf Minuten lief das Schiff, ohne den Kurs in dieser Zeit geändert zu haben, mit voller Fahrt auf eine Untiefe auf. + + +

+ + + Das Dampfschiff PRIVODINO (3826 BRT) der Litauischen Reederei hatte am 21. Juli 1973 mit einem Kurs von 352° das Leuchtfeuer Drogden hinter sich gelassen. Als die Tonne 18 querab war, gab der Kapitän Befehl, den nächstfolgenden Kurs von 348° zu steuern. Der Rudergänger, der offensichtlich den Befehl falsch verstanden und auch nicht wiederholt hatte, legte das Ruder anstatt nach Backbord auf Steuerbord 5. Er brachte das Schiff damit auf einen Kurs von 358°. Der Fehler wurde von niemandem bemerkt. Als der 3. Offizier den Schiffsort bestimmte, stellte er fest, daß die ermittelten Positionen in Steuerbordrichtung vom Kurs abwichen. Er hielt diese Abweichungen

DS PRIVODINO

für eigene Fehler. Erst um 22.04 Uhr begriff der Kapitän, daß das Schiff nach Steuerbord ausgewandert war, und gab Befehl: „Hart Backbord!". Zur gleichen Zeit wurde auch der Fehler des Rudergängers erkannt. Während der Drehkreisfahrt hatte das Schiff Grundberührung. + + +
Die Hauptursache für die beiden Seeunfälle ist das Nichtanwenden verschiedenartiger Navigationsverfahren gleichzeitig zur Standortbestimmung.

1.1.8. Zu hohe Geschwindigkeiten

Bekanntlich sind Schwere eines Seeunfalls sowie Ausmaße und Charakter der Beschädigungen wesentlich von der Geschwindigkeit des Schiffs unmittelbar vor dem Festkommen oder der Grundberührung abhängig. Während des analysierten Zeitraums war bei 5 % aller Seeunfälle die zu hohe Geschwindigkeit ein entscheidender Faktor. Besonders bei Verlust der Orientierung wurde mit zu hoher Geschwindigkeit gelaufen, die keinesfalls den konkreten Bedingungen und Umständen der Fahrt entsprach. Das trifft vor allem in Meerengen oder bei Annäherung an die Küste bzw. bei Sichtverhältnissen von nur 2 bis 3 kbl zu. Die ursprüngliche Geschwindigkeit, und zwar häufig volle Fahrt voraus, wurde meistens beibehalten. Derartig schwerwiegende Fehler wurden selbst in Situationen gemacht, in denen die Schiffsführer bereits an der Zuverlässigkeit des von ihnen ermittelten Schiffsorts zweifelten. Eine zu hohe Geschwindigkeit (in den meisten Fällen „Voll voraus") läßt dann beim Einlaufen in eine Meerenge oder beim Durchlaufen derselben kaum Zeit, um einen festgestellten Fehler zu berichtigen oder ein einmal eingeleitetes Manöver zu ändern. Es ist eine Reihe von Fällen bekannt, die verursacht wurden durch das Hinauszögern der Kursänderung und durch natürliche Verzögerungen, um unerwartet entstandene Situationen zu verarbeiten. Im folgenden sind einige Beispiele für derartige Seeunfälle beschrieben.
+ + + Das Motorschiff PROFESSOR NIKOLAY BARANSKIY der Baltischen Reederei, vermessen mit 9323 BRT, lief am 25. Dezember 1970 bei gutem Wetter und ausgezeichneter Sicht durch das Adriatische Meer mit einer Ladung Holz von Kanada nach dem jugoslawischen Hafen Split. Der Kapitän faßte den richtigen Entschluß, den Bestimmungshafen durch die etwa 1 sm lange Durchfahrt Splitska Vrata anzulaufen. Die schmalste Stelle dieser Enge beträgt etwa 3 kbl. Sie ist insgesamt gut zu befahren.

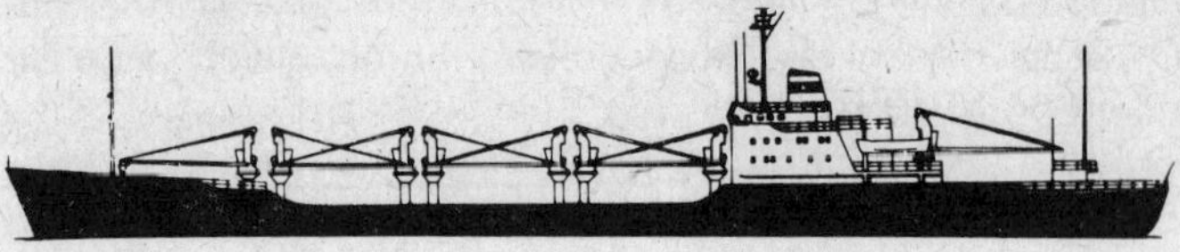

MS PROFESSOR
NIKOLAY BARANSKIY

Im Seehandbuch wird empfohlen, mit Nordkurs von einem Punkt aus in die Durchfahrt einzulaufen, der weit südlicher vor der Einfahrt liegt. Entgegen diesem Hinweis nahm der Kapitän, der fürchtete, durch den Strom auf die vor der Küste liegenden Untiefen versetzt zu werden, direkten Kurs auf die Einfahrt. Anschließend beabsichtigte er, das Schiff in Durchfahrtmitte mit einem Kurs von 10° zu halten.
Um 19.30 Uhr lief das Schiff einen Kurs von 33°. Es machte volle Fahrt voraus, d. h. lief mit einer Geschwindigkeit von 16 kn, und befand sich ungefähr 4 sm vor der Einfahrt in die genannte Meerenge. Auf der Brücke befanden sich der Kapitän, der Wache gehende Offizier, der Rudergänger und der Ausguck. Der 1. Offizier hatte die Brücke zum Abendessen verlassen. Zuvor war eine Kontrollpeilung von 357° zum Leuchtturm auf Kap Livka errechnet worden. Beim Erreichen dieser Peilung sollte ein Kurs von 10° gesteuert werden. Aller vier bis fünf Minuten wurden vom 4. Offizier Beobachtungen vorgenommen. Um 19.47 Uhr bestimmte er mit Hilfe des im 2,5-Seemeilenbereich arbeitenden Radargeräts die Peilung und Entfernung zum Leuchtturm Ražanj. Die Entfernung betrug 9,5 kbl. Als er sie in die Karte eintrug, hatte er etwa nach einer Minute den Schiffsort errechnet. Von diesem aus bis zur Position der Kursänderung verblieben demnach ungefähr 3 kbl. Dies entsprach bei einer Geschwindigkeit von 16 kn etwas mehr als einer Minute. Nachdem der 4. Offizier auf die Uhr geschaut hatte, legte er den Zeitpunkt seiner Ortsbestimmung auf 19.48 Uhr fest. Danach meldete er dem Kapitän, daß bis zur Kursänderung noch 3 kbl zu laufen sind. Ständig das Feuer des Leuchtturms von Kap Livka beobachtend, meldete er um 19.49 Uhr das Durchgehen der Kontrollpeilung. Zu diesem Zeit-

punkt stimmte der Kapitän, der das Radargerät auf die 0,8-Seemeilenskale umgeschaltet hatte, das Sichtgerät ab. Etwa eine Minute nach der Meldung über das Erreichen der Kontrollpeilung gab der Kapitän den Befehl „Ruder Backbord 10!“. Als er jedoch bemerkte, daß sich das Schiff nur langsam drehte, ließ er das Ruder hart Backbord legen. Aber es war bereits zu spät. In voller Fahrt setzte die PROFESSOR NIKOLAY BARANSKIY unter Backborddrehung mit dem Vorschiff auf die der Küste vorgelagerten Felsen auf. Die Entfernung zum Leuchtturm Ražanj betrug nur wenige Meter. Der durchschnittliche Tiefgangverlust lag über 1,5 m.

Im weiteren Verlauf verschlechterte sich das Wetter. Das im tiefen Wasser liegende Achterschiff wurde auf die Küste zu gedreht und schlug infolge des Seegangs heftig auf den Grund auf. Dadurch erhielt das Schiff umfangreiche Beschädigungen am Schiffskörper sowie im Bereich des Ruders und Propellers. Nachdem etwa 1 700 t Holz vom vorderen Deck geworfen worden waren, kam das Schiff erst am 30. Dezember frei. + + +

Es ist unschwer zu erkennen, daß die unmittelbare Ursache für diesen Seeunfall in der verspätet vorgenommenen Kursänderung zu suchen ist. Wesentlich begünstigt wurde dies durch den 4. Offizier. Er hatte die Zeit erst im Moment der Eintragung der Peilungen in die Karte genommen und nicht, wie es richtig gewesen wäre, zum Moment ihrer Bestimmung. Damit war bereits eine Minute verstrichen. Als er dann um 19.48 Uhr meldete, daß bis zum Kurswechsel noch etwa 3 kbl zu laufen seien, befand sich das Schiff in Wirklichkeit schon auf der Kontrollpeilung. Als er außerdem eine Minute später den Leuchtturm von Livka durch den Peildiopter beobachtete, kontrollierte er die Peilung nicht anhand der Kompaßrose, sondern mit dem Visier, das bereits vorher auf den berechneten Wert eingestellt worden war. Schon bei den geringsten Schlingerbewegungen des Schiffs mußte dies unausbleiblich zu einem erheblichen Fehler bei der Bestimmung des Zeitpunkts, zu dem die Kontrollpeilung durchgeht, führen. Deshalb befand sich das Schiff im Moment der Meldung um 19.49 Uhr um mehr als 2 kbl vor dem Schnittpunkt zwischen Kurs und Kontrollpeilung und etwa 3 kbl vom Ort des Festkommens entfernt. Hätte der Kapitän sofort nach der Meldung des 4. Offiziers um 19.49 Uhr den Befehl zur Backborddrehung gegeben, wäre die Kursänderung noch auszuführen und die Gefahr beseitigt gewesen. Der Kapitän aber zögerte, wodurch die letzte Möglichkeit vertan war. Dieses Zögern muß auf jeden Fall sehr verwundern, denn das Schiff näherte sich zügig der Küste. Der Leuchtturm Ražanj lag direkt voraus und bereits so nahe, daß der Lichtschein die Brücke beleuchtete und der Turm mit dem Glas auszumachen war.

Wie bereits gesagt, wurde die Beobachtung mit dem Radargerät zunächst im 2,5-Seemeilenbereich durchgeführt. Wahrscheinlich war der Abstandsring vorher auf die Kontrollentfernung für die bevorstehende Kursänderung von 7 kbl eingestellt worden.

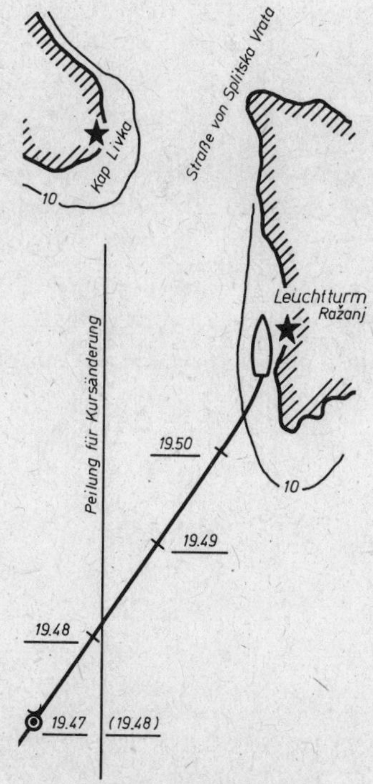

Schematische Darstellung des Festkommens des MS PROFESSOR NIKOLAY BARANSKIY

Das entspricht auf dieser Skale etwa einem Viertelradius des Bildschirms. Diese Angaben waren sicher auch im Gedächtnis des Kapitäns „abgespeichert". Um 19.48 Uhr, tatsächlich jedoch schon um 19.47 Uhr, beließ der 4. Offizier, der den Abstand zur Küste mit 9,5 kbl gemessen hatte, den Abstandsring auf dieser Distanz. Der Kapitän erhielt um 19.48 Uhr die Meldung über das Erreichen der Kontrollpeilung. Daraufhin begab er sich zum Radargerät und schaltete auf den 0,8-Seemeilenbereich um. Als er sah, daß das Schiff noch nicht das in seinem Gedächtnis haftende „gefährliche Radiusviertel" erreicht hatte, und danach bemerkte, daß keine Abstandsentfernungsringe mehr vorhanden waren, konnte er sich das nicht sofort erklären. Er begann, ohne sich vom Radarschirm lösen zu können, mit der Abstimmung (ein Zustand ähnlich dem, der früher oft als Funkmeß- oder Radarhypnose bezeichnet wurde). Etwa eine Minute nach der Meldung des 4. Offiziers über das Durchgehen der Kontrollpeilung riß sich der Kapitän vom Radarschirm los. Er sah nun schon optisch, daß sich das Schiff schnell der Küste näherte, die bereits mit bloßem Auge zu unterscheiden war. Trotzdem aber liefen bei ihm die jetzt vorhandenen Angaben noch nicht zu einem einheitlichen Ganzen zusammen, so daß der gleiche Befehl gegeben wurde, der bereits zuvor für eine normale Situation ohne unerwartete Änderungen „gespeichert" worden war, nämlich „Ruder Backbord 10". Erst danach, als er den Leuchtturm fast neben dem Schiff erblickte und nun plötzlich die ganze gefährliche Situation überblickte, gab er den in dieser Lage hoffnungslos verspäteten Befehl „Ruder hart Backbord!".

Ursache dieses Seeunfalls ist die Außerachtlassung der einfachsten Vorsichtsmaßregeln. Wäre der Kapitän den Empfehlungen des Seehandbuchs gefolgt und wäre das Schiff nicht mit voller Fahrt gelaufen, hätte der Seeunfall vermieden werden können. Diese Fehler hätten nicht solche tragischen Folgen gehabt, wenn die Organisation des Dienstes auf der Brücke den besonderen Forderungen, die an die Fahrt in Meerengen und bei Nacht gestellt werden, entsprochen hätte.

Setzen wir das Schiff gedanklich um vier Seemeilen vom Ort des Festkommens zurück. Stellen wir uns vor, daß sich in der Nock am Peildiopter der 2. und am Radargerät der 1. Offizier befinden. Der 4. Offizier trägt nach ihren Angaben und unter systematischer Kontrolle des 1. Offiziers die Positionen in die Karte ein. Vor dem Erreichen der Position für die Kursänderung verfolgen der 2. und der 1. Offizier ununterbrochen die Peilung und Entfernung, die zuvor berechnet wurden. Beim Zögern des Kapitäns besteht der 1. Offizier auf der Einleitung sofortiger Maßnahmen, wobei er auf die Gefahr hinweist. Auf diese Weise hätte die Wahrscheinlichkeit eines Seeunfalls erheblich herabgesetzt werden können. Man darf aber auch die Handlungen des Kapitäns unmittelbar nach dem Festkommen nicht verschweigen. Nur durch die richtige Einschätzung der Lage, durch seine Kaltblütigkeit und Entschlossenheit konnte das Schiff gerettet werden.

Es war noch nicht einmal ein Jahr vergangen, da ereignete sich an der gleichen Stelle, d. h. in der Meerenge von Splitska Vrata, ein weiterer schwerer Seeunfall. Obwohl das Schiff diesmal im Unterschied zum zuvor beschriebenen Ereignis nicht von Süden, sondern aus nördlicher Richtung in die Durchfahrt einlief, traten bei diesem Seeunfall im wesentlichen die gleichen Mißstände auf. Im folgenden nun der Hergang.

+ + + Das Motorschiff NIKOLAY GOGOL, ein Fahrzeug der Schwarzmeer-Reederei, vermessen mit 10215 BRT, ging nach einer Instandsetzung und der See-Erprobung am 26. November 1971 um 02.20 Uhr auf der Reede Split bei Windstille und ausgezeichneter Sicht Anker auf, um unter Ballast ins Schwarze Meer zu laufen. Der Tiefgang vorn betrug 2,75 m und achtern 5,60 m. Auf der Brücke befand sich neben dem Kapitän die normale Seewache, d. h. der 2. Offizier, der Rudergänger und der Ausguck. Um 02.24 Uhr steuerte das Schiff einen Kurs von 190°, der in gefährlicher Nähe zum Kap Livka lag. Es war volle Fahrt befohlen, und der Wachingenieur erhielt Weisung, die Hauptmaschine für Revierfahrt klarzumachen. Der Kurs wurde auf einer Karte mit Maßstab 1 : 100000 mitgekoppelt. Eine Karte größeren Maßstabs war an Bord nicht vorhanden. Als um 02.45 Uhr der 2. Offizier den beobachteten Ort in die Karte eingetragen hatte, meldete er, daß er vom vorgekoppelten Kurs nach Backbord versetzt sei. Auf Befehl des Kapitäns wurde der Kurs um 32° nach Steuerbord geändert. Um 02.52 Uhr wich die beobachtete Position um 0,5 kbl in Steuerbordrichtung vom ursprünglichen Kurs ab, wovon der Kapitän – nach dessen Zeugnis – vom 2. Offizier nicht verständigt worden war. Um 03.00 Uhr betrug die Abweichung des beobachteten Orts bereits 0,9 kbl nach Steuerbord. Darauf

MS NIKOLAY GOGOL

wurde ein Kurs von 183° befohlen. Als der 2. Offizier um 03.02 Uhr auf die Brückennock hinaustrat, stellte er eine schnelle Annäherung des Schiffs an die Küste fest, was er sofort dem Kapitän meldete. Auf dessen Kommando „Ruder Backbord! Backbord!" konnte das Ruder nur noch um 20° gelegt werden. Einige Sekunden später lief das Schiff mit voller Fahrt mit dem Vorderschiff auf die Felsen vor dem Kap Livka auf. Um 04.20 Uhr kam das Schiff selbständig wieder frei und konnte in den Hafen Split zurücklaufen, wo es erneut einer dreimonatigen Instandsetzung unterzogen werden mußte. + + +

Es ist unschwer zu erkennen, daß hier wie auf der PROFESSOR NIKOLAY BARANSKIY die gleichen Fehler gemacht wurden. Die Wache war nicht verstärkt worden, das Schiff durchlief die Meerenge mit voller Fahrt. Im Gegensatz zur PROFESSOR NIKOLAY BARANSKIY, auf der die Fahrtvorbereitung zwar

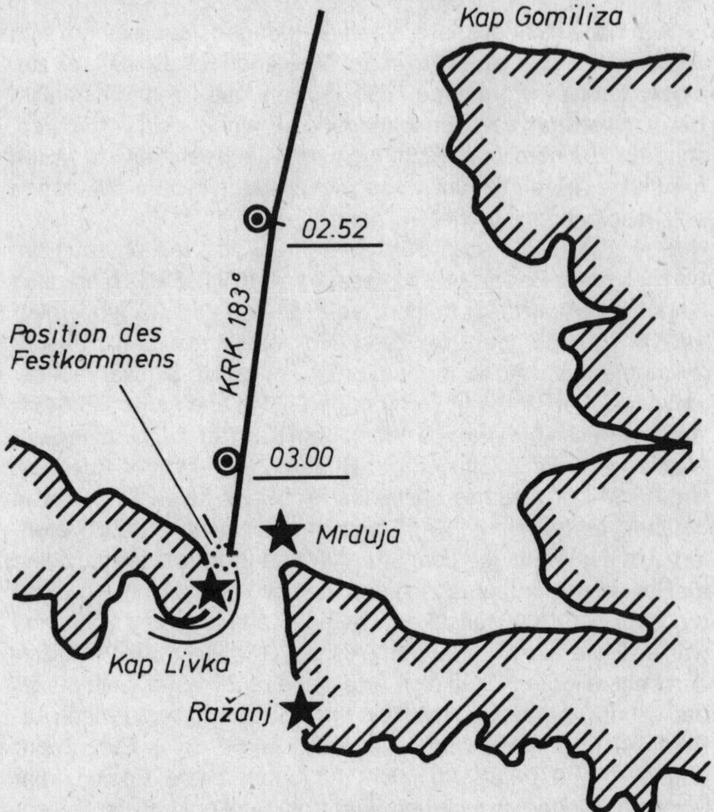

Schematische Darstellung des Festkommens des MS NIKOLAY GOGOL

unzureichend, aber immerhin durchgeführt wurde, fand auf der NIKOLAY GOGOL eine derartige Vorbereitung überhaupt nicht statt. Die Seekarte wurde nicht vorbereitet. Peilungen, Abstände und Zeiten für die Annäherung an Positionen zur Kursänderung wurden nicht vorherberechnet. Hinzu kommt, daß die Karte, mit der navigiert wurde, bereits seit langem außer Kraft gesetzt war. Die Schiffsführung verlief nach „Augenmaß". Der Kapitän ging während der gesamten 40minütigen Überfahrt vom Liegeplatz bis zur Position des Festkommens nicht ein einziges Mal (!) in den Kartenraum, um in die Karte zu blicken. Auch um 03.00 Uhr, als bis zum Kap Livka nur noch 1 sm zu laufen war (d. h. etwa vier Minuten Zeit verblieben), beschränkte er sich auf eine unbedeutende Kursänderung zu einem Zeitpunkt, als bereits außergewöhnliche Sofortmaßnahmen erforderlich gewesen wären. Eine Versetzung von 0,9 kbl während der Einfahrt in eine Meerenge, deren maximale Breite 3 kbl beträgt, muß doch schon für sich sprechen! Stattdessen befaßte sich der Kapitän mit der Berichtigung von Leuchtfeuerkennungen, die natürlich nicht mehr mit den auf der veralteten Karte eingetragenen übereinstimmten.

All das zeugt davon, daß der Kapitän nicht die geringste Vorstellung von der sich schnell herausbildenden Gefahrensituation hatte. Seine völlige Zerfahrenheit und die Unfähigkeit, präzise zu reagieren, wird recht anschaulich durch den von ihm gegebenen Befehl „Ruder Backbord! Backbord!" anstelle von „Ruder hart

Backbord!" illustriert. Hervorgehoben sei noch, daß in Gebieten, wie der Meerenge von Splitska Vrata, besonders bei Dunkelheit eine zu hohe Geschwindigkeit häufiger Schaden als Nutzen bringt, zumindest aber die Sicherheit herabsetzt.

+ + + Das Motorschiff OREKHOV der Fernost-Reederei, vermessen mit 10843 BRT, lief mit einer Ladung Weizen aus Kanada kommend am 9. Februar 1973 um 20.45 Uhr in die Bucht von Nachodka ein. Auf der Brücke befanden sich der Kapitän und der 1. Offizier, der Rudergänger und der Ausguck. Der 3. Offizier war zur Back beordert worden. Der Wind wehte mit Stärke 6 und die Sicht war gut. Um 21.00 Uhr wurde für die Maschine Revierfahrt befohlen. Es wurde nicht vorgekoppelt. Aller fünf bis sechs Minuten wurde der Schiffsort bestimmt. Die ermittelten Positionen wurden in die Karte eingetragen. Der Abstand und die Zeit für das Einsteuern in die Richtfeuerlinie sind nicht ermittelt worden. Die Peilungen wurden nicht kontrolliert. 4 kbl vor der Position der Kursänderung, und zwar um 21.11 Uhr, wurde die Geschwindigkeit auf langsame Fahrt herabgesetzt. Der Kapitän und der 1. Offizier konzentrierten sich voll und ganz auf das Ausmachen der Richtfeuer. Sie hoben sich schwer vom Hintergrund der Küste ab, da auch noch andere rote Lichter vorhanden waren, die nicht für die Schiffsführung bestimmt waren. Mit einer Geschwindigkeit von etwa 10 kn kreuzte das Schiff recht schnell die Deckpeilung. Für ein Ankerwerfen war die Fahrt zu hoch. Außerdem lag in geringem Abstand an Backbordseite voraus das Motorschiff BO-

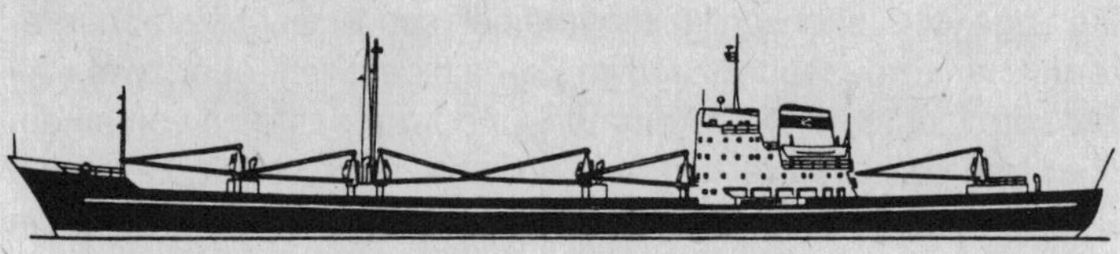

MS OREKHOV

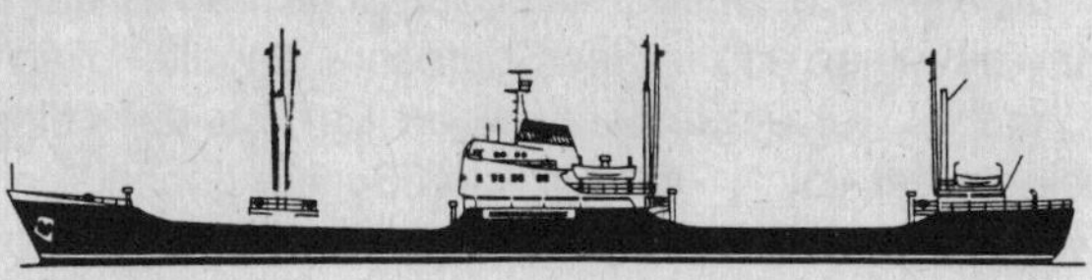

MS BODAYBO

DAYBO (4520 BRT) vor Anker. Eine Bb.-Drehung mußte also unterlassen werden, so daß die OREKHOV weiter voraus zwischen der BODAYBO und der SELEMDZHA (3234 BRT) hindurchlief. Dem Kapitän war klar, daß er auf eine Untiefe zuläuft. Deshalb gab er volle Fahrt zurück. Daraufhin scherte aber das Schiff stark nach Steuerbord aus und drohte, mit der SELEMDZHA zu kollidieren. Aus diesem Grunde wurde erneut Fahrt voraus gegeben. Der Kapitän versuchte, um ein Festkommen zu verhindern, zwischen den anderen beiden Schiffen hindurchzulaufen und hinter diesen nach Backbord zu drehen und dabei in unmittelbarer Nähe die BODAYBO zu passieren. Dieser Versuch war jedoch nicht von Erfolg gekrönt. Bei der Drehung kam die OREKHOV um 21.18 Uhr fest, wobei sie über 1000 t Wasserverdrän-

MS SELEMDZHA

gung verlor. Nachdem 987 t Getreide geleichtert waren, konnte das Schiff abgeborgen werden. + + +

Das Festkommen der OREKHOV ist ein typisches Beispiel für einen „hauseigenen“ Seeunfall. Man ist nach Hause gekommen, wo man jeden Stein bestens kennt. Was soll da noch diese Spielerei mit der „Schiffsführung“, die Bestimmung von Entfernungen und Zeiten. Die Sicht ist gut, wir laufen in Deckpeilung, dazu wartet noch der Lotse am Kap Astafjew.

Die Lage ist tatsächlich im allgemeinen schon recht einfach. Wer kann aber voraussehen, daß im Bereich der Richtfeuer zwei weitere rote Lichter in Sicht kommen, und zwar das eine von einem Kran und das andere von einem bunkernden Schiff. Bis diese Lichter identifiziert sind, war viel Zeit vergangen und die Situation wurde kritisch. Nur dank der Tatsache, daß es sich bei dem Kapitän um einen erfahrenen Seemann handelte, blieb dieser Vorfall ohne schwerwiegendere Folgen. Es hätte auch eine Kollision mit einem der vor Anker liegenden Schiffe geben können. Nehmen wir an, auf der Brücke hätte sich neben dem Kapitän und dem 1. Offizier ein weiterer Offizier befunden, der den Schiffsort zu bestimmen hatte. Setzen wir voraus, daß bereits zuvor der Abstand recht voraus zur Küste, die Peilung und der Zeitpunkt der Kursänderung ermittelt waren und einige Male in den „Speichern“ der Schiffsführer aufgefrischt wurden. Es bedarf sicher keines Beweises, daß all dies die Sicherheit des Schiffes garantiert hätte. Wahrscheinlich wäre schon eine der genannten Maßnahmen ausreichend gewesen, um diesen Seeunfall zu verhindern.

Nicht unerwähnt bleiben darf auch ein weiteres obligatorisches Element für „hauseigene“ Seeunfälle – das ist die erhöhte Geschwindigkeit. Sie war auch hier die Ursache dafür, daß man sich nicht in Ruhe mit den ausgemachten Lichtern befassen, die Drehung ausführen oder das Schiff aufstoppen konnte, nachdem die Richtfeuerlinie überlaufen worden war. Hinzu kommt, daß eine hohe Geschwindigkeit auf der Ansteuerung und nachfolgende Veränderungen der Fahrtstufe nicht nur für eine bestimmte Zeit die Steuerfähigkeit des Schiffs herabsetzen, sondern auch die vorher durchgeführten navigatorischen Berechnungen durcheinander bringen.

1.1.9. Falsche Schiffsführung bei Sturm

Unmittelbare Ursachen für 11 % aller Fälle von Festkommen und Grundberührungen waren Fehler in der Schiffsführung bei ungünstigen hydrometeorologischen Verhältnissen. Zu konkreten Fehlern und Fehlverhalten der Schiffsführer zählen folgende: nichtordnungsgemäße Ausübung der Ankerwache oder der Wache am Liegeplatz im Hafen; Unterlassen des regelmäßigen Empfangs von Wettervorhersagen oder deren Nichtbeachtung; verspätete Feststellung gefährlicher Wettererscheinungen. Der letztgenannte Fehler wirkt sich beim Be- und Entladen auf Reede besonders verheerend aus, vor allem dann, wenn es sich um einen wenig erfahrenen Kapitän handelt, auf den die Beendigung des Lade- oder Löschvorgangs „hypnotische" Wirkung hat. Während des untersuchten Zeitraums führten derartige Fehler zu Seeunfällen (in einem Fall sogar zum Verlust des Schiffs), deren Folgeschäden sich auf hunderttausende Rubel beliefen.

+ + + Das Motorschiff NOVOMIRGOROD, vermessen mit 9132 BRT, lief am 24. April 1971, von Davao kommend, in Cagayan de Oro (Philippinen) ein. Das Schiff lief praktisch in Ballast, denn an Bord waren nur 965 t Ladung verblieben. Nach dem Festmachen teilten die Behörden um 09.00 Uhr Ortszeit die Annäherung des Taifuns „Wanda" mit. Übermittelt wurden seine Koordinaten für 03.00 Uhr des gleichen Tages (das Zentrum befand sich 90 sm in Nordnordost-Richtung vom Liegeplatz des Schiffs) sowie seine voraussichtliche Zugrichtung nach Westen. Der Kapitän schenkte dieser Meldung allerdings nicht die erforderliche Beachtung. Er erkannte nicht die Gefahr, sondern beschränkte sich lediglich darauf, zusätzlich einige Festmacherleinen setzen zu lassen. Um 09.00 Uhr betrug der Luftdruck 1005 Millibar, der Wind wehte aus Nordwest mit Stärke 6. In den folgenden vier Stunden fiel der Druck weiter ab, der Wind drehte und wurde allmählich stärker. Um 14.00 Uhr hatte er auf Südsüdost gedreht und erreichte die Stärke eines schweren Sturms. Es setzten Schauer ein, und die Sicht verminderte sich auf 50 m. Die Maschine wurde in Sofort-Bereitschaft gebracht. Um 15.30 Uhr drehte der Wind auf Ostsüdost, seine Geschwindigkeit erreichte 30 m/s. In die Laderäume wurde Wasser geflutet, der Poller wurde mit zusätzlichen Vorleinen belegt. Kurz darauf überstieg

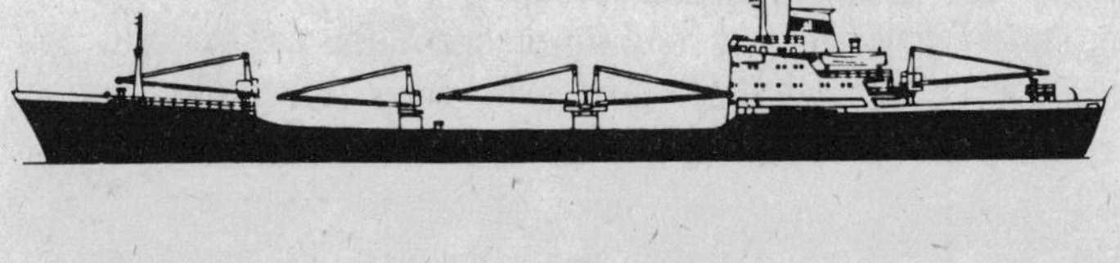

MS NOVOMIRGOROD

MS NOVOVOLYNSK, ein Schwesterschiff des MS NOVOMIRGOROD

die Windgeschwindigkeit 40 m/s. Es rollte eine schwere Dünung. Das Schiff begann gegen die Pier zu schlagen. Um 15.47 Uhr brachen die an einer Festmachertonne befestigten Achterleinen. Um 16.00 Uhr wurde der Poller herausgerissen, auf dem die Vorleinen belegt waren. Dadurch wurde das Schiff von der Pier abgetrieben, diese wurde mitgerissen. Das Schiff durchbrach die Gerüstbrücke, die die Pier mit dem Land verband und wurde auf eine Untiefe geworfen. Nachdem das Ballastwasser ausgepumpt war, konnte das Schiff mit Hilfe der Anker und der Maschine selbständig freikommen. + + +

Bei der Untersuchung wurde festgestellt, daß auf der NOVOMIRGOROD vom 17. bis 23. April keine Wettermeldungen aufgenommen wurden, daher auch der heranziehende Taifun unerkannt blieb. Das erste Mal erfuhr der Kapitän von diesem am 23. April um 20.30 Uhr, nahm aber diese Angaben nicht sehr ernst. Er war der Meinung, daß der Mittelpunkt des Taifuns 100 bis 120 sm nördlicher vorüberziehen würde. Daher unternahm er nichts, um die Sicherheit des Schiffs zu gewährleisten. Auch die weiteren Wettervorhersagen fanden keine große Aufmerksamkeit. Nur das könnte die Erklärung dafür sein, daß der Kapitän nicht den Versuch unternommen hat, dieses Tief auf offener See abzuwettern. Erst als sich das Schiff bereits in seinem Wirkungsbereich befand, traf er Sicherheitsmaßnahmen – nun aber mit großer Verspätung und ohne Erfolg.

Wir sehen, daß die Ursachen für diesen Seeunfall in der Unterschätzung einer potentiellen Gefahr sowie in unseemännischem Verhalten zu suchen sind. Leider gibt es auch Fälle mit schwereren Folgen, wenn die meteorologischen Bedingungen nicht beachtet werden.

+ + + Das Fracht- und Fahrgastschiff TOBOLSK der Fernost-Reederei, vermessen mit 3498 BRT, befuhr 1973 die Linie Primorsk. Während einer planmäßigen Fahrt ging das Schiff am 20. September um 18.35 Uhr in der Rudnaja-Bucht in einem Abstand von 3,2 kbl von der Küste vor Anker. Zu diesem Zeitpunkt herrschte Nordorstwind Stärke 5, der Seegang erreichte die Stärke 4 und die Sicht war durch Regen vermindert. Es wurden zwei Kettenlängen gesteckt und die Maschine in 15-Minuten-Bereitschaft gehalten. Um 19.25 Uhr traf von Land die Meldung ein, daß bis zum nächsten Morgen um 08.00 Uhr keine Verladearbeiten durchgeführt werden. Da sich der Sturm gemäß Sturmwarnung auf Stärke 8 bis 9 erhöhen sollte, wurde stündlich die Windgeschwindigkeit gemessen. Gegen 22.30 Uhr kam der Kapitän auf die Brücke. Er erinnerte den wachhabenden 3. Offizier daran, aufmerksam die Wetterentwicklung zu verfolgen, bei Zunahme des Winds die Maschine in Sofort-Bereitschaft bringen zu lassen und ihn auf die Brücke zu rufen. Daraufhin begab er sich in seine Kammer.
Gegen Mitternacht erreichte der Wind die Stärke 7. Er drehte auf

MS TOBOLSK

Ost und der Regen verstärkte sich. Der 3. Offizier machte dem Kapitän jedoch hierüber keine Meldung, weil er sich auf die Wachübergabe vorbereitete. Der die Wache übernehmende 2. Offizier teilte dem Kapitän die Zunahme des Windes auf Stärke 7 bis 8 mit. Er wies Sofortbereitschaft für die Maschine an. Zehn Minuten später waren die Maschinen betriebsbereit. Um 00.30 Uhr ging der Wind auf Stärke 5 zurück, verstärkte sich jedoch nach zehn Minuten auf Stärke 10 bis 11. Der wachhabende Offizier stellte ein Vertreiben des Schiffes auf die Küste fest. Er meldete dies dem Kapitän. Zwei Minuten später erschien der Kapitän auf der Brücke. Er entschloß sich, Anker auf zu gehen und mit den Maschinen das Schiff auf Position zu halten. Um 00.44 Uhr wurde Fahrt voraus gegeben und mit dem Hieven des Ankers begonnen. In dieser Situation kam das Schiff nicht mehr gegen den Sturm an. Der Abstand zur Küste verringerte sich auf 1,5 kbl. Im Verlauf der nächsten zwölf Minuten versuchte der Kapitän, das Schiff gegen den Wind zu drehen, wobei er mit verschiedenen Fahrstufen, von Voll voraus bis zurück, manövrierte. Alle diese Versuche erwiesen sich jedoch als erfolglos. Um 00.56 Uhr wurde die TOBOLSK auf ein der Küste vorgelagertes Felsenriff geworfen. Zu diesem Zeitpunkt befanden sich noch eineinhalb Längen Ankerkette zu Wasser.

Infolge des Festkommens erhielt das Schiff schwere Beschädigungen, die so groß waren, daß eine Instandsetzung als unzweckmäßig angesehen wurde. + + +

Der Entschluß des Kapitäns, nahe unter der Küste vor Anker zu gehen, war unzweckmäßig. Bei der vorhergesagten Wetterverschlechterung war die Sicherheit des Schiffs nicht garantiert. Die Ankerposition war vielleicht von dem Wunsch diktiert, sobald als möglich das Be- und Entladen durchführen zu können. Die unzureichende Länge der ausgesteckten Kette erklärt sich aus dem Bestreben, bei einer Zunahme des Windes den Anker schnell hieven zu können. Es ist ja in der Tat so, daß für Schiffe, die ständig auf Reede laden und löschen, jede Stunde guten Wetters kostbar ist. Daher gehen sie so weit wie möglich unter Land. Ökonomische Gründe waren es also, die zur Auswahl des Ankerliegeplatzes führten. Aber alle weiteren Handlungen des Kapitäns sind weder zu erklären, noch in irgendeiner Weise zu rechtfertigen. Bekanntlich muß das erhöhte Risiko, das ein Ankerliegeplatz in Küstennähe mit sich bringt, so weit wie möglich durch sorgsame Überwachung der Wetterentwicklung und Ergreifen anderer Sicherheitsmaßnahmen kompensiert werden. Wenn nun schon die Witterungsbedingungen keine Lade- und Löscharbeiten zuließen, dann mußte die Sicherheit des Schiffs auf hoher See gesucht werden.

Später stellte es sich heraus, daß keine ökonomischen Erwägungen den Kapitän der TOBOLSK gezwungen hatten, das Schiff über Nacht auf dem unsicheren Ankerliegeplatz zu belassen, denn Verladearbeiten waren bis zum nächsten Morgen nicht geplant. Demzufolge hätte er bereits um 19.25 Uhr, d. h. sofort nach Erhalt der Wettermeldung, den Liegeplatz wechseln und den Abstand zur Küste vergrößern bzw. ganz und gar nach See zu auslaufen können. Der Kapitän aber organisierte trotz der Sturmwarnung keine Maßnahmen zur Gewährleistung der Sicherheit des Schiffs. Er beschränkte sich lediglich auf die Weisung, das Wetter stets zu überwachen und die Maschinen in Sofortbereitschaft zu bringen. Hinzu kommt, daß er nach der Meldung über eine weitere Zunahme des Winds sich nicht sofort auf die Brücke begab. Er kam erst nach oben, als der Wind Orkanstärke erreicht hatte und das Schiff zu driften begann, d. h. als es bereits zu spät war.

An diesem Vorfall zeigt sich die Unerfahrenheit des Kapitäns, der die vor sich gehenden Prozesse, wie Änderung der Windrichtung und -stärke, Druckabfall und andere Erscheinungen der Annäherung eines Sturmtiefs, nicht richtig einzuschätzen wußte.

MS KARA-DAG

+ + + Ähnliche Umstände gingen auch der Strandung des Fahrgastschiffes KARA-DAG (1002 BRT) der Schwarzmeer-Reederei infolge orkanartigen Sturms und Seegangs voraus. Dieser Vorfall ereignete sich in der Uskaja-Bucht an der Nordwestküste der Halbinsel Krim. Nachdem am 4. März 1971 um 16.00 Uhr eine Sturmwarnung über die Zunahme des Nordostwinds auf Stärken um 8 bis 9 aufgenommen worden war, verlegte der Kapitän den Liegeplatz des Schiffs, ankerte 1,5 kbl von der Küste im südöstlichen Abschnitt der Bucht und ließ 4,5 Längen Ankerkette stecken. Gegen Mitternacht drehte der Wind auf Nordwest und erreichte die Stärke 12. Dies beunruhigte den Kapitän nicht sonderlich. Erst als man bemerkte, daß das Schiff treibt, entschloß sich der Kapitän, Anker auf zu gehen. Infolge einer starken Vereisung gelang es weder, den ausgebrachten Anker einzuholen, noch einen zweiten auszubringen. Um 04.30 Uhr wurde das Schiff auf eine Sandbank geworfen. Der Schaden belief sich auf etwa 200 000 Rubel. + + +

Noch schwerere Folgen hatten die Vorfälle mit den Motorschiffen RABOCHAYA SMENA (5923 BRT) der Fernost-Reederei und PAKRI (478 BRT) der Estnischen Reederei. Das erstgenannte Schiff verspätete sich beim Auslaufen aus der Kasatka-Bucht auf den Kurilen, wurde an Land getrieben und so stark beschädigt, daß die Kosten für seine Instandsetzung etwa 1,5 Mill. Rubel erreichten. Das zweite Schiff, das im Finnischen Meerbusen mit einem Kurs lief, der dicht an einer Flachwasserbank vorbeiführte, kam bei sich plötzlich verstärkendem schweren Sturm und fehlender Sicht auf einer Felsbank fest und sank.

MS RABOCHAYA SMENA

Vorstehend wurden Beispiele für unterlassene Vorsichtsmaßnahmen beim Ankern oder am Liegeplatz genannt. Natürlich ergab sich hier kein Problem mit der Standortbestimmung, denn dieser stand ja schon zuvor fest. Es gibt aber auch solche Fälle des Festkommens, die die Folge eines falsch gewählten Liegeplatzes, einer unzureichenden Berücksichtigung der Auslaufstrecke des Schiffs oder des Einflusses der hydrometeorologischen Bedingungen sowie von Mängeln in der Organisation des Dienstes auf der Brücke sein können. Nachstehend auch dafür ein Beispiel.

MS VOSKHOD

+ + + Das Motorschiff VOSKHOD der Nordreederei, vermessen mit 4482 BRT, lief am 29. Dezember 1975 mit einer Ladung paketierten Holzes von Archangelsk nach London. Bei der Annäherung an den Westfjord (Vestfjord) in der Norwegischen See geriet das Schiff in einen Sturm aus West mit Stärke um 10. Da sich die Ladung nach der Backbordseite verschoben hatte, bestand eine Schlagseite nach Backbord von 8° bis 9°. Am folgenden Tag erreichte der Sturm Orkanstärke. Gegen 19.15 Uhr verschob

sich bei einer Krängung nach Steuerbord um 40° bis 45° die Oberdecksladung in diese Richtung, so daß sich eine Schlagseite von 30° nach Steuerbord einstellte. Durch Seewurf von Oberdecksladung sowie Austrimmen des Schiffs gelang es, die Schlagseite auf 15° bis 20° herabzumindern. Um das Schiff wieder auf ebenen Kiel zu bekommen, wurde in die Frohavet-Bucht abgelaufen. Das Schiff lief selbständig zum Ankerplatz im Gebiet des Tyrhaug-Leuchtfeuers, da ein Lotse nicht zu bekommen war. In der Bucht selbst stand eine niedrige Dünung. Der Wind aber hatte auch hier Orkanstärke. Er kam aus Nordost und trieb zeitweilig starke Schneemassen auf das Schiff. Am 31. Dezember um 07.00 Uhr wurde bei der Annäherung an das Leuchtfeuer Tyrhaug die Fahrt herabgesetzt und ein Kurs von 233° gesteuert. Um 07.40 Uhr wurde die Maschine gestoppt. Es wurde nur von Zeit zu Zeit Vorausfahrt befohlen, damit das Schiff mit einer konstanten Geschwindigkeit von 6 kn lief. Um 08.05 Uhr wurde in einem Abstand von 4,7 kbl vom Leuchtturm die Fahrt aus dem Schiff genommen, der Anker fallengelassen und 6 Längen Kette gesteckt. In diesem Augenblick ging starker Schneefall nieder, der die Sicht auf 0,5 kbl verminderte. Infolge der durch den Schneefall eingetretenen Aufhellung des Bildschirms war die Kontrolle des Schiffsorts praktisch unmöglich geworden. Um 08.10 Uhr trieb das Schiff in einem Abstand von 1,8 kbl vom Leuchtturm schnell in Richtung einer Untiefe. Daraufhin wurde volle Fahrt voraus befohlen und gleichzeitig begonnen, den Anker zu hieven. Diese Maßnahmen kamen jedoch zu spät, denn um 08.12 Uhr berührte das Schiff felsigen Grund und wurde danach durch Wind und Strom auf eine Untiefe gesetzt. Sie befand sich 0,5 kbl vom Leuchtturm entfernt. Dadurch verlor das Schiff 15 cm Tiefgang. Um 11.00 Uhr kam die VOSKHOD infolge der einsetzenden Flut ohne Hilfe wieder frei. Sie hatte erhebliche Beschädigungen an Schiffskörper, Propeller und Ruder davongetragen, so daß sie lange nicht eingesetzt werden konnte. Die Kosten für Instandsetzung und Schleppleistungen überstiegen 100000 Rubel. + + +
Ursache für diesen Seeunfall waren Fehler, die der Kapitän beim Ankern machte. Von der Lotsenstelle war eine Position nördlich von dem Ankerort empfohlen worden. Die eingenommene Ankerposition lag demzufolge zu dicht an der Gefahrenstelle. Man kann sich leicht vorstellen, daß zu dem Zeitpunkt, als die Ankerkette steif stand und das Schiff gegen den Wind gedreht hatte, nur noch etwa 3 kbl bis zum Flachwasser verblieben. Das war unter diesen konkreten Umständen völlig unzureichend. Man hätte die Möglichkeit des Vertreibens in Rechnung stellen und daher so weit wie möglich seewärts ankern müssen. Das wäre in dem von der Lotsenstation empfohlenen Gebiet günstiger gewesen. Die Tiefen betrugen dort nicht unter 25 bis 30 m. Demgegenüber waren sie in dem vom Kapitän gewählten Gebiet bedeutend größer. Da das Echolot nicht eingeschaltet war und sich auf der Back kein Posten befand, konnte das Vertreiben des Schiffes nicht rechtzeitig bemerkt werden.

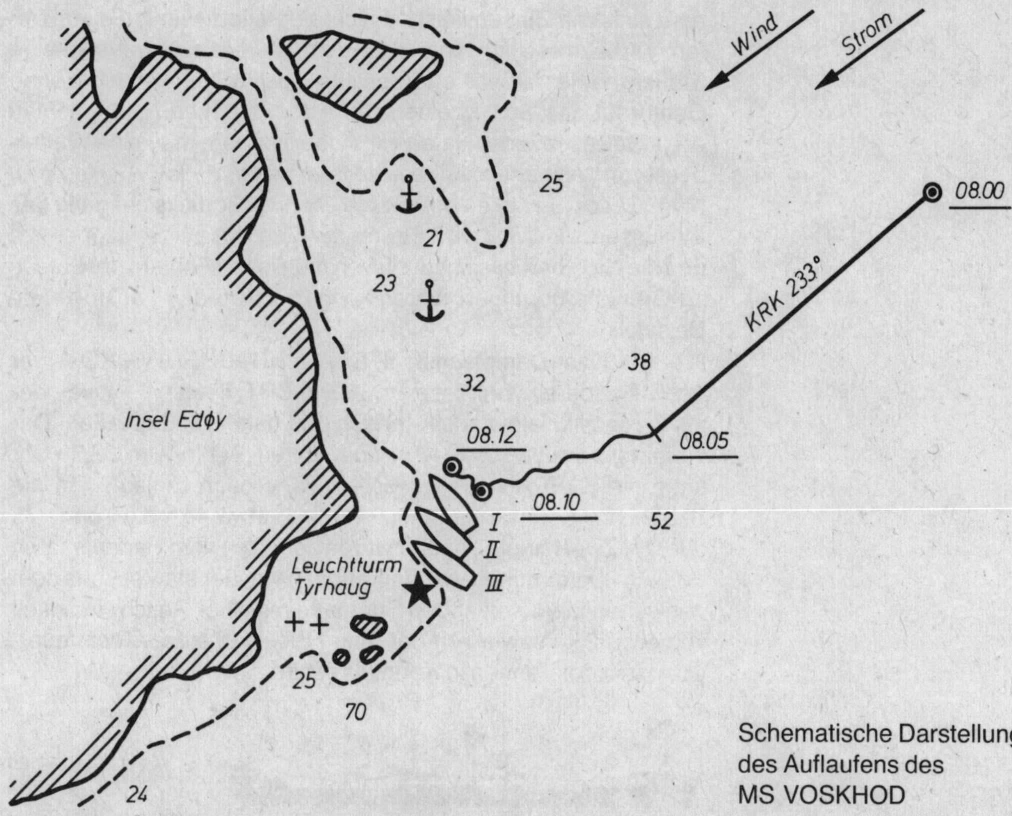

Schematische Darstellung des Auflaufens des MS VOSKHOD

Ungeachtet der genannten Unterlassungen hätte der Kapitän jedoch feststellen können, daß das Schiff vertreibt. Immerhin drehte das Schiff im Verlaufe der fünf Minuten, die vom Moment des Ankerns bis zum Eintritt des starken Schneefalls vergangen waren, nicht in den stürmischen Wind, sondern lag praktisch nach wie vor quer zum Wind. Dies nicht zu bemerken, zeugt von einer ungenügenden Erfahrung des Kapitäns. Dabei darf man den Einfluß der Müdigkeit und der langen nervlichen Anspannung nicht vergessen, denen die Besatzung durch das Übergehen der Ladung ausgesetzt war. Stunden waren beim beharrlichen Kampf um die Erhaltung der Schwimmfähigkeit des Schiffes sowie beim Anlaufen des geschützteren Gebietes vergangen. + + +

Eine mangelhafte Schiffsführung, insbesondere beim Ausweichen vor entgegenkommenden Schiffen in engen Gewässern, beim Passieren von vor Anker liegenden Schiffen in lee oder von auf in Leeseite befindlichen Flachwasserabschnitten, Sandbänken und anderen Untiefen ist eine weitere Ursache für das Festkommen von Schiffen im Sturm.

Ein Fehler ist in der Schiffsführung während der Fahrt bei stürmischer See weit verbreitet. Es wird unterschätzt, daß sich bei erheblicher Herabsetzung der Geschwindigkeit die Steuerfähigkeit des Schiffs gleichfalls stark verringert. Die Kapitäne wollen häufig eine einfache Binsenweisheit nicht begreifen: wenn die konkreten Verhältnisse so sind, daß man die für eine zuverlässige Steuerung des Schiffs erforderliche Geschwindigkeit nicht ohne Gefahr für das Schiff beibehalten kann, dann darf man nicht in enge Gewässer oder Häfen einlaufen, sondern muß eine Wetterbesserung abwarten. Andererseits ist bekannt, daß auch eine zu hohe Geschwindigkeit bei unzureichender Berücksichtigung des Einflusses von Wind und Strom, der Verzicht auf Schlepperhilfe und die Nichtberücksichtigung von möglichen Fehlern der Lotsen zu Grundberührungen führen können. Dazu das nachfolgende Beispiel.

+ + + Das Dampfschiff STEPAN KRASHENINNIKOV der Asow-Reederei, vermessen mit 3546 BRT, lief am 6. November 1976 von Nikolajew nach Kertsch und hatte Sand geladen. Der Tiefgang vorn betrug 6,42 m und achtern 7,1 m. Um 22.30 Uhr hatte die STEPAN KRASHENINNIKOV beim Einlaufen in die Straße von Kertsch mit einer Fahrt von etwa 4 kn die Tonne 75 querab. Zwei Minuten später wurde der Lotse vom Handelshafen Kertsch übernommen, der den Kapitän von der starken, aus dem Asowchen Meer setzenden Strömung mit einer Geschwindigkeit von etwa 2 kn sowie von der guten Sichtbarkeit der Richtfeuerlinien und der Tonnen in Kenntnis setzte.

DS STEPAN KRASHENINNIKOV

Während der Fahrt durch den Kertsch-Jenikal-Kanal teilte der Diensthabende des Kanals mit, daß die Tonne 2 verloschen ist. Um 23.40 Uhr wurde langsame Fahrt gegeben und von der Fahrwassermitte etwas nach Steuerbord gelaufen, um die Kursänderung in den Ansteuerungskanal von Kertsch zu erleichtern. Zu dieser Zeit wehte ein Nordostwind mit Stärken um 6 bis 8. Um 23.55 Uhr wurde die Geschwindigkeit auf halbe Fahrt voraus erhöht. Als um 23.56 Uhr die Tonne 42 querab lag, betrug die Geschwindigkeit des Schiffs über Grund 5 bis 6 kn. Das Ruder wurde hart Backbord gelegt und die Kursänderung damit eingeleitet. Um die Drehung zu beschleunigen, ließ der Kapitän um 23.57 Uhr die Geschwindigkeit auf volle Fahrt voraus erhöhen. Als aber daraufhin das Schiff stark nach Backbord krängte, nahm er die Fahrt wieder auf „halbe voraus" zurück. In diesem Moment erreichte das Schiff die Richtfeuerlinie mit einem Kurs von 350° und lag quer zu Wind und Strom. Fast zur gleichen Zeit bemerkte der Kapitän, daß das Schiff schnell nach Backbord vertreibt, und zwar in Richtung des Rands der erweiterten Einfahrt in den Kanal von Kertsch. Auch der Versuch, das Schiff in der Deckpeilung durch Hartsteuerbordruderlage ohne Erhöhung der Geschwindigkeit zu halten, erwies sich als erfolglos. In der Meinung, daß das Festkommen des Schiffs unvermeidlich wird, gab der Kapitän um 23.59 Uhr volle Fahrt zurück, um den Aufprall des Schiffes zu dämpfen. Eine Minute später, d. h. genau um Mitternacht, lief das Schiff mit geringer Vorausfahrt und durch Wind und Strom nach Backbord treibend auf den von Felsen gebildeten Rand des Kanals in Nähe der Tonne 2 auf. Mit eigener Kraft freizukommen gelang ebenso wenig wie mit Hilfe von drei Schleppern. Erst nach 15 Std., nachdem 500 t Sand und 70 t Kraftstoff geleichtert waren, konnte das Schiff durch die drei Schlepper abgeborgen und nach Kertsch geschleppt werden. Bei der anschließenden Taucheruntersuchung wurden erhebliche Beschädigungen im Unterwasserbereich des Schiffskörpers festgestellt. + + +

Die Hauptursache für diesen Seeunfall war eine unzureichende Vorbereitung auf die Ausführung der Kursänderung, während die unmittelbare Ursache in den falschen und unentschlossenen Handlungen des Kapitäns zu suchen ist.

Wir erinnern uns, daß zum Zeitpunkt der Hartruderlage und dem Beginn der Kursänderung das Schiff eine Fahrt von 5 bis 6 kn über Grund machte. Eine Koppelrechnung zeigt aber bereits, daß bei einer Lage quer zu Wind und Strom der Gesamtvorhaltewinkel für die Abdrift mindestens 25 bis 30° betragen muß. Das heißt mit anderen Worten, daß das Schiff bei der vorhandenen Geschwindigkeit in der Deckpeilung mit einem Kurs von etwa 360° hätte laufen müssen. Tatsächlich wurde aber nur bis auf 350° ein-

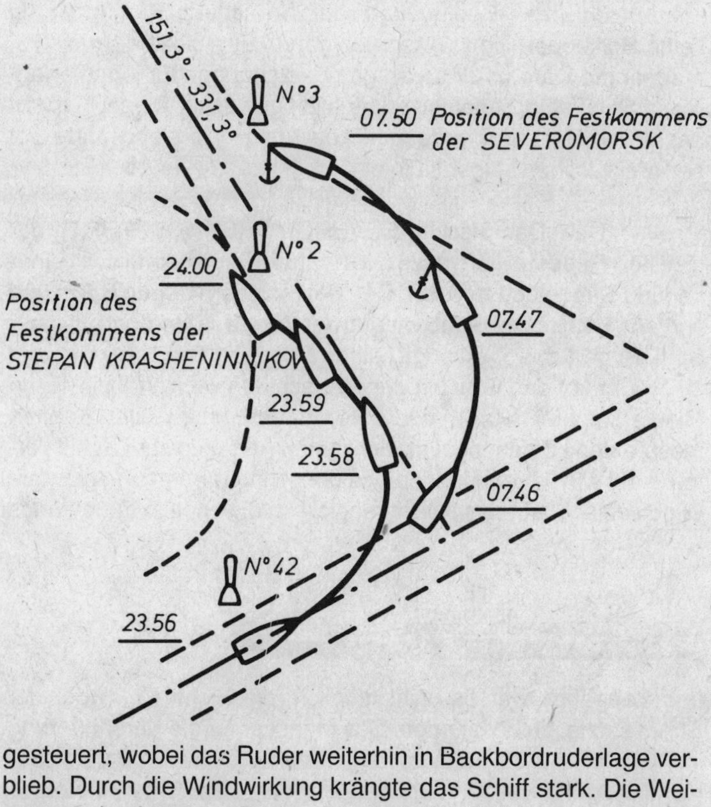

Schematische Darstellung des Festkommens der Dampfschiffe STEPAN KRASHENINNIKOV und SEVEROMORSK

gesteuert, wobei das Ruder weiterhin in Backbordruderlage verblieb. Durch die Windwirkung krängte das Schiff stark. Die Weisungen des Lotsen: „Ruder mittschiffs!", „Stütz mit!" und „Hart Steuerbord!", die kurz aufeinander folgten, wurden zwar sofort

ausgeführt, zeigten aber infolge der geringen Geschwindigkeit des Schiffs kaum Wirkung. Das Schiff krängte weiter nach Backbord. Der Rudergänger meldete, daß das Schiff nicht mehr auf das Ruder reagiert.
Es gibt keinen Zweifel daran, daß der Kapitän eine solch gefährliche Herabsetzung der Geschwindigkeit nicht befohlen hätte, wäre zuvor auch nur eine angenäherte Berechnung der voraussichtlichen Abdrift des Schiffs erfolgt. Die Fahrterhöhung auf volle Fahrt für eine Minute änderte praktisch nichts mehr, da – nach dem Verhalten des Schiffs zu urteilen – die Geschwindigkeit noch geringer als die angegebene war. Aber unabhängig von den bis zu diesem Moment gemachten Fehlern mußte sofort volle Fahrt voraus gegeben werden, als die Abdrift des Schiffs festgestellt wurde, um eine weitere Versetzung zu verhindern. Das wurde vom Kapitän jedoch unterlassen. Alle seine Handlungen zeugen davon, daß er die Manövrierfähigkeit seines Schiffs ungenügend kannte, und davon, daß die Abdrift des Schiffs für den Kapitän völlig überraschend kam. Einen gewissen negativen Einfluß auf sein Verhalten in der entstandenen Lage übte der Umstand aus, daß die Tonne 2 nicht brannte.
Ein anderer ernsthafter Fehler darf nicht unerwähnt bleiben. Er bestand darin, daß der Kapitän nachts und bei schwierigen meteorologischen Bedingungen für die scharfe Kursänderung keine Schlepperhilfe in Anspruch nahm. Eine solche Vorsichtsmaßnahme wäre unter derartigen Bedingungen für jeden erfahrenen Schiffsführer selbstverständlich gewesen. Dieser Kapitän besaß sein Befähigungszeugnis aber erst ein Jahr und führte erst seit drei Wochen selbständig ein Schiff.

+ + + Das Dampfschiff SEVEROMORSK (3679 BRT) der gleichen Reederei lief am 25. November 1976 ebenfalls mit einer Ladung Sand nach Kertsch. Der Tiefgang vorn betrug 6,2 m und achtern 7,42 m. Die Sicht war gut, der Wind aus Nordost mit einer Stärke von 6 bis 7 erzeugte einen Seegang von Stärke 4. Um 06.38 Uhr lief das Schiff in den Kertsch-Jenikal-Kanal ein. Zehn Minuten später wurde der Lotse übernommen. Der Kapitän machte den Lotsen mit den wichtigsten Angaben zum Schiff vertraut und wies darauf hin, daß es bei geringer Fahrt und starkem Wind schlecht auf das Ruder reagiert. Infolge des starken Winds

DS SEVEROMORSK

und Seegangs war es nicht möglich, die Richtung, in der der Strom setzte, zu bestimmen. Das Manöver für die Kursänderung in Richtung auf die Deckpeilung nach Kertsch wurde unter Berücksichtigung des Drehkreises und des Stroms berechnet. Er war nach Meinung des Lotsen zu diesem Zeitpunkt gegenläufig und hatte eine Geschwindigkeit von 1 bis 1,5 kn erreicht. Auf Vorschlag des Lotsen entschloß sich der Kapitän, die Drehung bei voller Fahrt auszuführen. Um 07.45 Uhr wurde, als die Tonne 42 querab lag, das Ruder hart Backbord gelegt und volle Fahrt voraus gegeben. Um 07.46 Uhr drehte das Schiff in die Deckpeilung ein. Dabei wurde sichtbar, daß die Drehung zu langsam vor sich ging. In der Hoffnung, daß es nach dem Durch-den-Wind-drehen schneller vor sich gehen würde, ist nichts weiter unternommen worden. Allerdings wurde bemerkt, daß das Schiff stark in Richtung rechter Kanalrand versetzt wird. Daraufhin wurde der Bb-Anker mit 1,5 Kettenlängen fallengelassen und die Maschine gestoppt. Um 07.50 Uhr lief das Schiff mit der verbliebenen Restfahrt und unter Backborddrehung bei einem Kurs von 311° mit der Steuerbordseite des Achterschiffs auf die Randaufschüttung des Kanals auf. Die Lotungen rings um das Schiff zeigten, daß der Tiefgangverlust 0,21 m betrug. Die Versuche, mit eigener Kraft freizukommen, blieben erfolglos. Nachdem das Wasser aus der Achterpiek gelenzt worden war, konnte das Schiff mit Hilfe zweier Schlepper freigeschleppt und im Gebiet der Tonne 42 vor Anker gelegt werden. Anschließend lief es am gleichen Tag in den Hafen ein. + + +

Die unmittelbare Ursache für diesen Vorfall bestand in einem falschen Manöver. Ohne zuverlässige Angaben über Stromrichtung und -geschwindigkeit darf man nicht mit voller Fahrt drehen. Für die SEVEROMORSK, die den Drehpunkt mit einem Kurs von 68° ansteuerte, war der Nordostwind fast Gegenwind. Er konnte die Drehung des vollbeladenen Schiffs bis zum Durch-den-Wind-gehen nicht wesentlich verzögern. Aus diesem Grund war ein derartiges Manöver auch unbegründet. In diesem Fall konnte und mußte mit geringerer Fahrt die Kursänderung vorgenommen werden. Damit wäre es möglich gewesen, bei Bedarf die Geschwindigkeit zu erhöhen, die Drehung zu beschleunigen oder, wenn man der Überzeugung war, daß das Manöver nicht gelingt, das Schiff durch Rückwärtsfahrt und bei Notwendigkeit durch Fallenlassen des Ankers völlig aufzustoppen. Die Handlungen des Kapitäns unmittelbar vor der Kursänderung waren gleichfalls fehlerhaft. Wenn er schon mit voller Fahrt drehen wollte, hätte er rechtzeitig die Fahrt so weit herabsetzen müssen, daß das Schiff noch zuverlässig gesteuert werden kann. Mit Erreichen der Kursänderungsposition hätte das Ruder hart Backbord gelegt und volle Fahrt gegeben werden müssen. Bekanntlich wird auf diese Weise erreicht, daß sich das Schiff ohne übermäßige Erhöhung der Geschwindigkeit schneller dreht. Die Geschwindigkeit der SEVEROMORSK erreichte aber bereits vor der Kursänderung fast Höchstfahrt, denn innerhalb einer Minute wurde eine Strecke von etwa 2 kbl zurückgelegt.
Untersuchen wir nochmals die Handlungen des Kapitäns, als befänden wir uns gemeinsam mit ihm auf der Brücke. Als zu sehen war, daß das Schiff mit einer recht hohen Geschwindigkeit zu langsam dreht, mußte man annehmen, daß für eine weitere

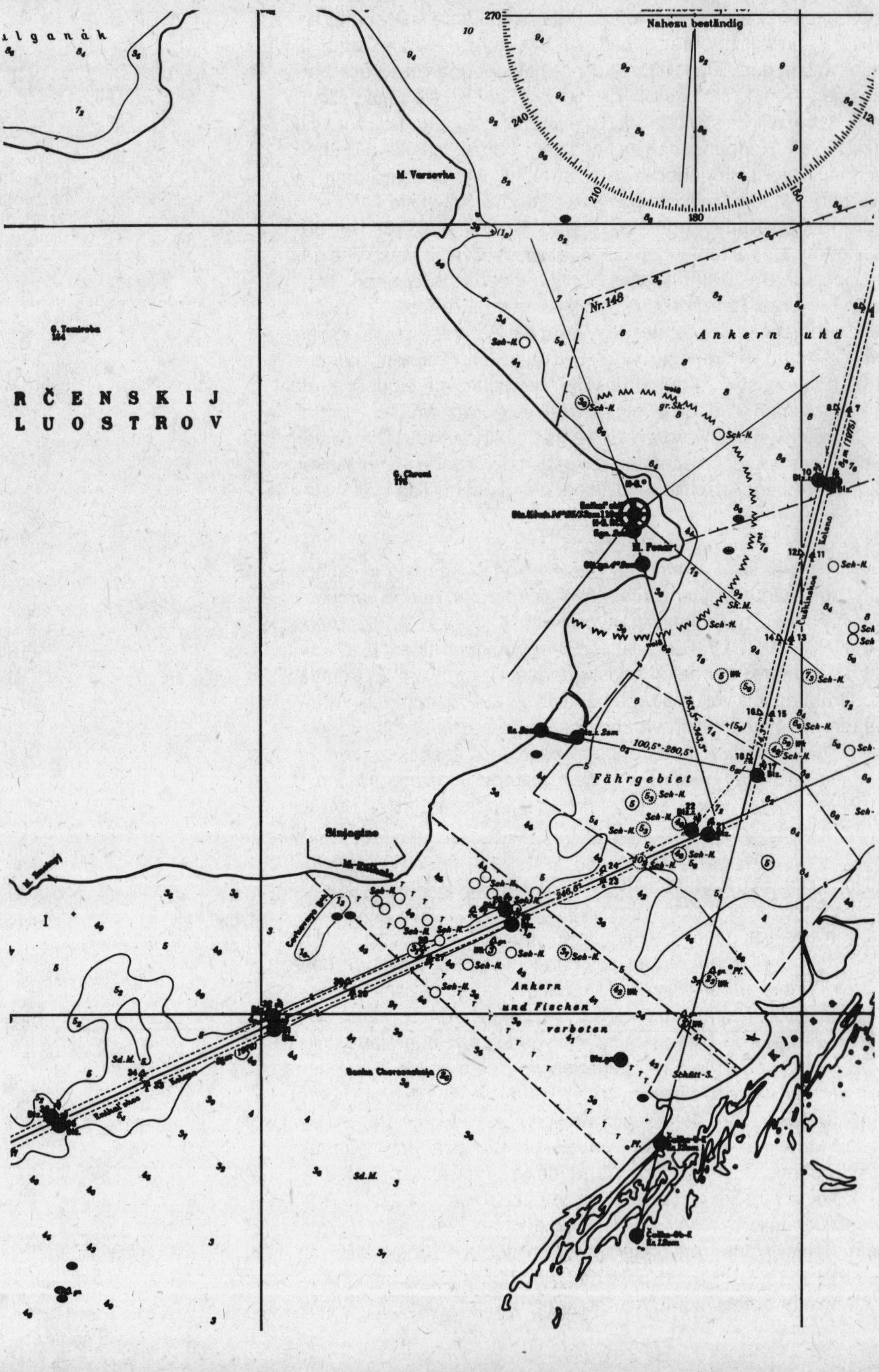
Nahezu beständig
M. Varzovka
Nr. 148
Ankern und
RČENSKIJ
LUOSTROV
Sch-N.
M. Ponair
Fährgebiet
Sinjavino
Ankern
und Fischen
verboten
Schütt-S.
100,5°-280,5°
163,5°-343,5°

Drehung von 60° bis 80° der vorhandene Platz nicht ausreichen wird, das Schiff also den sicheren Kanalbereich verläßt. Als die Richtfeuerlinie gekreuzt wurde, und der Wind auf die Steuerbordseite überging, mußte volle Fahrt zurück gegeben werden unter Berücksichtigung der allgemein bekannten stabilisierenden Wirkung des Propellers (unabhängig von dessen Steigung). Mit Herabsetzung der Fahrt wäre das Vorschiff nach Backbord vom Wind abgefallen. Weiterhin hätte man annehmen müssen, daß der aus dem Asowschen Meer kommende Strom, von dem der Lotse berichtete, das zuletzt unternommene Manöver unterstützen und das Schiff nach der gefährlichen Seite versetzen wird. Das gleiche Manöver, nämlich volle Fahrt zurück, wäre auch um 07.47 Uhr notwendig gewesen, als der Kapitän zur Überzeugung kam, daß ein Auflaufen unvermeidlich wird. Bekanntlich ist es sicherer, nicht mit dem ganzen Schiffskörper bei hoher Geschwindigkeit aufzulaufen, sondern mit dem Vorschiff und so langsam wie möglich. Stattdessen ließ er nur die Maschine stoppen und den Backbordanker mit anderthalb Kettenlängen ausbringen, der natürlich die Bewegung des Schiffs nicht abfangen konnte.

Alle Aktionen des Kapitäns zeugen von einer schlechten Vorbereitung auf eine schwierige Kursänderung unter komplizierten Bedingungen. Auch dieser Kapitän lief zum ersten Mal Kertsch an, ohne Schlepperhilfe in Anspruch zu nehmen, als das Schiff um einen Winkel von mehr als 90° bei Dunkelheit und ungünstigen hydrometeorologischen Bedingungen gedreht werden mußte.

Beide Seeunfälle gleichen sich sehr. Gleichzeitig aber scheinen die unmittelbaren Ursachen auf den ersten Blick entgegengesetzt zu sein, d. h. die zu geringe Geschwindigkeit im ersten Fall und die zu hohe im zweiten. Vielleicht bedeutet das, daß der Ansteuerungskanal von Kertsch wirklich eine Falle ist, die nur von Elitekapitänen befahren werden kann? Aber so ist es doch nicht! Die Ursachen für beide Fälle sind ein und dieselben: die schlechte Vorbereitung der Kapitäne auf ein kompliziertes Manöver, die Überantwortung der Schiffsführung an den Lotsen, eine unbegründete Selbstüberschätzung und letztlich die Unterlassung wirksamer Maßnahmen zur Aufrechterhaltung der Sicherheit des Schiffs.

Wenn von Verfehlungen der Kapitäne gesprochen wird, dann darf man aber auch nicht die Schuld der Lotsen und der Verantwortlichen an Land verschweigen. Die Wendestelle für die Einfahrt in den Kanal von Kertsch ist in der Tat recht kompliziert. Nicht umsonst weist eine mehrjährige Analyse des Unfallgeschehens dieses Gebiet als eine „traditionelle“ Stelle für das Festkommen von Schiffen aus. Es wäre also längst an der Zeit, erhöhte Sicherheitsmaßnahmen zu treffen, die den Fahrtbedingungen entsprechen. Insbesondere müssen die Lotsen den Kapitänen genaue Ratschläge für das Befahren geben. Wenn sie schon für die Lotsung unter komplizierten Bedingungen ein-

Abb. Seite 112:
DHI-Seekarte Nr. 1109;
Ausschnitt Jenikal-Kanal

gesetzt werden, müssen sie auch die erforderlichen Voraussetzungen haben, um diese Aufgabe lösen zu können. Dazu gehört auch, den Einfluß der hydrometeorologischen Faktoren im Lotsrevier richtig einschätzen zu können und eventuell Korrekturen vorzunehmen, wenn sie erkennen, daß ihre Beratung nicht den Gegebenheiten entspricht. Keiner der Lotsen hat in den genannten Fällen seine Aufgaben erfüllt. Der erste legte mit Beginn der Drehung eine herabgesetzte Geschwindigkeit fest und hielt sich praktisch bei allen falschen Handlungen des Kapitäns zurück, d. h., er verhielt sich völlig unbeteiligt. Im zweiten Fall empfahl der Lotse ein falsches Manöver und brachte den Kapitän aus dem Konzept. Nach dem Verhalten des Schiffs zu urteilen und unter Berücksichtigung der Position des Festkommens, wurde die Kursänderung des Schiffs mit Verzögerung eingeleitet und Stärke und Richtung des Stroms stimmten mit der Wirklichkeit nicht überein. In diesem Sinne ist der Lotse für das Festkommen nicht weniger verantwortlich als der Kapitän.

Die Unterlassungen der Seefahrtsabteilung der Asowschen Reederei und der Hafeninspektion von Kertsch bestehen darin, daß von ihnen seit langer Zeit keine wirksamen Maßnahmen zur Gewährleistung der Sicherheit der Schiffe in diesem Gebiet unternommen wurden. Erst nachdem auf diesem unseligen Abschnitt viele Grundberührungen zu verzeichnen waren (zehn Tage vor dem Ereignis mit der SEVEROMORSK lief in der Nähe der Tonne 3 die ZHDANOVSKIY KOMSOMOLETS auf eine Untiefe auf), begann man sich zu rühren. Der Hafeninspektion ist außerdem die unzureichende Kontrolle des Lotsendienstes anzulasten.

1.1.10. Unterschätzung einer Tiefertauchung bei Fahrt im Flachwasser (Squat) und bei Seegang

Die Erscheinung der Tiefertauchung infolge eines „Durchsackens“ des Schiffs bei Fahrt im Flachwasser ist seit langem bekannt. Sie wurde bereits ausführlich sowohl in Lehrbüchern als auch in der Fachliteratur behandelt. An Bord eines jeden Schiffs müssen die faktischen Grenzwerte für eine Tiefertauchung bei ungünstigsten Bedingungen bekannt sein. Wenn man zusätzlich die Vergrößerung des Tiefgangs infolge Seegangs und einer eventuellen Krängung berücksichtigt, dürfte es doch nicht schwer sein, die sichere Fahrtgeschwindigkeit für das Schiff zu ermitteln. Die genannten Faktoren sind jedoch nach wie vor Ursachen für Grundberührungen.

+ + + Das Motorschiff ALAPAYEVSKLES der Baltischen Reederei, vermessen mit 4653 BRT, lief am 29. April 1971 mit einer Ladung Holz von Leningrad nach Italien. Der Tiefgang betrug vorn 7,2 m und achtern 7,6 m. Es wehte ein Südwestwind

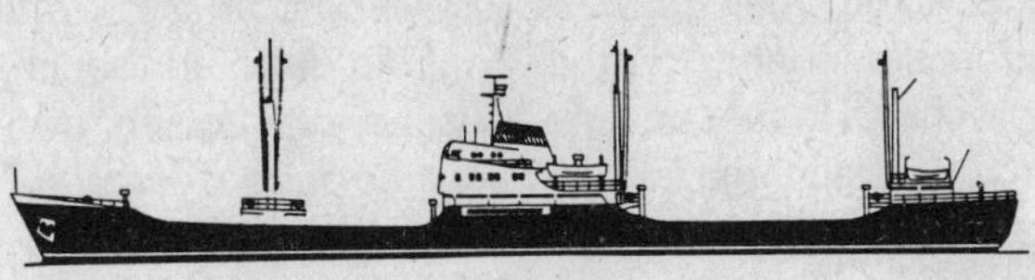

MS ABAKANLES
und
MS ALAPAYEVSKLES

MS RUZA, ein Schwesterschiff des MS ALAPAYEVSKLES

mit Stärke 5, der Seegang erreichte die Stärke 3. Um 14.30 Uhr wurde das Leuchtfeuer Drogden passiert und mit einer Geschwindigkeit von 10 kn in den Kanal eingelaufen. Als sich das Schiff um 14.35 Uhr in Nähe der Kanalmitte befand, hatte es Berührung mit einem unbekannten Hindernis und erhielt dabei Beschädigungen im Bereich des Schachts der Fahrtmeßanlage und der Echolotschwinger. Da die Schachtluke nicht dichtgesetzt war, konnte Wasser in den Maschinenraum eindringen. Um die erheblichen Beschädigungen beseitigen zu lassen, mußte die ALAPAYEVSKLES die Fahrt unterbrechen und Kopenhagen anlaufen. + + +

Es kann durchaus vorkommen, daß bei einer Fahrt von 10 kn ein solches Schiff bis zu 0,4 m durchsacken kann. Bei einer Mindestwassertiefe von 8 m hätte ein Tiefertauchen des Schiffs infolge geringfügiger Stampfbewegungen oder ein Zurückgehen des Wasserstands um 3 bis 4 cm unter den Normalstand durchaus ausgereicht, um zu einer Grundberührung zu führen. Dazu hätte es keines „unbekannten Hindernisses“ bedurft.

Das Schwesterschiff, die ABAKANLES (4638 BRT), die gleichfalls von Leningrad nach Italien unterwegs war, hatte am 17. November 1971 beim Durchlaufen des Drogden-Kanals eine Grundberührung, wobei sie Beschädigungen erhielt, deren Beseitigung in Kopenhagen vier Tage in Anspruch nahm. Dabei hatte das Schiff zunächst noch 1 m Wasser unter dem Kiel, denn der Tiefgang betrug vorn 6,65 m und achtern 6,96 m. Es machte eine Fahrt von 10 kn, ebenso wie die Vorgängerin im zuvor beschriebenen Fall. Der grundsätzliche Unterschied, der diese größere Tiefgangsreserve kompensierte, bestand jedoch im stürmischen Wetter. Es wehte Westwind mit Stärke 9, der eine erhebliche Dünung verursachte. Außerdem war der Wasserstand gefallen. Daher genügte es bei einer Geschwindigkeit von 10 kn durchaus, infolge von Stampfbewegungen oder bei 4° bis 5° Krängung den Tiefgang um 60 bis 70 cm zu vergrößern, damit das Schiff Grund berührte.

+ + + Am 20. August 1977 kam das Motorschiff DZHANKOY (6753 BRT) der Asowschen Reederei im Kertsch-Jenikal-Kanal fest. Bei gutem Wetter und guter Sicht lief das Schiff mit einer Ladung Manganerz von Poti nach Shdanow. Es hatte vorn und achtern einen Tiefgang von 8,0 m. Nachdem die Verkehrsleitstelle die Genehmigung zur selbständigen Fahrt erteilt hatte, lief das Schiff mit voller Fahrt in den Kanal ein. Um 07.36 Uhr wurde es bei einer erforderlich werdenden Kursänderung über die Kanalkrümmung hinaus versetzt, da die Winkelgeschwindigkeit bei der Drehung stark abfiel. Die Folge war, daß es an den Kanalrand getrieben wurde und auf einer Untiefe festkam. + + +
Die Hauptursache für dieses Festkommen ist darin zu suchen, daß der Kapitän die Verminderung der Steuerfähigkeit des Schiffs infolge der Tiefertauchung im Flachwassergebiet nicht berücksichtigt hatte. Außerdem hätte das Schiff bei einer scharfen Drehung in voller Fahrt eine Außenkrängung erhalten können, die für eine Grundberührung sowie eine Verzögerung oder Beendigung der Drehung ausreichend gewesen wäre.

1.1.11. Überantwortung der Schiffsführung an den Wachoffizier

Von den Fehlern und Pflichtverletzungen, die Hauptvoraussetzungen für Unfallsituationen sind, wurde bereits die fehlende Übereinstimmung zwischen der Stärke des Wachpersonals und den konkreten Fahrtverhältnissen genannt. Besonders gefährlich sind solche Fälle, bei denen unter komplizierten Bedingungen der Kapitän die Brücke verläßt und die Schiffsführung einem seiner Offiziere, meist dem jüngsten, überläßt. Insgesamt sind 8 % aller Fälle des Festkommens und der Grundberührungen auf diese Ursache zurückzuführen. Untersuchen wir im folgenden einige Beispiele.

+ + + Das Motorschiff PRIPYATLES der Nord-Reederei, vermessen mit 4519 BRT, lief am 25. Juni 1975 mit Metallschrott von Berdjansk nach Rijeka. Der Tiefgang auf ebenem Kiel betrug 6,7 m. Um 07.45 Uhr wurde der Lotse für die Passage des Kertsch-Jenikal-Kanals an Bord genommen. Wetter und Sicht waren gut. Um 09.15 Uhr wurde der Lotse abgesetzt. Es wurde volle Fahrt gelaufen und Kurs auf den Bestimmungshafen genommen. Nach der um 09.48 Uhr durchgeführten Beobachtung mußte eine Kursänderung nach Backbord vorgenommen und ein Kurs von 149° gesteuert werden. Der Kapitän entschied jedoch, in Deckpeilung mit der Richtfeuerlinie Pawlowsk zu laufen, die in unmittelbarer Nähe der an der Küste vorgelagerten Felsen vorüberführt. Gegen 09.50 Uhr, d. h. sofort nach der Ortsbestimmung, verließ der Kapitän die Brücke, nachdem er den wachha-

MS PRIPYATLES

benden 3. Offizier darauf hingewiesen hatte, alle schwimmenden Seezeichen an der Steuerbordseite zu lassen. Um 09.55 Uhr nahm der 3. Offizier erneut eine Ortsbestimmung vor. Er stellte fest, daß sich das Schiff nach Steuerbord von der Kurslinie versetzt und dichter an der Gefahrenstelle befindet. Er zweifelte zwar an der Zuverlässigkeit der ermittelten Position, rief aber den Kapitän nicht auf die Brücke. Auch das Radargerät wurde nicht eingeschaltet, um eventuell damit den Standort zu präzisieren. Das Schiff lief weiter mit voller Fahrt und altem Kurs, wobei es sich allmählich der Gefahrenstelle näherte. Als der 3. Offizier kurz darauf an der Backbordseite zunächst eine Spiere und anschließend eine Tonne erblickte, die das Riff und die Untiefe kennzeichneten, unternahm er, offensichtlich völlig durcheinander gebracht, nichts, um die Katastrophe zu verhindern.
Als der Kapitän auf die Brücke kam, hatte er keine Zeit mehr, um sich mit der Situation vertraut zu machen, denn bereits zwei Minuten später, d. h. um 10.03 Uhr, folgte eine Erschütterung – das Schiff hatte Grundberührung und wurde dabei stark beschädigt. + + +
Dieser Seeunfall ist ein anschauliches Beispiel für die Schiffsführung durch einen jungen Offizier, dessen Verhalten durch fehlende Kontrolle des Kapitäns gefördert wurde. Er hatte sich in Abwesenheit des Kapitäns so viele Verstöße und Fehler geleistet, daß an seiner Schuld keinerlei Zweifel bestehen. Seine Kopflosigkeit kann man jedoch verstehen, wenn man berücksichtigt, daß es das erste Mal war, daß er allein Wache ging. Der Kapitän ist in einem solchen Fall unbedingt verpflichtet, diesem Umstand Rechnung zu tragen.

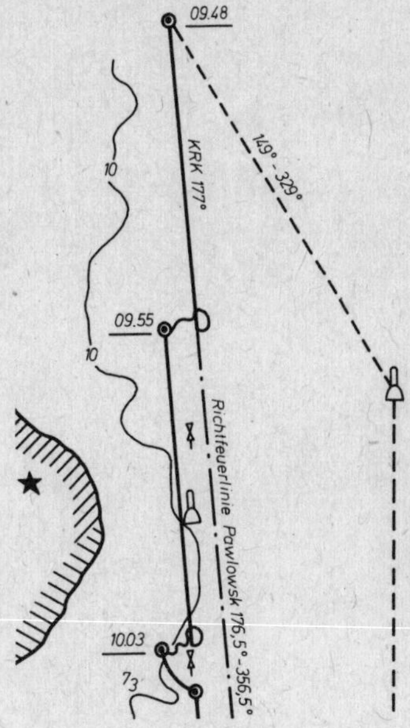

Schematische Darstellung des Festkommens des MS PRIPYATLES

+ + + Das Turbinenschiff YUNYY LENINETS der Schwarzmeer-Reederei, vermessen mit 11206 BRT, war am 28. März 1970 bei gutem Wetter und normaler Sicht auf der Überfahrt von Cherson nach Iljitschowsk. Es hatte 9000 t Ladung an Bord. Der Tiefgang betrug vorn 7,3 m und achtern 7,5 m. Um 20.00 Uhr lief das Schiff in Deckpeilung mit der Otschakow-Richtfeuerlinie den Kanalausgang an. Es wurde ein Kurs von 252° gesteuert, die Geschwindigkeit lag bei 16 kn. Auf der Brücke befanden sich der Kapitän, der Lotse und der ablösende 3. Offizier. Um 20.10 Uhr wurde eine Steuerborddrehung in Richtung auf den empfohlenen Kurs von 272,5° eingeleitet. Um eine 8,8-m-Bank sicher zu passieren, wurde das Schiff zunächst auf einem Kurs von 266° gehalten. Danach erteilte der Kapitän dem Wache gehenden Offizier die Weisung, nach Passieren der Bank auf einen Kompaßkurs von 276° zu gehen; dann verließ er gemeinsam mit dem Lotsen die Brücke. Der 3. Offizier hielt sich nicht an diese Weisung.

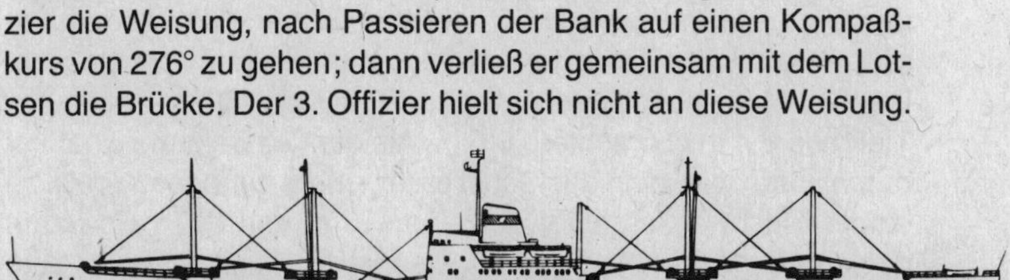

Turbinenschiff YUNYY LENINETS

Um 20.14 Uhr lag die Bank hinter dem Schiff, aber der Kurs von 266° wurde beibehalten. Er führte direkt auf die Odessa-Bank zu, die an Backbord vom empfohlenen Kurs lag. Ortsbestimmungen führte der Wachoffizier nicht durch, obwohl er dafür ausreichend Möglichkeiten hatte. Die Feuer der vier Leuchttürme waren gut auszumachen, und das Radargerät war in einwandfreiem Zustand. Um 20.32 Uhr wurde auf Befehl des 3. Offiziers der Kurs auf 271° geändert. Gleichzeitig wurde das Radargerät eingeschaltet. Um 20.39 Uhr erblickte er auf dem Bildschirm direkt voraus die Küstenlinie. Er beachtete jedoch nicht, daß der 30-sm-Bereich geschaltet war. Fälschlicherweise nahm er an, daß die Entfernung zur Küste weniger als 2 sm betrage, deshalb gab er das Kommando: „Hart Backbord!" und bat gleichzeitig den Kapitän auf die Brücke. Als dieser auf die Brücke kam und anhand des Abstands zur Küste an der Steuerbordseite feststellte, daß das Schiff vom empfohlenen Kurs erheblich nach Backbord abgekommen war und die Entfernung voraus bis zur Küstenlinie noch etwa 4 sm betrug, änderte er das Kommando des wachhabenden 3. Offiziers in „Hart Steuerbord!". In den fünf Minuten nach dem ersten Kommando und drei Minuten nach dem zweiten beschrieb das Schiff zunächst einen Drehkreis nach Backbord mit 70° und danach nach Steuerbord mit 75°. Dabei lief es mit voller Fahrt und dem gesamten Schiffskörper auf Grund und verlor 0,45 m an Tiefgang. Nachdem das Schiff geleichtert war, konnte es am 1. April mit Hilfe mehrerer Schiffe freigeschleppt werden. + + +

Der Kapitän überließ nicht nur in einem schwierigen Gebiet die Schiffsführung voll und ganz dem 3. Offizier, sondern machte sich nicht einmal die Mühe, zu überprüfen, ob seine Weisung ausgeführt wurde. Der Berater des Kapitäns, der Lotse, hatte zusammen mit dem Kapitän die Brücke verlassen. Es scheint nicht erforderlich, die Handlungsweise des 3. Offiziers zu kommentieren. Seine unmögliche Einstellung zur Erfüllung von Dienstpflichten ist offenkundig. Aber das Versagen des Kapitäns und des Lotsen ist der tiefere Grund für die eingetretene Grundberührung.

MS KLARA ZETKIN

+ + + Das Motorschiff KLARA ZETKIN der Lettischen Reederei, vermessen mit 5 194 BRT, lief am 1. Januar 1974 den kubanischen Hafen Port de Isabela de Sagua an. Es kam vom Odessa. Die Sicht war ausgezeichnet, das Wetter gut. Vorn betrug der Tiefgang 6,4 m und achtern 6,6 m. Als der Old Bahama Channel durchlaufen war, ging das Schiff unter einem geringen Winkel zu einem Flachwassergebiet auf einen Kurs von 267°. Es nahm direkt Fahrt auf die Ansteuerungstonne des Zufahrtskanals zum Hafen. Der Kapitän begab sich in seine Kammer, ohne Weisun-

MS ZENTA OSOLA, ein Schwesterschiff des MS KLARA ZETKIN

gen für die Wache zu hinterlassen. Um 12.00 Uhr übernahm der 2. Offizier die Wache. Als bis zur Kanaleinfahrt noch 8,5 sm verblieben, wurde auf Handsteuerung übergegangen, der Bootsmann auf die Back beordert und die Motorbedienung auf Steuerung von der Brücke umgeschaltet. Zur gleichen Zeit stellte der 2. Offizier die Ortsbestimmungen ein und koppelte nicht mehr mit. Um 12.52 Uhr machte er in einer Entfernung von 1,5 sm direkt voraus die Tonne 2 aus. Die Ansteuerungstonne 1 befand sich nicht an ihrem Ort. Die Fahrt wurde zwar auf langsame herabgesetzt, jedoch wurde weder der Kurs geändert noch der Kapitän informiert. Der 2. Offizier versuchte weiter, die Tonne 1 zu finden. Als die Tonne 2 querab passiert wurde, ließ der Wache gehende Offizier die Maschine stoppen. Der zum Flachwassergebiet führende Kurs wurde immer noch nicht geändert. Erst als sich das Schiff in unmittelbarer Nähe der Gefahrenstelle befand, rief er den Kapitän auf die Brücke. Dieser gab sofort das Kommando „Langsame zurück, Ruder hart Steuerbord!". Es war aber bereits zu spät. Um 13.07 Uhr lief das Schiff auf die Untiefe auf und wurde am Schiffskörper erheblich beschädigt. Nachdem das Schiff teilweise geleichtert worden war, konnte es mit Hilfe anderer Schiffe freigeschleppt werden. + + +

Der 2. Offizier hatte den Seeunfall ursächlich verschuldet, indem er nicht mehr weiter koppelte, als der Kapitän die Brücke verließ und den Kapitän später nicht rechtzeitig auf die Brücke rief.

Die Wurzeln für den Seeunfall liegen aber viel tiefer. Der Ansteuerungskurs zur Küste wurde unter einem geringen Winkel falsch gewählt. Es hätte die wesentlich seeseitiger liegende (empfohlene) Position angesteuert werden müssen. Das Einlaufen in den Zufahrtskanal zum Hafen hätte nur nach einer exakten

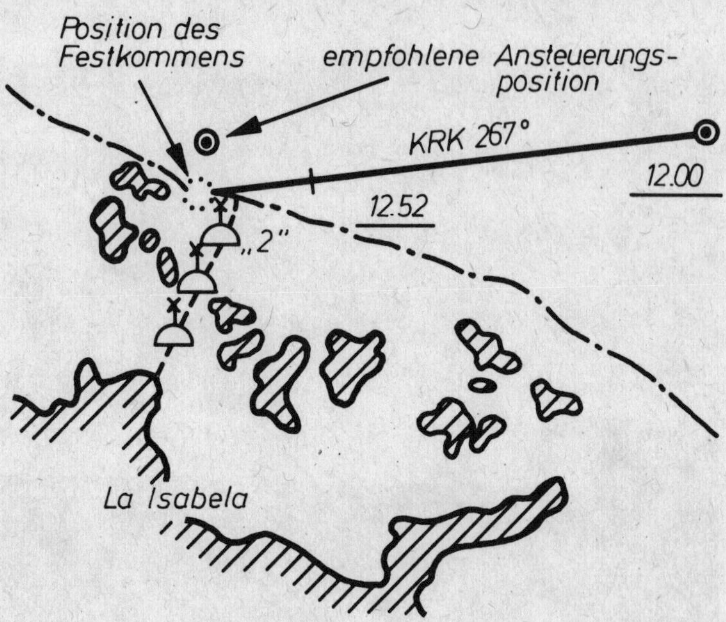

Schematische Darstellung des Festkommens des MS KLARA ZETKIN

Ortsbestimmung erfolgen dürfen. Die Festlegung dieses ungünstigen Kurses zeugt von einer unzureichenden Vorbereitung auf die Fahrt.
Wenn der Kapitän aber schon der Auffassung war, daß dieser Kurs gesteuert werden kann, dann mußte sorgfältig mitgekoppelt, die Schiffsortbestimmung mit entsprechender Häufigkeit vorgenommen, systematisch die Tiefe gelotet und die Wache verstärkt werden, um eine ununterbrochene Beobachtung und Ortsbestimmung zu garantieren. Aber nichts dergleichen geschah. Im Gegenteil, der Kapitän verließ selbst noch die Brücke und hinterließ der Wache keinerlei Weisungen. Nicht einmal die Zeit für das Erreichen der Ansteuerungstonne hatte er vorausberechnet. Als er im letzten Moment auf der Brücke erschien, war er nicht in der Lage, die erforderlichen Maßnahmen einzuleiten. Sein Kommando „Langsame zurück!" veranschaulicht deutlich, daß er die reale Situation nicht überblickte.

1.1.12. Der Einfluß des „menschlichen Faktors"

In einer Reihe von Fällen waren mangelnder Schlaf und völlige Erschöpfung der für die Wache eingesetzten Offiziere Ursache für das Festkommen von Schiffen. Es handelte sich zumeist um Folgen einer übermäßigen Beanspruchung oder anderer persönlicher Probleme, die man allgemein als „menschlichen Faktor" bezeichnen kann. Eine besondere Bedeutung gewinnt in derartigen Situationen eine „Schaltuhr", ähnlich den bei den Triebwagen der Eisenbahn verwendeten. Wenn in bestimmten Abständen diese „Schaltuhr" nicht betätigt wird, ertönt ein Signal. (Bei der Eisenbahn wird dann automatisch gebremst.) Derartige Schaltuhren werden in der Schiffahrt nicht verwendet. Moderne

Satellitennavigationsgeräte aber geben bei Erreichen vorher bestimmter Koordinaten ein bestimmtes, lautes Signal. Diese Art des Aufmerksamkeitssignals sollte verallgemeinert werden. Viele Kapitäne sind von dem Werte einer „Stoppuhr mit Signalgeber" nicht überzeugt, und einem gewöhlichen Wecker – als einem sofort zur Verfügung stehenden Hilfsmittel – begegnen sie mit einer gewissen Ironie. Sie ziehen es vor, einen ermüdeten Wachoffizier „abzusichern", indem sie persönlich im Kartenraum ruhen und zu jedem Zeitpunkt bereit sind, schnell die Schiffsführung zu übernehmen. Und wirklich ist es bei einem „ vorsichtigen Halbschlaf" im abgedunkelten Kartenraum schneller möglich, sich auf Bitte des Wachoffiziers mit der Lage vertraut zu machen als bei anderen gleichartigen Bedingungen. Wenn aber beispielsweise der Wache gehende Offizier fest eingeschlafen ist, entfällt der Vorteil dieser Art von „Ruhe am Arbeitsplatz". Und dabei ist noch nicht berücksichtigt, daß der Kapitän bei doppelt besetzter Wache seinerseits den Schlaf dringend benötigt. Während des hier untersuchten Zehnjahreszeitraums waren es in neun Fällen Schlaf oder Übermüdung der Wachoffiziere, die die unmittelbare Ursache für das Festkommen von Schiffen bildeten. Dabei war nur in einem Fall der Schlaf das Ergebnis eines groben Verstoßes gegen die Vorschriften. In allen anderen Fällen waren die Wachoffiziere erschöpft und standen teilweise unter dem Einfluß ungünstiger moralischer Faktoren persönlichen Charakters. Ohne sie zu rechtfertigen, muß man aber doch feststellen, daß derartige Fälle von einer ungenügenden Kontrolle der Freizeit der Wachoffiziere und von Mängeln im Umgang mit den Mitgliedern des Leitungskollektivs zeugen. Es ist natürlich nicht möglich, stets über die persönlichen Angelegenheiten eines jeden Besatzungsmitgliedes in Einzelheiten Bescheid zu wissen. Wenn es aber um die Sicherheit von Mensch und Schiff geht, dann müssen bekannte Umstände unbedingt berücksichtigt werden. Vor Antritt der Seewache sollte der ablösende Wachoffizier mindestens 4 bis 6 Stunden geschlafen haben. Alkoholgenuß vor der Wachübernahme ist absolut verboten. Es sei nochmals hervorgehoben, daß das Ruhen des Kapitäns im Kartenraum die genannten Mängel und das Fehlen einer „Weckuhr" nicht kompensieren kann, denn bei den neun registrierten Seeunfällen ruhte in fünf Fällen der Kapitän im Kartenraum.

+ + + Der Tanker MEKHANIK AFANASYEV der Noworossijsker Reederei, vermessen mit 31 524 BRT, lief am 30. Juli 1974 unmittelbar nach Mitternacht mit voller Ladung aus Odessa nach

MT MEKHANIK AFANASYEV

Kuba aus. Es wehte Südwestwind mit Stärke 4 bis 5, die Sicht war ausgezeichnet. Auf der Brücke befanden sich neben dem Kapitän der 1. Offizier, der 4. Offizier, der Lotse und der Rudergänger. In der Nähe des Woronzow-Leuchtturms verließ der Lotse das Schiff. Man ging auf einen Kurs von 105° und lief volle Fahrt voraus. Um 00.52 Uhr wurde der Kurs auf 115° geändert und das vorhandene Gefahrengebiet südlich passiert. Die Tonne, die dieses Gebiet begrenzt, wurde an Steuerbord mit einer Seitenpeilung von 35° ausmacht. Gegen 01.00 Uhr übernahm der 2. Offizier die Wache, der sich seit dem Auslaufen mit der Zusammenstellung von dienstlichen Funksprüchen befaßt hatte. Der 1. und 4. Offizier verließen die Brücke. Um 01.15 Uhr lag die Position des Schiffs, die mit dem Radargerät bestimmt worden war, auf dem Kurs in einem Abstand von 1,7 sm von der Position, auf der der Kurs auf 150° zu ändern war. Der Kapitän wies an, daß der Wachoffizier die Kursänderung selbständig vornehmen solle, wenn die grüne Tonne, die ein Gefahrengebiet bezeichnet, querab ist. Er zeigte ihm den Standort der Tonne auf der Karte und verließ dann die Brücke.

Nachdem der Kapitän gegangen war, schlief der 2. Offizier entweder ein oder er fiel in einen Trancezustand. Jedenfalls unterließ er jegliche Kontrolle der Fortbewegung des Schiffs. Als die grüne Tonne dwars lag, nahm er keine Kursänderung vor, desgleichen führte er auch keine Schiffsortbestimmungen durch. Auf die Meldung des Ausgucks, daß dieser weiße Festfeuer ausgemacht habe, reagierte er nicht. Später stellte es sich heraus, daß es die Feuer auf der Tendrowskaja Kosa (Tendrownehrung) waren, denen sich der Tanker schnell näherte. Auch auf die Lichtsignale, die von der Tendrowskaja Kosa gegeben wurden, als man sah, daß das Schiff auf eine Gefahrenstelle zuläuft, reagierte er nicht. Selbst die Meldung des diensthabenden Maschinisten um 03.20 Uhr (als sich das Schiff bereits im Flachwasserbereich befand) über das schnelle Absinken der Drehzahl ließ er unbeachtet. Nachdem der Tanker um 03.49 Uhr festgekommen war, verging fast noch eine halbe Stunde, bis ihn der Ausguck mit der Mitteilung aus dem Trancezustand riß, daß das Schiff keine Fahrt mehr mache. Erst dann wurde die Maschine gestoppt. In der Zeit vor dem Festkommen hatten die Beobachter auf der Tendrowskaja Kosa nicht nur versucht, die Aufmerksamkeit des Schiffs durch Lichtsignale zu erregen, sondern sie riefen es auch über Sprechfunk an. Das war jedoch erfolglos, denn das Sprechfunkgerät an Bord des Tankers war sofort, nachdem der Lotse das Schiff verlassen hatte, abgeschaltet worden. + + +

Obwohl bei der Unfalluntersuchung der 2. Offizier seinen Zustand durch starke Übermüdung und den Einfluß ungünstiger familiärer Umstände zu erklären suchte, ist seine Schuld unbestritten. Erinnern wir uns: etwa 25 Minuten vor der Kursänderung entließ der Kapitän den 1. Offizier von der Brücke. Nach weiteren 15 Minuten, d. h. 1,5 sm vor Drehung, geht er selbst und überläßt die Führung des Schiffs dem 2. Offizier. Dieser aber war objektiv der

müdeste von allen, denn der 2. Offizier ist ja gleichzeitig auch der Ladungsoffizier. Die Bebunkerung war kurz vor dem Auslaufen beendet worden. Der Kapitän hätte dem 2. Offizier vor der Wachübernahme wenigstens ein paar Stunden Ruhe geben müssen. Zumindest hätte er ihn aber zum Zeitpunkt der Kursänderung durch seine Anwesenheit auf der Brücke zu unterstützen gehabt. Damit hätte er ihm übrigens keinen besonderen Gefallen erwiesen, sondern nur eine Pflicht laut Vorschrift erfüllt. Leider wurde dies alles unterlassen. Hinzu kommt, daß sich der Kapitän nach dem Verlassen der Brücke nicht einmal – und sei es telefonisch – dafür interessiert hat, ob das Schiff auf dem neuen Kurs liegt. Erklären kann man das nur mit einer unvertretbaren Sorglosigkeit des Kapitäns bei Fahrt in unmittelbarer Nähe der Küste und in Gebieten mit intensivem Schiffsverkehr.
Es erhebt sich die Frage, ob diese Katastrophe zu verhindern gewesen wäre, hätte man an Bord eine Stoppuhr (Wecker), gekoppelt mit einer akustischen Signalgebung, gehabt und diese auf die Zeit der Kursänderung eingestellt. Es ist schwer, darauf eine absolut bejahende Antwort zu geben. Der 2. Offizier hatte zweimal den Telefonhörer abgehoben und Meldungen des wachhabenden Maschinisten entgegengenommen. Außerdem hörte er die Meldung des Ausguck über die beobachteten Feuer. Das bedeutet, daß bestimmte „Wecksignale" schon vorhanden waren. Sie reichten aber nicht aus, um ihn voll wach werden zu lassen. Es ist nicht ausgeschlossen, daß eine Klingel bzw. ein Summer einer Stoppuhr oder eines Weckers ihn aufgerüttelt hätten, damit er begreift, was vor sich geht. Aber das sind Vermutungen. Dieser Seeunfall kostete den Staat 100000 Rubel.

MS KURA

+ + + Das Kühlschiff KURA der Lettischen Reederei, vermessen mit 3560 BRT, lief am 31. Oktober 1976 kurz nach Mitternacht bei schwachem Wind und guter Sicht aus Leningrad nach Kuba aus. Es hatte 2456 t Ladung an Bord. Um 04.00 Uhr trat der 1. Offizier seine Wache an. Etwa gegen 05.00 Uhr, als die Maschine auf volle Fahrt hochgefahren war, erreichte das Schiff eine Geschwindigkeit von 17,5 kn. Auf der Brücke befanden sich der Kapitän, der 1. Offizier, der Rudergänger und der Ausguck. Um 06.00 Uhr wurde mit einem Kurs von 313° die Tonne 6 querab passiert. Das Schiff ging auf den neuen Kurs von 284°. Um 06.10 Uhr begab sich der Kapitän in den Kartenraum, um dort etwas auszuruhen. Um 06.45 Uhr schickte der 1. Offizier den Ausguck von der Brücke, um die Besatzung wecken zu lassen. Kurz darauf meldete der Rudergänger, daß Backord voraus eine Tonne in Sicht gekommen ist. Zu diesem Zeitpunkt befand sich

die von dem Matrosen ausgemachte Tonne 4, bei der eine Kursänderung auf 239° vorgenommen werden mußte, in einem Abstand von 2 bis 2,5 sm. Gegen 07.00 Uhr wurde dem 1. Offizier die querab liegende Tonne vom Rudergänger gemeldet. Da er aber die bevorstehende Änderung des Kurses nicht kannte, behielt er den ursprünglichen Kurs von 284° bei. Der 1. Offizier bestätigte den Erhalt der Meldung über die Tonne, gab aber kein Kommando für die Kursänderung. Das Schiff lief mit voller Fahrt und altem Kurs weiter, wobei es sich schnell einer Gefahrenstelle näherte. Um 07.10 Uhr lief das Schiff KURA mit voller Fahrt auf die Felsenbank vor der Insel Sommers auf. Es wurde im Unterwasserbereich des Schiffskörpers erheblich beschädigt. Zwei Laderäume und der Maschinenraum liefen voll Wasser. Obwohl etwa 2000 t Ladung geleichtert wurden, gelang es infolge des stürmischen Wetters nicht, das Schiff zu retten. + + +
Bei der Untersuchung des Schiffsuntergangs wurde festgestellt, daß der 1. Offizier wenige Stunden vor dem Auslaufen an Bord gekommen und zuvor lange Zeit nicht im Einsatz gewesen war. Aus diesem Grunde wußte der Kapitän nicht, wie sich sein 1. Offizier verhalten wird. Deshalb durfte er ihm keinesfalls die Schiffsführung unkontrolliert überlassen. Wie wir sehen, ist die Schuld des 1. Offiziers unbestritten. Versuchen wir aber nun, die Grundursachen dieser Schiffskatastrophe zu analysieren.

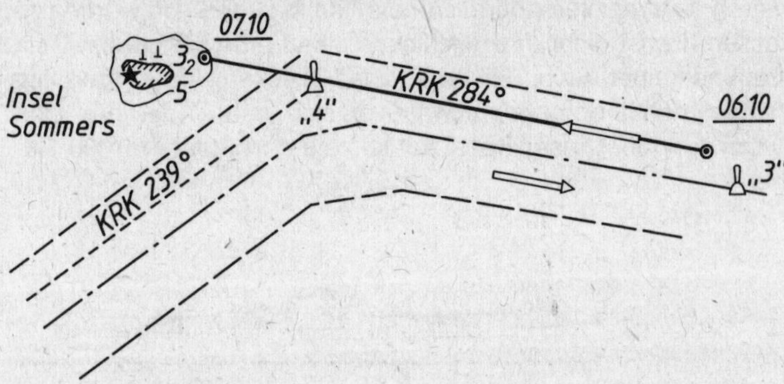

Schematische Darstellung des Festkommens des MS KURA

Der 1. Offizier erklärte seinen Zustand mit Übermüdung und vor allem mit Depressionen, die sich aus familiären Gründen ergaben. Diese waren auch der Reederei gut bekannt. Der Kapitän wußte wahrscheinlich ebenfalls davon. Er hätte das berücksichtigen müssen, denn das Problem des erneuten Einsatzes des 1. Offiziers zog sich bereits einige Tage hin. Nehmen wir aber an, der Kapitän war von all dem nicht in Kenntnis gesetzt worden oder er maß dem nicht eine solche Bedeutung bei. Er konnte beobachten, daß der 1. Offizier normal in angespannter Situation arbeitete, seine Funktion übernahm und anschließend das Schiff klar zum Auslaufen machte. Es fragt sich, was für besondere Erfahrungen erforderlich sind, um an einer Tonne eine Kursänderung vorzunehmen, wenn die Sicht ausgezeichnet und das Wetter gut sind und keinerlei Schwierigkeiten auftauchen. Der Kapitän hätte vielleicht berücksichtigen müssen, daß der 1. Offizier übermüdet sein könnte. Er hätte diese Tragödie nur dann verhindern können, wenn er sich etwas länger auf der Brücke aufgehalten hätte. Es ist auch nicht ausgeschlossen, daß das akustische Signal einer Stoppuhr, die auf die Zeit der Kursänderung eingestellt gewesen wäre, einen größeren Effekt erzielt hätte, als die Meldung des Rudergängers. Möglicherweise hätte ein solches Signal zum Handeln gezwungen. Aber keine solche Stoppuhr, ja nicht einmal ein gewöhnlicher Wecker, waren auf der Brücke vorhanden.

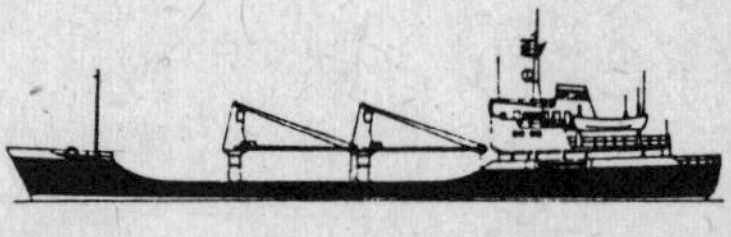

MS NARVSKAYA ZASTAVA

+ + + Das Motorschiff NARVSKAYA ZASTAVA (1813 BRT) von der Nord-Reederei lief am 28. Juli 1979 vom Hafen Onega nach Archangelsk, um weitere Ladung an Bord zu nehmen. Um 04.45 Uhr steuerte das Schiff einen Kurs von 31°, hielt sich aber etwas an Steuerbordseite von diesem. Um 04.00 Uhr hatte der 1. Offizier die Wache angetreten. Um 05.20 Uhr änderte er, um einem entgegenkommenden Schiff auszuweichen, den Kurs um 14° nach Steuerbord. Danach begab er sich in die Steuerbordnock, wo er entweder einschlief oder völlig abschaltete. Er verlor die Kontrolle über die ihn umgebende Lage. Das Schiff lief mit Selbststeueranlage. Der allein auf der Brücke befindliche Ausguck war mit dem Aufklaren der Räume beschäftigt. Mit großer Fahrt lief das Schiff in Richtung auf die Insel Shishginskij zu. Das Schiff setzte um 06.19 Uhr auf Grund auf. Als der 1. Offizier daraufhin zu sich kam, hatte er die Küste der Insel unmittelbar vor sich. Trotzdem unternahm er nichts. Erst vier Minuten später, nach einer ganzen Serie weiterer Grundberührungen, wurde die Maschine gestoppt. Das Ergebnis dieses Seeunfalles waren starke Beschädigungen am Schiffskörper. + + +

Schematische Darstellung des Festkommens des MS NARVSKAYA ZASTAVA

Es ist nicht schwer zu erkennen, daß die unmittelbare Ursache für diesen Seeunfall darin zu suchen ist, daß der für die Wache eingesetzte 1. Offizier während seines Dienstes eingeschlafen war. Aber dieses Fehlverhalten allein hätte niemals diese Auswirkungen haben können, wären auf dem Schiff die elementarsten Grundsätze für die Organisation des Dienstes an Bord eingehalten worden. In der Wache des 1. Offiziers gab es keinen Ausguck. Der hierfür vorgesehene Matrose wurde mit Reinschiffarbeiten beschäftigt. Nicht einmal zu diesem Zeitpunkt, als das Ausweichmanöver gegenüber dem anderen Schiff auszuführen war, wurde der Matrose auf die Brücke gerufen. Hätte sich auch nur ein zusätzlicher Beobachter auf der Brücke befunden, der die schnelle Annäherung des Schiffs an die Küste hätte feststellen und daraufhin den Wachoffizier wecken oder warnen können, dann wäre dieser Vorfall mit Sicherheit zu verhindern gewesen. Die Ursache für diesen Seeunfall ist die Verantwortungslosigkeit des 1. Offiziers.

+ + + Das Motorschiff NOVOKUZNETSK der Baltischen Reederei, vermessen mit 8802 BRT, lief in der Nacht vom 3. zum 4. Oktober 1972 unter Ballast von Leningrad nach Turku (Finnland). Es wehte ein schwacher Wind und die Sicht war gut. In seiner Funktion unternahm der Kapitän die erste Fahrt. Zuvor war er auf dem gleichen Schiff als 1. Offizier gefahren. Um seine Arbeit zu überprüfen und praktische Hilfe zu gewähren, war für diese Reise ein unterstützender Kapitän (Ausbildungskapitän der Reederei) eingesetzt worden.

MS NOVOKUZNETSK

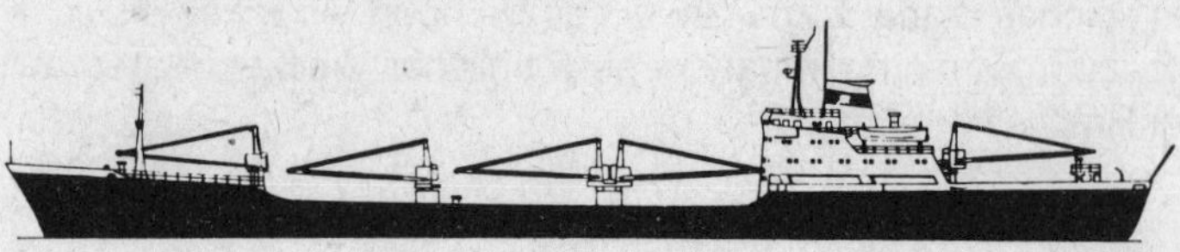

Unmittelbar nach 24.00 Uhr ging der Lotse von Bord. Es wurde volle Fahrt befohlen. Um 02.10 Uhr begab sich der Kapitän in seine Kammer. Er hatte den 2. Offizier angewiesen, bei Veränderung der Lage sofort Meldung zu erstatten. Der Ausbildungskapitän war bereits von der Brücke gegangen. Um 02.36 Uhr änderte der Wachoffizier selbständig den Kurs auf 284° und nach einer weiteren Stunde auf 240°. Er meldete dies dem Kapitän, der die richtige Ausführung anhand der Kreiselkompaßtochter in seiner Kammer kontrollierte. Um 04.00 Uhr trat der 1. Offizier die Wache an. Er war zuvor auf einem Schiff des gleichen Typs gefahren und zwei Wochen vor Auslaufen auf die NOVOKUZNETSK versetzt worden. Der 2. Offizier machte ihn bei der Ablösung mit der Lage vertraut: fünf Leuchtfeuer waren gut sichtbar, der Schiffsort, der mit dem Radargerät ermittelt worden war, befand sich auf dem befohlenen Kurs. Darüber hinaus teilte er ihm die Weisung des Kapitäns mit, ihn sofort bei einer Veränderung der nautischen Lage zu informieren. Nachdem der 1. Offizier die Wache übernommen hatte, unterließ er eine weitere Ortsbestimmung. Er vorausberechnete nicht die Zeit, die benötigt wurde, um den Leuchtturm Hogland-Süd in Querabposition zu bekommen. Er ermittelte nicht den Abstand und die Peilungen für die Kursänderung, denn auf dieser Position mußte der Kurs auf 280° geändert werden. Er habe sich, so erklärte er später, auf seine Erfahrungen und sein Augenmaß verlassen. Die Ausführung aller üblichen Vorsichtsmaßnahmen, die die sichere Fahrt eines Schiffs garantieren, hielt er für überflüssig. Als dann bei der Annäherung an die Kursänderungsposition – querab vom Leuchtturm Hogland-Süd – der wachhabende Matrose, der von der Kursänderung wußte, selbständig auf Handsteuerung überging, wies er diesen an, wieder die Selbststeueranlage einzuschalten, da die Steuerung von Hand nicht erforderlich sei. Nachdem die Position für die Kursänderung überlaufen war, gab der 1. Offizier auch später kein Kommando zu deren Ausführung. Stattdessen schaltete er das Radargerät auf den 5-sm-Bereich um. Als er keine exakte Darstellung der Inseln Wirginy erblickte, die sich zu diesem Zeitpunkt 4 bis 5 sm recht voraus befanden, begann er, das Radargerät nachzuregeln. Er hatte sich entschlossen, die Kursänderung anhand dieser Inseln vorzuneh-

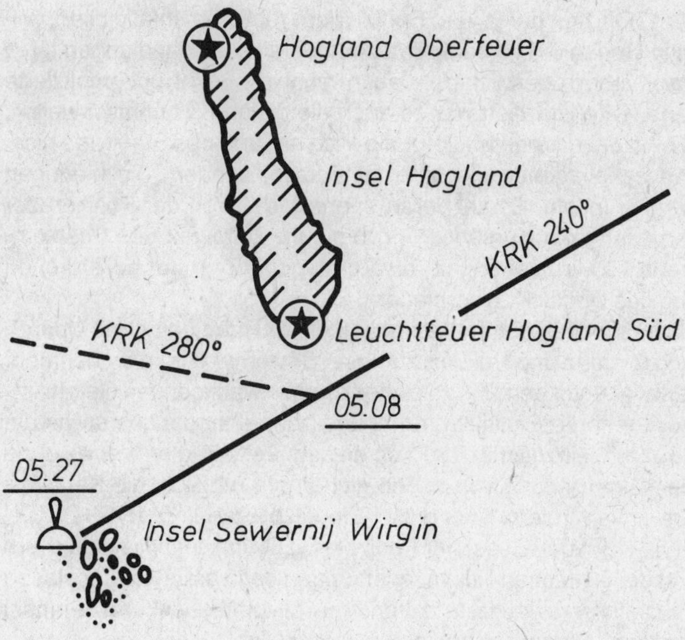

Schematische Darstellung des Festkommens des MS NOVOKUZNETSK

men. Da sich auf dem Bildschirm diese Inseln nicht klar genug abzeichneten, überprüfte der 1. Offizier die Kennung des Leuchtfeuers auf der Insel Sewernyj Wirgin. Um 05.27 Uhr lief die NOVOKUZNETSK mit 240° und voller Fahrt auf die der Küste vorgelagerten Felsen auf und erhielt schwere Beschädigungen im Bereich des Unterwasserschiffs. + + +

Die Handlungen des Wachoffiziers zeugen in erster Linie davon, daß es nicht gerechtfertigt und ein Zufall war, daß er in die Funktion eines 1. Offiziers eingesetzt wurde. Versuchen wir aber trotzdem, die Beweggründe seines Handelns und seiner Untätigkeit zu untersuchen.

Hätte der 1. Offizier während der Zeit von seinem Antritt der Wache bis zur Querabpeilung zum Leuchtturm Hogland-Süd, in der das Schiff eine Strecke von 15 sm zurücklegte, regelmäßig den Schiffsort bestimmt, dann brauchte er bei der Annäherung an diese Position nicht nach anderen Möglichkeiten zur Standortüberprüfung zu suchen, sondern hätte die Lage beherrscht. Schiffsführer, die an der Südspitze der Insel Hogland eine Kursänderung durchführen müssen, wissen, daß infolge der starken Geländeerhebungen auf der Insel der Abstand zu ihr kleiner erscheint, als das in Wirklichkeit der Fall ist. Dabei verschätzt man sich in der Größe der Insel nicht selten auch bei Nacht. Um so wichtiger ist es, die grundlegenden Forderungen an eine sichere Schiffsführung einzuhalten. Die beweglichen Abstandsringe der Radaranlage mußten also auf die berechnete sichere Entfernung und der Peildiopter auf die theoretisch berechnete Peilung der Kursänderung eingestellt sein. Damit wären alle nur möglichen Zweifel beseitigt gewesen. Man muß annehmen, daß

der 1. Offizier, der ja vom Beginn der Wache an untätig blieb, völlig in Gedanken versunken, zu keinen aktiven Handlungen fähig war. Daher überblickte er auch nicht die recht unkomplizierte Lage. Offensichtlich war es auch die gleiche „Hemmschwelle", die ihn dazu veranlaßte, für die Präzisierung des Standorts nicht das naheliegende Hogland zu nutzen, sondern die niedrigen Wirginy-Inseln. Es sei daran erinnert, daß von der Position der vorgesehenen Kursänderung bis zum Zeitpunkt des Festkommens 20 Min. vergingen, also genügend Zeit, um beizudrehen und das Unglück zu verhindern.
Als ihm jedoch die Zeit davonlief, um in Ruhe und ohne Übereilung Distanz und Peilung zur Insel Sewernyj Wirgin zu nehmen, verlor er unter dem Eindruck der zügig anwachsenden Gefahr immer mehr die Fähigkeit, ruhig und normal zu denken sowie die Lage real einzuschätzen. Von diesem Zeitpunkt an war es ohne eine Einmischung von außen nicht mehr möglich, die Katastrophe zu verhindern. Aber dieser Eingriff blieb aus. Die NOVOKUZNETSK lief genau auf der Position auf Grund, wohin sie der Kurs und die vielfachen Pflichtverletzungen des verantwortungslosen Schiffsführers gebracht hatten. 1,5 kbl vom Leuchtturm der Insel Sewernyj Wirgin entfernt saß das Schiff fest.
Wie wir sehen, war die Situation einfach. Die Sicherheit des Schiffs machte keine besonderen Kenntnisse und großen Erfahrungen erforderlich. Was notwendig war, das war lediglich die gewissenhafte Erfüllung der Pflichten eines Wachoffiziers. Dann wäre ein derartiger Seeunfall zu verhindern gewesen. Es hätte ausgereicht, wenn der Kapitän wenigstens ungefähr die Zeit für die Kursänderung bei Hogland ermittelt und einen Wecker in seiner Kammer auf diesen Zeitpunkt eingestellt hätte. Er mußte sich nicht einmal auf die Brücke begeben, sondern konnte sich in seiner Kammer anhand des Tochtergeräts davon überzeugen, daß das Schiff den vorgegebenen Kurs steuert. Der Ausbildungskapitän mußte diese Kontrolle doublieren. Dabei kann man ihm zugute halten, daß er von einer besonders ausgeprägten Gewissenhaftigkeit des Kapitäns während seiner ersten Fahrt in dieser Funktion ausging. Ob er aber auch die Brücke verlassen mußte, sei dahingestellt.

+ + + Das Eisbrecherfährschiff SEVERODVINSK (922 BRT) der Estnischen Reederei, das im Muhu väin (Moonsund) zwischen den Hafenplätzen Virtsu (auf dem Festland) und Kuivastu (auf der Insel Saaremaa) im Einsatz war, lief am 2. Dezember 1975 um 08.30 Uhr laut Fahrplan aus Kuivastu aus und ging auf einen Kurs von 85°. Die Schiffsführung hatte der 1. Offizier übernommen. Der Kapitän nahm mit Genehmigung der Reederei an dieser Fahrt nicht teil. Seine Funktion hatte einer der anderen ersten Offiziere übernommen, der sich in der Kammer aufhielt. Die Besonderheiten des Einsatzes der Fährschiffe im Bereich des Moonsund-Archipels bestehen darin, daß sie täglich bis zu 20 Fahrten unternehmen. Daher setzt sich der Offiziersbestand

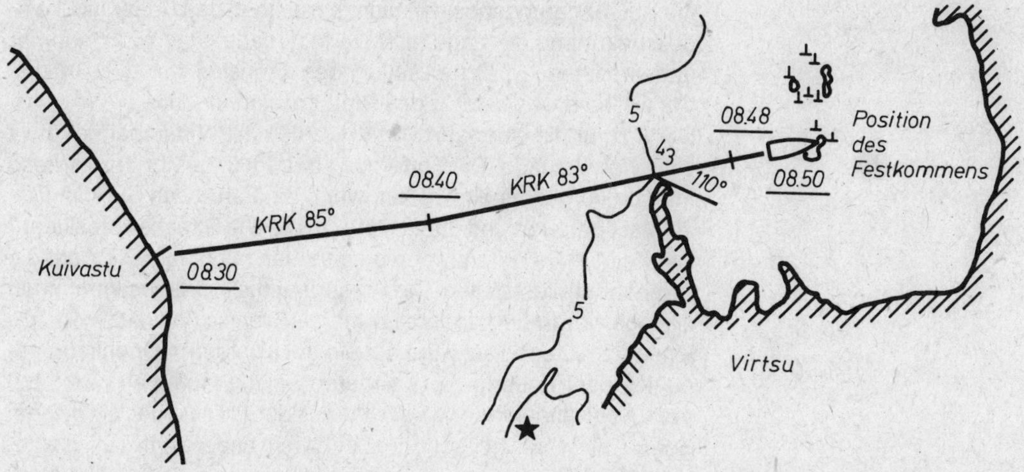

Schematische Darstellung des Festkommens des Eisbrecherfährschiffs SEVERODVINSK

solcher Fähren aus einem Kapitän und drei ersten Offizieren zusammen. Sie haben alle die Berechtigung zur selbständigen Schiffsführung. Unter Berücksichtigung dieser Einsatzspezifik der Schiffe sowie fehlender Wohnräume an Bord, die einen Teil der Offiziere zwingen, an Land zu wohnen, hat die Reederei eine 12-Stundenwache festgelegt und in Ausnahmefällen auch ein 24-Stundenwachregime gestattet. Die meterologischen Bedingungen während der oben beschriebenen Fahrt waren günstig. Der Wind wehte schwach und die Sicht war gut. Die Feuer des Fischkombinats in der Nähe von Virtsu, nach denen sich der 1. Offizier orientierte, waren sichtbar. Kreiselkompaß und Radargerät wurden daher nicht eingeschaltet. Aus dem gleichen Grund wurde der Kurs nicht mitgekoppelt. Auch die Ortsbestimmungen wurden unterlassen. Zehn Minuten nach dem Auslaufen wich die SEVERODVINSK dem Schwesterschiff SÕPRUS aus, mit dem sie gemeinsam diese Fährlinie befuhr. Nach dem Ausweichmanöver wurde der Kurs um 2° nach Steuerbord geändert. Der 1. Offizier entschloß sich, wie gewöhnlich 0,5 sm vor dem Molenkopf von Virtsu nach Steuerbord einzudrehen und dann den Liegeplatz anzulaufen. Allerdings kontrollierte er nicht ein einziges Mal den Standort des Schiffs. Er bemerkte nicht, wie er über die Position zur Kursänderung hinauslief. Das Schiff näherte sich schnell einer Gefahrenstelle. Erst als ihn Fahrgäste darauf aufmerksam machten, daß das Schiff den Felsen recht nahekommt, schreckte der 1. Offizier auf und erkannte das Gefährliche der Situation. In einem Abstand von 2 bis 2,5 kbl recht und Steuerbord voraus ragten Felsen aus dem Wasser. Sofort wurde äußerste Kraft zurück befohlen. Diese Maßnahme kam jedoch zu spät, sie konnte das Unglück nicht mehr verhindern. Das Fährschiff SEVERODVINSK setzte mit dem Vorderschiff auf den felsigen Grund auf und wurde am Rumpf stark beschädigt. Es mußte für lange Zeit außer Dienst gestellt werden. + + +

Die unmittelbare Ursache für diesen Seeunfall beruht darauf, daß der 1. Offizier nicht vorgekoppelt, die Zeit für die Annäherung an die Kursänderungsposition nicht berechnet, das Radar nicht eingeschaltet und die Lage nicht verfolgt hatte. Das zeugt von der unbefriedigenden Organisation des Dienstes auf der Brücke. Wir wollen etwas tiefer in das Problem eindringen.

Die Zeit für die Überfahrt von Kuivastu nach Virtsu beträgt etwa eine Viertelstunde. Die Entfernung beträgt ungefähr 3 sm. Wieso muß da vorgekoppelt werden, wenn die Fähre den Sund täglich 20 Mal überquert und dabei stets die gleiche Strecke zurücklegt? Die Zeit für die Kursänderung kann man mit einem Blick auf die Armbanduhr feststellen. Die Forderung nach Ortsbestimmungen ist doch eine unbegründete Formalität, wenn sofort nach dem Ablegen vom Liegeplatz Kurs auf die gut sichtbaren Orientierungspunkte oder Feuer auf der anderen Seite genommen wird. Muß man nicht annehmen, daß nicht nur der unmittelbar an diesem Seeunfall Schuldige, sondern noch viele andere Offiziere die genannten Unterlassungen und Fehlleistungen so einschätzen? Darf das Problem wirklich so gesehen werden? Die Forderung, unter diesen Verhältnissen vorzukoppeln, hat in der Tat nur dann einen Sinn, wenn das Ab- und Anlegen und die zurückzulegende Wegstrecke unabhängig von der konkreten Uhrzeit nach Minuten bestimmt werden. Die gefährlichen Abstände und die Kontrollpeilungen für Kursänderungen sind praktisch konstant. Ein Blick auf diese, von der konkreten Zeit unabhängige Koppeltabelle hätte als Warnung wirken können. Bedenken wir doch, daß in fünf Minuten ein Drittel der Wegstrecke zurückgelegt wird. Was aber die Ortsbestimmungen und den Einsatz des Radargeräts angeht, so kann man sich mit der Handlungsweise des Wachoffiziers nicht einverstanden erklären. Wären beispielsweise auf der SEVERODVINSK Schiffsortbestimmungen und die Nutzung des Radargeräts bei Dunkelheit und auch bei guter Sicht ständige Regel, dann wäre die Wahrscheinlichkeit eines derartigen Seeunfalls wesentlich geringer gewesen. Bei der anschließenden Untersuchung wurde festgestellt, daß der 1. Offizier nicht 12 Stunden Dienst ging, sondern im 24-Stunden-Törn eingesetzt war, d. h. in jener Wache, die nur als Ausnahmefall gestattet ist. Er war daher übermüdet und seine Fähigkeit, die Lage aktiv kontrollieren zu können, entsprach nicht den konkreten Einsatzerfordernissen. In dieser Situation wären Ortsbestimmungen sicher Reizerreger für ihn gewesen, die ihn möglicherweise aus dem Zustand der Erschöpfung gerissen hätten. Das gleiche gilt auch für die Benutzung des Radargeräts: ein Blick auf den Bildschirm hätte genügt, um die Lage richtig einzuschätzen. Wenn neben den genannten Maßnahmen noch die Benutzung einer Stoppuhr obligatorisch gewesen wäre, dann hätte die Wahrscheinlichkeit der Entstehung dieses Seeunfalls ein Minimum erreicht. Dieser Vorfall wäre bei all den Verstößen und Fehlern, die vom wachhabenden 1. Offizier gemacht wurden, zu verhindern gewesen, wenn der den Kapitän vertretende 1. Offizier es sich zur Pflicht gemacht hätte, beim unmittelbaren Ansteuern des Hafens auf der Brücke zu sein.

Man kann leicht feststellen, daß alle genannten Seeunfälle viel Gemeinsames haben. Alle ereigneten sie sich unter unkomplizierten Bedingungen. Auf allen fünf Schiffen waren die für die Wache eingesetzten Offiziere übermüdet und führten keine Kursänderungen an der festgelegten Position durch, sondern setzten die Fahrt mit hoher Geschwindigkeit in Richtung Gefahrenstelle fort. Nur auf der SEVERODVINSK wurde unmittelbar vor dem Festkommen volle Fahrt zurück befohlen. Auf keinem der Schiffe waren Zeit, Peilung und sicherer Abstand für die Kursänderung voraus berechnet worden. Außerdem wurden die technischen Schiffsführungsmittel entweder überhaupt nicht oder aber zumindest uneffektiv eingesetzt. Die Kapitäne hatten die Schiffsführung an die Wache gehenden Offiziere unmittelbar vor oder kurze Zeit vor dem Erreichen der Kursänderungsposition übergeben. Auf keinem der Schiffe wurden die Handlungen der wachhabenden Offiziere kontrolliert oder doubliert. Die Hauptursache für diese Seeunfälle besteht im Fehlen einer richtigen Organisation des Dienstes auf der Brücke. Eine solche Organisation hätte mögliche Fehler der Wachoffiziere kompensiert.

1.1.13. Psychologische Voraussetzungen

Zu den psychologisch begründeten Voraussetzungen für Fehlhandlungen gehören ein übermäßiges „Sicherheitsgefühl" und die Unfähigkeit, sich auf eine ungünstige Situation schnell einzustellen. Das „Sicherheitsgefühl" entsteht fast ausschließlich bei günstigen Fahrtverhältnissen oder in gut bekannten Seegebieten. Es ist verständlich, daß solche Verhältnisse objektiv eine abschwächende Wirkung auf die Wachsamkeit ausüben und im Zusammenhang mit Sorglosigkeit und Leichtsinn zu nicht wiedergutzumachenden Folgen führen können, wie dies zum Beispiel bei dem Turboelektroschiff BALTIKA und dem Motorschiff LATVIYA festzustellen war. Nur, wenn der Wachdienst auf der Brücke vorschriftsmäßig organisiert ist und die Grundsatzforderungen an die Wachausübung ohne Abstriche erfüllt werden, befindet sich das Schiff in Sicherheit.
Die zweite Ursache psychologischen Charakters betrifft eine unzureichende Vorbereitung auf die Reise, insbesondere ein nur oberflächliches Studium des Einsatzgebiets. Wenn der Schiffsführer mit einer nicht vorherzusehenden komplizierten Lage konfrontiert wird, findet er oft nur langsam den richtigen Entschluß. Er ergreift manchmal unter dem Einfluß der schnell heraufziehenden Gefahr Maßnahmen, die der Situation nicht entsprechen und dadurch in eine Katastrophe führen können.
Einen solchen Vorfall gab es mit dem Tanker PYATIDESYATILYETIYE SOVITESKOY GRUZII, der mit hoher Geschwindigkeit beim Ausweichen vor einer Fähre nach Backbord drehte, da an der Steuerbordseite ein Flachwassergebiet drohte, und danach zu lange zögerte, um nach Steuerbord zurückzudrehen. Hätten sich die Schiffsführer des Tankers intensiv mit dem komplizierten Fahrtgebiet befaßt, das sie ohne Lotsen durchlaufen wollten,

dann wären ihnen die vielen Fährschiffe aufgefallen, die den Hauptstrom des Schiffsverkehrs kreuzten. Das hätte sie veranlassen müssen, beim Erreichen der Fährrouten die Geschwindigkeit erheblich herabzusetzen. So wäre wiederum genügend Zeit geschaffen worden, um die vor sich gehenden Lageänderungen gründlich durchdenken und eine richtige Verhaltensweise auswählen zu können.
Allgemein gesagt, beweist ein Kapitän seine Erfahrung und Reife, wenn er von einem vorgefaßten Handlungsschema während der Fahrt, beim Anlegen oder während anderer Manöver infolge veränderter Bedingungen (i. allg. ungünstigerer Bedingungen) abzuweichen in der Lage ist. Ein starrköpfiges Beharren auf dem vorgefaßten Handlungsablauf auch dann, wenn sich die Ausgangsdaten als falsch erweisen oder sich grundlegend geändert haben, ist nicht selten die Ursache für einen schweren Seeunfall. Verläßt der Kapitän zur unrechten Zeit die Brücke oder übergibt die Schiffsführung ohne Kontrolle einem seiner Offiziere, so ist in den meisten Fällen entweder Müdigkeit bei Nacht (wie auf dem Tanker LENINABAD) oder die Esseneinnahme am Tage (wie auf dem Motorschiff PYOTR SMIDOVICH) die Ursache dafür.
Die Übermüdung ist oft eine durchaus verständliche Folge einer Fahrt unter komplizierten Verhältnissen oder eines späten Auslaufens aus dem Hafen nach einer anstrengenden Liegezeit. Noch häufiger aber zeugt sie vom Fehlen eines durchdachten Erholungssystems für die Offiziere an Bord. Bei fast allen Überfahrten kann eine Wegstrecke ausgewählt werden, und zwar vorwiegend bei der Fahrt am Tage, bei der der Kapitän ruhen kann. Sollte es erforderlich sein, kann doppelt besetzte Wache angeordnet werden. Man kann auch den durchaus erklärlichen Wunsch des Kapitäns verstehen, nicht allein, sondern gemeinsam mit seinen Offizieren essen zu wollen. Bei dieser Gelegenheit lassen sich Meinungen zu interessanten Problemen, die keinen dienstlichen Charakter zu tragen brauchen, austauschen oder andere Fragen besprechen. Wenn aber das Streben nach Gemeinsamkeit über das Verantwortungsgefühl und über die Kapitänspflichten Oberhand gewinnt, dann hat das recht oft unerwünschte Folgen. Die Statistik beweist: Im untersuchten Zeitraum entfiel fast jeder vierte aller Fälle auf unzeitgemäßes Verlassen der Brücke durch den Kapitän zur Esseneinnahme. Damit zeigt sich, daß die Undiszipliniertheit des Kapitäns eine wesentliche Ursache für die unkontrollierte Überantwortung der Schiffsführung an einen der Offiziere ist.

1.2. Analyse des Festkommens und der Grundberührungen

1.2.1. Statistische Übersicht

Das Festkommen von Schiffen sowie deren Grundberührungen machen 33,6 % der Gesamtzahl aller nautischen Seeunfälle aus. Der prozentuale Anteil von der Gesamtzahl der Fälle des Festkommens und der Grundberührungen verteilt sich wie folgt auf die Ursachen:

- unzureichende Kontrolle des Schiffsorts, darunter bei 61,9 %
  - Anlaufen des Ankerliegeplatzes, Einlaufen in einen Hafen, während Kompensierungsarbeiten und anderen Sonderaufgaben, 11,0 %
  - Revierfahrt, 31,5 %
  - Anlaufen der Küste von offener See aus, 16,7 %
  - Liegen vor Anker 2,7 %
- Verlust der Orientierung 14,2 %
- Überantwortung der Schiffsführung an den Lotsen 8,0 %
- Fahrt ohne Lotsen im Gebiet mit Lotsenzwang 9,0 %
- falsche Schiffsführung bei Sturm 11,0 %
- zu hohe Geschwindigkeit 5,0 %
- falsche Handlungen beim Ausweichen vor anderen Schiffen 10,2 %
- Fehler des Rudergängers 2,7 %

Bei der Analyse dieser Angaben ist zu berücksichtigen, daß i. allg. bei jedem Seeunfall mehrere Ursachen mitwirken. Aus diesem Grund ist die Gesamtsumme der Prozentzahlen nicht gleich 100 %.

1.2.2. Objektive und subjektive Voraussetzungen beim Eintritt von Festkommen und Grundberührungen

Um das Bild zu vervollständigen, nachstehend einige seltene und nicht charakteristische Fehler:
Das Fahren durch ein Seegebiet mit Tiefen, die dem Tiefgang des Schiffes gleich oder geringer als dieser waren, das falsche Manövrieren beim Einlaufen in Meerengen, der Versuch, aus dem Drehkreis heraus einzulaufen, der Ausfall der Umsteuerung der Hauptmaschine oder das falsche Umsteuern.
Es kam aber auch zu Seeunfällen bei Schiffen, auf denen der Dienst ordnungsgemäß ablief und die Offiziere erfahrene und sachkundige Schiffsführer waren. Die Seeunfälle ereigneten sich i. allg. unter komplizierten und ungünstigen Fahrtbedingungen, d. h. durch objektiv wirkende Faktoren, die nicht von der Besatzung beeinflußt werden können.
Objektive und subjektive Voraussetzungen beim Eintritt von Festkommen und Grundberührungen:
Objektive Faktoren sind an jedem Seeunfall in unterschiedlichem Ausmaß beteiligt. Der Einfluß äußerer Bedingungen darf nicht ignoriert werden, weil man sonst die Wirksamkeit der Bekämpfung der Seeunfallursachen nicht zielgerichtet betreiben kann. Objektive Ursachen für das Festkommen und für Grundberührungen kann man in zwei Gruppen untergliedern. Es handelt sich

um Mängel der Navigationseinrichtungen sowie der Sicherheit der Schiffahrt ganz allgemein und um äußere physikalisch-geographische Bedingungen. Zur *ersten Gruppe* gehören fehlende, unzureichende oder unzuverlässige Seezeichen, ungenaue Seekarten und Seehandbücher, zu späte Information über eingezogene, zeitweilig ausgefallene, versetzte oder veränderte Seezeichen, veraltete technische Schiffsführungsanlagen, fehlende oder unzureichende Schlepperhilfe, begrenzte Kanalabmessungen, fehlende Tagesangaben über Richtung und Geschwindigkeit des Stroms u.a.m.

Die erste Gruppe macht keine detaillierte Erläuterung erforderlich. Es sei nur festgestellt, daß das Fehlen einer rechtzeitigen Information über das Versetzen oder Einziehen von Tonnen sowie über den zeitweiligen Ausfall von Leuchtfeuern, die Seeunfälle der Motorschiffe LENINABAD, PYOTR SMIDOVICH und YAUZA begünstigten. *Das Fehlen eines zweiten Radargerätes oder die Unmöglichkeit, gleichzeitig beide Geräte einsetzen zu können*, führte u. a. dazu, daß die Schiffsführung dem Lotsen anvertraut wurde. Es muß daran erinnert werden, daß viele der objektiven Schwierigkeiten, wie das Fehlen eines Satelliten- oder Elektronavigationsempfängers zwar durch eine exakte Organisation des nautischen Dienstes und der Beobachtung ausgeglichen werden können. *Es sollte aber auch nicht vergessen werden, daß den Möglichkeiten des Menschen Grenzen gesetzt sind.* Man sollte immer bedenken, daß das Navigationsgerät zu den wichtigsten Dublierungsmitteln gehört, das in der Lage ist, Fehler des Menschen zu verhindern. In diesem Zusammenhang ist es interessant, festzustellen, daß der Gesamtschadenssumme innerhalb eines Zeitraums von zehn Jahren, die durch Festkommen und Grundberührungen allein in den Ostsee- und Schwarzmeerengen entstanden ist, nur ein geringer Anteil von Kosten gegenübersteht, der für die Ausrüstung aller Schiffe des Ministeriums für Seeflotte mit Geräten für phasenabhängige Funknavigationssysteme erforderlich ist.

Zur *zweiten Gruppe* gehören geographische und hydrometeorologische Faktoren, räumliche Enge des Fahrtgebiets, Intensität des Schiffsverkehrs, Sicht- und Beleuchtungsverhältnisse, die Tageszeit, das Bodenrelief u. a.

Die objektiven Ursachen sind allein nicht vorherbestimmend für einen Seeunfall. Sie sind lediglich der Hintergrund, auf dem sich schneller und plastischer die Mängel der theoretischen und praktischen Ausbildung, die Fehler und Verstöße der Nautiker und die Mißstände in der Organisation des Dienstes auf der Brücke abzeichnen. Diese *subjektiven Voraussetzungen* können alle in starkem Maße, wenn auch nicht völlig, durch organisatorische, technische und erzieherische Maßnahmen kompensiert werden. So müssen Müdigkeit und die natürliche Herabsetzung der Reaktionsfähigkeit zu bestimmten Stunden durch die Gewährung einer obligatorischen Ruhezeit vor der Wache, durch Kontrolle dieser Maßnahme, durch rechtzeitige Gewährung von Urlaub und freien Tagen, durch verstärkte Kontrolle des Wachdienstes durch den Kapitän während der am meisten gefährdeten Stunden, durch Verstärkung der Wache auf den kompliziertesten und gefährlichsten Wegabschnitten, besonders bei Nacht, ausgeglichen werden. Die Mitglieder der ablösenden Wache haben sich rechtzeitig mit der Situation im Seegebiet vertraut zu machen, indem sie *15 Min. vor der Wachablösung auf der Brücke erscheinen.*

Das richtige Verhältnis zum Lotsen ist stark vom hohen persönlichen Ausbildungsstand des Kapitäns abhängig. Dieser muß zuverlässig die englische Sprache beherrschen, dem Lotsen nicht die Schiffsführung überlassen und dennoch achtungsvoll, aber nicht unkritisch dem Rat des Lotsen folgen. Daher ist an Bord der Schiffe, auf denen der Dienst ordnungsgemäß abläuft und die Offiziere sachkundig, erfahren und diszipliniert sind, die Wahrscheinlichkeit negativer Auswirkungen der genannten objektiven Ursachen wesentlich geringer als auf den Schiffen, die die obengenannte Statistik des Seeunfallgeschehens bereichern.

1.2.3. Verteilung der Fälle des Festkommens und der Grundberührungen nach geographischen Gesichtspunkten

Die Aufschlüsselung dieser Art von Seeunfällen für die Schiffe des Ministeriums für Seeflotte auf Einsatzgebiete im prozentualen Verhältnis zur Gesamtzahl an Seeunfällen dieser Art geht aus Tabelle 3 hervor. Die vielen Flachwassergebiete, räumlich beengte Reeden und Vorhäfen, besonders auf dem Kaspischen Meer und im Mittelmeer, sowie deren unzureichende oder schlechte Bezeichnung durch Seezeichen, aber auch die ungenügende oder völlig fehlende Schlepperhilfe bei der Ausführung von Manövern verursachen in erheblichem Maße den hohen Prozentsatz an Fällen des Festkommens und der Grundberührungen in Häfen und auf Reeden.

An dieser Stelle sei jedoch einschränkend festgestellt, daß die Einsatzbedingungen in jedem Gebiet auch bei erhöhtem Schwierigkeitsgrad keine Begründung für einen Seeunfall sein dürfen. Im Einsatzgebiet Nordwest fällt besonders der Abschnitt mit den Meerengen zwischen Skagen und Bornholm auf, auf den (mit Ausnahme der Kanäle Flint und Drogden) mehr als die Hälfte derartiger Seeunfälle kommt. In den anderen Einsatzgebieten nah-

Tabelle 3

Seegebiete	Aufschlüsselung der Fälle des Festkommens und der Grundberührungen in % auf folgende Einsatzgebiete: Süd	Nordwest	Fernost	weitere	Gesamt
Flüsse und Kanäle	20,0	9,4	1,0	3,5	33,9
Meerengen und Fahrwasser	4,6	7,8	4,8	1,1	18,3
Häfen und Reeden	14,0	2,9	7,3	6,4	30,6
Offenes Meer und Küstengebiete	6,7	5,4	2,7	2,4	17,2
Insgesamt	45,3	25,5	15,8	13,4	100,0

men Flüsse und Kanäle mit 60 % sowie die Häfen und Reeden Kubas mit 45 % eine Sonderstellung ein. Vor allem zieht der Kanal zum Hafen Nuevitas das Augenmerk auf sich, da hier Fälle des Festkommens und der Grundberührungen am häufigsten auftreten.

Tabelle 4

Seegebiet	Abschnitt	Anzahl des Festkommens und der Grundberührungen in %
	EINSATZGEBIET SÜD	
Flüsse und Kanäle	Bug–Dnepr–Liman–Kanal	6,7
	Kertsch–Jenikal–Kanal	5,3
	Wolga–Kaspi–Kanal	3,2
	Krasnowodsker Kanal	3,2
	Donau	1,6
Meerengen und Fahrwasser	Bosporus und Dardanellen,	2,4
	darunter allein der Bosporus	2,1
	Andere Engen	2,2
Häfen und Reeden	Häfen und Reeden des Bereichs Asowsches und Schwarzes Meer,	4,1
	darunter Odessa	2,1
	Häfen und Reeden des Bereichs Mittelmeer	3,7
	Häfen und Reeden des Kaspischen Meers,	6,2
	darunter Bektasch	1,6
	und Machatschkala	1,3
Offenes Meer und Küstengebiete		6,7
	darunter das Schwarze Meer	2,7
	Gesamt	45,3
	EINSATZGEBIET NORDWEST	
Flüsse und Kanäle	Flüsse des sowjetischen Nordens und der Baltischen Republiken,	2,1
	darunter Nördliche Dwina	1,6
	Flüsse Westeuropas,	1,6
	darunter die Elbe	0,8
	Ansteuerungskanäle zu Häfen,	2,9
	darunter nach Ventspils	1,3
	Kanäle Drogden und Flint,	2,7
	darunter der Drogden-Kanal	2,1
Meerengen und Fahrwasser	Dänische Meerengen und Ostseeausgänge (außer Kanäle, Drogden und Flint)	4,3
	Schwedische und norwegische Schären,	2,4
	darunter die schwedischen Schären	1,9
	Andere Engen	1,1
Häfen und Reeden		2,9
	darunter in den Baltischen Republiken	1,6
Offenes Meer und Küstengebiete		5,4
	darunter der Finnische Meerbusen	2,1
	Gesamt	25,5
	EINSATZGEBIET FERNOST	
Flüsse und Kanäle	Kolyma	1,0
Meerengen und Fahrwasser	Amur-Liman	2,1
	Andere Engen,	2,7
	darunter Kamon	1,1
Häfen und Reeden	Sowjetische Häfen des Fernen Ostens	4,8
	Häfen und Reeden der KDVR	2,5

Seegebiet	Abschnitt	Anzahl des Festkommens und der Grundberührungen in %
Offenes Meer und Küstengebiete		2,7
	Gesamt	15,8
	WEITERE GEBIETE	
Flüsse und Kanäle		3,5
	darunter Ansteuerungskanal zum Hafen Nuevitas (Kuba)	1,9
Meerengen und Fahrwasser		1,1
Häfen und Reeden	Häfen Kubas,	3,7
	darunter Havanna	0,8
	und Mariel	0,8
	Andere Häfen und Reeden	2,7
Offenes Meer und Küstengebiete		2,4
	Gesamt	13,4
Insgesamt für alle Einsatzgebiete		100,0

1.2.4. Einfluß äußerer Bedingungen

Bei der Betrachtung der geographischen Verteilung der in diesem Abschnitt behandelten Arten von Seeunfällen wurde nachgewiesen, daß in Meerengen, in denen neben der Lösung rein navigatorischer Aufgaben sehr häufig gleichzeitige komplizierte Ausweichmanöver vor einer Vielzahl von Schiffen auszuführen sind, das Unfallgeschehen zunimmt. Das zeugt i. allg. von Mängeln und Mißständen in der Organisation des Dienstes auf der Brücke.

Sichtverhältnisse

Sichtverhältnisse: Bei der Fahrt unter verminderten Sichtverhältnissen sind die Schiffe einem größeren Risiko ausgesetzt. Die Fälle des Festkommens und der Grundberührungen unter derartigen Bedingungen machen 22 % der Gesamtzahl dieser Art von Seeunfällen aus. Als vermindert gilt als Durchschnittswert für alle Seegebiete eine Sicht unter 1 sm.
Setzt man voraus, daß auf eine derart verminderte Sicht etwa 5 % der Zeit entfallen, dann stellt sich heraus, daß Fälle des Festkommens und der Grundberührung hierbei über fünfmal häufiger vorkommen als bei normalen Sichtverhältnissen. Die Auswertung hat ergeben, daß sich 80 % aller dieser Fälle bei schlechter Sicht auf Flüssen und Kanälen, in Meerengen und auf Fahrwassern sowie in Häfen und auf Reeden ereignen. Es ist verständlich, daß gerade diese Seegebiete die Hauptsphäre für das Auftreten solcher Arten von Seeunfällen sind. Man darf jedoch den Umstand nicht unberücksichtigt lassen, daß vor allem hier die Schiffahrt besonders intensiv ist. Dennoch entfällt hierbei der geringste Prozentsatz auf Häfen und Reeden. Die Erklärung dafür liegt vor allem in den geringen Geschwindigkeiten der Schiffe in den Häfen und im Einfluß der Verkehrsregelung. Auf Flüssen und Kanälen dagegen, auf denen die Geschwindigkeit nicht selten gezwungenermaßen höher sein muß, als dies den verminderten Sichtverhältnissen entspricht, treten Fälle des Festkommens und der Grundberührung besonders häufig auf.

Tageszeit

Tageszeit: Obwohl der Einfluß der Dunkelheit nicht so groß ist wie der anderer Faktoren, spielt er doch eine durchaus beachtenswerte Rolle. Das trifft besonders für Gebiete mit intensivem Schiffsverkehr zu. Hier kann bereits ein kurzzeitiges Nachlassen der Aufmerksamkeit zu einer verspäteten Kursänderung, zum Verlassen der Richtfeuerlinie, zu einer verspäteten Feststellung der Lichter eines auf Kollisionskurs laufenden Entgegenkommers oder zu einem undurchdachten Manöver führen, das mit einem Auflaufen des Schiffs auf einer Untiefe endet. Die Häufigkeit der im Rahmen des Ministeriums für Seeflotte bei Nacht aufgetretenen Fälle des Festkommens und der Grundberührung liegt insgesamt im Vergleich zu den gleichen Vorfällen am Tage um das 1,3fache höher. Dabei beträgt dieser Wert bei normaler Sicht 1,23 und bei Nebel 1,65.

1.2.5. Gefährliche Zeitabschnitte

Das Unfallgeschehen weist während der Wachtörns der Wachoffiziere und zu unterschiedlichen Tageszeiten erhebliche Differenzen auf. Deutlich treten die Spitzenzeiten der Seeunfälle hervor, die sich in der Mitte der Nachtwache des 2. Offiziers und gegen Ende der Abendwache des 3. Offiziers ereignen. Die Ursache dafür liegt in der nicht systematisch planbaren und nicht immer kontrollierbaren Erholungsphase der Wachoffiziere. Hinzu kommt die physisch bedingte Müdigkeit nach Mitternacht, die sich in der sogenannten „Hundewache" des 2. nautischen Offiziers einstellt. Eine gewisse Zeit nach dem Wachantritt läßt bei einem nichtausgeruhten Wachoffizier die Aufmerksamkeit nach, seine Aktivität sinkt und die Beobachtungsfähigkeit wird wesentlich schlechter. Schlußfolgernd kann man feststellen, daß die am meisten gefährdete Zeit zwischen 23.00 Uhr und dem Ende der Nachtwache des 2. Offiziers liegt.

Diese in der Seefahrt seit Jahrhunderten bekannte Tatsache kann durch eine geplante Erholungsphase vor Wachantritt des 2. Offiziers kompensiert werden. Zu den bekannten „gefährdeten" Zeitabschnitten muß der Kapitän seine Kontrollen ansetzen und für eine gewisse Zeit auf der Brücke verbleiben. Die *Häufig-*

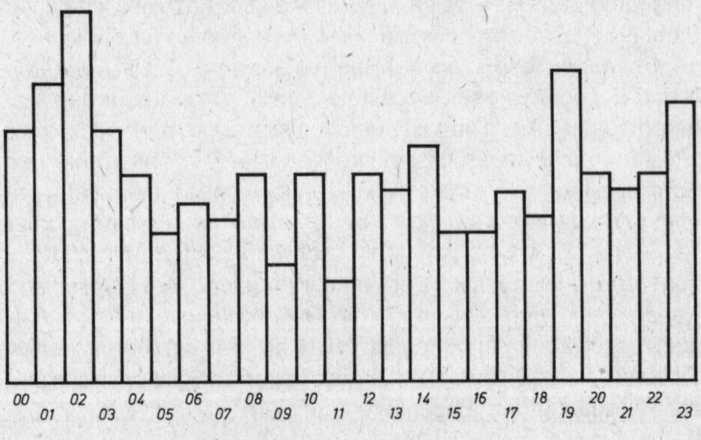

Aufschlüsselung aller Fälle des Festkommens und der Grundberührung auf die Tageszeit

keit des Festkommens bei Wachablösungen ist 1,5mal höher als zu anderen Zeiten. Für den Wachwechsel wird ein Zeitraum von etwa 35 Min. angenommen, d. h. 15 Min. vor und 20 Min. nach der Ablösung.Dabei wird von folgenden Erwägungen ausgegangen: 15 Min. vor Ende seines Wachtörns beginnt der Wache gehende Offizier mit der letzten Schiffsortbestimmung, überträgt die Eintragungen vom Brückenbuch in das Schiffstagebuch; kurz – er bereitet sich auf die Ablösung vor. Dadurch wird er für einen verhältnismäßig langen Zeitraum von anderen Aufgaben abgelenkt. Hinzu kommt, daß der Ausguck oft gerade zu dieser Zeit an Bord unterwegs ist, um die neue Wache zu wecken, den Stand des Bilgenwassers zu peilen oder andere Aufgaben auszuführen. Unter solchen Umständen kann leicht eine Tonne verwechselt und dadurch eine Kursänderung zu spät eingeleitet werden. Der ablösende Offizier, der meistens erst im letzten Moment auf der Brücke erscheint, übernimmt die Lage so, wie sie sich seinem Vorgänger darstellt. Um sich selbst mit der Situation vertraut zu machen, benötigt er eine bestimmte Zeit. Wenn der übergebene Schiffsort noch mit einem Fehler behaftet ist, dann erhöht sich die Gefahr des Auflaufens sehr. Häufig befand sich beim Festkommen oder bei der Grundberührung auch der Kapitän auf der Brücke. In solchen Fällen sind die erforderlichen Informationen, die der wachhabende Offizier seinem Kapitän ohne Nachfrage und Aufforderung übermitteln müßte, sehr spärlich. Er geht von der Annahme aus, daß der Kapitän den Ablauf dieses Teils der Reise genau verfolgt hat. Die Herabsetzung der Informationsgenauigkeit kann eine entscheidend negative Rolle bei Seeunfällen spielen. Sie ist nicht selten Ursache für Gefahrensituationen. Dieser Mißstand wird besonders dann deutlich, wenn Wachoffizier und Kapitän nicht ausgeruht sind. Es gibt natürlich auch Situationen, die den Kapitän zu einem recht langen Aufenthalt auf der Brücke zwingen. Aber gerade dann ist es besonders wichtig, daß die Offiziere ausgeschlafen die Wache antreten, ihren Kapitän wirkungsvoll unterstützen und rechtzeitig einen eventuell gemachten Fehler berichtigen können.

Wachablösung

Mangelnde Informationsgenauigkeit

Das Gesagte trifft im wesentlichen für solche Schiffe zu, wo das persönliche Verantwortungsgefühl der Nautiker sowie ihrer beruflich bedingte Wachsamkeit – als wichtigste Garantie für die Sicherheit des Schiffes – nur schwach ausgeprägt sind. Besonders diese Schiffe sind es, die das Material für die Seeunfallstatistik liefern.

Ungenügendes Verantwortungsgefühl

1.2.6. Abhängigkeit des Schweregrads des Festkommens und der Grundberührungen von den Einsatzbedingungen

Bei einer Analyse des Schweregrads des Festkommens und der Grundberührungen fällt die Abhängigkeit des Schweregrads der Seeunfälle von der Geschwindigkeit ins Auge. Es ist in der Tat so, daß die größten Verluste im Ergebnis eines Festkommens oder einer Grundberührung in Meerengen und auf Fahrwassern, auf dem offenen Meer und auf Ansteuerungen zur Küste aufgetreten sind, d. h. in Gewässern, in denen große Geschwindigkeiten gelaufen werden können. Es ist festzustellen, daß in diesen beiden Arten von Seegebieten die Verluste dreifach höher liegen als in Häfen und auf Reeden sowie auf Flüssen und Kanälen. Für die Abhängigkeit von den hydrometeorologischen Bedingungen siehe nachstende Grafik.

Von praktischem Interesse sind die Werte, die die „Quellen" zeigen, aus denen sich die Gesamtsumme der Beschädigungen und Verluste zusammensetzt. So entfallen auf 60 % aller Seeunfälle, die Beschädigungen im Wert bis zu 10000 Rubel zur Folge hatten, lediglich 2,3 % ihrer Gesamtsumme, während auf 20 % aller Fälle des Auflaufens mit Beschädigungen im Wert von mehr als 50000 Rubel fast 90 % der Gesamtsumme an Beschädigungen und Verlusten kommen.

Offensichtlich gibt es in der Schwere der untersuchten Seeunfälle keine erheblichen Unterschiede zwischen der Fahrt bei Nebel und bei normaler Sicht. Andererseits ist der Schweregrad des Festkommens bei Dunkelheit um etwas mehr als das Doppelte größer als am Tage. Das ist darauf zurückzuführen, daß die Vorkehrungen, die bei Tage i. allg. ausreichend sind, bei Dunkelheit häufig unwirksam bleiben.

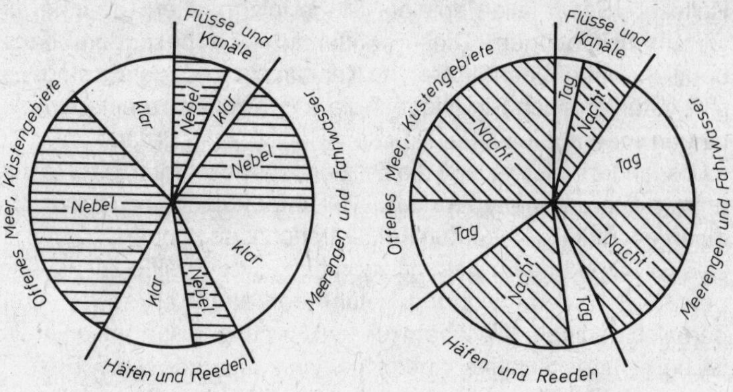

Abhängigkeit des Schweregrads des Festkommens und der Grundberührung von äußeren Bedingungen

2. Schiffszusammenstöße

2.1. Ursachen für die Schiffszusammenstöße

Entsprechend der Definition der Hauptschiffahrtsinspektion des Ministeriums für Seeflotte ist der Zusammenstoß eine Kollision von Schiffen in Fahrt. Diese Auslegung der Internationalen Regeln zur Verhütung von Zusammenstößen auf See, 1972, ist nicht in allen Ländern übereinstimmend (vgl. Ergänzungen des Herausgebers). Der Terminus Zusammenstoß oder Kollision wird synonym verwendet. Die Kollisionsverhütungsregeln von 1972 (KVR-72) legen die gegenseitigen Pflichten sowie die sich daraus ergebenden allgemeinen Vorschriften für das Handeln fest. Allein die formale Kenntnis dieser Regeln garantiert noch nicht deren Einhaltung, da sie lediglich allgemeine Hinweise darüber enthalten, was zu tun und was zu unterlassen ist. Es sind keine konkreten Anweisungen, in welchem Abstand wann und wie in der jeweiligen konkreten Situation was auszuführen ist. Die Regel 2 KVR-72, die ja auf alle Fälle ohne Ausnahme anwendbar ist, fordert deshalb nicht nur die Kenntnis der Kollisionsverhütungsregeln, sondern auch eine ausreichende seemännische Praxis der Schiffsführer. Sie verpflichtet diese, alles zu berücksichtigen, was der konkreten Annäherungssituation eigen ist, darunter auch alle besonderen Umstände. Die Nichteinhaltung dieser Forderung beschwört nicht selten Unfallsituationen herauf und führt letztlich zu Kollisionen, von denen im folgenden die charakteristischen Beispiele untersucht werden sollen. Mit der Analyse von typischen Fehlern und Verstößen der Schiffsführer verfolgt der Autor nur das Ziel, die Zurückdrängung der Anzahl der Seeunfälle zu unterstützen. Er hat es sich nicht zur Aufgabe gemacht, Entscheidungen von Schiedsgerichten oder Aufsichtsorganen zu revidieren. Das ist auch der Grund dafür, weshalb er das Hauptaugenmerk auf die Handlungen der sowjetischen und nicht auf die der ausländischen Schiffe richtet, obwohl deren schuldhaftes Verhalten in vielen Fällen ausschlaggebend für die Kollision war.

2.1.1. Unterschiedliche Interpretation der Situation auf entgegenkommenden Schiffen

Auf dem einen von zwei entgegenkommenden Schiffen ist man der Meinung, daß man den Entgegenkommer klar passieren kann, ohne zusätzliche Maßnahmen zu ergreifen. Auf dem anderen nimmt man dagegen an, daß ein Ausweichmanöver erforderlich sei. Diese unterschiedliche Auslegung der Situation ist ungefährlich, wenn die Annäherung mit Hilfe des Radargeräts kontrolliert und die gemäß KVR erforderlichen Handlungen rechtzeitig eingeleitet werden. Wird aber die Lage nur optisch eingeschätzt und führen aufkommende Zweifel zu unbegründeten Manövern, die in gefährlicher Nähe des anderen Schiffs ausgeführt werden, dann kann es zur Kollision kommen.

+ + + Das Turbinenschiff ABKHAZIYA der Schwarzmeer-Reederei, vermessen mit 6807 BRT, lief am 22. Mai 1977 mit Fahrgästen an Bord von Odessa nach Sewastopol. Es wurde ein Kurs von 137° gesteuert, die Geschwindigkeit betrug 16 kn. Der Wind wehte schwach und die Sicht betrug 4 bis 5 sm. Um 05.05

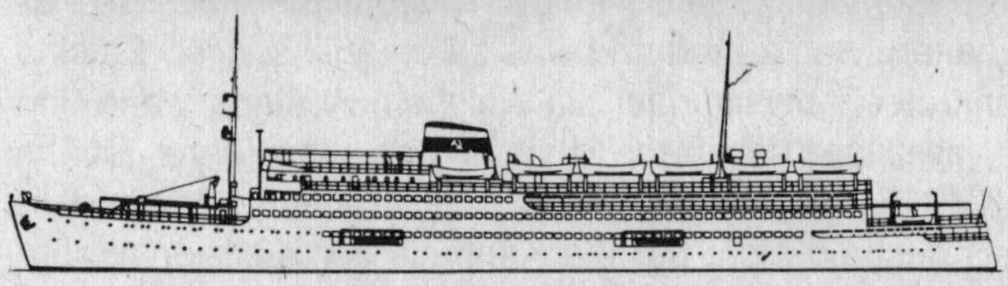

TES ABKHAZIYA

Uhr wurde auf dem Bildschirm ein Echosignal mit einer Seitenpeilung von 2° an Backbord in einer Entfernung von 11,5 sm festgestellt. Um 05.20 Uhr hatte sich die Peilung zum entgegenkommenden Schiff laut Feststellung des wachhabenden 2. Offiziers um weitere 2° nach Backbord vergrößert, während der Abstand auf 7,6 sm zusammengeschmolzen war. Eine Radarplottung wurde nicht durchgeführt. Die Beobachtungsergebnisse wurden nicht schriftlich festgehalten. Kurz nach 05.20 Uhr kam der Kapitän auf die Brücke. Der 2. Offizier meldete ihm den Entgegenkommer, der gegen 05.25 Uhr bereits optisch auszumachen war. Der Kapitän verlangte nicht die Bestimmung der Lage der Schiffe zueinander, sondern war der Auffassung, daß sich beide Schiffe mit der Backbordseite passieren werden. In Wirklichkeit aber lief das entgegenkommende Schiff (es handelte sich um den Tanker AKTASH der Grusinischen Reederei, vermessen mit 3142 BRT) mit einem Kurs von 308° in einem Winkel von 9° zum Kurs der ABKHAZIYA. Die Schiffe näherten sich auf Kursen, die, wenn keine Kurskorrekturen erfolgen würden, eine Passage Steuerbord an Steuerbord in einem Abstand von 1 bis 1,5 kbl herbeiführen müßten. Die Peilung der ABKHAZIYA zum Tanker änderte sich zunächst nicht, wanderte dann aber langsam nach Steuerbord aus. Als der Tanker optisch ausgemacht wurde, betrug der Abstand zwischen den Schiffen noch 4 sm, die Seitenpeilung der ABKHAZIYA zur AKTASH 2° Backbord und des Tankers zur ABKHAZIYA 7° Steuerbord. Der Kapitän des Tankers hielt sich in seiner Kammer auf. Der wachhabende 1. Offizier war der Auffassung, daß sich die beiden Schiffe an der Steuerbordseite passieren werden. Die Situation wurde also auf den zwei Schiffen völlig unterschiedlich bewertet.

MT AKTASH

Der Abstand zwischen den Schiffen verringerte sich sehr schnell. Als er etwa 1 sm betrug, gab der Kapitän der ABKHAZIYA Befehl für eine langsame Steuerborddrehung. Er wollte damit den Passierabstand an der Backbordseite vergrößern. Damit kreuzte er aber den Kurs des Tankers. Mit dem Typhon wurde ein kurzer Ton gegeben. Im Verlaufe von zwei Minuten drehte das Schiff um 23°, davon in der ersten Minute um 17° nach Steuerbord. Der Beginn dieses Manövers der ABKHAZIYA wurde auf dem Tanker nicht bemerkt. Das Schallsignal wurde nicht gehört. Damit näherten sich die Schiffe weiter zügig mit voller Fahrt. Weniger als eine Minute vor dem Zusammenstoß, d. h. die Schiffe befanden sich bereits in unmittelbarer Nähe, stellte der wachhabende Offizier auf dem Tanker das Manöver des Entgegenkommers fest. Er legte das Ruder hart Backbord und brachte den Maschinentelegraphen auf „Volle Fahrt zurück"!. Dieser Vorgang wurde auch auf der ABKHAZIYA bemerkt. Das Ruder wurde hart Steuerbord und beide Maschinentelegraphen auf „Volle Fahrt zurück"! gelegt. Der kurze Ton mit dem Typhon wurde wiederholt. Diese Maßnahmen kamen jedoch zu spät. Um 05.33 Uhr riß das Turbinenschiff unter weiterer Steuerborddrehung in einem Winkel von 50 bis 60° die Bordwand des Tankers an dessen Steuerbordseite im Bereich des Trockenladeraumes auf. Zu dieser Zeit drehte der Tanker nach Backbord. Beide Schiffe wurden stark beschädigt. + + +

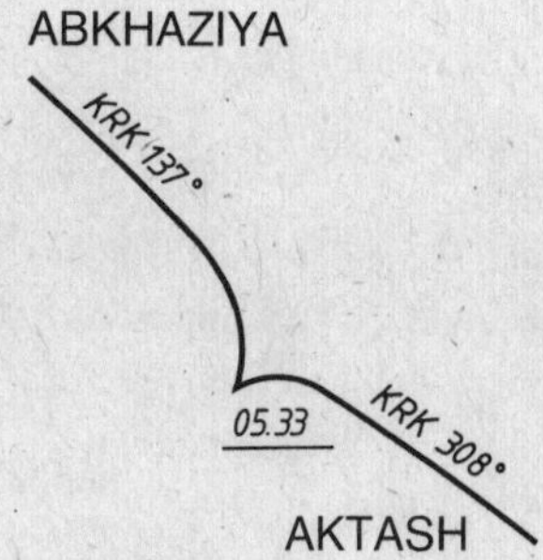

Schematische Darstellung der Kollision des TES ABKHAZIYA mit dem Tanker AKTASH

Untersuchen wir die Hauptfehler und Verstöße, die zu diesem schweren Seeunfall führten. Die unmittelbare Ursache liegt in der unterschiedlichen Auslegung der Annäherungssituation durch die Schiffsführer beider Schiffe. In der Tat stellte die Seeunfalluntersuchungskommission fest, daß sich die Schiffe ohne Kursänderung Steuerbord an Steuerbord in einem Abstand von 240 m passiert hätten. Wäre das Ruder auf AKTASH auf hart Steuerbord gelegt worden, hätten sich beide Schiffe mit der Backbordseite in einem Abstand von etwa 70 m passiert, unabhängig von dem Manöver der ABKHAZIYA.

Die Abstände von 240 m und 70 m zeugen von der Gefährlichkeit der Annäherungssituation. Es war entschlossenes Handeln auf beiden Schiffen erforderlich. Deshalb kann man nicht mit aller Bestimmtheit sagen, daß die Schiffe nicht kollidiert wären, hätte man auf der AKTASH das Ruder hart Steuerbord gelegt.

Die Handlung des Kapitäns der ABKHAZIYA, d. h. die verspätete, unentschlossene, langsam und mit Verzögerung ausgeführte Kursänderung zeugte von Unsicherheit, Verwirrung und Unverständnis für die reale Situation. Die Handlungen des 1. Offiziers auf dem Tanker waren das Ergebnis nicht durchdachter, sondern eher emotionaler Folgerungen unter dem Eindruck der schnell heraufziehenden Gefahr. Eine Diskussion darüber, wessen Handlungen in den letzten zwei Minuten vor der Kollision sich als erfolgreicher oder weniger gefährlich erwiesen, dient wohl kaum dem Ziel, ähnliche Fälle in Zukunft zu vermeiden. Die Handlungen, die unmittelbar dem Zusammenstoß vorausgingen, waren nur eine Folge der Nichtbeachtung der Regel 14 KVR-72. Die Kapitäne ignorierten die für dieses Gebiet empfohlenen Kurse. Die ABKHAZIYA lief in entgegengesetzter Verkehrsrichtung auf dem Einbahnweg. An Bord beider Schiffe wurde vor dem gegenseitigen optischen Ausmachen nicht geplottet. Die Einschätzung des Verlaufs der Kurse zueinander beruhte auf Annahmen. Die Qualität der Radarbeobachtung auf der ABKHAZIYA war so mangelhaft, daß die zwei aufeinanderfolgenden Abstandsmessungen zum Tanker, die vom 2. Offizier um 05.05 Uhr und um 05.20 Uhr vorgenommen wurden, praktisch in einem Ort zusammenfielen. Allein das hätte den wachhabenden Offizier auf der ABKHAZIYA veranlassen müssen, die Bewegungselemente des Entgegenkommers präziser zu bestimmen. Auf beiden Schiffen waren die Radaranlagen eingeschaltet und der jeweilige Entgegenkommer frühzeitig festgestellt worden. Wäre der Einsatz des Radars für die Kollisionsverhütung richtig trainiert worden, dann hätten die Schiffsführer schnell bemerken müssen, daß sich die Schiffe gefährlich annähern.

Der wachhabende Offizier auf dem Tanker AKTASH fuhr noch nicht lange als 1. Offizier. Er legte eine unbegründete Selbstsicherheit an den Tag, weil er den Kapitän nicht auf die Brücke rief. Auf beiden Schiffen wurden keine Aufzeichnungen über das jeweils entgegenkommende Schiff sowie über die eigenen Handlungen gemacht.

Der entscheidende Fehler beider Schiffsführer bestand in der viel zu späten Einhaltung der Regel 14 KVR. Die Schiffe näherten sich über einen langen Zeitraum unter einer geringen Seitenpeilung. Sie mußten sich als direkt aufeinander zulaufende Schiffe laut Regel 14 KVR ansehen.

Jedes Schiff hätte nach Steuerbord abdrehen müssen. Das hätte rechtzeitig ausgeführt werden müssen, und zwar sofort nach dem optischen Insichtkommen, denn Zeit und Raum waren ausreichend vorhanden.

2.1.2. Falsche Einschätzung der Situation und der wahrscheinlichen Handlungen des anderen Schiffs

+ + + Das Motorschiff BAKHCHISARAY der Nordreederei, vermessen mit 1110 BRT, befand sich am 5. April 1974 bei gutem Wetter und klarer Sicht im Kattegat auf der Fahrt von Ventspils nach England. Es steuerte einen Kurs von 325°. Um 13.00 Uhr begab sich der Kapitän in seine Kammer, nachdem er dem auf Wache befindlichen 2. Offizier die erforderlichen Weisungen erteilt hatte. Dieser entließ den einzigen auf der Brücke befindlichen Matrosen zur Durchführung von Malerarbeiten. Das Schiff lief mit Selbststeueranlage. Bei der Annäherung an das Feuerschiff Laesø-Nord stellte der 2. Offizier an Steuerbord in einem Abstand von etwa 3 sm ein Schiff mit kreuzendem Kurs fest. Die Peilung zum Schiff wanderte langsam zum Bug aus. Der 2. Offizier rief daraufhin den Rudergänger auf die Brücke. Der Kapitän wurde vom Erreichen der Position der nächsten Kursänderung sowie über das von Steuerbord kommende Schiff nicht unterrichtet. Der Wachoffizier nahm selbständig in Höhe des Feuerschiffs die Kursänderung auf 306° vor. Fast gleichzeitig bemerkte er, daß die Peilung zum anderen Schiff stand. Er ging mit der Geschwindigkeit auf langsame Fahrt herunter. Dann stoppte er die Maschine. Als er aber sah, daß sich die Schiffe trotzdem schnell annäherten, ging er zunächst auf langsame und danach auf volle Fahrt zurück. Der Kapitän und der 1. Offizier, die die veränderten Umdrehungen der Maschine wahrgenommen hatten, eilten auf die Brücke. Bei dem Entgegenkommer handelte es sich um das kleine dänische Motorschiff JENKA (300 BRT). Zu diesem Zeitpunkt befand es sich nur noch in geringer Entfernung und drehte nach Steuerbord. Etwa eine halbe Minute später stieß die BAKHCHISARAY mit der Steuerbordkimm gegen die Backbordseite des dänischen Schiffs. Auf dem dänischen Motorschiff war praktisch bis kurz vor dem Zusammenstoß nichts unternommen worden, um die Kollision zu verhindern (Manöver des letzten Augenblicks). + + +

MS BAKHCHISARAY

Die Fehler des Wachhabenden der BAKHCHISARAY waren ursächlich für die Kollision. Entgegen der Weisung des Kapitäns hatte der 2. Offizier das Ausweichmanöver selbst gefahren, ohne den Kapitän vorher auf die Brücke zu bitten. Das langsame Auswandern der Peilung zum Bug weist darauf hin, daß das andere Schiff den Kurs der BAKHCHISARAY in geringem Abstand direkt voraus kreuzen mußte. Allein das mußte für den 2. Offizier Anlaß sein, rechtzeitig Maßnahmen zur Vergrößerung des Passierabstands einzuleiten. Da die BAKHCHISARAY im Fahrwasser lief, konnte dies auch nicht in der erheblichen Herabsetzung der Geschwindigkeit bestehen. Dem Kapitän muß man vorwerfen, daß er den Grundsatz, wonach der Wachhabende verpflichtet ist, die Ausweichregeln selbständig einzuhalten, nicht durchzusetzen vermochte. Wenn er aus Vorsicht die Weisung gab, ihn bei Ausweichmanövern auf die Brücke zu bitten, so weist die Nichtbefolgung auf Disziplinschwierigkeiten hin.

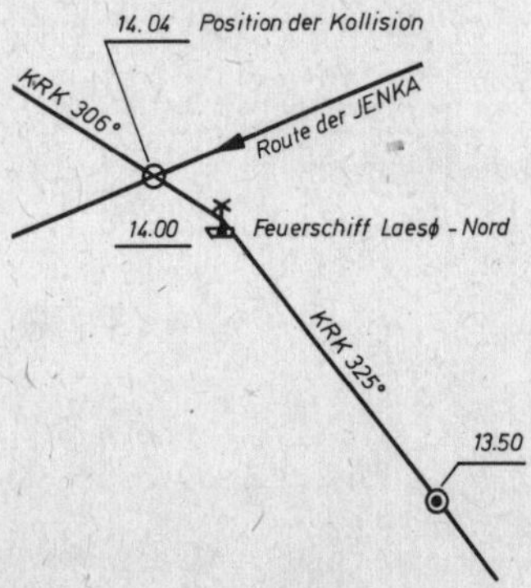

Schematische Darstellung der Kollision des MS BAKHCHISARAY mit dem MS JENKA

+ + + Das Motorschiff BEREZNIK der Litauischen Reederei, vermessen mit 2723 BRT, lief am 8. April 1974 bei gutem Wetter und klarer Sicht das Lotsenschiff vor der Weser an, um den Lotsen im Gebiet des gleichnamigen Feuerschiffs abzusetzen. Steuerbord achteraus befand sich ein überholendes Schiff in 1 sm Abstand auf parallelem Kurs. Eine Meile vor dem Lotsenschiff wurde die Geschwindigkeit auf halbe Fahrt herabgesetzt. Eine Minute später wurde die Fahrtstufe auf ganz langsame Fahrt verringert und eine Steuerborddrehung eingeleitet, wobei das Lotsenschiff Backbord voraus blieb. Nach weiteren zwei Minuten wurde die Maschine gestoppt. Das andere Schiff, es handelte sich um das japanische Motorschiff SHINYU MARU, hatte sich zu diesem Zeitpunkt auf 4 kbl genähert. Als nach fünf Minuten der Lotse abgesetzt war, wurde langsame Fahrt voraus gegeben. Die BEREZNIK, die weiter nach Steuerbord abfiel, lief in Richtung des sich nähernden Schiffs. Das japanische Schiff befand sich in diesem Moment an der Steuerbordseite fast querab in einem Abstand von 1 bis 1,5 kbl. In unmitttelbarer Nähe drehte das japanische Schiff stark nach Backbord und gab das entsprechende Schallsignal. Auf der BEREZNIK wurde die Geschwindigkeit zunächst auf halbe und gleich darauf auf volle Fahrt voraus erhöht. Diese Maßnahme kam allerdings zu spät. Etwa eine halbe Minute später stieß das japanische Motorschiff mit der BEREZNIK zusammen. Beide Schiffe wurden beschädigt. + + +

MS BEREZNIK

Schuld für diesen Zusammenstoß trägt das japanische Schiff, das als überholendes Schiff dem zu überholenden nicht auswich. Aber auch die Handlungen der Führung des sowjetischen Schiffs waren recht fehlerhaft.

Zunächst mußte bei der Annäherung an das Lotsenschiff nach Möglichkeit (und diese Möglichkeit war hier gegeben) der Lotse abgesetzt werden, ohne in dieser Zeit den Kurs groß zu verändern, da andere Schiffe in der Nähe waren und sich die Situation infolge einer plötzlichen Kursänderung komplizieren konnte. Wenn man nun aber schon gezwungen war, gegen die Pflicht des Kurshalters, Kurs und Geschwindigkeit beizubehalten, zu verstoßen, dann wäre zumindest das japanische Schiff von den Absichten und Handlungen zu informieren gewesen. Diese Information hätte man leicht über die Sprechfunkanlage übermitteln können, zumal sich an Bord beider Schiffe noch einheimische Lotsen befanden. Da eine derartige Information unterblieb und das andere Schiff sich schnell näherte, hätte es durch eine Serie kurzer Töne entsprechend den Kollisionsverhütungsregeln von 1960 aufmerksam gemacht werden müssen (Regel 28 b). Die Kursänderung, die zum Kreuzen des Kurses des in unmittelbarer Nähe befindlichen Schiffes führte, läßt sich nur mit der Unaufmerksamkeit der Offiziere auf der Brücke der BEREZNIK erklären. Die Aufmerksamkeit des Kapitäns, der sich an der Backbordseite befand, und des Wachoffizers, der den Lotsen begleitete, richtete sich ausschließlich auf das Übersteigen des Lotsen auf das Lotsenboot. In dieser Zeit führte der Rudergänger das nicht geänderte Kommando „Langsam Steuerbord"! aus. Als zwei kurze Töne von der SHINYU MARU zu hören waren, eilte der Kapitän in die Stb-Brückennock. Dort wurde er von der Situation völlig überrascht. Dies zeigt sein „Zwischenkommando", d. h. „Halbe Fahrt voraus"!. Die Hauptursache für die Fehler und Verstöße der Führung des sowjetischen Schiffs bestanden in der unzureichend organisierten Beobachtung.

Derartige Seeunfälle bei der Lotsenübernahme sind verhältnismäßig häufig. Die Ursache hierfür liegt in der Meinung einiger Schiffsführer begründet, daß in diesem Fall andere, als die in den

Kollisionsverhütungsregeln vorgeschriebene Verhaltensweisen zu erfüllen seien. Natürlich ergibt sich hier häufig eine komplizierte Situation, die insbesondere durch Beachtung der Regel 2 KVR-72 bereinigt werden kann. Aber die Ausweichregeln behalten volle Gültigkeit. Die Ursache für eine Kollision kann in der *unbegründeten Annahme* liegen, daß die Fahrt auf einem Einbahnweg innerhalb eines Verkehrstrennungsgebiets Vorrechte einräumt.

+ + + Der Tanker LENINO der Noworossijsker Reederei, vermessen mit 22075 BRT, lief am 7. Januar 1974 in die Nordsee. Um 20.00 Uhr befand sich das Schiff auf der Ansteuerung zur Kursänderungstonne 7 im Fahrwasser „48". In 10° bis 15° Steuerbord voraus wurden in einer recht großen Entfernung die Topplichter eines entgegenkommenden Schiffs ausgemacht. Die Peilung zu diesem änderte sich nicht. Es wurden jedoch keine Maßnahmen eingeleitet, um dem Schiff auszuweichen, das sich an der Steuerbordseite vorlicher als dwars befand. Der Kapitän war offenbar der Ansicht, daß der Entgegenkommer ihm auszuweichen hat, da LENINO ja im Fahrwasser läuft.

MT LENINO

Um 20.08 Uhr hatte man die Tonne erreicht und begann auf Befehl des Kapitäns die Kursänderung nach Backbord. Um 20.10 Uhr wurde der neue Kurs von 342° gesteuert. Immer noch in der Annahme, daß das näher kommende Schiff auszuweichen hat, wurden auf LENINO zweimal hintereinander fünf kurze Töne gegeben. Bei Beendigung der Kursänderung betrug der Abstand zwischen den Schiffen weniger als 1 sm, der sich bei einer Annährungsgeschwindigkeit von etwa 30 kn zügig verringerte. Aber weder auf dem einen noch auf dem anderen Schiff wurde etwas unternommen. Erst um 20.12 Uhr, als sie bereits ganz nahe waren, wurde auf dem Tanker das Ruder hart Backbord und auf dem Entgegenkommer nach Steuerbord gelegt. Diese Manöver kamen jedoch zu spät. Um 20.13 Uhr stießen die beiden Schiffe zunächst mit dem Vorschiff unter einem geringen Winkel und anschließend mit dem Achterschiff zusammen. Es entstanden erhebliche Beschädigungen. + + +

2.1.3. Fehlverhalten beim Überholen

Überholversuche, in Meerengen oder an Krümmungen von Flüssen, Kanälen oder Fahrwassern sowie bei geringem Seitenabstand durchgeführt, gingen vielen Schiffskollisionen voraus oder begünstigten diese in entscheidendem Maße. Der Anteil der Zusammenstöße beim Überholen hat im Rahmen der Gesamtzahl der Kollisionen in den letzten Jahren zugenommen. Darüber hinaus sind auf hoher See die kleinen Fischereifahrzeuge, insbesondere ausländische, deren Schiffsführer oft keine hohe Qualifikation besitzen und die eine so geringe Besatzungsstärke aufweisen, daß sie keine ständige Beobachtung organisieren können, die Ursache von komplizierten Situationen. Die Schiffsführer der ausweichpflichtigen großen Schiffe beachten jedoch die entstehende Kollisionsgefahr ungenügend. Dies zeigt sich konkret in der Verringerung der zulässigen Passierentfernung und in der Annäherung auf sehr geringe Abstände vor Beginn des Ausweichmanövers. Die nun folgenden Darstellungen von Zusammenstößen (besonders in engen Fahrwassern) erklären die Schiffsführer der überholenden Schiffe vielfach damit, daß das kleinere zu überholende Schiff, als es sich in unmittelbarer Nähe voraus oder auch schon in Querabrichtung befand, plötzlich den Kurs in Richtung des überholenden Schiffs änderte. Das hydrodynamische Zusammenwirken der Schiffe, auch als Sog bezeichnet, in dessen Ergebnis das kleinere überholte Schiff in Richtung Überholer angezogen wird, ist bereits seit langem bekannt. Trotzdem kommt es aus diesem Grund immer wieder zu Kollisionen.

MS DMITRIY KANTEMIR

+ + + Das Motorschiff DMITRIY KANTEMIR (3587 BRT) der Sowjetischen Donau-Reederei lief am 25. Juli 1975 mit einer Erzladung an Bord von Cherson nach Reni. Gegen 22.00 Uhr näherte sich das Schiff bei guter Sicht und mit voller Fahrt der Reede des Hafens Ismail. Als sich das Schiff auf der Donau bei Kilometer 87 befand, wurde in einem Abstand von 200 m voraus ein Boot vom Typ „Moskwitsch" ausgemacht, das gleichfalls flußaufwärts lief und eine etwas geringere Fahrt machte. Am Kilometer 88 befand sich dieses Boot querab vom Bug der DMITRIY KANTEMIR in einem Abstand von 15 bis 20 m. Die Schiffe liefen auf Parallelkurs, kamen sich jedoch ständig näher. Als das Boot bereits hinter dem Vorschiff der DMITRIY KANTMIR lag, wurde es in Richtung überholendes Schiff gedreht. Die Hartsteuerbordlage des Ruders sowie eine Verminderung der Geschwindigkeit auf dem Boot konnten die Kollision nicht mehr verhindern. Nach dem Zusammenstoß krängte das Boot stark nach Steuerbord und kenterte schließlich. + + +

2.1.4. Zu hohe Geschwindigkeit in engen Fahrwassern

Die Mißachtung der Regeln 6 und 2 KVR-72, d. h. bei Fahrten innerhalb von Hafengewässern und auf Reeden, beim Ansteuern von Liegeplätzen oder Biegungen in engen Fahrwassern sowie in anderen Gebieten mit zu hoher Geschwindigkeit zu laufen, war in vielen Fällen Ursache für ein verspätetes Ausweichen vor einer gefährlichen Annährung.
Zu hohe Geschwindigkeit, zu spätes Ausmachen und verspätete

Handlungen sind zusammengehörende Erscheinungen. Eine Fahrt mit geringerer Geschwindigkeit bei sonst gleichen Bedingungen läßt mehr Zeit für das Ergreifen von Maßnahmen. Die Maßnahmen selbst sind wirkungsvoller. Die Herabsetzung der Fahrtstufe auf Flüssen und in anderen Gebieten mit starkem Schiffsverkehr verringert besonders bei Nacht die Belastung der Beobachter. Das Risiko, ein anderes Schiff zu spät auszumachen, wird kleiner.

+ + + Das Motorschiff STANISLAVSKIY der Murmansker Reederei, vermessen mit 3106 BRT, lief am 27. November 1974 unter Lotsenberatung im Hamburger Hafen mit einer Geschwindigkeit von 10 kn. Von der Back war eine Schleppleine dem Bugschlepper übergeben worden, ein zweiter Schlepper folgte im Kielwasser. Das Schiff näherte sich schnell einer im Schlepp befindlichen Schute, die etwas seitlich an Backbord voraus lief. Plötzlich drehte die Schute nach Steuerbord in Richtung der STANISLAVSKIY. Der Bugschlepper warf die Leine los und

MS STANISLAVSKIY

scherte seitlich aus. Um einen direkten Zusammenstoß zu verhindern, wurde das Ruder hart Steuerbord gelegt und volle Fahrt zurück gegeben. Es gelang jedoch nicht, die Kollision zu verhindern. Mit der Backbordkimm rammte das Schiff die Schute an der Steuerbordseite. Die Ursache für die unerwartete Kursänderung der Schute war die Sogwirkung. + + +
Die Gründe für diese Kollision waren demzufolge eine zu hohe Geschwindigkeit der STANISLAVSKIY. Sie entsprach nicht den Gegebenheiten. Das Schiff konnte nicht schnell genug aufgestoppt werden. Das Überholen erfolgte bei zu geringem Abstand an ungeeigneter Stelle, d. h. 6 kbl vor der Kursänderung. Die fehlende Radarbeobachtung trug ein übriges bei.

+ + + Der Tanker PYATIDYESYATILYETIYE SOVIETSKOY GRUZII (15035 BRT) der Grusinischen Reederei lief am 20. Oktober 1976 mit einer vollen Ladung Vergaserkraftstoff während der Überfahrt von Tuapse nach England in den Bosporus ein und

MT PYATIDYESYATI-
LYETIYE SOVIETSKOY
GRUZII

passierte um 04.25 Uhr die Nordgrenze für den Geltungsbereich der lokalen Schiffahrtsvorschriften. Da der rechtzeitig angeforderte Lotse nicht eintraf, lief das Schiff zur Abwicklung der Formalitäten zur Reede Büyükdere, auf der infolge stürmischen

Wetters viele Schiffe vor Anker lagen. Die Geschwindigkeit des Schiffs beim Anlaufen von Büyükdere lag bei 12 kn und damit höher als die für den Bosporus festgelegte Geschwindigkeit von 10 kn. Überdies überstieg sie bei weitem die sichere Geschwindigkeit, die von der konkreten Situation diktiert wurde. Bei der Annäherung an das Gebiet, in dem die Formalitäten zu erledigen waren, begann das Schiff eine gleichmäßige Backborddrehung. Um 04.50 Uhr wurden im Radar zwei Schiffe beobachtet. Die Lichter des einen, und zwar eines Entgegenkommers, konnten optisch ausgemacht werden. Die Lichter des anderen, vor Anker liegenden Schiffes, wurden durch die Hintergrundhelligkeit an der Küste optisch nicht wahrgenommen. Als man um 04.53 Uhr dem entgegenkommenden Schiff in einem Abstand von 1 kbl ausgewichen war, wurde plötzlich an Steuerbord mit einer Seitenpeilung von 70 bis 75° und in einer Entfernung von 70 bis 80 m die Silhoutte des Vorschiffs des ankernden bulgarischen Motorschiffs G. S. RAKOVSKIY (8556 BRT) entdeckt. Alle weiteren Maßnahmen kamen zu spät, um die Kollision zu verhüten. + + +

MS GEORGI SAVA RAKOVSKIY

Die Ursache für diesen Seeunfall lag im Entschluß des Kapitäns des Tankers, die Meerenge bei Nacht und starkem Wind sowie kräftigem Strom von achtern zu passieren. War er schon in die Meerenge eingelaufen, hätte er sich nicht wegen der Erledigung der Formalitäten aufhalten dürfen. Diese hätten auch in Istanbul oder Canakkale erledigt werden können. Da man dies unterließ, wäre der Liegeplatz mit geringer Geschwindigkeit bei eventuell nur zeitweilig eingekuppelter Maschine anzulaufen gewesen. Das hätte die notwendige Zeitspanne erbracht, um das vor Anker liegende bulgarische Schiff rechtzeitig feststellen zu können.
Es gibt jedoch nicht wenig ähnliche Zusammenstöße, die sich bei bestem Wetter und guter Sicht ereignet haben. An der Südeinfahrt in den Bosporus z. B. kam es beim Anlaufen des Ankerliegeplatzes mit zu hoher Geschwindigkeit, in deren Folge bei einer plötzlichen Änderung der Lage oder beim Ausmachen von Schiffen in geringem Abstand keine richtigen und durchdachten Maßnahmen getroffen werden konnten, zu einer Reihe weiterer Kollisionen.

2.1.5. Fehlverhalten bei der Fahrt in engen Fahrwassern

Die am weitesten verbreiteten Fehler beim Befahren von engen Fahrwassern bestehen im Ausscheren auf die Backbordseite des Kanals oder Fahrwassers, in einer Backborddrehung bei Fahrt in der Fahrwasser- oder Kanalmitte. Beim Entgegenkommen eines Schiffs, das sich direkt oder fast direkt von vorn nähert, wird dann die Regel 9 KVR-72 nicht befolgt. Auch die Regeln 2 und 15 KVR-72 werden nicht eingehalten. Typische Fehler und

Pflichtverletzungen bei der Fahrt in engen Fahrwassern werden durch die Kollision des Motorschiffs SERGEY BURYACHEK der Sowjetischen Donau-Reederei mit dem Dampfschiff VASILIY GOLOVNIN der Asowschen Reederei veranschaulicht.

+ + + Das Motorschiff SERGEY BURYACHEK, vermessen mit 3587 BRT, lief bei Südostwind der Stärke 6 und guter Sicht am 2. Mai 1978 unter Ballast durch den Bug-Dnepr-Liman-Kanal nach Nikolajew. Nach der Kursänderung am Adshigolsker Knie wurde UKW-Verbindung zum Dampfer VASILIY GOLOVNIN (3546 BRT) aufgenommen. Dieser lief von Nikolajew in Richtung Schwarzes Meer. Über Sprechfunk wurde das Ausweichen abgesprochen und anschließend die Fahrt herabgesetzt. Um die starke Winddrift zu kompensieren, wurde von Zeit zu Zeit der Kurs um 2° bis 3° nach Steuerbord geändert, um in der Fahrrinne zu bleiben. Der Dampfer VASILIY GOLOVNIN hatte Sand geladen und lief volle Fahrt. Als er die Wendestelle Adshigolsker Knie anlief, sichtete er das Motorschiff SERGEY BURYACHEK, das mit starker Verdriftung durch den Wind entgegenkam. Nach der Kursänderung wurde auf der VASILIY GOLOVNIN zur Verhinderung einer Kollision mit dem Entgegenkommer, der den größten Teil des Kanals in Anspruch nahm, volle Fahrt zurück gegeben und der Steuerbordanker fallengelassen. Diese Maßnahmen waren aber wenig effektiv, denn die Schiffe stießen im Kanal zusammen. (DHI-Seekarte Nr. 1119 auf S. 152) + + +

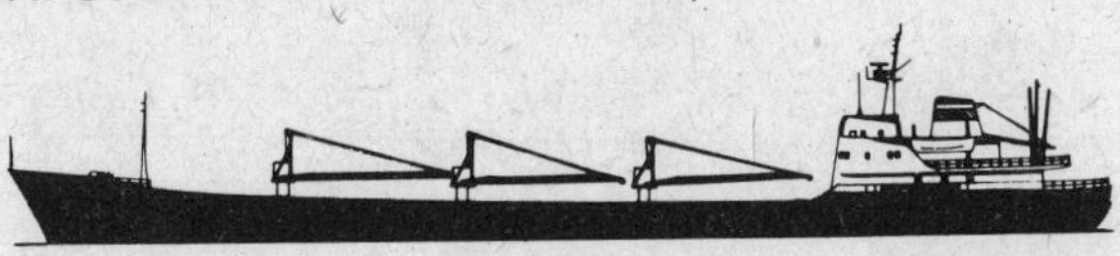

MS SERGEY BURYACHEK

DS VASILIY GOLOVNIN

Offensichtlich waren die Hauptfehler, die zu dieser Kollision führten, die ungünstig gewählte Ausweichstelle, die äußerst geringe Geschwindigkeit des Motorschiffes SERGEY BURYACHEK sowie die zu hohe Geschwindigkeit des Dampfers VASILIY GOLOVNIN beim Anlaufen der Wende- und Ausweichstelle. Nachteilig wirkte sich für diesen Fall auch aus, daß die Schiffsführung auf der SERGEY BURYACHEK der 3. Offizier inne hatte. Außerdem hatte das Schiff keinen Lotsen an Bord.

+ + + Das Motorschiff MUSORGSKIY der Fernost-Reederei, vermessen mit 1194 BRT, lief am 3. Januar 1973 bei ruhigem Wetter und guter Sicht aus dem Hafen Kobe durch das Innere Japanische Meer nach Nachodka und zwar in einem Verkehrstrennungsgebiet. Auf der Brücke befanden sich der Kapitän, der wachhabende 2. Offizier und der Rudergänger. In der Straße von Bishan wurde um 01.00 Uhr an Steuerbord mit einer Seitenpeilung von 15° bis 20° ein den Kurs kreuzendes Schiff ausgemacht.

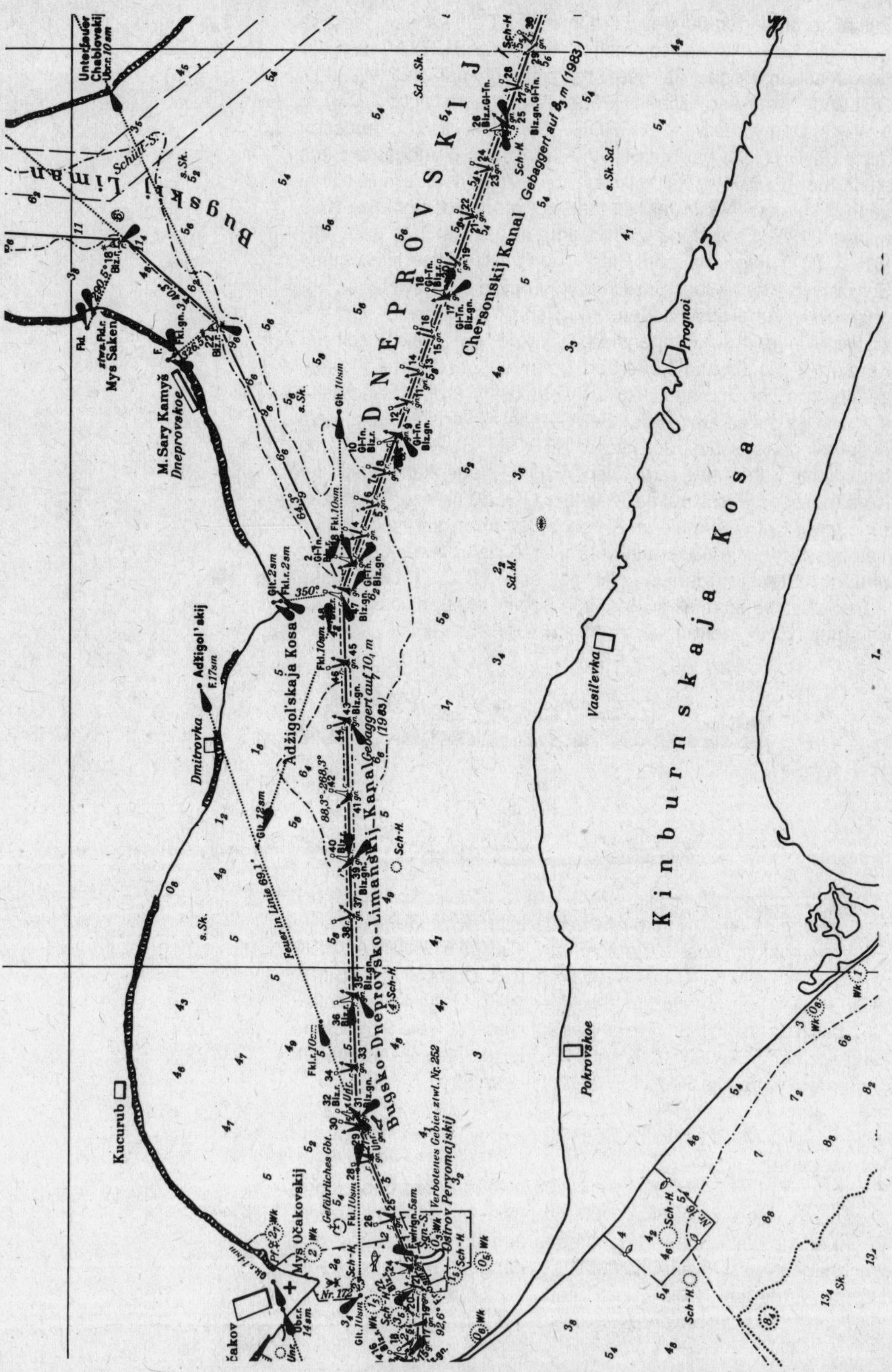
Bugskij Liman
DNEPROVSKIJ
Kinburnskaja Kosa
Chersonskij Kanal
Gebaggert auf 8,3 m (1983)
Bugsko-Dneprovsko-Limanskij-Kanal
Gebaggert auf 10,4 m (1983)
Adžigol'skaja Kosa
Adžigol'skij
Dmitrovka
Kucurub
Mys Očakovskij
Ostrov Pervomajskij
Verbotenes Gebiet ztwl. Nr. 252
Gefährliches Gbt.
Feuer in Linie 69,1°
Vasil'evka
Pokrovskoe
Prognoi
M. Sary Kamyš
Dneprovskoe
Mys Saken
Unterfeuer Chablovskij
Čakov

Es handelte sich, wie sich in der Folgezeit herausstellte, um das japanische Motorschiff SHOEI MARU. Um 01.05 Uhr drehte das japanische Schiff in einer Entfernung von 2,0 bis 2,5 sm nach Steuerbord und näherte sich weiter, jetzt jedoch in einem sehr spitzen Winkel. Hierdurch wurde die reale Gefahr eines Zusammenstoßes heraufbeschworen. Dennoch wurde auf beiden Schiffen nichts unternommen. Um 01.13 Uhr betrug der Abstand zum Entgegenkommer nur noch 3 bis 4 kbl. Der Kapitän der MUSORGSKIY beabsichtigte, das andere Schiff an der Backbordseite in gefährlich geringer Entfernung zu passieren. Deshalb gab er Befehl zur Kursänderung nach Steuerbord um 10°. Mit Beginn der Drehung stellte man jedoch fest, daß das entgegenkommende Schiff, auf dem die Situation offensichtlich anders eingeschätzt wurde, eine Backborddrehung ausführte. Daraufhin gab der Kapitän den Befehl „Ruder hart Steuerbord!" und ließ die Maschine stoppen. Diese Maßnahmen kamen jedoch zu spät. Etwa eine Minute später lief das entgegenkommende Schiff im rechten Winkel in die Backbordseite der MUSORGSKIY und fügte dieser starke Beschädigungen zu. + + +

Abb. Seite 152:
DHI-Seekarte Nr 1119;
Ausschnitt Adshigolsker Knie

Betrachten wir die konkreten Fehler und Verstöße der Schiffsführer. Die MUSORGSKIY lief auf der Backbordseite des Verkehrstrennungsgebiets. Das ist an sich schon ein ernsthafter Verstoß gegen die Schiffahrtsvorschriften für Gebiete mit Einbahnwegen, d. h. gegen die Regel 25 der KVR-60 bzw. die Regel 10(b)(i) der KVR-72. Auf der MUSORGSKIY mußte man aufgrund der Kursänderung des japanischen Schiffs annehmen, daß dieses auf den für das Verkehrstrennungsgebiet empfohlenen Kurs eindrehen würde, so daß auch von dem sowjetischen Schiff eine Drehung nach Steuerbord auf die „eigene" Seite zu erwarten war. Zeit und Platz dafür waren ausreichend. Der Kapitän hatte aber die Situation nur nach Augenmaß ohne Benutzung des Radargeräts als gefahrlos eingeschätzt und demzufolge solange nichts unternommen, bis alle weiteren Handlungen hoffnungslos zu spät kamen.

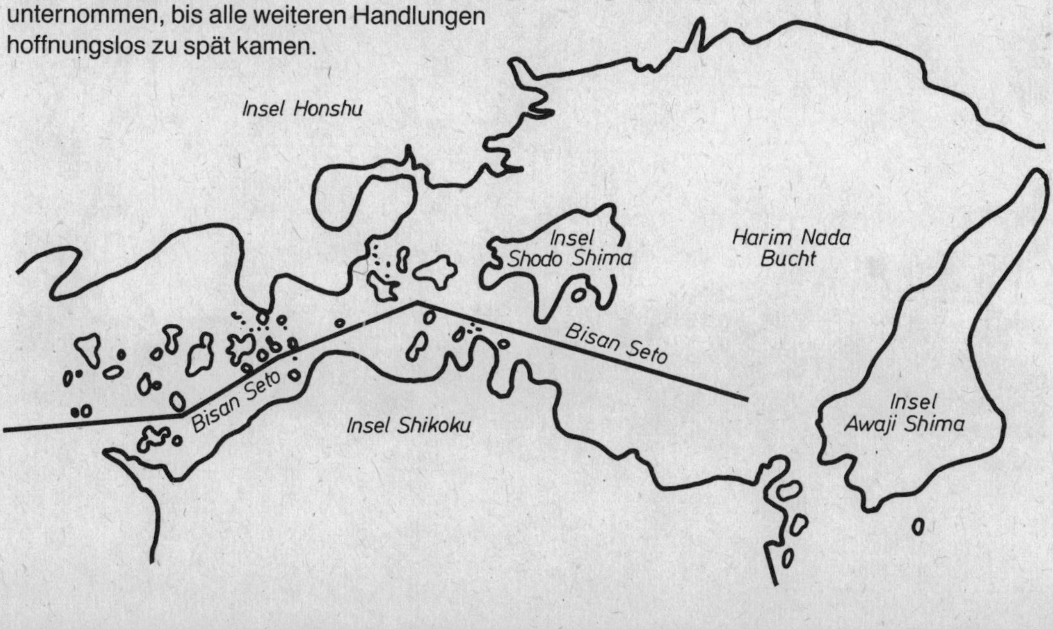

Schematische Darstellung der Straße von Bisan

2.1.6. Unbefriedigende Beobachtung

Für jede dritte Kollision war das zu späte Ausmachen des anderen Schiffs entweder begünstigend oder sogar der entscheidende Faktor. Dazu einige Beispiele.

+ + + Der Tanker NOVINSK, vermessen mit 1117 BRT, befand sich auf der Ansteuerung in der Nachodka-Bucht. Kurz vor dem Eindrehen nach Backbord in die Hafendeckpeilung wurde achteraus in einem Abstand von 200 bis 300 m der Seiner DRUZA ausgemacht. Nach Ausführung der Kursänderung ging die Sicht zum Seiner verloren. Dieser aber kreuzte den Kurs der NOVINSK. Von dieser wurde der Seiner erst in einem Abstand von wenigen Dutzend Metern erneut festgestellt. Nach der Kollision sank die DRUZA. Wäre eine normale Beobachtung organisiert gewesen, dann hätte dieser Seeunfall verhindert werden können. + + +

MT NOVINSK

+ + + Das Motorschiff KOMILES (4533 BRT), das gegen Mitternacht die Reede von Brunsbüttel angelaufen hatte, ließ sich in Erwartung des Schleusenlotsen im Strom treiben. Das Radargerät war abgeschaltet. Da das Schiff durch den starken Gezeitenstrom in Richtung Schleusentor versetzt wurde, entschloß man sich, mit dem Bug gegen den Strom auslaufend zu drehen. Es wurde ganz langsame Fahrt gemacht und das Ruder hart Backbord gelegt. Eine Minute nach Beginn dieses Manövers kamen an Steuerbord achterlicher als dwars plötzlich das grüne Posi-

MS KOMILES

MS DVINOLES, ein Schwesterschiff des MS KOMILES

tionslicht und die fast in Deckung liegenden Topplichter eines Schiffs in Sicht, das flußabwärts in Richtung offene See lief. Der Abstand zu diesem betrug kaum mehr als 0,5 kbl. Zu diesem Zeitpunkt hatte die KOMILES bereits quer ins Fahrwasser gedreht. Plötzlich stellte man fest, daß man das ausgemachte Schiff, bei dem es sich um die MARIA LEONHARD handelte, nicht klar passieren konnte. Auf der KOMILES wurde daraufhin volle Fahrt voraus gegeben und das Ruder hart Steuerbord gelegt in der Hoffnung, daß das Achterschiff nicht vom Zusammenstoß betroffen wird. Aber auch hier kamen die Handlungen zu spät, denn bereits eine halbe Minute später kollidierten die beiden Schiffe. MARIA LEONHARD riß die Steuerbordseite des Motorschiffes KOMILES auf. + + +

MS KEILA

+ + + Das Motorschiff KEILA der Estnischen Reederei, vermessen mit 1157 BRT, befuhr nachts die Elbe. Der Strom war mitlaufend. Das Wetter war gut, ebenso die Sicht. Auf der Ansteuerung zur Reede Brunsbüttel wurde die Maschine gestoppt, um den Hamburger Hafenlotsen an Bord zu nehmen. Mit einer Seitenpeilung von etwa 60° Backbord wurden in einer Entfernung von etwa 1 sm die Lichter eines entgegenkommenden Schiffs ausgemacht, das, aus Hamburg kommend, gegen den Strom lief. Das Schiff wurde nicht ständig beobachtet. Nachdem die Lotsen gewechselt hatten, drehte das Schiff mit Maschinenkraft und infolge des Stroms auf das an Steuerbord liegende Elbufer zu, von dem es 2,5 bis 3 kbl entfernt war. Um die Vorausfahrt aus dem Schiff zu nehmen, wurde volle Fahrt zurück gegeben. Etwa eine Minute danach trat der Kapitän auf die Brückennock hinaus und erblickte das entgegenkommende Schiff bereits in unmittelbarer Nähe. Sofort wurde äußerste Kraft voraus befohlen und das Ruder hart Backbord gelegt. Es gelang aber trotzdem nicht, den Zusammenstoß zu verhindern. (DHI-Seekarte Nr.46 auf Seite 156) + + +

Das Gemeinsame bei allen drei genannten Fällen besteht darin, daß trotz einer ausreichenden Anzahl von Beobachtern (Kapitän, Lotse und 1. Offizier) auf diesen Schiffen die Beobachtung nicht richtig organisiert war. Die entsprechenden Pflichten waren nicht exakt aufgeteilt worden. Niemand fühlte sich für die Überwachung der Lage in achterlicher Richtung verantwortlich. Alle konzentrierten sich nur auf die am nächsten liegende Gefahr, nämlich auf das näherkommende Ufer. Ursächlich für die Kollisionen waren die Fehlhandlungen auf den sowjetischen Schiffen.

2.1.7. *Zu spät ausgeführte Manöver*

Bei 36 % aller Schiffszusammenstöße wurden die erforderlichen Handlungen, wie Kurs- und Geschwindigkeitsänderung, Umsteuerung der Maschine auf Fahrt zurück u. a., zu spät ausgeführt. Dabei kam es nicht selten vor, daß das Schiff, mit dem sich die Kollision erreignete, zwar rechtzeitig ausgemacht, aber das Manöver erst im allerletzten Augenblick ausgeführt wurde.

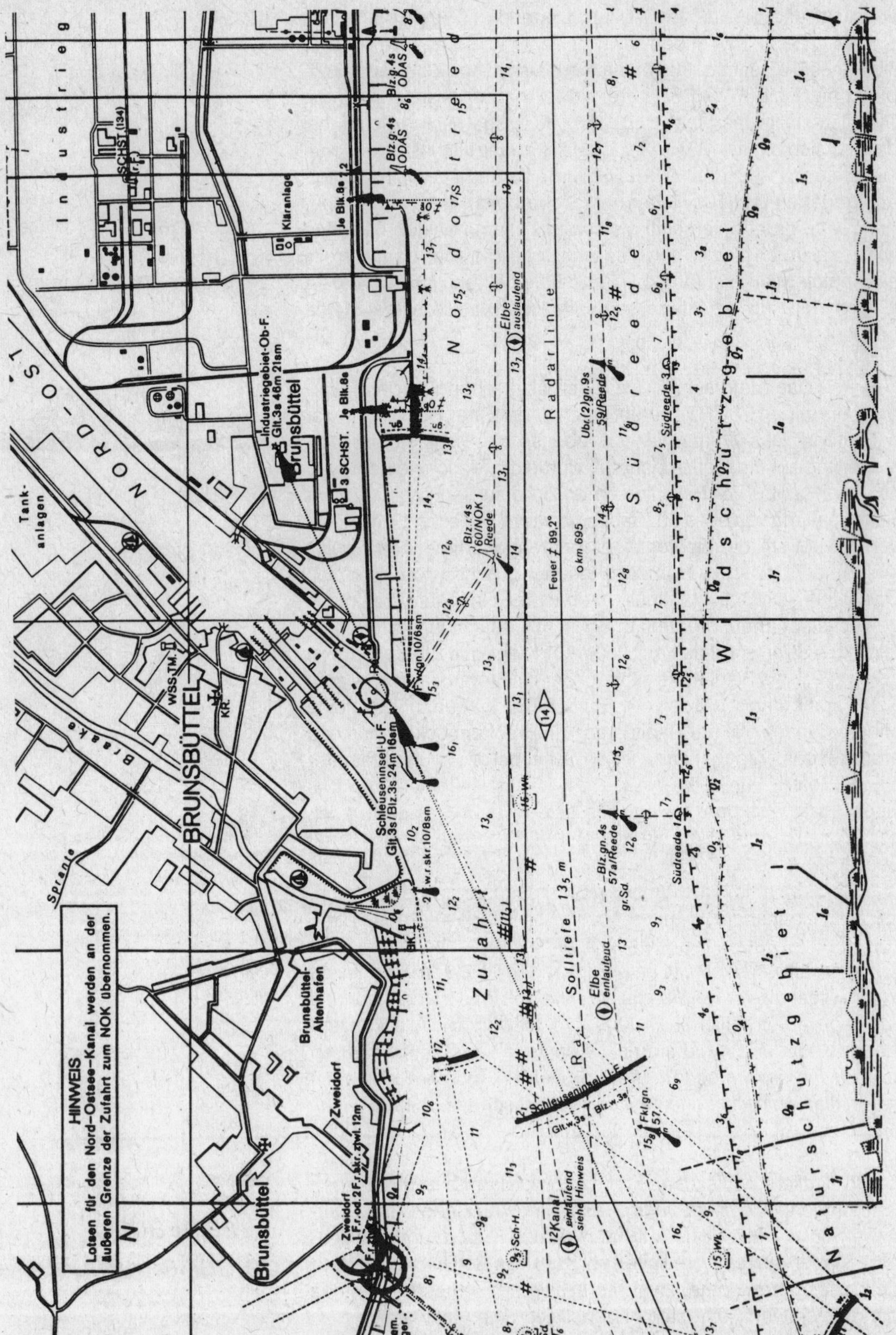
HINWEIS
Lotsen für den Nord-Ostsee-Kanal werden an der äußeren Grenze der Zufahrt zum NOK übernommen.
Brunsbüttel
BRUNSBÜTTEL
Brunsbüttel-Altenhafen
Zweidorf
Tank-anlagen
Kläranlage
Industriegebiet-Ob-F.
Glt.3s 46m 21sm
Schleuseninsel-U-F.
Glt.3s/Blz.3s 24m 16sm
Schleuseninsel-U-F.
WSS-TM.
3 SCHST.
Je Blk.8s
Blz.r.4s
60/NOK 1
Reede
Elbe auslaufend
Elbe einlaufend
Feuer 89,2°
okm 695
Radarlinie
Solltiefe 13,5 m
Zufahrt
Südreede
Ubr.(2)gn.9s
59/Reede
Blz.gn.4s
57a/Reede
Fkl.gn.
57

+ + + Das Motorschiff KHOLMOGORY der Nordreederei, vermessen mit 3251 BRT, ging am 19. September 1971 kurz nach Mitternacht bei günstigem Wetter und guter Sicht auf der Reede des Hafens Dudinka Anker auf und lief ab. Auf der Brücke befanden sich der Kapitän, der Wache gehende 2. Offizier, der Lotse und der Rudergänger. Die Geschwindigkeit des Schiffs über Grund betrug 13,5 kn. Das Radargerät war eingeschaltet. Als sich das Schiff in Deckpeilung mit der Leitfeuerlinie befand, begab sich der Kapitän in den Kartenraum, um einen Funkspruch abzufassen. Das war gegen 01.45 Uhr. Um 01.53 Uhr stellte der 2. Offizier an der Backbordseite mit einer Seitenpeilung von 15° in einem Abstand von 3 bis 4 sm die Lichter eines Schleppzugs fest. Nach weiterer Beobachtung stellte sich heraus, daß ein Schlepper mit Leichtern im Anhang auf der gegenüberliegenden Seite der folgenden Fahrwasserkrümmung entgegenkommt. In diese mußte die KHOLMOGORY bald eindrehen. Der Kapitän wurde von dem Insichtkommen des Schleppverbands nicht in Kenntnis gesetzt. Um 02.08 Uhr wurde in unmittelbarer Nähe des entgegenkommenden Schleppzugs die Kursänderung nach Backbord zum Eindrehen in die nachfolgende Deckpeilung begonnen. Zu diesem Zeitpunkt kehrte der Kapitän auf die Brücke zurück. Er bemerkte sofort, daß der Schleppverband nach Steuerbord dreht, so daß er Befehl gab, das Ruder hart Backbord zu legen. Mit dem Typhon wurde zweimal kurz gegeben. Als man auf der KHOLMOGORY feststellte, daß der Schlepper trotzdem weiter nach Steuerbord drehte, wurde volle Fahrt zurück befohlen. Diese Maßnahme kam jedoch zu spät. Das entgegenkommende Schiff, bei dem es sich um das Binnenschubschiff POLYARNYY handelte, rammte die KHOLMOGORY an der Steuerbordseite und beschädigte sie schwer. + + +

Abb. Seite 156:
DHI-Seekarte Nr. 46;
Ausschnitt Brunsbüttel

Analysieren wir die Ursachen dieses Seeunfalls. Man hätte nur zweimal in einem Zeitraum von drei bis vier Minuten das andere Schiff peilen und den Abstand zu diesem bestimmen müssen, um festzustellen, daß sich die beiden Schiffe an der Position des Übergangs von einer Deckpeilung in die andere begegnen muß-

MS LOKSA, ein Schwesterschiff des MS KHOLMOGORY

MS KHOLMOGORY

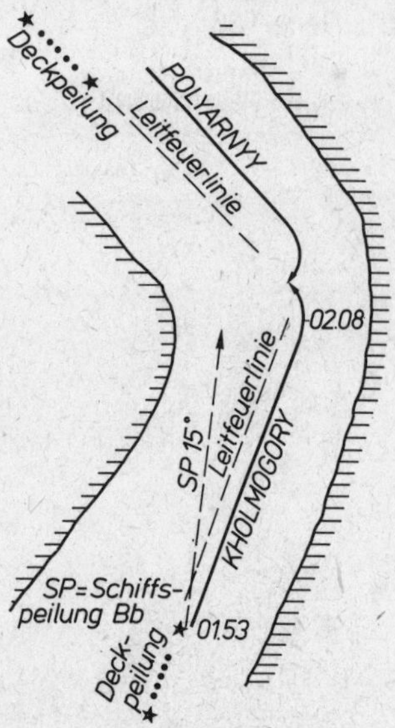

Schematische Darstellung der Kollision zwischen dem Motorschiff KHOLMOGORY und dem Binnenschubschiff POLYARNYY

ten. Am Peildiopter wäre auch gleichzeitig zu erkennen gewesen, daß die Peilung stand. Es wurde aber weder geplottet, noch wurde die Peilung zum anderen Schiff verfolgt. Der Lotse und der wachhabende Offizier nahmen zwar an, daß die Begegnung an der Fahrbahnkrümmung erfolgen wird, zogen aber keinerlei Schlußfolgerungen daraus. Obwohl auf der KHOLMOGORY festgestellt wurde, daß der Entgegenkommer an der Backbordseite seiner Leitlinie läuft, wurde keine Sprechfunkverbindung mit der POLYARNYY hergestellt. Auch fünf kurze Töne wurden nicht gegeben. Weder die Geschwindigkeit wurde verringert noch die Maschine gestoppt. Stattdessen nahmen der Lotse und der 2. Offizier an, daß sie das entgegenkommende Schiff an der Steuerbordseite passieren werden. Obwohl sie selbst nicht von der Richtigkeit ihrer Annahme überzeugt waren, handelten sie so, als sei etwas anderes gar nicht möglich. Die Kursänderung der POLYARNYY nach Steuerbord konnte für den Schiffsführer der KHOLMOGORY doch nicht unerwartet kommen, denn sie war unvermeidlich, ganz gleich, auf welcher Seite des Fahrwassers sich das Schiff aufhielt. Zurückzuführen ist die eingetretene Lage auf die unzureichende nautische Sicherstellung einer Fahrt durch den Wachhabenden auf der KHOLMOGORY und seinen Lotsen.

Die Handlungen des Kapitäns halten auch keiner Kritik stand. Obwohl er wußte, daß die Lotsen der Binnenwasserstraßen die navigatorische Lage ausgezeichnet beherrschen, jedoch im allgemeinen nur geringe Erfahrungen in der Schiffsführung besitzen, interessierte er sich nach dem Aufsuchen des Kartenraums nicht ein einziges Mal für die Lage im Seegebiet.

Als er dann aus dem hellen Raum auf die Brücke kam und keine Zeit hatte, seine Augen an die Dunkelheit zu gewöhnen, handelte er nicht umsichtig genug.

Ab 02.08 Uhr, als der Kapitän die Brücke betrat, bis zur Kollision vergingen etwa zwei Minuten. Um 02.08 Uhr betrug die Entfernung zwischen den Schiffen noch 3 bis 4 kbl. Das heißt mit anderen Worten, daß eine Kursänderung nach Steuerbord oder die unverzügliche Umsteuerung der Maschine auf volle Fahrt zurück bzw. beides gleichzeitig den Zusammenstoß verhindert hätte. Es ist berechtigt anzunehmen, daß der Kapitän, hätte er die Entwicklung der Situation verfolgt, auch genau diese Manöver eingeleitet hätte. Auch bei diesem Seeunfall ist deutlich geworden, daß die Hauptursache in der unbefriedigenden Organisation der Beobachtung zu suchen ist.

+ + + Das Motorschiff OLENEGORSK der Murmansker Reederei, vermesen mit 3228 BRT, lief am 6. Oktober 1975 mit voller Fahrt auf der Sewernaja Dwina (Nördlichen Dwina) nach Archangelsk. Wetter und Sicht waren gut. Auf der Brücke befanden sich der Kapitän, der wachhabende 2. Offizier, der Lotse und der Rudergänger. Um 12.14 Uhr wurde auf der OLENEGORSK mit einer allmählichen Backborddrehung begonnen, um zwischen

MS OLENEGORSK

den beiden Pfeilern der sich öffnenden Brücke hindurchzusteuern. Die Entfernung bis zu dieser belief sich auf etwa 2 sm. Während der Kursänderung kam in einem Abstand von 1 sm ein entgegenkommendes Schiff in Sicht, das die Brücke bereits passiert hatte. Es handelte sich um die BALTIYSKIY-36 (1865 BRT), ein Schiff der Weißmeer-Onega-Binnenreederei. Um es an der Backbordseite zu passieren, wurde um 12.16 Uhr, als der Abstand kanpp 0,5 sm betrug, das Ruder auf Steuerbord 10 befohlen. Außerdem wurde mit der Sirene einmal Kurz gegeben. Der Rudergänger legte aber irrtümlich das Ruder Backbord 5. Da man auf der BALTIYSKIY-36 die Backborddrehung des entgegenkommenden Schiffs bemerkte, wurde das Ruder hart Backbord gelegt. In der Zwischenzeit hatte man aber den Fehler des Rudergängers auf der OLENEGORSK festgestellt, die Ruderlage wurde auf hart Steuerbord geändert, so daß das Schiff eine Steuerborddrehung ausführte. Als jedoch die Kursänderung der BALTIYSKIY-36 nach Backbord offensichtlich wurde, erfolgte erneut eine Änderung der Ruderlage, und zwar diesmal hart Steu-

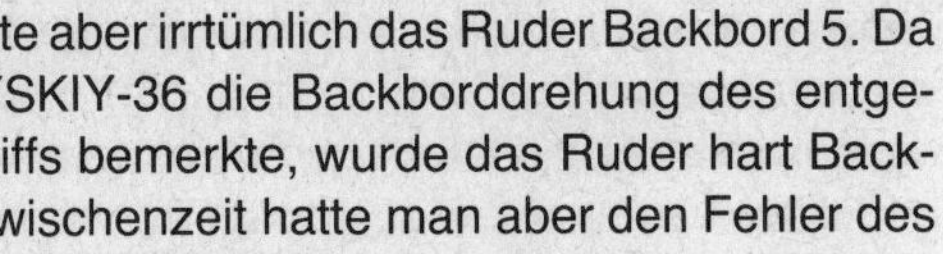

MS OLENEGORSK

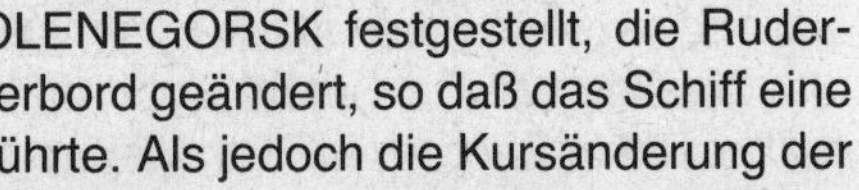

MS BALTIYSKIY – 36

MS BALTIYSKIY – 37, ein Schwesterschiff des MS BALTIYSKIY – 36

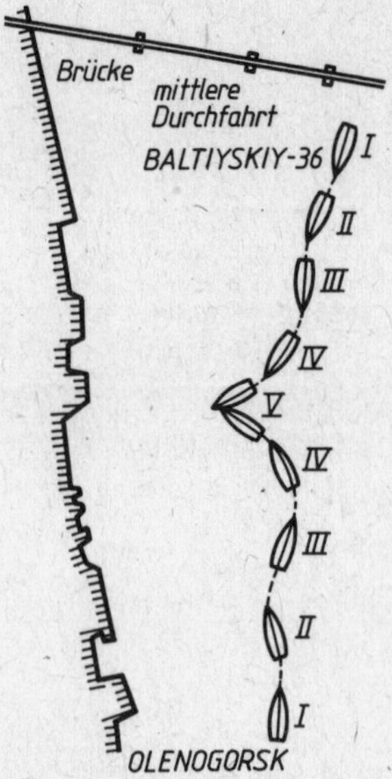

Schematische Darstellung der Kollision zwischen den Motorschiffen OLENEGORSK und BALTIYSKIY – 36

erbord. In der Zwischenzeit war auf der BALTIYSKIY-36 das Ruder aber auf hart Steuerbord gelegt worden. Mit diesen wechselnden Ruderlagen liefen beide Schiffe bis 12.18 Uhr weiter. Die Umsteuerung der Maschine auf beiden Schiffen auf volle Fahrt zurück kam zu spät, so daß sie zusammenstießen. + + +

Unmittelbare Ursachen für diese Kollision waren der Fehler des Rudergängers sowie die falschen und verspäteten Handlungen beider Schiffsführer. Als man auf der OLENEGORSK den Fehler feststellte, hätten sofort energische Maßnahmen zu dessen Neutralisierung getroffen werden müssen. Die Änderung der Ruderlage auf Steuerbord allein reichte da bereits nicht mehr aus, denn im Ergebnis dieses falschen Manövers der OLENEGORSK führte die BALTIYSKIY-36 eine gefährliche Gegenkursänderung durch. Nach Feststellung dieser Kursänderung des Entgegenkommers mußte sofort auf OLENEGORSK die Änderung der Fahrtstufe in volle Fahrt zurück kommen, um das Schiff aufzustoppen. Zusätzlich hätte man den Anker fallenlassen müssen. Das gleiche war auch auf der BALTIYSKIY-36 durchzuführen. Nachdem ein kurzer Ton wahrgenommen wurde, aber festzustellen war, daß das entgegenkommende Schiff nach der dem Signal entgegengesetzten Seite dreht, mußte man annehmen, daß auf dem anderen Schiff falsch gehandelt wurde oder das Ruder ausgefallen ist. Ausgehend von dieser Annahme hätte das Schiff aufgestoppt werden müssen. Auf keinem der Schiffe wurden diese erforderlichen Maßnahmen ergriffen. Abschließend sei festgestellt, daß der Fehler des Rudergängers an sich, der ja auf jedem Schiff durchaus vorkommen kann, nicht zu dieser Kollision geführt hätte, wenn die Organisation der Wache auf der Brücke den Fahrtverhältnissen und die Handlungen der Schiffsführer den Forderungen einer guten Seemannschaft entsprochen hätten.

2.1.8. Nichtnutzung oder falscher Einsatz des Radargeräts

Bei einer Reihe von Zusammenstößen wurde das Radargerät nicht richtig eingesetzt. Dies trifft besonders auf Ansteuerungen zu Häfen, beim Manövrieren in Hafengewässern und auf Reeden zu.
Die bereits beschriebene Kollision des Turbinenschiffes ABKHAZIYA mit dem Tanker AKTASH verdeutlicht, wohin bei guter Sicht der Verzicht auf den Einsatz des Radargeräts führen kann. Besonders wichtig ist die Benutzung des Radars bei Dunkelheit. Die nur visuelle Einschätzung der Situation ist infolge rein objektiver Gründe i. allg. weniger präzise. Bekannt ist außerdem, daß bei der Festlegung einer sicheren Geschwindigkeit die Hintergrundhelligkeit, die durch Lichter an Land verursacht wird und die die Positionslichter anderer Schiffe überstrahlen kann, berücksichtigt werden muß. Deshalb wird der ständige Einsatz des Radargeräts gefordert. In den Kollisionsverhütungsregeln von 1972 sind diese Forderungen in den Regeln 5, 7 und 2 enthalten (zu den KVR-60 gab es die Empfehlungen für den Radargebrauch). Obwohl die Nutzung des Radargeräts unter derartigen Umständen unabdingbar ist, setzt man sich nicht selten über diese Notwendigkeit hinweg. An konkreten Beispielen soll nachgewiesen werden, welche Auswirkungen das haben kann.

+ + + Das Motorschiff KONSTANTIN YUON der Nord-Reederei, vermessen mit 3184 BRT, lief am 2. September 1975 von der Reede Archangelsk ab, um mit wechselnden Geschwindigkeiten (von ganz langsamer bis zu halber Fahrt) auf der Sewernaja Dwina (Nörlichen Dwina) eine Position anzulaufen, auf der eine Schiffsrevision erfolgen sollte. Die Sicht war gut, es wehte eine leichte Brise. Das Radargerät war nicht eingeschaltet. Um 21.09 Uhr hoben sich vom Hintergrund der Lichter an Land die Positionslaternen eines Schiffs ab. Es kam aus einem Seitenarm des Flusses und steuerte in Richtung Hauptfahrrinne. Entgegen

MS NIKOLAY YAROSHENKO, ein Schwesterschiff des MS NIKOLAY YUON

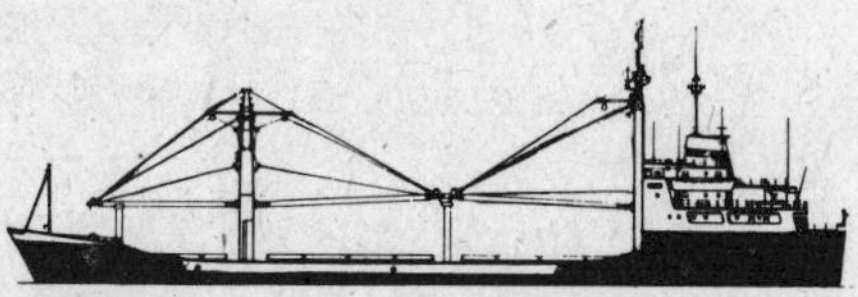

MS KONSTANTIN YUON

der einzuhaltenden Grundsatzbestimmung, wonach das auf dem Hauptfahrwasser laufende Schiff KONSTANTIN YUON Wegerecht gehabt hätte, entschlossen sich der Kapitän und der Lotse, dem andern Schiff den Weg freizugeben.
Um 21.10 Uhr wurde die Maschine gestoppt. Eine Minute später wurden von dem anderen Schiff, bei dem es sich um das nieder-

ländische Motorschiff KEIZERSGRACHT (1 599 BRT) handelte, drei kurze Töne gegeben. Als man auf der KONSTANTIN YUON sah, daß dieses eine Kursänderung nach Backbord begann, wurde halbe Fahrt voraus gegeben und das Ruder hart Steuerbord gelegt. Im Verlaufe der folgenden Minute wurde die Maschine mehrmals umgesteuert. Unmittelbar vor dem Zusammenstoß um 21.12 Uhr wurde erneut die Fahrtstufe „halbe Fahrt voraus" befohlen, um eine Kollision mit dem Achterschiff zu vermeiden. Aber alle diese Maßnahmen erwiesen sich als uneffektiv, denn im nächsten Moment kollidierte die KEIZERSGRACHT an der Steuerbordseite mit unserem Schiff und fügte ihm und sich selbst Beschädigungen zu. + + +

Bei der Untersuchung des Seeunfalls wurde festgestellt, daß der Kapitän der KEIZERSGRACHT Schlepperhilfe abgelehnt hatte, sich allein auf der Brücke am Ruder befand und die Maschine von der Brücke aus bediente. Es ist klar, daß die Beobachtung auf dem niederländischen Schiff nicht den Anforderungen entsprach. Aber auch auf der KONSTANTIN YUON war nicht alles zum besten bestellt. Insbesondere die Nichtnutzung des Radargeräts führte dazu, daß die KEIZERSGRACHT erst sehr spät festgestellt wurde, nämlich drei Minuten vor dem Zusammenstoß. Die Handlungen des Kapitäns und des Lotsen, d. h. die vielen Umsteuermanöver kurz nacheinander, zeugen davon, daß sie nicht Herr der Lage waren und die reale Situation falsch beurteilten. Das Stoppen der Maschine, um das aus einem Seitenarm kommende Schiff vorbeizulassen, beweist die ungenügende Kenntnis der Hafenvorschriften für den Hafen Archangelsk.

Richtig wäre nach dem Ausmachen der KEIZERSGRACHT gewesen, mit dem alten Kurs und der gleichen Geschwindigkeit weiterzulaufen, wobei fünf kurze Töne zu geben waren. Sollte man über das Verhalten der KEIZERSGRACHT in Zweifel gewesen sein, dann hätte man sein Schiff aufstoppen und den Anker fallenlassen müssen.

+ + + Das Motorschiff BALTIYSKIY-24 (1 865 BRT) der Weißmeer-Onega-Binnenreederei lief am 16. September 1977 aus dem Hafen Archangelsk mit einer Geschwindigkeit von 10 kn in Richtung See aus. Die Wetterverhältnisse waren günstig und die Sicht gut. Auf der Brücke hielten sich der Kapitän, der Wache gehende 1. Offizier und der Rudergänger auf. Das Schiff hatte

MS BALTIYSKIY – 24

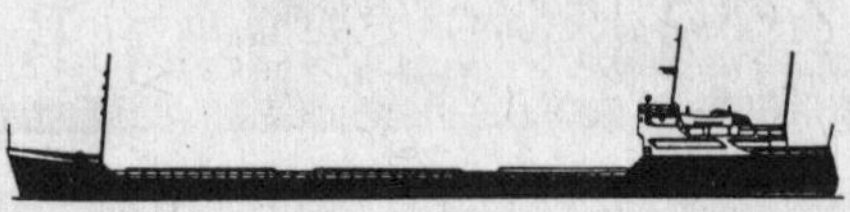

keinen Lotsen an Bord. Fahrtstufenveränderungen der Hauptmaschine wurden von der Brücke aus über die Fernbedienung vorgenommen. Während der Fahrt in Deckpeilung der Reuschinskiy-Richtfeuer wurden an Backbord mit einer Seitenpeilung von 70° und in einem Abstand von 1,5 bis 2 sm kurz vor

Erreichen der Fahrwassertrennungstonne die Positionslichter eines anderen Schiffs ausgemacht. Es kam in der Tschishowskiy-Deckpeilung entgegen. Um 18.50 Uhr drehte BALTIYSKIY-24 in die Ekonomskiy-Richtfeuerlinie ein und ging mit der Geschwindigkeit auf langsame Fahrt herunter. Als man um 18.53 Uhr feststellte, daß der Entgegenkommer nicht nach Steuerbord dreht, wurde fünfmal Kurz gegeben, die Maschine gestoppt und das Ruder Steuerbord gelegt. Dieses Manöver wurde mit einem kurzen Ton angezeigt. Nach einer weiteren Minute wurde an die Maschine volle Fahrt zurück gegeben. Diese Maßnahme kam jedoch zu spät, denn bereits nach einer halben Minute kollidierten beide Schiffe.

Das Motorschiff ROZENGRACHT (1 598 BRT), das unter niederländischer Flagge läuft, ging gegen 18.40 Uhr auf der Tschishowsker Reede Anker auf und lief mit einer Geschwindigkeit von 10 kn auf der Tschishowskij-Richtfeuerlinie eines der Holzverarbeitungswerke an. Der Kapitän befand sich auf der Brücke am Ruder. Die Maschine wurde über die Fernbedienanlage gefahren. Außer ihm war noch der Lotse anwesend. Gegen 18.53 Uhr kamen in unmittelbarer Nähe die Topplichter sowie das rote Positionslicht eines entgegenkommenden Schiffs in Sicht. Der Kapitän verringerte die Drehzahl der Hauptmaschine auf langsame Fahrt und näherte sich dem anderen Schiff, ohne den Kurs zu ändern. Es kam zur beschriebenen Kollision, bei der die ROZENGRACHT dem Motorschiff BALTIYSKIY-24 die Backbordseite im Bereich des Vorschiffs aufriß. Diese Beschädigungen waren schwer, während der Niederländer nur leichte Beschädigungen davontrug. + + +

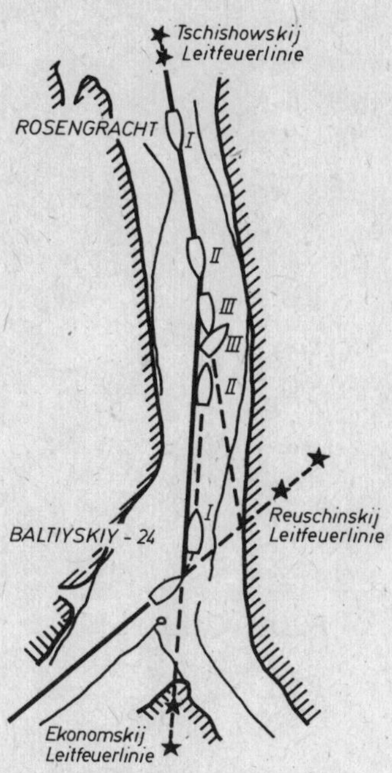

Schematische Darstellung der Kollision zwischen den Motorschiffen BALTIYSKIY – 24 und ROSENGRACHT 135

Der Hauptgrund für den Seeunfall bestand in der unzureichenden Beobachtung auf dem ausländischen Schiff. Auf den niederländischen Holzfrachtern dieses Typs befinden sich an der Steuerbordseite Krane, die die optische Sicht von der Brücke aus beeinträchtigen. Dieser Umstand hätte berücksichtigt werden müssen. Es ist daher auch kein Wunder, daß die BALTIYSKIY-24 auf dem niederländischen Schiff erst in unmittelbarer Nähe ausgemacht wurde. Der Schock war so groß, daß sowohl Wille als auch vernünfigtes Denken beim Kapitän blockiert waren, denn anstatt volle Fahrt zurück zu geben, den Anker fallen zu lassen oder andere der Lage angepaßte Maßnahmen zu treffen, verringerte er ledigliche die Propellerdrehzahl auf ganz langsame Fahrtstufe.

Man kann aber auch die Schiffsführung der BALTIYSKIY-24 nicht völlig von einer gewissen Schuld freisprechen. Obwohl sich der Kapitän, der 1. Offizier und der Rudergänger auf der Brücke befanden, war weder die Radaranlage eingeschaltet, noch wurde eine systematische Peilung anderer Schiffe, darunter auch der ROZENGRACHT, vorgenommen. Wäre auf diesem Schiff nur eine der genannten Maßnahmen ausgeführt worden, hätte man sofort feststellen müssen, daß das entgegenkommende Schiff genau in der Krümmung passiert werden muß. Da man keine Möglichkeit hatte, sich anderweitig mit der ROZENGRACHT in Verbindung zu setzen, hätte man auf der BALTIYSKIY-24 die Aufmerksamkeit des anderen Schiffs durch optische oder akustische Signale auf sich lenken müssen.

+ + + Der Tanker FEDYA GUBANOV (3821 BRT) der Kaspischen Reederei lief am 25. Dezember 1973 von Baku nach Krasnowodsk. Wetter und Sicht waren gut. Das Schiff lief auf dem festgelegten Einbahnweg und steuerte einen Kurs von 190°. Auf der Brücke hielten sich der Kapitän, der Wache gehende 1. Offizier und der Rudergänger auf. Um 19.35 Uhr wurden an Steuerbordseite, fast recht voraus, in einem Abstand von ungefähr 2 sm die Lichter eines Schiffs ausgemacht, das aber nicht weiter beobachtet wurde.

MT FEDYA GUBANOV

Das entgegenkommende Hilfsschiff lief mit einem Kurs von 20°, d. h., die beiden Schiffe näherten sich unter einem Winkel von 10°. Sie erreichten beide gleichzeitig die Position der Kursänderung, von der aus das Hilfsschiff auf einen Kurs von 10° gehen mußte, um Baku anzulaufen, während die FEDYA GUBANOV nach Backbord in Richtung Krasnowodsk drehen wollte. Beim Ansteuern der Kursänderungstonne hatte sich der Abstand zwischen beiden Schiffen auf 2 bis 3 kbl verringert. Der Kapitän des Tankers gab das Kommando „Ruder hart Backbord!". Auf dem Hilfsschiff war die Beobachtung schlecht organisiert, so daß der Tanker erst recht spät ausgemacht und seine Kursänderung überhaupt nicht festgestellt wurde. Der Kapitän und 1. Offizier des Tankers bemerkten erst beim Andrehen, daß sie den Kurs des entgegenkommenden Schiffes kreuzen werden. Deshalb wurde eine Reihe kurzer Schall- und Lichtsignale gegeben, wodurch man letztlich auf dem Hilfsschiff auf das Manöver aufmerksam wurde. Der Kapitän des Hilfsschiffs befahl nun seinerseits „Ruder hart Backbord!" und gab volle Fahrt zurück. Um das Achterschiff vor dem Zusammenstoß zu bewahren, wurde daraufhin auf dem Tanker das Ruder hart Steuerbord gelegt. Diese Maßnahmen kamen jedoch zu spät, so daß die Schiffe kollidierten. + + +.

Auf beiden Schiffen hatte man das andere Schiff erst sehr spät ausgemacht. Auf dem Tanker wurde der Gegner nicht weiter beobachtet. Das Radargerät wurde nicht zur Präzisierung der Annäherungssituation und der vorauszusehenden Änderung der Lage nach der Kursänderung eingesetzt. Obwohl das entgegenkommende Schiff Kurshalter war, begann man auf dem Tanker mit einer Backborddrehung und kreuzte damit den Kurs des Entgegenkommers. Schlußfolgerd kann festgestellt werden, daß diese Kollision ein anschauliches Beispiel dafür ist, wie in derartigen Fällen nicht gehandelt werden darf. Bei richtiger Nutzung der

Radargeräte bei Dunkelheit können solche spezifischen Seeunfälle, z. B. auch Kollisionen mit unbeleuchteten Bohrtürmen, vermieden werden.

2.1.9. Mißachtung oder falsche Bewertung der hydrometeorologischen Verhältnisse

Eine der Hauptursachen für die Kollision mit vor Anker liegenden Schiffen, die rechtzeitig und in ausreichender Entfernung ausgemacht wurden, ist die Mißachtung oder die falsche Einschätzung der hydrometeorologischen Bedingungen. Nachstehend folgen einige Beispiel dafür.

+ + + Das Motorschiff POLYARNYY der Nord-Reederei, vermessen mit 3251 BRT, das eine volle Ladung Schnittholz an Bord hatte, ging am 29. Oktober 1974 um 01.30 Uhr auf der Ansteuerung zur Humbermündung vor Anker. Es konnte infolge des starken Seegangs, hervorgerufen durch Nordwestwind der Stärke 8 bis 9, den Lotsen nicht übernehmen. Als sich die Windstärke auf 6 bis 7 verringert hatte, ging man um 03.18 Uhr auf Empfehlung der Lotsenstation Anker auf und lief mit wechselnder Geschwindigkeit und einem Kurs von 310° fast gegen den Wind näher zur Küste. Dort sollte der Lotse übernommen werden. Der starke Gezeitenstrom setzte entgegen der Windrichtung. Steuerbord voraus lagen in unterschiedlichem Abstand mehrere Schiffe vor Anker. Eines dieser Schiffe lag dicht an der Leitfeuerlinie, die nach der Lotsenübernahme zu befahren war. Um 03.33 Uhr wurde die Maschine gestoppt, um ein aus dem Hafen auslaufendes Schiff passieren zu lassen. Das Lotsenboot befand sich zu diesem Zeitpunkt etwa 2 sm entfernt in einer Seitenpeilung von 30° bis 35° an der Backbordseite von der POLYARNYY. Vor Anker lag recht voraus das BRD-Motorschiff ESTEBRÜGGE (499 BRT). Es wurde ganz langsame Fahrt voraus gegeben und das Ruder hart Backbord gelegt, um der Versetzung in Richtung ESTEBRÜGGE entgegenzuwirken. In der Zwischenzeit hatte der Wind erneut bis zur Stärke 8 aufgefrischt. Nach Ablauf einer Minute wurde deutlich, daß das Schiff unvermindert schnell auf die ESTEBRÜGGE zutreibt. Daraufhin wurde die Geschwindigkeit auf volle Fahrt erhöht. Bereits nach einer weiteren halben Minute wurde klar, daß die Kollision unvermeidlich war. Deshalb wurde das Ruder hart

MS SALSK, ein Schwesterschiff des MS POLYARNYY

MS POLYARNYY

Steuerbord gelegt, um den Aufprall abzudämpfen. Um 03.37 Uhr rammte die POLYARNYY mit der Steuerbordseite die ESTEBRÜGGE im Vorstevenbereich. Dabei wurden beide Schiffe beschädigt. + + +.

Zunächst muß festgestellt werden, daß sich die Schiffsführung des ausländischen Schiffes unseemännisch verhalten hat, weil sie einen Ankerliegeplatz in der Nähe der Richtfeuerlinie gewählt hatte. Hinzu kommt, daß unmittelbar vor dem Zusammenstoß die Ankerkette nicht weggefiert wurde, um den Anprall bei der Kollision abzuschwächen. Besonderes Augenmerk verdient aber die Handlung des Schiffsführers auf der POLYARNYY. Nach dem Stoppen der Maschine um 03.33 Uhr wurde die Beobachtung vernachlässigt. Es wurden weder Richtung noch Geschwindigkeit der Versetzung in Richtung auf das andere Schiff ermittelt. Im Mittelpunkt der optischen Beobachtung stand das Lotsenboot. Nur so ist es zu erklären, daß um 03.35 Uhr, als zur Verhinderung des Zusammenstoßes bereits außerordentliche Maßnahmen erforderlich waren, sich der Kapitän nur auf die Fahrtaufnahme mit ganz langsamer Fahrt voraus beschränkte. Als er feststellte, daß diese Maßnahme nicht ausreicht, war es bereits zu spät. Wie an diesem Beispiel und an den meisten anderen gleichfalls zu sehen ist, treten immer wieder die gleichen Mängel zu Tage: ungenügende Rundumbeobachtung, Initiativlosigkeit und schlechte Vorbereitung auf die Fahrt unter komplizierten Verhältnissen.

+ + + Das Motorschiff PIONER SAKHALINA der Sachaliner Reederei, vermessen mit 4814 BRT, ging am 21. September 1975 in der Bucht Sowjetskaja Gawan Anker auf und lief den Hafen Wanino zum Einklarieren an. Es hatte in der Bucht einen Sturm abgewettert. Der Wind wehte jetzt mit Stärke 6 bis 7 aus Nordwest. Das Schiff lief in Ballast und hatte einen Tiefgang vorn von 3,7 m und achtern 5,7 m. Um 16.30 Uhr ging man erneut vor Anker. Als die Ankerkette steif stand, wurde jedoch festgestellt, daß sich das Schiff dirket auf der Ansteuerungslinie befindet. Der Kapitän entschloß sich, den Liegeplatz zu wechseln. Neben ihm befanden sich noch der Wache gehende 1. Offizier und der Rudergänger auf der Brücke, während sich auf der Back der 2. Offzier und der Bootsmann aufhielten. Um 16.37 Uhr wurde der Anker gehievt und ein Drehkreis über Backbord eingeleitet.

MS PIONER SAKHALINA

DS SHIPER GYEK

Die Maschine machte langsame Fahrt voraus. Bei der Backborddrehung kam das Schiff in unmittelbare Nähe des Treibstoffversorgungsschiffs VAILLANT COUTURIER, wonach die Maschine gestoppt wurde. Der Backborddrehkreis wurde dennoch fortgesetzt, so daß die PIONIER SAKHALINA infolge des starken Nord-

westwinds versetzt wurde und mit dem Dampfer SHKIPER GYEK (3688 BRT) kollidierte, der gleichfalls vor Anker lag und auf dem zur Abschwächung des Aufpralls noch etwa 10 Kettenlängen weggefiert werden konnten. + + +
Die unmittelbare Ursache für den Zusammenstoß lag in der falschen Beurteilung des Windeinflusses. Der Hauptgrund liegt jedoch wesentlich tiefer. In erster Linie hätte man nicht in Ballast bei starkem Wind eine stark belegte Reede nur zum Einklarieren anlaufen dürfen, zumal keine Be- und Entladungen geplant waren. Weitere Ursachen zeigen sich in den unzureichenden Erfahrungen des Kapitäns in der Schiffsführung unter erschwerten Bedingungen und in der ungenügenden Vorbereitung auf das Ankermanöver. Er hatte den Schiffsort nur nach Augenmaß bestimmen lassen und deshalb an einer Stelle geankert, bei der das Schiff in einer Leitfeuerlinie lag. Vor dem Wechseln des ursprünglichen Ankerliegeplatzes hätte man

- die neue Position eindeutig bestimmen,
- Kontrollpeilungen und -abstände festlegen,
- das Manöver unter Berücksichtigung des Windeinflusses planen,
- die sichere Geschwindigkeit auf den verschiedenen Etappen des Manövers ermitteln,
- die Wache auf der Brücke für eine ununterbrochene Kontrolle der berechneten Parameter verstärken und
- eine Ersatzvariante für das Manöver im Falle eines Mißerfolgs des ersten Manövers vorsehen müssen.

Aber nichts dergleichen wurde unternommen. Der Kapitän ließ sich nur von seinen Schätzungen leiten. Das Manöver wurde äußerst unentschlossen ausgeführt: vier Minuten vor der Kollision, als Zweifel an der ordnungsgemäßen Ausführung des Manövers aufkamen, stoppte er die Maschine und befahl danach kurzzeitig Fahrtstufen von ganz langsamer zurück bis halbe voraus. Er demonstrierte geradezu, daß er völlig durcheinander und nicht in der Lage war, das Schiff unter derartigen Umständen zu führen. Als Zweifel auftraten, hätte er jegliches Manöver unterlassen oder den Backbordanker fallen lassen müssen, um die Drehung zu beschleunigen. Innerhalb von vier Minuten wäre der Zusammenstoß durch entschlossene Maßnahmen durchaus zu verhindern gewesen.
Ungenügende Erfahrung ist kein Makel. Sie muß aber aufgewogen werden durch eine exakte Organisation des Dienstes an Bord und auf der Brücke, durch eine sorgfältige Vorbereitung auf solche Manöver, die große praktische Erfahrungen erfordern, insbesondere beim An- und Ablegen bei stürmischem Wetter. Leider traf dies auf die Organisation des Dienstes auf der Brücke der PIONER SAKHALINA nicht zu.

Verlust der Steuerfähigkeit

Kollisionen infolge Verlusts der Steuerfähigkeit. Ursachen des Verlustes der Steuerfähigkeit auf Schiffen des Ministeriums für Seeflotte, durch die Kollisionen hervorgerufen wurden, sind

Ausfall der Ruderanlage, Überholvorgänge bei zu geringen Querabständen, plötzliche zu starke Herabsetzung der Geschwindigkeit bei starkem Strom in engen Gewässern. Obwohl Kollisionen infolge des Verlustes der Steuerfähigkeit verhältnismäßig selten waren, sind die aus solchen Seeunfällen resultierenden Folgen so ernst, daß sie unser besonderes Interesse verdienen. Nicht vergessen seien auch solche atypische Fälle, wie beispielsweise der Zusammenstoß der beiden Tanker INZHENIER ALEKSANDR PUSTOSHKIN (3821 BRT) und PORT-ILYICH (3680 BRT), der sich am 24. August 1979 um 02.30 Uhr auf der Reede von Astrachan ereignete. Die Ursache dafür war, daß auf dem ersten Schiff der wachhabende 2. Offizier während seines Dienstes eingeschlafen war und auf dem anderen Schiff nicht entschlossen gehandelt wurde. Obwohl derartige Fälle sehr selten auftreten und ihre Ursachen keiner Erklärungen oder Kommentare bedürfen, wiederholen sie sich leider. Es wäre deshalb nicht richtig, sie einfach zu ignorieren.

MT INZHENIER ALEKSANDR PUSTOSHKIN und das Schwesterschiff PORT-ILYICH

Eine verbreitete Kollisionsursache ist die unsachgemäße Führung des Schiffs. Diese zeigt sich z. B. durch Herabsetzung der Geschwindigkeit beim Passieren eines vor Anker liegenden Schiffs bei stürmischem Wind und starkem Seegang an der Luvseite. Die zu starke Annäherung an den Kanalrand, wodurch das genannte Schiff in Richtung des tieferen Wassers versetzt wurde und mit einem entgegenkommenden zusammenstieß, kann ebenfalls darauf hindeuten.

Einen besonderen Platz unter den Fehlern und Verstößen, die Ursache für Kollisionen waren, nimmt die unbefriedigende Organisation der Beobachtung ein. Konkret kommt dies durch eine Reihe von Versäumnissen zum Ausdruck. Die Beobachtung wird, wenn der wachhabende Offizier den Kartenraum aufsucht und kein anderer Beobachter auf der Brücke verbleibt, für einen zu langen Zeitraum unterbrochen. Das Radargerät wird unter Bedingungen, unter denen dies unbedingt erforderlich ist, nicht eingeschaltet. Die Kontrolle der Peilung zum anderen Schiff wird vernachlässigt. Die Zusammensetzung und Stärke der Wache entspricht nicht den Fahrtbedingungen. Bei doppelt besetzter Wache erfolgt eine unpräzise Funktionsverteilung. In den meisten Fällen sind die Kollisionen begleitet von mehreren Verletzungen der Kollisionsverhütungsregeln oder der Regeln guter Seemannschaft. So zeugt zum Beispiel ein Ausscheren des Schiffes auf die Backbordseite des Kanals oder des Fahrwassers von einem Verstoß gegen die Regel 9 KVR-72 (außer in den Fällen einer begründeten Anwendung der Regel 2 KVR-72). Der Versuch, auf die Steuerbordseite zurückzudrehen und dabei das Fahrwasser in der Nähe entgegenkommender Schiffe zu kreuzen, stellt die Nichteinhaltung der Regel 8 sowie die Mißachtung der Vorsichtsmaßnahmen, die in Regel 2 enthalten sind, dar. Das gleiche trifft auch nach Regel 6 für eine zu hohe Geschwindigkeit zu. Die Analyse einer großen Zahl von Seeunfällen, darunter auch der Kollisionen, weist nach, daß bei aller Vielfalt unmittelbarer Ursachen für sie das Gemeinsame darin besteht, daß in der überwiegenden Mehrzahl ein *Komplex ernsthafter Mißstände an Bord* existiert. Dadurch entstehen Fehler, die zur unmittelbaren Ursache des Seeunfalls werden, auch wenn sie bei anderen Fällen keineswegs gefährliche Folgen haben müssen.

2.1.10. Unzureichende Radarbeobachtung

Bei 72,7 % aller Zusammenstöße wurde eine unzureichende Radarbeobachtung im Nebel festgestellt. In jedem dritten Fall wurde vom Schiff, mit dem sich in der Folge die Kollision ereignete, überhaupt keine Radaranzeige bemerkt, während in der Hälfte der Fälle die Radaranzeige erst auf Entfernungen von 0,2 bis 2 sm festgestellt wurde.

2.1.10.1. Fahrt in engen Gewässern

+ + + Die Eisenbahnfähre SOVIETSKIY UZBEKISTAN der Kaspischen Reederei, vermessen mit 8840 BRT, lief am 14. Juli 1978 bei ruhigem Wetter von Baku nach Krasnowodsk. Kurz vor 24.00 Uhr geriet das Schiff bei der Ansteuerungstonne zum Krasnowodsker Kanal in dichten Nebel. Um 00.15 Uhr lief das Schiff mit Genehmigung der Verkehrsleitstelle in den Kanal ein und setzte die Fahrt mit einer Geschwindigkeit von 9 kn fort. Auf der Brücke befanden sich der Kapitän und der 2. Offizier sowie auf der Back der Bootsmann und ein Ausguck. Die Radaranlage war eingeschaltet. Um 01.20 Uhr teilte die Verkehrsleitstelle mit, daß sich das aus Krasnowodsk ausgelaufene Motorschiff ZANGELAN (3380 BRT) auf Gegenkurs befindet.
Die Fahrt wurde auf langsame Fahrt voraus verringert. Hiervon wurde die ZANGELAN in Kenntnis gesetzt. Um 01.28 Uhr sah man in einem Abstand von nur 50 bis 70 m bereits visuell das entgegenkommende Schiff. Sofort wurde volle Fahrt zurück befohlen und das Ruder hart Steuerbord gelegt. Die Kollision war jedoch nicht mehr zu vermeiden. Der Abstand zwischen den Schiffen war so gering, daß es der Fähre gelang, den Kurs nur um insgesamt 3° zu ändern.
Das Motorschiff ZANGELAN war aus Krasnowodsk ausgelaufen. Es befuhr den Kanal mit voller Fahrt. Um 01.17 Uhr verschlech-

DES SOVIETSKIY USBEKISTAN

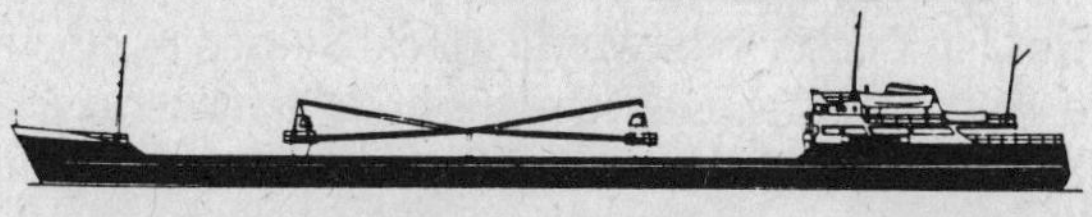

MS ZANGELAN

terte sich die Sicht auf 1 sm. Um 01.20 Uhr wurde die Geschwindigkeit auf ganz langsame Fahrt voraus herabgesetzt. Nach weiteren fünf Minuten wurde die Maschine gestoppt. Mit Verminderung der Sicht kam auch der Kapitän auf die Brücke, der die Radarbeobachtung übernahm. Außerdem befanden sich der wachhabende Offizier, der Rudergänger sowie der 1. und der 3. Offizer auf der Brücke. Diese beiden Offiziere waren für die visuelle Beobachtung von den Brückennocken aus eingesetzt. Um 01.27 Uhr wurde in einer Entfernung von weniger als 0,5 sm das Echosignal eines entgegenkommenden Schiffs festgestellt, von dem auch ein Nebelsignal zu hören war. Bereits eine Minute später wurden in unmittelbarer Nähe die Positionslichter optisch ausgemacht. Sofort wurde das Kommando „Volle Fahrt zurück!" gegeben und das Ruder hart Steuerbord gelegt. Aber, wie bereits beschrieben, diese Maßnahmen kamen zu spät. Die Schiffe kollidierten und erhielten dabei schwere Beschädigungen. + + +

Die unmittelbare Ursache bestand in der ungenügenden Beobachtung auf beiden Schiffen und auf der SOVIETSKIY UZBEKISTAN zusätzlich in der Außerachtlassung der elementarsten Vorsicht. Das Fährschiff lief bei dichtem Nebel in einem engen Kanal mit einer so hohen Geschwindigkeit, daß der geringste Fehler oder eine kurzzeitige Ablenkung bei der Beobachtung schon zum Auflaufen auf eine Untiefe führen mußte. Diesen Fehler aber hatte der Kapitän bereits gemacht, wie die anschließende Seeunfalluntersuchung zeigte. Er hatte vor der Kollision das nebeneinanderliegende Tonnenpaar verwechselt. Nur der Zusammenstoß „bewahrte" ihn vor dem Auflaufen auf eine Untiefe. Insgesamt hätte der Kapitän größere Vorsicht walten lassen müssen. In erster Linie mußte die Geschwindigkeit vermindert werden. Die ganze Wache durfte sich nicht nur auf die Radarbeobachtung verlassen, sondern mußte visuell die Identifizierung der Tonnen vornehmen. Außerdem waren die Kurse vorzukoppeln sowie die Kontrolle des Schiffsorts, die Berechnung der Zeiten für die Kursänderung und das Plotten entgegenkommender Ziele vorzunehmen. Nach Erhalt der Meldung über den Entgegenkommer beschränkte sich der Kapitän auf die Herabsetzung der Geschwindigkeit um eine Fahrtstufe. Dies konnte unter den neuen Verhältnissen in keiner Weise die Sicherheit des Schiffs garantieren. Es ist unglaublich, aber die ZANGELAN, ein Schiff mit mehr als 3000 BRT, wurde nicht mittels Radar ausgemacht! Dies beweist folgende Überlegung:

Etwa fünf Minuten vor dem Zusammenstoß näherte sich die auf der anderen Kanalkrümmung befindliche ZANGELAN der Position für die Kursänderung in Richtung des Kanalabschnitts, den das Fährschiff benutzte und auf dem sich die beiden Schiffe begegnen mußten. Um 01.25 Uhr lag die ZANGELAN auf Gegenkurs. Auf dem Radarschirm mußte sie sich, für den Fall, daß sie wirklich beobachtet wurde, direkt voraus in einem Abstand von etwa 0,5 sm befinden. Daraus hätte klar werden müssen, daß die Situation gefährlich wird. Die natürlichste Maßnahme wäre eine

Herabsetzung der Geschwindigkeit auf ein Minimum gewesen. Aber nichts dergleichen geschah. Aus diesem Grunde kann man berechtigt annehmen, daß in den letzten Minuten vor der Kollision überhaupt keine Radarbeobachtung stattgefunden hat.
Es gibt viele Fälle, da verläßt der Radarbeobachter in den letzten Minuten vor der Passage des Gegners das Radargerät, um das entgegenkommende Schiff visuell festzustellen. Hier liegen psychologische Motive zugrunde, d. h., die schnell wachsende Gefahr treibt den Wachhabenden vom Gerät zum vermeintlichen Sichtkontakt. Das ist besonders kennzeichnend für extreme Gefahrensituationen, die der Wachhabende aufgrund fehlender Entschlußkraft nicht vorher bereinigt hatte. Hinzu kommt, daß meistens die Lage selbst nicht völlig klar ist und Hoffnung für einen günstigen Ausgang besteht. Nur so läßt sich erklären, daß „Volle Fahrt zurück" erst nach dem visuellen Ausmachen der ZANGELAN in unmittelbarer Nähe befohlen wurde. Es wurde darüber hinaus festgestellt, daß die SOVIETSKIY UZBEKISTAN an der Backbordseite von der Kanalmitte lief. Dagegen hätte sie unter den gegebenen Umständen unbedingt die eigene, d. h. die Steuerbordseite, benutzen müssen. Auch eine Fahrt in der Kanalmitte war unzulässig, besonders als bekannt wurde, daß ein anderes Schiff entgegenkommt. Um aber das Fährschiff an der Steuerbordseite dieses engen Kanals zu halten, mußte die Fahrtstufe so weit wie möglich herabgesetzt werden. Aber das war leider nicht der Fall. Auf der ZANGELAN befanden sich alle Offiziere auf der Brücke. Von ihnen übten jedoch zwei, und zwar der 1. und der 3. Offizier, die Funktion eines Ausgucks aus, während der für die Wache eingesetzte 2. Offizier die Verbindung über Sprechfunk und gleichzeitig die Beobachtung von der Brücke aus wahrzunehmen hatte. Es ist unschwer zu erkennen, daß die Organisation des Wachdienstes nicht in Ordnung war. Es sei nur noch hinzugefügt, daß die Radarbeobachtung mit Unterbrechungen und nur auf dem 0,8-sm-Bereich durchgeführt wurde. Aus diesem Grunde wurde die SOVIETSKIY UZBEKISTAN mit großer Verspätung und auf geringe Entfernung ausgemacht. Zugeben muß man selbstverständlich, daß die ZANGELAN zu dem Zeitpunkt, als auf der SOVIETSKIY UZBEKISTAN „Volle Fahrt zurück" befohlen wurde, bereits mehrere Minuten mit gestoppten Maschinen gelaufen war. Die Maschine lief auch zuvor nur ganz langsame Fahrt voraus. Deshalb war auch die Geschwindigkeit des MS ZANGELAN zum Zeitpunkt der Kollision unbedeutend. Die Maschinen wurden aber auf der ZANGELAN nicht deshalb gestoppt, weil man von sich aus die SOVIETSKIY UZBEKISTAN geortet, sondern weil die Verkehrsleitstelle informiert hatte. Daraus ergibt sich, daß auf der ZANGELAN das gleiche Fehlverhalten wie auf dem Fährschiff zu verzeichnen war, obwohl dessen potentielle Folgen durch die geringe Geschwindigkeit des Schiffs bei weiterem weniger gefährlich waren. Abschließend sei noch auf die falsche Handlungsweise der Verkehrsleitstelle von Krasnowodsk hingewiesen, die die gleichzeitige Fahrt von zwei Schif-

fen in entgegenkommender Richtung auf dem engen Kanal bei dichtem Nebel gestattete.

+ + + Das Motorschiff VOLNOGORSK der Asowschen Reederei, vermessen mit 4192 BRT, lief am 11. April 1976 in Ballast vom Hafen des Kombinats „Asowstal" nach Arschinzewo. Es wehte eine leichte Brise, die Sicht betrug 5 bis 7 sm. Ab 14.37 Uhr befuhr das Schiff den Kanal. Gegen 15.00 Uhr verminderte sich die Sicht erheblich. Das Schiff befand sich 0,5 bis 1 sm entfernt von der Kanalerweiterung an der Wendestelle in den Abschnitt Tschuschkinskoje. Um 15.05 Uhr wurde die Küstenradarstelle gebeten, die Beratung des Schiffs zu übernehmen. Um 15.07 Uhr wurde die Geschwindigkeit von voller auf langsame Fahrt herabgesetzt. Um 15.08 Uhr hatte man die Tonne 18 querab und drehte nach Steuerbord in den Kanalabschnitt Jenikalskoje ein. Die Sicht betrug zu diesem Zeitpunkt nur noch 50 bis 100 m. Die Kursänderung nach Steuerbord wurde fortgesetzt, als man um 15.09 Uhr plötzlich fast direkt voraus in einem Abstand von 50 m visuell ein Schiff ausmachte. Es handelte sich um das Motorschiff FATEZH. Sofort wurde „Volle Fahrt zurück!" gegeben und das Ruder hart Steuerbord gelegt. Es gelang jedoch nicht mehr, den Zusammenstoß zu verhindern.

Das Motorschiff FATEZH der gleichen Reederei (1678 BRT) lief von Sawona nach Shdanow. In Höhe der Kanaleinfahrt wurde ein Lotse an Bord genommen. Um 14.00 Uhr begann die Kanalfahrt. Zu diesem Zeitpunkt betrug die Sicht etwa 5 sm und die Stromgeschwindigkeit vom Schwarzen in das Asowsche Meer 2 kn. Um 14.28 Uhr wurde in den Kanalabschnitt Jenikalskoje eingesteuert. Infolge der sich auf 1 bis 2 sm verschlechternden Sicht verringerte man die Geschwindigkeit von voller auf langsame Fahrt. An Bord fiel das Radargerät aus. Es war bis dahin nur auf dem 5-sm-Bereich benutzt worden. Um 14.56 Uhr wurde ganz langsame Fahrt voraus befohlen. Gegen 15.00 Uhr überstieg die Sicht kaum noch 1 bis 2 kbl. Sie ging nach weiteren fünf Minuten auf 50 bis 100 m zurück. Um 15.09 Uhr wurde mit der Kursänderung nach Backbord in den Kanalabschnitt Tschuschinskoje begonnen. Während der Drehung wurde ein entgegenkommendes

MS VOLNOGORSK

MS FATEZH

Schiff in einem Abstand von 50 m fast direkt voraus gesichtet. Die Schiffe kollidierten, bevor noch die Befehle an die Maschine und das Ruder ausgeführt werden konnten. Da der Zusammenstoß frontal und mit recht hoher Geschwindigkeit erfolgte, wurden beide Schiffe erheblich beschädigt. + + +

Die VOLNOGORSK sowie andere typengleiche Schiffe weisen eine besondere Konstruktion auf. Sie werden auf kurzen Wegstrecken eingesetzt und transportieren in offenen Laderäumen glühendes Agglomerat von Arschinzewo zum Hafen des metal-

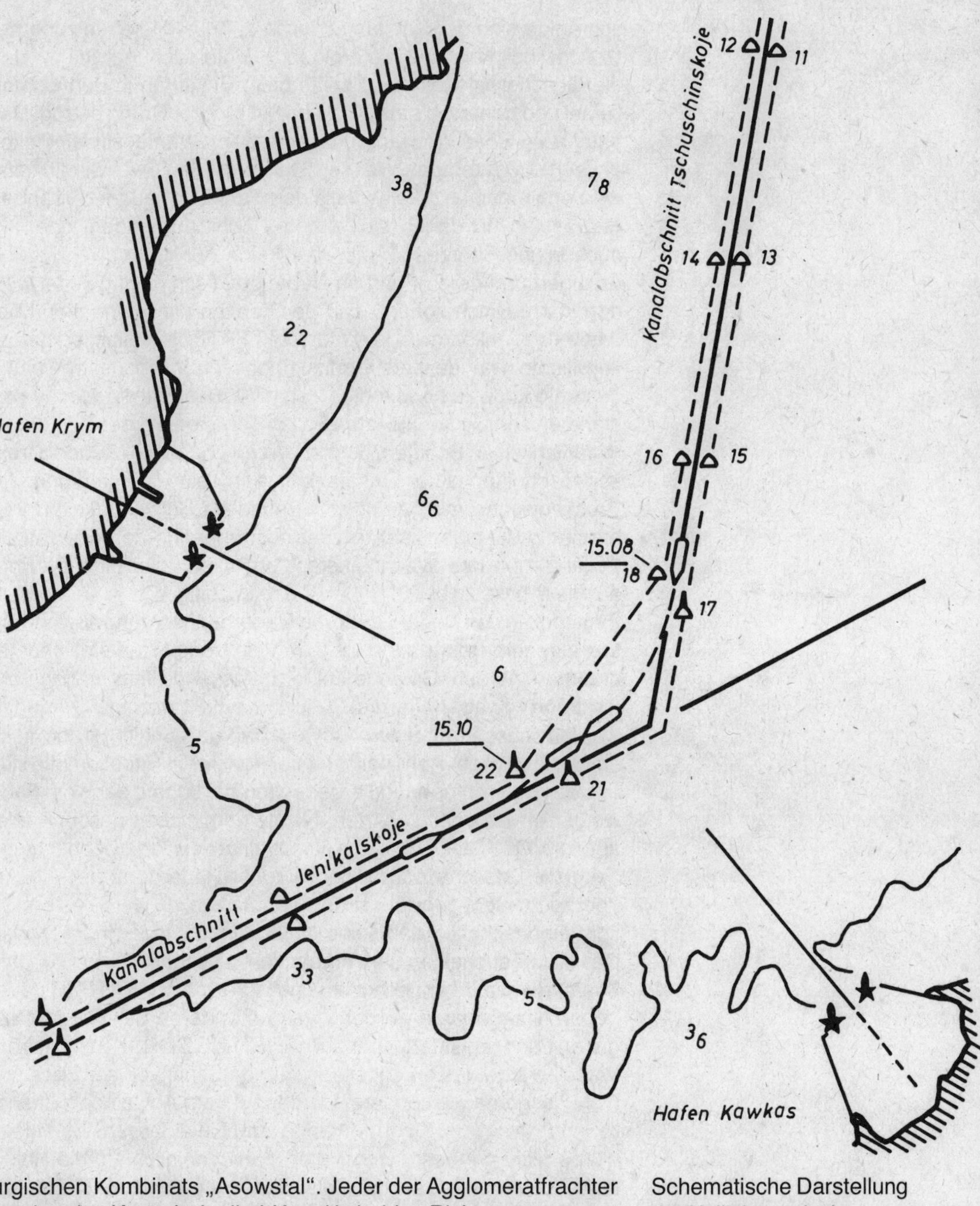

lurgischen Kombinats „Asowstal". Jeder der Agglomeratfrachter passiert den Kertsch-Jenikal-Kanal in beiden Richtungen monatlich 30mal. Unter Berücksichtigung der großen Erfahrungen, die die Kapitäne dieser Schiffe haben, wurde ihnen das Recht eingeräumt, den Kanal ohne Lotsen und bei jedem Wetter zu befahren. Das setzt natürlich eine exakte Organisation des Wachdienstes und vor allem der Beobachtung voraus. Wie verhielt es sich damit auf der VOLNOGORSK?

Nachdem eine Verschlechterung der Sicht festgestellt wurde, be-

Schematische Darstellung der Kollision zwischen den Motorschiffen VOLNOGORSK und FATEZH

schränkte sich der Kapitän lediglich auf eine Herabsetzung der Geschwindigkeit. Die nachfolgende Untersuchung zeigte, daß die Geschwindigkeit des Schiffs beim Einlaufen in den dichten Nebel und danach bis zur Kollision 8,4 kn über Grund betrug. Das entspricht unter Berücksichtigung der Stromgeschwindigkeit etwa 10 kn durch das Wasser. Der absolute Geschwindigkeitswert entsprach also keinesfalls den Fahrtbedingungen in engen Gewässern, in denen sich ständig Schiffe befinden, darunter auch kleine Fahrzeuge, die über keine Funksprechverbindung verfügen und deren Fahrt im Nebel praktisch nicht geleitet werden kann. Hinzu kommt, daß der Kapitän die Information über das entgegenkommende Motorschiff FATEZH erhielt, so daß er verpflichtet war, dessen Fahrt zu überwachen, ebenso wie er die gesamte Lage zu beobachten hatte. Dazu mußte die Wache verstärkt und der Anker klar zum Fallen gehalten werden.

Natürlich ist auf Schiffen, die auf kurzen und komplizierten Streckenabschnitten zum Einsatz kommen, eine Verstärkung der Brückenwache mit gewissen personellen Schwierigkeiten verbunden. Aber eigentlich stellt das nur höhere Forderungen an die Organisation des Wachdienstes. Um nicht zusätzlich Offiziere auf die Brücke zu beordern, mußte rechtzeitig, d. h. noch vor dem Einlaufen in das Nebelgebiet, die Radarbeobachtung sowohl mittels eigenem Radar als auch durch die Verkehrsleitstelle aufgenommen werden. Solange keine umfassende Information über die Lage vorlag, hätte die Geschwindigkeit maximal verringert werden müssen, und zwar soweit, daß das Schiff gerade noch steuerfähig blieb. Abhängig von der konkreten Situation, die sich aus der Radarinformation ergeben mußte, konnte dann die Fahrt wieder etwas erhöht werden. Nichts dergleichen geschah aber auf der VOLNOGORSK. Von der Qualität der Radarbeobachtung zeugt die Tatsache, daß mit dem eigenen Radargerät die FATEZH überhaupt nicht geortet wurde. Wahrscheinlich wurde es erst so spät eingeschaltet, daß seine Nutzung nicht mehr möglich war. Das Hilfeersuchen an die Verkehrsleitstelle fünf Minuten vor dem Zusammenstoß kam schon zu spät. Die von der FATEZH gegebenen Nebelsignale wurden zwar auf anderen Schiffen und sogar an Land registriert, aber auf der VOLNOGORSK nicht gehört. Visuell wurde das entgegenkommende Schiff von der Back aus nicht ausgemacht, sondern von der auf dem Achterschiff befindlichen Brücke aus. Ein Kommando zum Fallenlassen des Ankers wurde nicht gegeben, wobei dies wahrscheinlich auf die Hektik zurückzuführen ist, die die plötzlich ausgemachte FATEZH auslöste. Der Kapitän war sich ja nicht einmal darüber völlig im klaren, daß das Schiff die Mitte der Kanalerweiterung erreicht hatte, d. h. einen Kanalabschnitt, auf dem zu jeder Zeit ein entgegenkommendes Schiff auftauchen konnte. Die Ursache hierfür war die fehlende Kontrolle des Schiffsorts. Davon zeugt auch die blindlings durchgeführte langsame und unentschlossene Kursänderung, denn für die Steuerborddrehung um 43° wurden volle drei Minuten benötigt!

Nicht besser sah es auf der FATEZH aus. Ohne eine zuverlässige Nachrichtenverbindung zur Verkehrsleitstelle infolge der defekten Sprechfunkanlage zu besitzen – das Radargerät war ebenfalls ausgefallen – entschied sich der Kapitän für die Fortsetzung der Fahrt. Er wartete eine Sichtverbesserung nicht ab. Die Geschwindigkeit über Grund betrug dabei 10 kn bzw. etwa 8 kn durch das Wasser. Ganz langsame Fahrt wurde erheblich überschritten. Der Kapitän der FATEZH unterschätzte jedoch offensichtlich den Grad der Gefahr, obwohl er neben allgemeinen Angaben zur Lage eine Mitteilung über das entgegenkommende Schiff VOLNOGORSK erhalten hatte.
Demzufolge sind die Hauptgründe, die den beschriebenen Seeunfall vorausbestimmten, die Verletzung elementarster Forderungen an eine gute Seemannschaft sowie die Mißachtung allgemein üblicher Methoden einer sachkundigen Schiffsführung durch beide Kapitäne. Allerdings darf man auch die negative Rolle des Lotsen auf der FATEZH nicht verschweigen. Dieser hatte dem Kapitän nicht empfohlen zu ankern, sondern ihn im Gegenteil durch seine Ratschläge objektiv zur Fortsetzung der Fahrt bewogen. Verwunderung löst darüber hinaus die Tätigkeit der Verkehrsleitstelle aus. Der diensthabende Dispatcher schaltete das Küstenradar erst auf Bitte der VOLNOGORSK zum Vorwärmen ein. Deshalb beurteilte er die Art des verstärkten Echosignals der kolliderten Schiffe völlig falsch. Er war der Meinung, daß es sich nur um das Echosignal der VOLNOGORSK handelt. Beide Zusammenstöße sind sich äußerst ähnlich. Das ist auch kein Wunder, liegen doch beiden die gleichen Fehler und Verstöße zugrunde.

2.1.10.2. Einlaufen in den bzw. Auslaufen aus dem Hafen

+ + + Das Motorschiff ARKADIY GAYDAR der Schwarzmeer-Reederei, vermessen mit 10109 BRT, lief am 1. April 1977 um 08.00 Uhr vom Liegeplatz im Hafen Iljitschowsk ab und begab sich mit ganz langsamer Fahrt in Richtung offene See. Da sich die Sicht erheblich verschlechterte, wurde die Radarberatung des Schiffs von der Küstenradarstelle übernommen. Auf der Brücke befanden sich der Kapitän, der Lotse, der 1. und 4. Offizier sowie der Rudergänger und der Ausguck. Auf der Back hielten sich der 3. Offizier und der Bootsmann auf. Die Radarbeobachtung mit Hilfe der Bordstation führten abwechselnd sowohl der Kapitän als auch der 1. Offizier nur im 0,8-sm-Bereich durch. Um 08.24 Uhr passierte die ARKADIY GAYDAR die Hafenausfahrt. Da auf dem Radar keinerlei Ziele festgestellt wurden und auch von der Verkehrsleitstelle keine Angaben über andere Schiffe vorlagen, wurde die Geschwindigkeit auf langsame Fahrt, d. h. auf 9 kn, erhöht.
Das Motorschiff SOVIETSKIYE PROFSOYUZY, vermessen mit 11750 BRT, das von der Werft an die Schwarzmeer-Reederei übergeben werden sollte, traf mit der Übergabebesatzung auf der Reede Iljitschowsk ein, um von hier aus weiter in den Hafen

zu laufen. Nachdem die Weisung von der Verkehrsleitstelle gegeben war, den Lotsen zu erwarten (aber ohne die Übernahmeposition des Lotsen zu präzisieren) ging der Werftkapitän nicht auf Stopp im Bereich der Ansteuerungstonne, sondern setzte die Fahrt in Richtung Hafeneinfahrt südlich vom Kanal fort. Gegen 08.24 Uhr wurde auf dem Radar in einem Abstand von etwa 10 kbl die Echoanzeige eines Schiffs sichtbar, das aus dem Hafen auslief. Um auf die richtige Kanalseite zu gelangen, wurde eine Steuerbordkursänderung ausgeführt.
Gegen 08.30 Uhr wurde auf der ARKADIY GAIDAR die Echoanzeige der SOVIETSKIYE PROFSOYUZY in einer Entfernung von 8 kbl mit einer Seitenpeilung von 10° Steuerbord ausgemacht. Man setzte sich mit diesem Schiff über UKW in Verbindung und erfuhr, daß es die Richtfeuerlinie kreuzen wolle. Die SOVIETSKIYE PROFSOYUZY wurde aufgefordert, sich südlich dieser Linie zu halten. Der Werftkapitän setzte dennoch das begonnene Manöver fort, obwohl er sein Einverständnis erklärt hatte. Als er sich dann nördlich von der Richtfeuerlinie befand, begann er mit einer Kursänderung nach Backbord direkt in Richtung auf die ARKADY GAYDAR zu drehen. Diese drehte sofort nach dem Verlassen des Kanals gleichfalls nach Backbord. Da die Schiffe mit hoher Geschwindigkeit liefen, machten sie sich visuell erst in unmittelbarer Nähe aus. Nachdem sie sich mit dem Vor- und Mittelschiff dicht an dicht passiert hatten, kollidierten sie beide mit dem Achterschiff. Unmittelbar vor dem Zusammenstoß wurde auf der ARKADY GAYDAR zum Abdrehen des Hecks das Ruder hart Steuerbord gelegt und die Geschwindigkeit auf volle Fahrt voraus erhöht. Auf der SOVIETSKIYE PROFSOYUZY wurde volle Fahrt zurück gegeben und der Steuerbordanker fallengelassen. Diese Maßnahmen dämpften die Stärke des Zusammenstoßes erheblich ab, so daß die Beschädigungen der Schiffe minimal waren. + + +

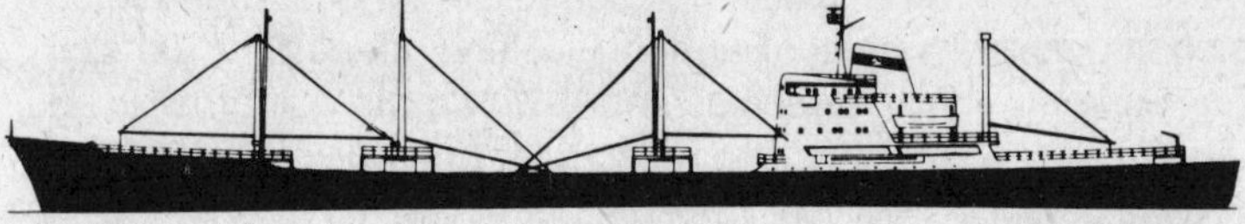

MS ARKADIY GAYDAR

Die Hauptursache für diese Kollision bestand in der unzureichenden Beobachtung. In der Untersuchung wurde ermittelt, daß die Hauptschuld an diesem Zusammenstoß die Schiffsführung der SOVIETSKIYE PROFSOYUZY trägt. Sie hatte die Beratung der Verkehrsleitstelle nicht beachtet und durch ihre Handlungen die Gefahrensituation heraufbeschworen. Nicht viel besser verhielt es sich auf der ARKADIY GAYDAR. Obwohl sich auf der Brücke alle Schiffsoffiziere befanden, wurde die eigentliche Führung des Schiffs dem Lotsen überlassen. Weder der Kapitän noch der 1. Offizier schalteten bei der Radarbeobachtung auf einen anderen Entfernungbereich um. Darüber hinaus mußte man auf der Brücke auch das UKW-Gespräch zwischen der Verkehrsleitstelle und der SOVIETSKIYE PROFSOYUZY mitgehört haben und demzufolge über die Annäherung des anderen Schiffs informiert gewesen sein. Das alles aber war weder für die Offiziere noch für den Lotsen auf der ARKADIY GAYDAR Anlaß, sich mit der Situation genauer vertraut zu machen. Auf der ARKADIY GAYDAR wurde das andere Schiff in einem Abstand von 0,8 sm auf dem Radar angezeigt. Die SOVIETSKIYE PROFSOYUZY wurde über UKW aufgefordert, das begonnene Manöver zu unterbrechen. Dieser Aufforderung wurde nicht nachgekommen. Es ist doch völlig klar, daß bei einer Entfernung zum ausgemachten Objekt von weniger als 1 sm die Fahrt auf ein Minimum herabgesetzt werden muß. Aber diese Sicherheitsforderung, so selbstverständlich sie auch erscheinen mag, wurde nicht eingehalten. Das läßt Zweifel an einer weiteren Radarbeobachtung aufkommen. Wie anders sollte man sich sonst die Untätigkeit bei der schnellen Annäherung des anderen Schiffes erklären. Bei jeder Antennenumdrehung erschien das Ziel bereits im Bildschirmmittelpunkt. Auch die Kursänderung der ARKADIY GAYDAR nach Backbord in der Annahme, daß das entgegenkommende Schiff noch nicht die Kanalmitte gekreuzt habe, sondern sich südlich davon halte, zeugt genau davon. Der hier erwähnte Zeitraum der Untätigkeit beträgt zwei Minuten. Bei einer gegenseitigen Annäherungsgeschwindigkeit von 15 kn reicht dieser gerade aus, um den Abstand von 7 bis 8 auf 2 bis 3 kbl, d. h. auf die Entfernung des visuellen Ausmachens, zu verringern. Über die psychologischen Gründe für das Verlassen des Radargeräts in Gefahrensituationen und den Übergang zur optischen Beobachtung sprachen wir bereits. Deshalb sei an dieser Stelle nur darauf hingewiesen, daß dort, wo der Dienst Mängel aufweist und die Beobachter kein „Zeitgefühl" besitzen und auch nicht in der Lage sind, die Situation auf dem Radar mit der realen, visuell sichtbaren Lage in Verbindung zu bringen, negative Folgen zu erwarten sind. Diese „psychologischen Momente" können nur durch intensives Training beim Fahren im Nebel überwunden werden.

+ + + Das Motorschiff SASHA BORODULIN der Murmansker Reederei, vermessen mit 3709 BRT, lief am 16. Dezember 1972 um 09.30 Uhr bei Windstille und einer Sicht von 1 bis 5 kbl in Ballast aus Riga nach Leningrad. Die Positionslichter waren eingeschaltet. Es wurden die vorgeschriebenen Nebelsignale gegeben. Das Radargerät war in Betrieb. Auf der Brücke befanden sich neben dem Kapitän der wachhabende Offizier, der Rudergänger und der Lotse, der die Radarbeobachtung übernommen hatte und faktisch das Schiff führte. Auf der Back befanden sich der 3. Offizier, der Bootsmann und der Ausguck. Der Kapitän hielt sich im wesentlichen in der Brückennock an der Steuerbordseite auf. Er begab sich periodisch zum Radargerät und machte sich

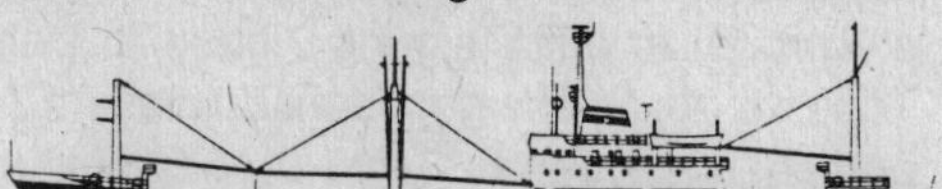

MS SASHA BORODULIN

MS TONYA BONDARCHUK, ein Schwesterschiff des MS SASHA BORODULIN

mit der Situation im 0,8-, 2,5- und 5-sm-Bereich vertraut. Um 10.15 Uhr passierte das Schiff mit ganz langsamer Fahrt die Eingangsmolen des Hafens und wich fünf Minuten später nach Backbord dem Seebagger BALTIYSKOYE MORYE aus. Gleichzeitig wurde auf dem Bildschirm Steuerbord voraus in einer Entfernung von etwa 5 kbl die Echoanzeige eines entgegenkommenden Schiffs festgestellt. Trotzdem wurden weder Geschwindigkeit noch Kurs geändert. Um 10.25 Uhr wurde mit einer Seitenpeilung von 20° Steuerbord in einem Abstand von weniger als 1 kbl bereits visuell ein Schiff gesichtet, bei dem es sich um den Fabriktrawler JAN FABRITSIUS handelte. Die Maschine wurde sofort gestoppt, wonach zunächst volle und danach äußerste Kraft zurück gegeben wurde. Diese Maßnahmen kamen allerdings zu spät. Nach einer Minute kollidierte die SASHA BORODULIN an der Vorderkimm mit dem Vorsteven des Trawlers, der zu diesem Zeitpunkt keine Fahrt durch das Wasser machte.

Der Trawler JAN FABRITSIUS, vermessen mit 3162 BRT, der im Nebel mit langsamer Fahrt in Richtung Hafenansteuerung Riga lief, hatte um 10.08 Uhr einen Lotsen an Bord genommen und nahm die Fahrt zum Hafen mit rechtsweisendem Kurs von 141° auf. Um 10.14 Uhr wurde auf dem Radar in einer Entfernung von 1,1 sm mit einer Backbordseitenpeilung von 5° die Echoanzeige eines aus dem Hafen auslaufenden Schiffs festgestellt. Ungeachtet dessen wurde die Fahrt mit gleichem Kurs und ohne Geschwindigkeitsänderung fortgesetzt. Als man um 10.20 Uhr optisch die Tonne 1 in 30 m Entfernung an der Steuerbordseite ausmachte, entschloß man sich, auf Stopp zu gehen und das aus dem Hafen auslaufende Schiff passieren zu lassen. Es wurde langsame Fahrt zurück gegeben und nach einer Minute der Verstellpropelller auf Steigung 0 gestellt. Dabei wurden zwei lange Töne mit der Sirene gegeben. Zu diesem Zeitpunkt hatte sich das entgegenkommende Schiff bereits auf weniger als 4 kbl genähert. Um 10.24 Uhr wurde in einer Seitenpeilung von 15° Back-

Fabriktrawler JAN FABRITSIUS

bord und einem Abstand von etwa 1 kbl der Entgegenkommer visuell ausgemacht. Daraufhin wurde zuerst volle Fahrt und anschließend dreimal volle Fahrt zurück befohlen, was jedoch die Kollision nicht mehr verhindern konnte. + + +

Betrachten wir die Fehler und Verstöße der Schiffsführer, die Ursache für den Zusammenstoß waren. Zunächst kann man sich keinesfalls mit dem Entschluß des Kapitäns des Motorschiffes SASHA BORODULIN einverstanden erklären, bei dichtem Nebel ohne zwingende Notwendigkeit aus Riga auszulaufen. Wenn er schon so einen Entschluß gefaßt hatte, mußte er aber exakte Kontrollen des Schiffsorts durchführen lassen und selbst die Schiffsführung übernehmen. Er überließ die Führung aber praktisch vollständig dem Lotsen. Ortsbestimmungen wurden nicht durchgeführt. Als auf geringe Entfernung eine Echoanzeige sichtbar wurde, stoppte man ungeachtet der großen Gefahr nicht die Maschine, sondern lief mit der alten Geschwindigkeit von 5,4 kn weiter. Man ging erst auf Stopp, als das entgegenkommende Schiff visuell sichtbar und die Kollision unvermeidlich war. Das zeugt auch davon, daß auf SASHA BORODULIN das Radargerät nicht ordnungsgemäß zur Kollisionsverhütung benutzt wurde. Deshalb lagen die Grundursachen für den Zusammenstoß in der ungenügenden Radarbeobachtung auf der SASHA BORODULIN. Der Kapitän dieses Schiffs hatte die Gefährlichkeit der Situation nicht erkannt. Man kann aber auch den Schiffsführer des Trawlers nicht völlig freisprechen, da dieser den Entschluß zm Stoppen seines Fahrzeugs zu spät faßte. Die negative Rolle der Lotsen bei diesem Zusammenstoß ist offensichtlich und bedarf daher keiner näheren Erläuterung.

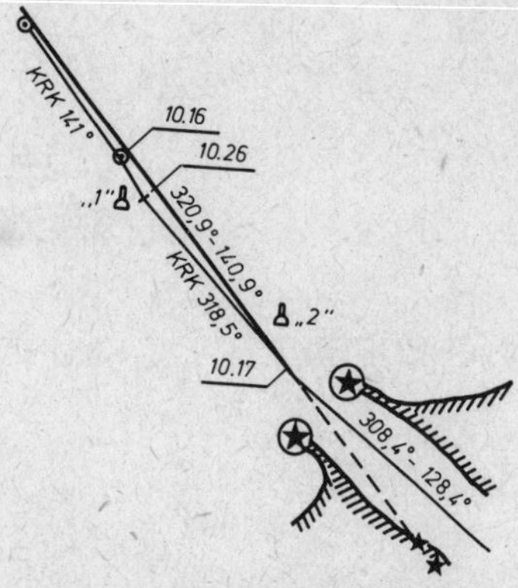

Schematische Darstellung der Kollision zwischen dem MS SASHA BORODULIN und dem Fabriktrawler JAN FABRITSIUS

2.1.10.3. Unzureichende Beobachtung im Zusammenwirken mit zu hoher Geschwindigkeit

Das Dampfturbinenschiff FREDERIK ZHOLIO KYURI der Schwarzmeer-Reederei, vermessen mit 11206 BRT, lief am Morgen des 13. Mai 1979 in Ballast mit einer Geschwindigkeit von 16 kn nach Odessa zum Bunkern. Wetter und Sicht waren sehr gut. Auf der Brücke befanden sich der diensthabende 1. Offizier, der Rudergänger und der Ausguck. Um 05.40 Uhr, d. h. kurz vor der Drehung auf den empfohlenen Kurs von 8°, der zur Reede von Odessa führt, kam der Kapitän auf die Brücke. Plötzlich verschlechterte sich die Sicht sehr schnell, so daß um 05.47 Uhr die Maschine auf Manöverumdrehungen geschaltet wurde. Nunmehr betrug die Geschwindigkeit noch etwa 13 kn. Der Bootsmann wurde auf die Back beordert, wo er nach dem Klarmachen der Anker zum Fallen die optische und akustische Beobachtung übernehmen sollte. Die Radarbeobachtung und die Schiffsführung lag in Händen des Kapitäns, während der 1. Offizier Schiffsortbestimmungen durchführte, mitkoppelte, Eintragungen vornahm und den Funkverkehr über Sprechfunk abwickelte, d. h. mit einem Wort – die Pflichten eines Wache gehenden Offiziers erfüllte. Es wurden Nebelsignale für ein Maschinenfahrzeug, das Fahrt durchs Wasser macht, gegeben.

Dampfturbinenschiff
FREDERIK ZHOLIO KYURI

Um 05.55 Uhr ging das Turbinenschiff auf den empfohlenen Kurs von 8°, der in Richtung Hafen führt. Die Sicht verminderte sich in der Zwischenzeit weiter und betrug nicht einmal mehr 1 sm. Das Schiff setzte trotzdem die Fahrt mit vollen Manöverumdrehungen fort. Gegen 06.00 Uhr hörten der Kapitän und der 1. Offizier über Sprechfunk die Mitteilung, daß der Tanker TBILISI Anker auf gegangen sei und die Reede mit einem Kurs von 161° verließe. Um 06.04 Uhr wurde die Geschwindigkeit auf halbe Fahrt (12,5 kn) herabgesetzt, weil die Sicht nur noch 1 bis 2 kbl betrug. Von 06.04 Uhr bis 06.09 Uhr wurden auf dem Radar keine beweglichen Ziele beobachtet. Um 06.09 Uhr wurde etwa querab von Kap Lansheronski der Schiffsort nach Peilung und Entfernung bestimmt. Um 06.10 Uhr war auf der Brücke ein Nebelsignal Steuerbord voraus zu hören. Es wurde sofort „Volle Fahrt zurück!" befohlen. Nach einer Minute kam in einer Seitenpeilung von 70° Steuerbord, ungefähr 1 kbl, optisch ein Schiff in Sicht, das den Kurs kreuzen mußte. Die Schiffe näherten sich schnell. Es verging keine Minute, da stießen die Vorschiffe beider Schiffe in einem stumpfen Winkel zusammen.

Der Tanker TBILISI der Grusinischen Reederei, vermessen mit 7653 BRT, hatte in Odessa geladen. Am 13. Mai lief er nach Mitternacht aus dem Hafen aus und ging zur Übernahme von Öl

Schematische Darstellung
des Zusammenstoßes
zwischen dem
Dampfturbinenschiff
FREDERIK ZHOLIO KYURI
und dem Tanker TBILISI

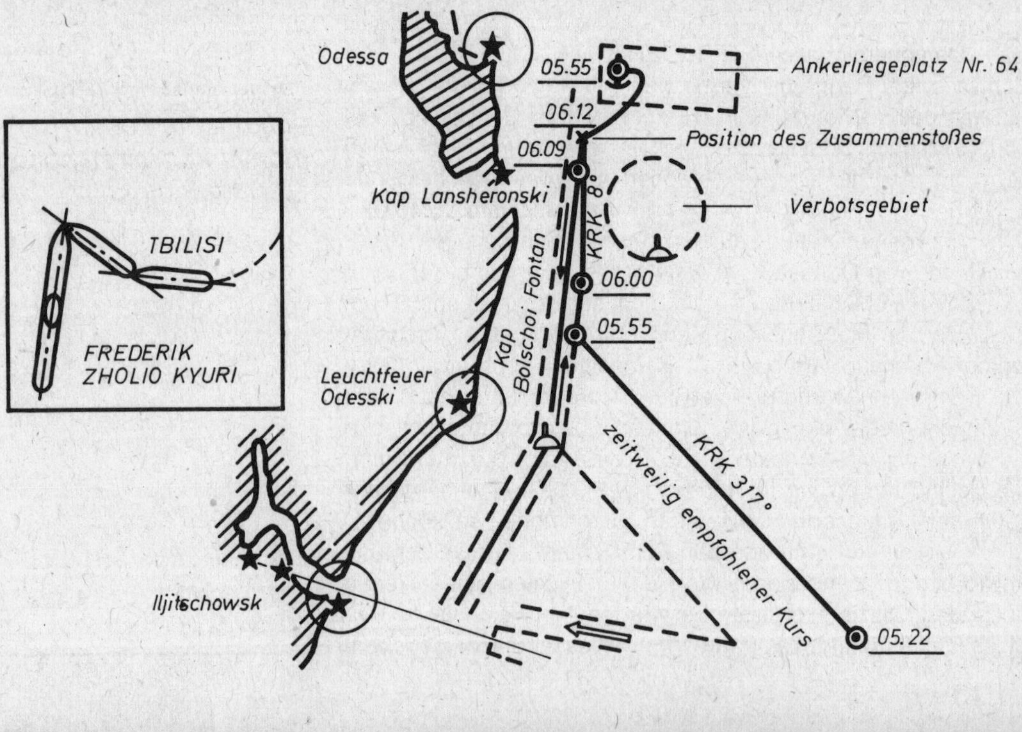

auf der Reede vor Anker. Um 05.35 Uhr war dieser Vorgang beendet. Die Auslaufgenehmigung lag vor. Der Anker wurde gehievt. Um 05.51 Uhr lag das Schiff auf Nordostkurs. Es war nur noch etwa 1 Kettenlänge zu Wasser. Deshalb wurde langsame Fahrt voraus befohlen und das Ruder hart Steuerbord gelegt. Der auf die offene See führende Kurs sollte so erreicht werden. Der Wind war schwach und die Sicht betrug etwa 0,5 sm. Auf der Brücke befanden sich der Kapitän, der wachhabende 1. Offizier, der Rudergänger sowie der 4. Offizier, der frisch angemustert war. Ihm wurden keinerlei navigatorische Aufgaben übertragen. Er erfüllte nur die Aufgaben eines Ausgucks. Auf der Brücke hielt sich der Bootsmann auf, der dort ebenfalls für die optische und akustische Beobachtung eingesetzt war. Die Radarbeobachtung im 5- und 2,5-sm-Bereich sowie die Schiffsführung hatte der Kapitän übernommen. Der 1. Offizier machte mittels Radar Ortsbestimmungen, koppelte mit, machte Eintragungen in der Wachkladde und hielt die Sprechfunkverbindung mit der Küste. Mit Fahrtaufnahme wurde über Sprechfunk das Ablaufen in See mitgeteilt. Gegen 06.00 Uhr entnahm man aus dem Sprechfunkverkehr des Turbinenschiffs FREDERIK ZHOLIO KYURI mit anderen Teilnehmern, daß dieses Schiff, von See kommend, die Reede anläuft. Fast zum gleichen Zeitpunkt, und zwar genau um 06.00 Uhr, wurde Backbord voraus in einem Abstand von 2,5 sm eine Echoanzeige festgestellt. Der Kapitän entschloß sich, die Drehkreisfahrt fortzusetzen. Die Geschwindigkeit des Schiffs betrug dabei etwa 4 kn. Um 06.05 Uhr verminderte sich die Sicht auf 1 kbl. Um 06.10 Uhr kam an Backbord ein Schiff in Sicht, das den Kurs kreuzte. Im gleichen Augenblick wurde die Maschine

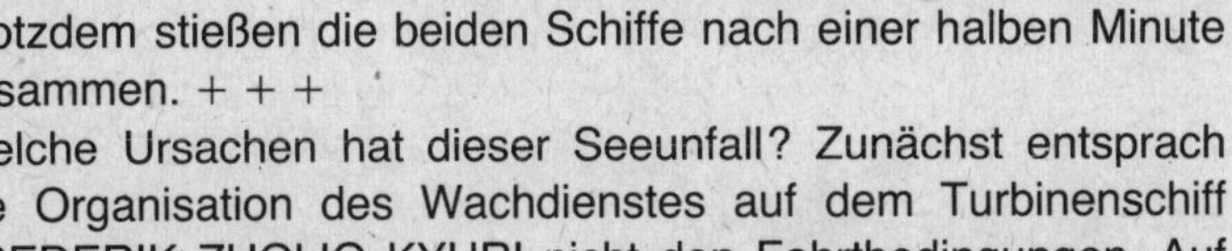

MT TBILISI

gestoppt, während die Ruderlage hart Steuerbord beibehalten wurde. Um 06.11 Uhr wurde äußerste Kraft zurück befohlen. Trotzdem stießen die beiden Schiffe nach einer halben Minute zusammen. + + +

Welche Ursachen hat dieser Seeunfall? Zunächst entsprach die Organisation des Wachdienstes auf dem Turbinenschiff FREDERIK ZHOLIO KYURI nicht den Fahrtbedingungen. Auf der Ansteuerung nach Odessa, wo neben der Schiffsortbestimmung mitzukoppeln ist, Berechnungen und andere für den Wache gehenden Offizier festgelegte Pflichten zu erfüllen sind, die Sprechfunkverbindung mit der Küste aufrechtzuerhalten, die Handlungen des Rudergängers zu kontrollieren, der Maschinentelegraph zu bedienen und eventuell noch mit der Manöverspinne die Bewegungselemente einiger anderer Schiffe zu ermitteln sind, hätte jedenfalls die Wache verstärkt werden müssen. Hinzu kamen verminderte Sichtbedingungen, besser gesagt, dichter Nebel auf dem letzten Fahrtabschnitt des Schiffs, so daß

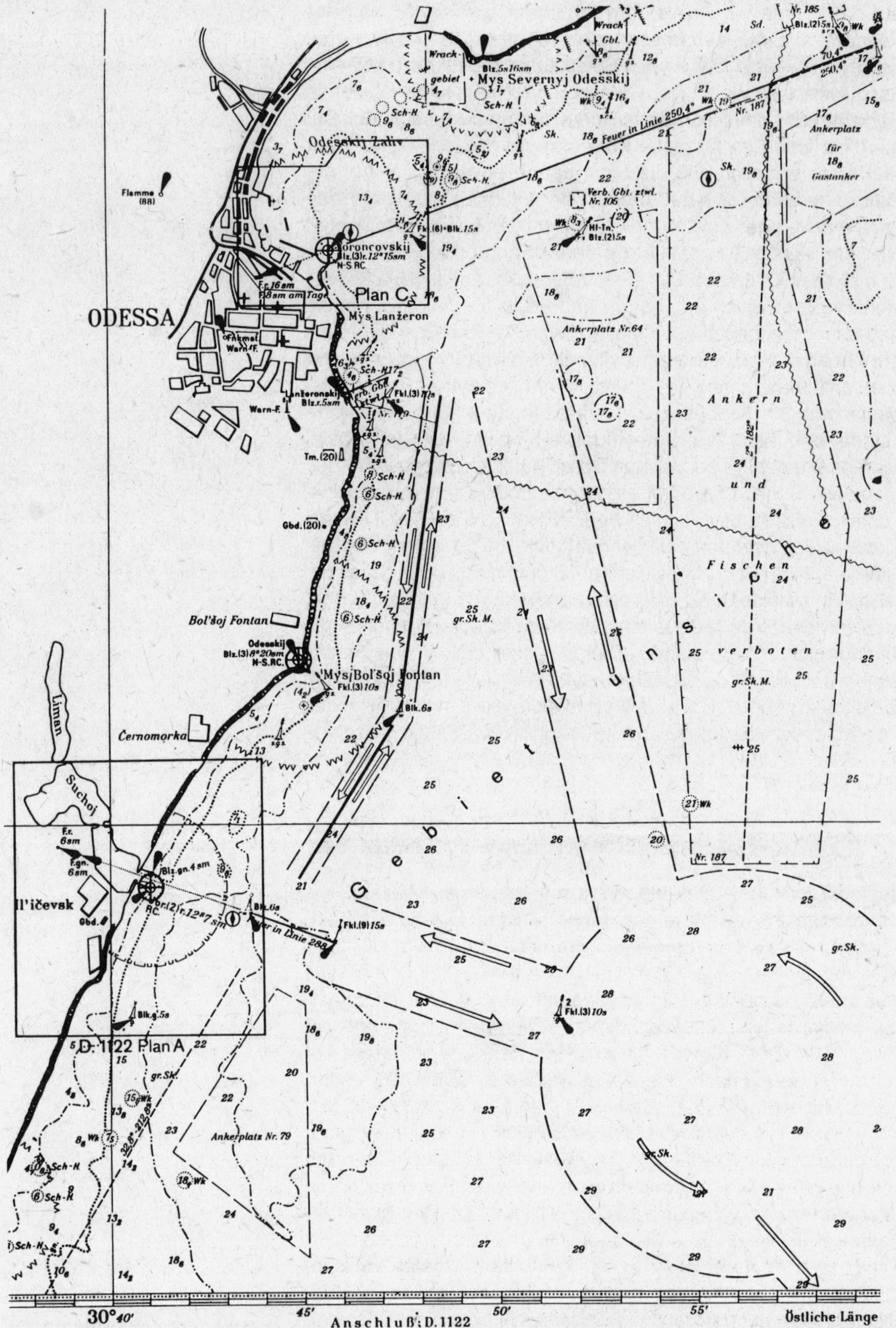
ODESSA
Odesskij Zaliv
Mys Severnyj Odesskij
Wrack-gebiet
Voroncovskij
Blz.(3) r.12s 15sm
N-S RC.
Plan C
Mys Lanžeron
Lanžeronskij
Blz.5s 8sm
Flamme (88)
Feuer in Linie 250,4°
Verb. Gbt. ztwl. Nr. 105
Ankerplatz Nr. 64
Ankerplatz für 18m Gastanker
Nr. 185
Nr. 187
Bol'šoj Fontan
Odesskij
Blz.(3) 8s 20sm
N-S.RC.
Mys Bol'šoj Fontan
Fkl.(3) 10s
Černomorka
Liman
Suchoj
Il'ičevsk
Feuer in Linie 288
Fkl.(9) 15s
Gebiet
Ankern und Fischen verboten
gr.Sk.M.
gr.Sk.
D.1122 Plan A
Ankerplatz Nr. 79
30° 40'
45'
50'
55'
Östliche Länge
Anschluß: D.1122

Abb. Seite: 182
DHI-Seekarte Nr. 1119; Ausschnitt Odessa bis Iljitschowsk

zusätzlich zum wachhabenden Offizier ein weiterer Offizier hätte auf die Brücke gerufen werden müssen. Dieser hätte sich auf der Manöverspinne ausschließlich mit der Bestimmung der Bewegungselemente von Zielen anhand der vom Kapitän mitgeteilten Angaben sowie mit der Lösung von Ausweichaufgaben befassen müssen. Dann hätte der 1. Offizier die normalen Aufgaben des Wachoffiziers, wie Durchführung der Besteckrechnung und Abtragen des Kurses in der Karte, Führung der Wachkladde, Aufrechterhalten der Sprechverbindung, Kontrolle der Handlungen des Rudergängers, periodische Beobachtung der Lage mit Hilfe des zweiten Radargeräts u. a. erfüllen müssen. Diese Wachverstärkung wäre beispielsweise auch bei einer Geschwindigkeit von nur 6 bis 7 kn erforderlich gewesen.

Obwohl bei der Untersuchung dieses Seeunfalls nicht festgestellt wurde, daß sich die TBILISI in einem bestimmten Zeitabschnitt im Radarschatten des Turbinenschiffs befunden hat, besteht eine derartige Wahrscheinlichkeit durchaus. Eine Alternative dazu wäre höchstens eine lückenhafte Beobachtung. Aber man kann sich schwer vorstellen, daß auf dem Turbinenschiff bei einer so hohen Geschwindigkeit auf Reede das Radar nicht ununterbrochen beobachtet wird. Sind Schattensektoren vorhanden, vor allem vorlicher als dwars, dann muß eine zusätzliche Herabsetzung der Geschwindigkeit erfolgen, weil sonst für das Schiff in bestimmten Fällen alle Vorteile einer vorhandenen Radaranlage verloren gehen. Der Schiffsführer der FREDERIK ZHOLIO KYURI erklärte später, daß die ständige Drehkreisfahrt der TBILISI eine Bestimmung ihrer Bewegungselemente unmöglich gemacht hätte. Eine derartige Erklärung ruft Befremden hervor. Auf dem Turbinenschiff wurde der Tanker doch nur visuell, und zwar in unmittelbarer Nähe, ausgemacht! Wenn er aber nun wirklich mit Hilfe des Radargeräts geortet wurde, dann hätte sein „unverständliches" Verhalten erst recht die Schiffsführung auf dem Turbinenschiff zu einer erhöhten Vorsicht veranlassen müssen, und zwar noch vor der Annäherung des Tankers auf Schallreichweite. Nebenbei bemerkt, wenn man auf der FREDERIK ZHOLIO KYURI schon die Echoanzeige des Tankers festgestellt hatte, dann war es kaum möglich, diese von den anderen Echoanzeigen der vor Anker liegenden Schiffe (infolge der Kürze der Zeit) zu unterscheiden. Die Nachleuchtspur der Echoanzeige des Tankers war durch seine geringe Geschwindigkeit von 4 kn im Vergleich zu den Spuren der festliegenden Schiffe bei weitem nicht groß genug, um sie sofort auseinanderhalten zu können, zumal die Eigengeschwindigkeit des Turbinenschiffs doppelt so hoch war. Bekanntlich ist die sichere Geschwindigkeit von vielen Faktoren abhängig. Einer der wichtigsten ist die Zuverlässigkeit der Beobachtung. Der Schiffsführer des Turbinenschiffs mißachtete diese Tatsache.

Nach dem visuellen Ausmachen des Gegners und dem Befehl „Volle Fahrt zurück!" wurde der Anker nicht einmal fallengelassen. Man kann daraus schlußfolgern, daß die TBILISI völlig

überraschend in Sicht kam und auf der Brücke der FREDERIK ZHOLIO KYURI Verwirrung stiftete. Der Eintritt der Kollision kann deshalb nicht als Zufall bezeichnet werden. Schon gar nicht, weil die TBILISI die Mitteilung über die Fahrtaufnahme mitgehört hatte. Demzufolge hätte sie mit ihr Verbindung aufnehmen und die Position klären können. Auch die Dienste der Verkehrsleitstelle zur Präzisierung der Situation auf Reede wurden nicht in Anspruch genommen, obwohl man dazu verpflichtet war. Aber auch die Handlungen der Offiziere auf dem Tanker sind nicht tadelsfrei. Wie bereits auf dem Turbinenschiff wurde auch hier die Wache nicht verstärkt. Der auf der Brücke befindliche 4. Offizier übte die Funktion eines Ausguck aus. Die Organisation der Wache war also auf beiden Schiffen praktisch gleich schlecht. Bei der Geschwindigkeit des Turbinenschiffes von etwa 13 kn mußte seine Echoanzeige auf dem Radarschirm des Tankers eine „Spur" hinterlassen, die drei bis vier Mal länger war als die Echoanzeige der vor Anker liegenden Schiffe. Deshalb gibt es wohl keinen Zweifel daran, daß die Echoanzeige des Turbinenschiffs auf dem Tanker mit großer Verspätung oder überhaupt nicht festgestellt wurde. Dies läßt sich nur erklären, wenn große Entfernungsbereiche benutzt wurden oder der Beobachter sich während der Radarbeobachtung ablenken ließ. Die Erklärung des Kapitäns dagegen, das andere Schiff in einem Abstand von 2,5 sm geortet zu haben, läßt jedenfalls berechtigte Zweifel aufkommen, wenn vielleicht auch nur daran, daß es sich bei dem angeblich festgestellten Objekt wirklich um das Turbinenschiff gehandelt hat. Es ist doch kaum anzunehmen, daß man eine im 2,5-sm-Bereich beobachtete Echoanzeige im weiteren unbeachtet läßt, vor allem dann, wenn sie eine lange „Spur" nach sich zieht und bei jeder Antennenumdrehung in Richtung Bildschirmmitte „springt". Wenn nun aber tatsächlich im 2,5-sm-Abstand, d. h. im Bereich der akustischen Reichweite, eine andere Echoanzeige festgestellt wurde, die nicht derartige Gefahrenelemente aufwies, dann mußte auch in diesem Fall die Maschine gestoppt werden. Es gab weder Zeit noch Möglichkeiten für eine Bestimmung seiner Bewegungselemente, denn das eigene Schiff lief ja seinen Drehkreis. Dennoch blieb der Kapitän untätig und setzte die Drehkreisfahrt fort, wodurch sich der Tanker schnell dem Turbinenschiff näherte.
Daraus ist ersichtlich, daß auch auf dem Tanker TBILISI die Hauptursache für die Kollision in Mängeln bei der Organisation der Radarbeobachtung zu suchen ist.

+ + + Das Motorschiff TERNEY der Sachaliner Reederei, vermessen mit 3179 BRT, lief am 21. Juni 1978 mit voller Fahrt vom Hafen Wanino nach Schachtjorsk an der Westküste Sachalins. Es wehte ein schwacher Wind und die Sicht betrug 1 bis 3 kbl. Deshalb wurden Nebelsignale gegeben. Die Positionslichter waren eingeschaltet und der Wachingenieur gewahrschaut. Radarbeobachtung und Schiffsführung hatte der Kapitän über-

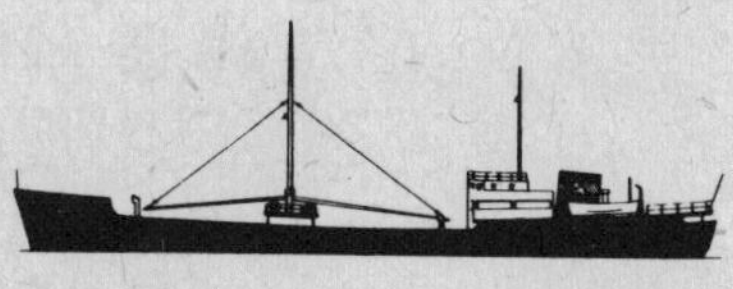

MS TERNEY

MS MAGADAN

nommen. Außer ihm befanden sich der wachhabende 1. Offizier und der Rudergänger auf der Brücke, der bis 16.20 Uhr in der Brückennock als Ausguck eingesetzt war, da das Schiff mit Selbststeueranlage lief. Um 16.20 Uhr wurde auf Handsteuerung übergegangen. Bis 16.40 Uhr, also bis zu dem Zeitpunkt, als der 3. Offizier und der Bootsmann auf die Back beordert wurden, gab es keinen Ausguck. Von 16.30 bis 16.40 Uhr nahm der 1. Offizier zweimal Verbindung zum Motorschiff MAGADAN (1758 BRT) auf, das auf der Reede von Schachtjorsk vor Anker lag. Auf der TERNEY war bekannt, daß noch ein weiteres Schiff auf der Reede ankert. Außerdem kannte man die Sichtverhältnisse und die Situation auf der Reede. Um 16.43 Uhr wurde die Geschwindigkeit auf langsame Fahrt herabgesetzt. Im Radar war nur eine einzige Echoanzeige festzustellen. Trotzdem setzte der Kapitän die Fahrt zum Ankerplatz an Backbord von der Richtfeuerlinie mit hoher Geschwindigkeit fort. Er leitete keine Vorsichtsmaßnahmen ein, obwohl das zweite Schiff nicht auszumachen war. Um 16.58 Uhr wurde von der Back gemeldet, daß ein Schiff backbord voraus in einem Abstand von 50 bis 60 m in Sicht sei. Nachdem dieses Schiff, es handelte sich um die ausländische SAN EDELWEISS (die vor Anker lag), glücklich passiert werden konnte, manövrierte der Kapitän ohne Unterbrechung weiter. Die SAN EDELWEISS war kaum im Nebel untergetaucht, als sich in einer Entfernung von 50 m direkt voraus die Konturen der MAGADAN abzeichneten. Der Befehl „Volle Fahrt zurück!", die Ruderhartlage und das Fallenlassen des Ankers kamen zu spät. Die TERNEY rammte die MAGADAN an der Steuerbordseite fast im rechten Winkel und fügte ihr erheblichen Schaden zu. + + +

Die unmittelbaren Ursachen für diesen Seeunfall waren eine ungenügende Beobachtung und zu hohe Geschwindigkeit. Auch wenn auf Reede keine Schiffe gelegen hätten, wäre die Geschwindigkeit der TERNEY auf der Ansteuerung zur Reede unangemessen hoch gewesen, denn es konnten ja kleinere Schiffe oder Boote auftauchen, die erst auf geringe Entfernung zu orten sind. Der Kapitän war aber schon über vorhandene Schiffe informiert worden. Das hätte ihn zu besonderer Vorsicht herausfordern müssen. Die Tatsache, daß von zwei recht dicht beieinander liegenden Schiffen nur eins geortet wurde, weist darauf hin, daß sich eines der Schiffe im „Schatten" des anderen befunden haben muß. Da der Kapitän das ihm vorher bekanntgegebene zweite Ziel nicht ortete, hätte er nach Passieren des ersten Ziels sein Schiff sofort aufstoppen müssen. In Wirklichkeit lief er mit einer Geschwindigkeit von 9 bis 10 kn und drei Minuten vor dem optischen Insichtkommen des ersten Zieles mit 7 bis 8 kn.

Die Wache der MAGADAN kann man von ihrer Verantwortung auch nicht freisprechen. Sie war von der Annäherung der TERNEY in Kenntnis gesetzt worden. Dennoch wurde kein Radar eingeschaltet; es wurden nur Signale mit der Schiffsglocke gegeben. Man kann also völlig zu Recht annehmen, daß bei durchgeführter Radarbeobachtung auf der MAGADAN das Anlaufen der TERNEY verfolgt worden wäre. Diese hätte rechtzeitig vor der Gefahr gewarnt werden können. Die Untätigkeit des zur Wache eingesetzten 1. Offiziers auf dem Motorschiff MAGADAN zeugt von ernsthaften Mängeln in der Wachdurchführung.

+ + + Die Eisenbahnfähre SOVIETSKIY KAZAKHSTAN der Kaspischen Reederei, vermessen mit 8840 BRT, lief am 3. April 1977 von Baku nach Krasnowodsk aus. Sie hatte 200 Fahrgäste an Bord. Es wehte ein schwacher Wind, die Sicht lag bei 5 sm. Beim Verlassen der Bucht von Baku bemerkte man recht voraus einen breiten Nebelschwaden. Es wurden die vorgeschriebenen Signale gegeben, das Radargerät in Betrieb genommen, auf der Back ein Ausguck aufgestellt und die Geschwindigkeit auf 8 kn herabgesetzt. Um 12.25 Uhr wurde die Kursänderungstonne passiert und das Fährschiff ging auf den neuen Kurs von 132°.

DES SOVIETSKIY KAZAKHSTAN

Um 12.26 Uhr geriet es in dichten Nebel. Um 13.15 Uhr wurde zuerst vom Ausguck auf der Back und anschließend von der Brücke ein entgegenkommendes Schiff an der Steuerbordseite mit einer Seitenpeilung von 20° bis 25° in einer Entfernung von 40 bis 50 m ausgemacht. Die Befehle „Volle Fahrt zurück!" und „Ruder hart Backbord!" hatten rein symbolischen Charakter, denn für ihre Ausführung verblieb keine Zeit. Bereits nach wenigen Sekunden kollidierten die beiden Schiffe. Der Entgegenkommer war das dem Fischkombinat gehörende Motorschiff AKHCHAY (92 BRT). Es wurde festgestellt, daß die AKHCHAY einen Kurs von 45° steuerte und mit voller Geschwindigkeit (8 kn) lief. Auf AKHCHAY wurden Backbord voraus die Nebelsignale des Fährschiffs gehört. Maßnahmen laut Kollisionsverhütungsregeln wurden nicht eingeleitet. Beim Anblick der Fähre wurde das Ruder hart Steuerbord gelegt und volle Fahrt zurück gegeben. Anzunehmen ist, daß auf dem Fischereifahrzeug die Fähre in etwas größerer Entfernung ausgemacht wurde als das kleine niedrige Übernahme- und Transportschiff vom Fährschiff aus. Dadurch, sowie durch die größere Wendigkeit des Fischereifahrzeugs, war dessen Manöver effektiver, so daß die Schiffe unter einem kleinen Winkel zusammenstießen. + + +

Ohne den Fehlern und Verstößen des Schiffsführers auf der AKHCHAY nachzugehen, von ihm wurde alles nur erdenklich Mögliche falsch gemacht, sollen etwas eingehender die Handlungen auf dem Fährschiff untersucht werden. Formell wurden vom Kapitän alle Vorsichtsmaßregeln beachtet, d. h. es wurden Schallsignale gegeben, Beobachter eingesetzt, die Radarbeobachtung organisiert und die Fahrt verringert. Tatsächlich aber war die Radarbeobachtung unzureichend und die Geschwindigkeit unter Berücksichtigung der Sichtverhältnisse keine „sichere Geschwindigkeit". Schiffe von der Größe des Fischereifahrzeugs AKHCHAY werden mit Hilfe des Radargeräts unter ungünstigen Bedingungen nur auf eine Entfernung von 1,5 bis 2 sm geortet. Der Störpegel durch den schwachen Seegang war gering. Die Erklärungen des Kapitäns, die Seegangsstörungen und andere Gründe hätten die Ortung erschwert, waren unbegründet.
Die wahren Ursachen liegen an den Radargeräten. Im Zusammenhang damit muß festgestellt werden, daß eine Geschwindigkeit von 8 kn, die bei einer einwandfreien Radarbeobachtung und exakten Organisation des Wachdienstes auf der Brücke durchaus akzeptiert werden kann, in diesem Fall als zu hoch angesehen werden muß.

2.1.11. Untätigkeit bei rechtzeitiger Ortung

Es sind Fälle aufgetreten, bei denen ausreichend Zeit und genügend Raum für die Ausführung von Manövern vorhanden waren, um eine gefährliche Annäherung zu verhindern, und dennoch wurden diese Manöver unterlassen.
Der spätere Kollisionsgegner wurde in 26,1 % aller Kollisionsfälle rechtzeitig mit dem Radar geortet. Von diesen wurde in jedem zweiten Fall die Echoanzeige auf dem Bildschirm bei einem Abstand von mehr als 5 sm festgestellt. Meistens verblieben danach bis zum Zusammenstoß noch 15 bis 25 Min. Unter Berücksichtigung der konkreten Geschwindigkeiten wäre das ausreichend gewesen, um die Bewegungselemente des Ziels zu ermitteln und Manöver zur Abwendung der gefährlichen Annäherung auszuführen. Jedoch nicht in einem einzigen Fall wurden diese Maßnahmen durchgeführt.

+ + + Der Tanker APE (3142 BRT), der Dieselkraftstoff gebunkert hatte, befand sich auf der Überfahrt von Klaipeda nach Antwerpen. Er durchlief mit einer Geschwindigkeit von 10 kn und einem Kurs von 270° bei verminderten Sichtverhältnissen ein Seegebiet im Skagerrak. Um 23.35 Uhr wurde mit einer Seitenpeilung an Backbord in einer Entfernung von 6 sm ein Ziel geortet. Um 23.40 Uhr wurde der Kurs nach Backbord auf 240° geändert. Eine Minute nach Kursänderung stellte der wachhabende Offizier fest, daß das nunmehr direkt entgegenkommende Schiff einen Kurs von 62° steuert. Daraus leitete er ab, daß keine Gefahr für einen Zusammenstoß besteht. Um 23.45 Uhr ging die Echoanzeige des Entgegenkommers infolge der Aufhellung des Bild-

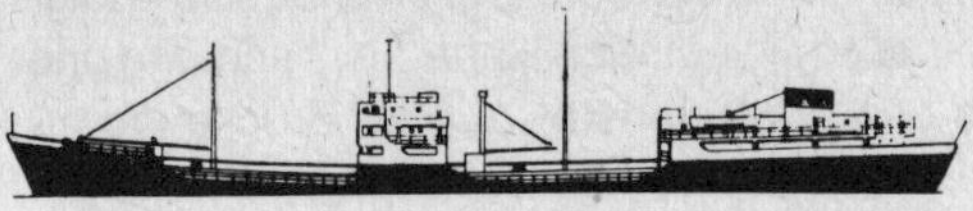

MT APE

schirms in einem Abstand von 1,3 sm verloren. Der Wachoffizier nahm an, daß das entgegenkommende Schiff an der Steuerbordseite passieren wird und gab den Befehl für eine Kursänderung um 15° nach Backbord auf 225°. Damit wollte er den Passierabstand vergrößern. Nach weiteren drei Minuten wurde an Steuerbord voraus das andere Schiff gesichtet. Fast zur gleichen Zeit wurde der Befehl „Ruder hart Backbord!" gegeben und die Maschine gestoppt. In diesem Augenblick betrat der Kapitän die Brücke und befahl: „Ruder hart Steuerbord!" Das im letzten Moment eingeleitete Manöver erwies sich als unwirksam. Um 23.50 Uhr rammte der Tanker APE mit erheblicher Geschwindigkeit das Kühl- und Transportschiff YANTARNYY BEREG (12237 BRT) an der Backbordseite, wodurch auf beiden Schiffen großer Schaden entstand. + + +
Die Fehler des Wachoffiziers des Tankers sind offenkundig. Die YANTARNYY BEREG hätte bei richtiger Beobachtung bereits auf eine größere Entfernung geortet werden können. Aber auch in diesem konkreten Fall hätten Zeit und Raum für ein entsprechendes Steuerbord-Manöver völlig ausgereicht.

+ + + Der Tanker TALLINN (7653 BRT) der Noworossijsker Reederei lief mit einer vollen Ladung Öl von Odessa nach La Habana (Havanna). Er näherte sich am Morgen des 27. Mai 1975 der Straße von Gibraltar. Um 09.00 Uhr wurde die Sicht schlechter (Nebel). Ein in gleicher Richtung laufendes Schiff, das die TALLINN überholt hatte und zunächst voraus in geringem Abstand zu sehen war, kam allmählich außer Sicht. An Bord der TALLINN wurden das Radargerät und die automatische Nebelsignalanlage eingeschaltet, von der automatischen auf die Hand-

MS YANTARNYY BEREG

steuerung übergegangen und der Wachingenieur gewahrschaut. Die Geschwindigkeit wurde beibehalten. Auf der Brücke befanden sich der Kapitän, der Wachoffizier und der Rudergänger, ein Ausguck hielt sich in der Brückennock auf. Die Radarbeobachtung wurde vom Wachoffizier übernommen, der die Beobachtung periodisch im 6-sm-Bereich durchführte. Um 09.25 Uhr faßte er eine Echoanzeige direkt voraus in einer Entfernung von etwas mehr als 3 sm auf. Das meldete er sofort dem Kapitän. Dieser zeigte daraufhin keinerlei Reaktion, sondern setzte die optische Beobachtung auf der Backbordseite fort. Zwei Minuten später schaltete der Wachoffizier das Radargerät auf den 3-sm-Bereich um und meldete dem Kapitän, daß das Ziel nach wie vor direkt voraus liegt, sich schnell nähert und daß das Schiff, das unseren Tanker überholt hatte, stark seitlich ausschert. Der Kapitän kam zum Bildschirm, besah sich die Situation und trat wieder auf die Brückennock hinaus, ohne Weisungen zu erteilen. Um 09.30 Uhr erblickte er in einem Abstand von etwa 0,5 sm direkt voraus zuerst die Bugwelle und danach die Silhouette eines entgegenkommenden Schiffes. Es handelte sich um das jugoslawische Motorschiff BEOGRAD (5427 BRT). Auf Befehl des Kapitäns wurde das Ruder sofort auf hart Steuerbord gelegt und ein kurzer Ton gegeben. Plötzlich stellte man fest, daß der

MT TALLINN

Entgegenkommer nach Backbord dreht. Deshalb wurde das Ruder entgegengesetzt, d. h. hart Backbord gelegt, die Maschine wurde gestoppt und danach volle Fahrt zurück gegeben. Diese Maßnahmen wurden aber nicht mehr wirksam, sondern die Schiffe kollidierten unter spitzem Winkel. Bei einer Annäherungsgeschwindigkeit von 30 kn waren die Beschädigungen so erheblich, daß es als unzweckmäßig angesehen wurde, die TALLINN als Transportfahrzeug wieder instandzusetzen. + + +

Wo liegen die Ursachen dieses Seeunfalls? Beide Schiffe liefen im Nebel mit voller Fahrt. Die Beobachtung auf dem entgegenkommenden Schiff war schlecht organisiert, wodurch man dort die Echoanzeige der TALLINN mit großer Verspätung feststellte. Die Schiffe näherten sich auf direkt entgegenkommenden Kursen. Als sie sich gegenseitig in Sicht hatten, hätten beide nach Steuerbord drehen müssen. Das jugoslawische Schiff aber änderte den Kurs nach Backbord. Aus diesem Grund ist die Schuld des Schiffsführers der BEOGRAD einwandfrei erwiesen. Ohne uns mit Details seiner Fehler und Verstöße auseinanderzusetzen, wollen wir uns etwas eingehender mit den Handlungen des Schiffsführers auf der TALLINN befassen.

Es wurde bereits darauf hingewiesen, daß die Radarbeobachtung vom Wache gehenden Offizier übernommen wurde, wobei dieser nur periodisch das Radargerät benutzte. Der Kapitän beteiligte sich entgegen der üblichen Praxis nicht daran. Bei einer einwandfreien Organisation der Radarbeobachtung kann beim Anlaufen der Straße von Gibraltar bei eingeschränkter Sicht die Geschwindigkeit – herabgesetzt auf Manöverfahrt – beibehalten werden. Dagegen hätte bei einer nur periodischen Radarbeobachtung, wie sie auf der TALLINN betrieben wurde, die Geschwindigkeit um ein beträchtliches verringert werden müssen. Aber auch bei einer Fortsetzung der Fahrt mit hoher Geschwindigkeit und nach Feststellen der Echoanzeige wäre noch genügend Zeit gewesen, die Situation richtig einzuschätzen und wirksame Maßnahmen zu ergreifen. Bereits nach einer Minute hätte sich auf dem Bildschirm feststellen lassen, daß die Peilung zum Ziel stand und die Annäherungsgeschwindigkeit 5 kbl pro Minute, d. h. 30 kn, beträgt (Stoppuhr). Mit dem Befehl „Hart Steuerbord" und „Volle Fahrt zurück!" hätte der Tanker in der verbleibenden Zeit noch aufgestoppt werden können. In diesem Falle hätten nach Insichtkommen der TALLINN Kursänderungen der BEOGRAD sowohl nach Backbord als auch nach Steuerbord nicht zu derartig katastrophalen Folgen geführt. Man muß einräumen, daß die Besonderheiten der Maschinenumsteuerung auf den Tankern vom Typ „Kazbek", zu dem auch die TALLINN gehört, berechtigte Zweifel daran zulassen, ob das Schiff schnell genug zum Stehen gekommen wäre. Aber auch in diesem Fall hätte die Steuerborddrehung, verbunden mit dem Rückwärtsarbeiten der Schraube, die Drehung und das Aufstoppen beschleunigt und wäre in Erfüllung der Regeln der KVR die richtige Maßnahme gewesen, um die Beschädigungen so gering

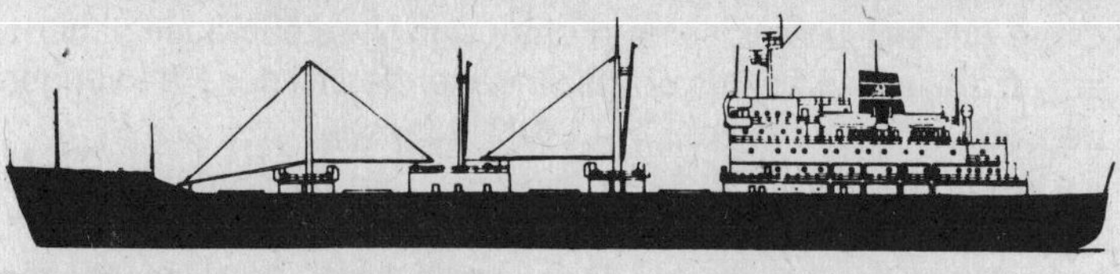

MS YANTARNYY BEREG

steuerung übergegangen und der Wachingenieur gewahrschaut. Die Geschwindigkeit wurde beibehalten. Auf der Brücke befanden sich der Kapitän, der Wachoffizier und der Rudergänger, ein Ausguck hielt sich in der Brückennock auf. Die Radarbeobachtung wurde vom Wachoffizier übernommen, der die Beobachtung periodisch im 6-sm-Bereich durchführte. Um 09.25 Uhr faßte er eine Echoanzeige direkt voraus in einer Entfernung von etwas mehr als 3 sm auf. Das meldete er sofort dem Kapitän. Dieser zeigte daraufhin keinerlei Reaktion, sondern setzte die optische Beobachtung auf der Backbordseite fort. Zwei Minuten später schaltete der Wachoffizier das Radargerät auf den 3-sm-Bereich um und meldete dem Kapitän, daß das Ziel nach wie vor direkt voraus liegt, sich schnell nähert und daß das Schiff, das unseren Tanker überholt hatte, stark seitlich ausschert. Der Kapitän kam zum Bildschirm, besah sich die Situation und trat wieder auf die Brückennock hinaus, ohne Weisungen zu erteilen. Um 09.30 Uhr erblickte er in einem Abstand von etwa 0,5 sm direkt voraus zuerst die Bugwelle und danach die Silhouette eines entgegenkommenden Schiffes. Es handelte sich um das jugoslawische Motorschiff BEOGRAD (5427 BRT). Auf Befehl des Kapitäns wurde das Ruder sofort auf hart Steuerbord gelegt und ein kurzer Ton gegeben. Plötzlich stellte man fest, daß der

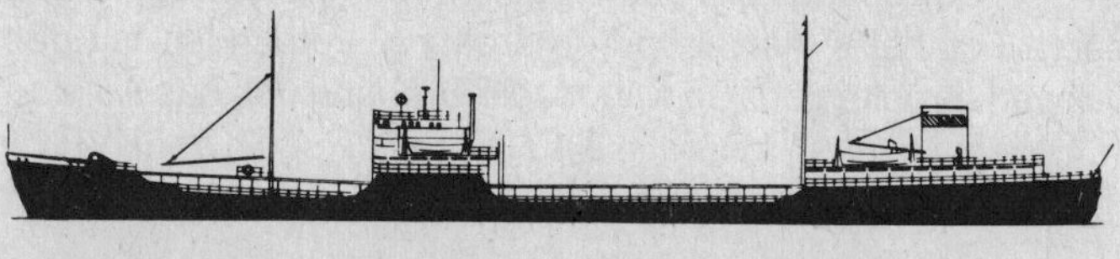

MT TALLINN

Entgegenkommer nach Backbord dreht. Deshalb wurde das Ruder entgegengesetzt, d. h. hart Backbord gelegt, die Maschine wurde gestoppt und danach volle Fahrt zurück gegeben. Diese Maßnahmen wurden aber nicht mehr wirksam, sondern die Schiffe kollidierten unter spitzem Winkel. Bei einer Annäherungsgeschwindigkeit von 30 kn waren die Beschädigungen so erheblich, daß es als unzweckmäßig angesehen wurde, die TALLINN als Transportfahrzeug wieder instandzusetzen. + + +

Wo liegen die Ursachen dieses Seeunfalls? Beide Schiffe liefen im Nebel mit voller Fahrt. Die Beobachtung auf dem entgegenkommenden Schiff war schlecht organisiert, wodurch man dort die Echoanzeige der TALLINN mit großer Verspätung feststellte. Die Schiffe näherten sich auf direkt entgegenkommenden Kursen. Als sie sich gegenseitig in Sicht hatten, hätten beide nach Steuerbord drehen müssen. Das jugoslawische Schiff aber änderte den Kurs nach Backbord. Aus diesem Grund ist die Schuld des Schiffsführers der BEOGRAD einwandfrei erwiesen. Ohne uns mit Details seiner Fehler und Verstöße auseinanderzusetzen, wollen wir uns etwas eingehender mit den Handlungen des Schiffsführers auf der TALLINN befassen.

Es wurde bereits darauf hingewiesen, daß die Radarbeobachtung vom Wache gehenden Offizier übernommen wurde, wobei dieser nur periodisch das Radargerät benutzte. Der Kapitän beteiligte sich entgegen der üblichen Praxis nicht daran. Bei einer einwandfreien Organisation der Radarbeobachtung kann beim Anlaufen der Straße von Gibraltar bei eingeschränkter Sicht die Geschwindigkeit – herabgesetzt auf Manöverfahrt – beibehalten werden. Dagegen hätte bei einer nur periodischen Radarbeobachtung, wie sie auf der TALLINN betrieben wurde, die Geschwindigkeit um ein beträchtliches verringert werden müssen. Aber auch bei einer Fortsetzung der Fahrt mit hoher Geschwindigkeit und nach Feststellen der Echoanzeige wäre noch genügend Zeit gewesen, die Situation richtig einzuschätzen und wirksame Maßnahmen zu ergreifen. Bereits nach einer Minute hätte sich auf dem Bildschirm feststellen lassen, daß die Peilung zum Ziel stand und die Annäherungsgeschwindigkeit 5 kbl pro Minute, d. h. 30 kn, beträgt (Stoppuhr). Mit dem Befehl „Hart Steuerbord“ und „Volle Fahrt zurück!“ hätte der Tanker in der verbleibenden Zeit noch aufgestoppt werden können. In diesem Falle hätten nach Insichtkommen der TALLINN Kursänderungen der BEOGRAD sowohl nach Backbord als auch nach Steuerbord nicht zu derartig katastrophalen Folgen geführt. Man muß einräumen, daß die Besonderheiten der Maschinenumsteuerung auf den Tankern vom Typ „Kazbek“, zu dem auch die TALLINN gehört, berechtigte Zweifel daran zulassen, ob das Schiff schnell genug zum Stehen gekommen wäre. Aber auch in diesem Fall hätte die Steuerborddrehung, verbunden mit dem Rückwärtsarbeiten der Schraube, die Drehung und das Aufstoppen beschleunigt und wäre in Erfüllung der Regeln der KVR die richtige Maßnahme gewesen, um die Beschädigungen so gering

wie möglich zu halten. Bei dieser hohen Annäherungsgeschwindigkeit gab es auch im Sinne des Manövers des letzten Augenblicks nur eine Drehung in die richtige, d. h. Steuerbordrichtung. Dem falschen Backbordmanöver der BEOGRAD wäre nur mit rückwärtsarbeitender Schraube zu begegnen gewesen.
Noch um 09.27 Uhr, d. h. zwei Minuten nach der ersten Ortung, als die Gefährlichkeit der Situation bereits abzusehen war, hatte man die letzte Möglichkeit, ein solches Manöver einzuleiten. Der Kapitän nutzte sie jedoch nicht. Er hielt es nicht einmal für erforderlich, die Echoanzeige des entgegenkommenden Schiffs ununterbrochen zu verfolgen. Er zog es vor, von der Brückennock aus die Lage optisch einzuschätzen.
Die Hauptursache für diesen Seeunfall besteht in der unbefriedigenden Radarbeobachtung, im unzureichenden Ausbildungsstand des Kapitäns für den Einsatz des Radargeräts sowie bei der Schiffsführung unter komplizierten Bedingungen.

+ + + Der der Grusinischen Reederei angehörende Tanker GORI, vermessen mit 15090 BRT, lief am 31. Juli 1975 im Seegebiet Skagen. Er befand sich mit einer Ladung Dieselkraftstoff auf der Überfahrt von Ventspils nach Frankreich. Um 04.00 Uhr wurde die Brückenwache vom 1. und 4. Offizier übernommen. Der 4. Offizier fungierte dabei als Ausguck. Außerdem befand sich der Rudergänger auf der Brücke. Gegen 05.00 Uhr wurde die Sicht schlechter. Es wurden Nebelsignale gegeben. Nach dem ersten Signal bereits kam der Kapitän, der sich im Kartenraum ausruhte, in die vordere Brücke. Nachdem er visuell und mittels Radargeräts festgestellt hatte, daß seines Erachtens keine Gefahr vorhanden war, begab er sich in seine Kammer.

MT GORI

Um 05.35 Uhr wurde die Sicht besser. Um 05.59 Uhr wurde ein Kurs von 265° gesteuert. Da erblickte der 1. Offizier auf dem Radar eine Echoanzeige mit einer Seitenpeilung von 5° Steuerbord in einem Abstand von 4,5 sm. Sofort wurde nach Backbord auf einen Kurs von 244° gedreht. Die weiteren Ereignisse wurden mit unwesentlichen Kürzungen den Aufzeichnungen des Schiffstagebuchs entnommen:
„06.06 Uhr Abstand 2,0 bis 1,5 sm voraus und an Steuerbord große Ansammlung von Fischereifahrzeugen. Kreiselkompaßkurs zuerst 234°, danach 229°. Können Entgegenkommer klar

MS GLIWICE II

passieren, grünes Positionslicht in 35° bis 40° Steuerbord-Seitenpeilung, Abstand etwa 1 sm. Um 06.09 Uhr beginnt Entgegenkommer plötzlich in Entfernung von 8 kbl Kursänderung nach Steuerbord, gibt einmal kurz. Lage wird gefährlich. Serie kurzer Signale gegeben. Ruder hart Steuerbord gelegt und einmal kurz gegeben. 06.10 Uhr Maschine gestoppt, danach volle Fahrt zurück. Dreimal kurz gegeben. Schiff dreht nach Steuerbord ein. 06.12 Uhr Kapitän gewahrschaut. Kapitän auf der Brücke, Kollision unvermeidlich, da beide Schiffe großes Trägheitsmoment besitzen. Um Zusammenstoß mit polnischem Schiff im Aufbautenbereich zu vermeiden, Befehl des Kapitäns: „Ruder hart Backbord!". Zweimal kurz gegeben. 06.13 Uhr Kollision mit dem polnischen Schiff GLIWICE II." Im Ergebnis des Zusammenstoßes wurden beide Schiffe stark beschädigt. Der Tanker GORI rammte während der Backborddrehung das polnische Schiff im Bereich des ersten Laderaums unter einem Winkel von 60° bis 70°, wobei er selbst und das Schiff GLIWICE II (8384 BRT) erhebliche Beschädigungen davontrugen. Nach diesem Rammstoß trieben die beiden Schiffe zusammen, so daß sie zusätzlich im Bereich der Achterschiffe kollidierten, die gleichfalls beschädigt wurden. + + +
Die Analyse der Hauptursache für diese Kollision ergibt:
Der Kapitän der GORI, der bereits Erfahrungen bei der Fahrt um Skagen besaß, mußte wissen, daß in diesem Bereich ständig Fischereifahrzeuge anzutreffen sind. Ihnen auszuweichen verlangt schon bestimmte Fertigkeiten. Besonders schwierig gestalten sich unter diesen Bedingungen die Manöver bei verminderter Sicht. Unter diesem Gesichtspunkt war es falsch von ihm, beim Feuerschiff Skagen-Rev die Brücke zu verlassen, ungeachtet dessen, daß er sich bereits seit 24 Stunden auf der Brücke aufgehalten hatte. (Hier zeigt sich wieder, welch großen Wert die doppelt besetzte Wache besitzt, die die Möglichkeit der Ruhepause auch für den Kapitän bietet. Der Herausgeber)
Der 1. Offizier machte um 05.59 Uhr im Radar die Echoanzeige eines entgegenkommenden Schiffs aus, das aber visuell nicht sichtbar war. Man mußte also annehmen, daß sich die Sicht verschlechtert hatte, und damit die Geschwindigkeit herabzusetzen war. Der 1. Offizier beschränkte sich aber nur auf die Abgabe von Nebelsignalen. Es wurde mit voller Fahrt dem anderen Schiff entgegengelaufen. Dessen Bewegungselemente waren nicht ermittelt worden, obwohl die Zeit dafür noch ausreichte. Nach dem Orten der großen Gruppe von Fischereifahrzeugen entstand, ohne die Annäherung des anderen Ziels zu berücksichtigen, eine Situation, die eine erhebliche Herabsetzung der Geschwindigkeit verlangte. Das hätte der Forderung entsprochen, die in Absatz 2 der damals geltenden Empfehlungen für den Gebrauch von Radarinformationen zur Verhütung von Zusammenstößen auf See wie folgt formuliert war: „Radarortungen von einem oder mehreren Fahrzeugen in der Nähe können bedeuten, daß die ‚mäßige Geschwindigkeit' hier geringer sein sollte, als diejenige,

die ein Seefahrer ohne Radar unter den obwaltenden Umständen als mäßig ansehen würde." Die Geschwindigkeit wurde jedoch nicht verringert. Nachdem der 4. Offizier dem 1. Offizier gemeldet hatte, daß voraus Nebelsignale zu hören sind, unternahm dieser absolut nichts. Er hätte zu diesem Zeitpunkt sich nicht nur auf das Stoppen der Maschine beschränken dürfen, sondern mußte Fahrt zurück befehlen, um das Schiff zum Stehen zu bringen (wie es Absatz 8 der genannten Empfehlungen vorschreibt.)
Die GORI lief aber mit voller Fahrt der Gefahr entgegen. Nach Bezeugung durch den 1. Offizier wurde die Echoanzeige des entgegenkommenden Schiffs erst nach der Kursänderung von 266° auf 244° festgestellt. Das bedeutet, daß es sich vor der Kursänderung in einer Seitenpeilung von 15° an Backbord befunden haben muß. Es mußte beim Erscheinen dieser Echoanzeige auf jeden Fall bedacht werden, daß das fremde Schiff einen Kurs steuert, der dem Gegenkurs sehr nahe kommt oder den Kurs der GORI im spitzen Winkel kreuzen wird. Im ersten Fall hätten sich die beiden Schiffe Steuerbord an Steuerbord in einem Abstand von etwa 2 bis 5 kbl, im zweiten Fall im gleichen Abstand, jedoch Backbord an Backbord, passiert. Sowohl im ersten als auch im zweiten Fall war die Situation gefährlich. Unter allen Umständen mußte man, ohne sich auf die günstigsten Annahmen zu verlassen, das geortete Schiff ununterbrochen unter Kontrolle halten, seine Bewegungselemente bestimmen und in Abhängigkeit von diesen die erforderlichen Maßnahmen zur Vermeidung einer gefährlichen Annäherung oder zum Stoppen des Schiffs veranlassen. Für die Ermittlung der Bewegungselemente des entgegenkommenden Schiffs hätten 3 bis 4 Min. ausgereicht. Diese Zeit stand dem 1. Offizier noch vor Ortung der Gruppe von Fischereifahrzeugen zur Verfügung. Der gemeinsam mit dem 1. Offizier auf Wache befindliche 4. Offizier hätte nur nicht die Funktion eines Ausguck – die Aufgabe eines Matrosen – ausüben dürfen. Unbestritten ist, daß sich in einem solchen Fahrtgebiet und unter analogen Bedingungen mindestens zwei nautische Offiziere auf der Brücke zu befinden haben, davon einer von ihnen der Kapitän oder der 1. Offizier. Im Zeitraum von 05.59 Uhr bis 06.06 Uhr hätte die Echoanzeige des entgegenkommenden Schiffs überwacht werden müssen. Damit wäre zum Zeitpunkt der Ortung der Fischereifahrzeuge auch die entstehende Gefahr erkannt worden. Aber nichts dergleichen geschah. Nachdem der 1. Offizier die Ansammlung von Fischereifahrzeugen geortet und zweimal den Kurs nach Backbord geändert hatte (um diese zu umfahren), wanderte die Echoanzeige des Engegenkommers von der Kursmarke ab. Das erzeugte die Illusion einer Erhöhung der Sicherheit. Daher beachtete er auch in den folgenden Minuten das Echosignal nicht weiter. Natürlich war davon auszugehen, daß das wahrscheinlichste Manöver des entgegenkommenden Schiffs, wenn es die GORI auf ausreichend große Entfernung ausgemacht hatte, in einer *Kursänderung nach Steuerbord* hätte bestehen müssen.

Die aufeinanderfolgenden Kursänderungen der GORI konnten auf dem Entgegenkommer nicht so schnell erkannt werden, da für die Ausführung eine bestimmte Zeit erforderlich ist. Als diese ungünstigen Manöver auf der GLIWICE II erkannt worden waren, hätte unter Berücksichtigung des geringen Abstands zwischen den Schiffen auch dort sofort gestoppt werden müssen. Wie aber in der Folge festgestellt wurde, unterschieden sich die Handlungen der Schiffsführung auf der GLIWICE II, abgesehen vom richtigen Steuerbordmanöver, kaum von denen des 1. Offiziers unseres Schiffs. Die GLIWICE II lief mit zu hoher Geschwindigkeit, es wurde nicht geplottet, aus der sich anbahnenden gefährlichen Situation wurden nicht rechtzeitig die erforderlichen Schlußfolgerungen gezogen und das Schiff wurde nicht gestoppt.
Abschließend sei festgestellt, daß die Zuverlässigkeit der Unterlagen und Papiere beider Schiffe berechtigte Zweifel offen lassen. So kann man beispielsweise die Erklärung des Kapitäns der GORI nicht für bare Münze nehmen, daß innerhalb von 30 Sek. die Maschine von voller Fahrt voraus, bei einer hohen Geschwindigkeit des voll abgeladenen Tankers, umgesteuert war und bereits Fahrt zurück gemacht wurde. Im gleichen Zeitraum sei das Ruder von „Hart Steuerbord“ nach „Hart Backbord“ gelegt worden und das Schiff habe bereits ein Drehung von 15° nach Backbord ausgeführt, obwohl für die zuvor ausgeführte gleiche Kursänderung nach Steuerbord volle drei Minuten erforderlich waren. Man muß hervorheben, daß der vom 1. Offizier zugegebene Fehler, den Gegner möglicherweise erst auf dem Kurs von 244° zum ersten Mal geortet zu haben, praktisch nichts daran geändert hatte, daß sich das polnische Schiff am Kollisionsort befunden hätte, wären die oben beschriebenen Manöver nach Steuerbord ausgeführt worden. Vorschub leistete all dem die Unfähigkeit, das Radargerät für Zwecke der Kollisionsverhütung richtig einzusetzen, die sich entwickelnde Lage zu analysieren sowie Unerfahrenheit und individuelle Disziplinlosigkeit.

+ + + Das Motorschiff „K“ (3247 BRT), das eine Ladung von 3567 t an Bord hatte, befand sich auf offener See und steuerte einen Kurs von 66°. Es machte volle Fahrt voraus. Um 12.00 Uhr trat der 2. Offizier den Wachdienst an. Außer ihm und dem wachhabenden Matrosen befand sich der Kapitän auf der Brücke. Als gegen 12.30 Uhr die Sicht 5 sm erreichte, begab er sich unter Deck. Zehn Minuten später lief das Schiff in ein Nebelgebiet ein, und die Sicht verringerte sich auf 0,2 sm. Es wurden Nebelsignale gegeben, das Radargerät sowie die Positionslichter eingeschaltet und der Wachingenieur gewahrschaut. Die Fahrt wurde auf 12,5 kn herabgesetzt. Man änderte den Kurs um 20° nach Backbord, um den Schattensektor des Radars auszuschalten, der sich in Vorausrichtung bis 20° Backbord erstreckte. Um 12.42 Uhr wurde in einer Seitenpeilung von 6° Backbord in einem Abstand von 3,2 sm eine Echoanzeige festgestellt. Um 12.45 Uhr ermittelte der Wachoffizier den Kurs des anderen Schiffes mit 215° und dessen Geschwindigkeit mit 9 kn. Zu diesem Zeitpunkt hatte sich die Entfernung auf 2,12 sm verringert. Um 12.47 Uhr wurde das Ruder um 10° nach Steuerbord gelegt. Nach der Eintragung im Schiffstagebuch lag dann um 12.49 Uhr ein Kurs von 76° an. Nach dieser Kursänderung entdeckte der 2. Offizier im Radar keine Echoanzeige mehr. Bei dem Versuch, diese wieder aufzufinden, schaltete er am Gerät die verschiedenen Entfernungsbereiche durch. Der Kapitän hatte anhand des Tochterkompasses in seiner Kammer die Drehung des Schiffs festgestellt und kam um 12.50 Uhr ohne Aufforderung auf die Brücke. Als ihm die verschwundene Echoanzeige gemeldet wurde, versuchte auch er, durch Nachregeln der Abstimmung die Echoanzeige wieder auf den Bildschirm zu bekommen. Der 2. Offizier war in der Zwischenzeit in die Bb-Brückennock gegangen. Er sichtete etwa nach einer Minute im Abstand von 2 kbl in einer Schiffsseitenpeilung von 45° das entgegenkommende Schiff, das den eigenen Kurs kreuzen mußte. Die Maschine wurde gestoppt, das Ruder hart Steuerbord gelegt. Durch diese Maßnahmen konnte jedoch die Kollision nicht mehr verhindert werden. Um 12.52 Uhr rammte der Entgegenkommer, bei dem es sich um ein ausländisches Fischereifahrzeug (etwa 48 BRT) handelte, unser Schiff im rechten Winkel an der Backbordseite in Höhe des Vorschiffs. Das Ergebnis war eine flache Einbeulung. Das Fischereifahrzeug erlitt erheblichen Schaden. + + +

Die Schuld am Unfall hat überwiegend der ausländische Kutter. Ohne die Handlungen des ausländischen Schiffs näher in Betracht zu ziehen, untersuchen wir die Fehlhandlungen und Verstöße der Schiffsführer auf dem Motorschiff „K“.

Im dichten Nebel lief das Schiff praktisch mit voller Fahrt. Die Verringerung der Geschwindigkeit um 0,5 kn, die zwar vorgenommen wurde, kann man wohl kaum als wirksame Sicherheitsmaßnahme bezeichnen. Auf offener See, wo kleinere Schiffe anzutreffen sind, die unter normalen Verhältnissen auf 3 bis 5 sm ausgemacht werden können, ist die zweckmäßigste Geschwindigkeit die Manöverfahrt. Bei ihr ist es möglich, recht schnell auf „Fahrt zurück“ zu gehen. Die Krane des Schiffes „K“ verursachten aber einen voraus liegenden Schattensektor von 20°; deshalb hätte die sichere Geschwindigkeit erheblich niedriger liegen müssen. Für Schiffe des Typs des Schiffs „K“ beträgt die Manöverfahrt 10 bis 12 kn. Aber für unser Schiff mit einem voraus liegenden Schattensektor von 20° muß die sichere Geschwindigkeit gemäß Regel 6 (b) (ii) KVR-72 wesentlich geringer sein. Setzt man voraus, daß kleinere Schiffe in einer Entfernung von 3 sm mit dem Radargerät geortet werden können und sich die maximale Distanz, in der ein solches Schiff spätestens geortet werden muß, auf 2 sm sowie die Annäherungsgeschwindigkeit auf 20 bis 24 kn, d. h. 3,5 bis 4 kbl/min, beläuft, dann muß der Schattensektor mindestens einmal in 2,5 bis 3 Min.

eingesehen werden. Das ist praktisch sehr schwer zu verwirklichen. Es fordert eine ständige, äußerst aufmerksame Radarbeobachtung sowie exakte, durchgreifende Handlungen beim Auftreten einer Echoanzeige im zulässigen Mindestabstand. Die Geschwindigkeit des Motorschiffes „K“ war deshalb bei Nebel entschieden zu hoch.

Wie handelte in dieser Situation der 2. Offizier? Bei einem Kurs von 66° und ununterbrochener Radarbeobachtung hätte der WO bereits vor der Kursänderung die Echoanzeige des Kutters bemerken müssen. Er befand sich um 12.40 Uhr mindestens 4 bis 5° Backbord vom Schattensektor in einem Abstand von 3,8 sm. Der Umstand, daß das Ziel um 12.42 Uhr bereits in einer Entfernung von 3,2 sm ausgemacht wurde, spricht, unabhängig davon, daß es sich nach der Kursänderung im Schattensektor befand, für die Möglichkeit einer wesentlich früheren Ortung außerhalb dieses Sektors. Um 12.45 Uhr (Abstand 2,12 sm) mußte einem sachkundigen Schiffsführer, auch ohne zu Plotten, klar sein, daß sich die beiden Schiffe fast auf Gegenkursen näherten und daß die Kollisionsgefahr stetig zunahm. Zu diesem Zeitpunkt hätte es schon nicht mehr ausgereicht, nur die Maschine zu stoppen. Es mußte davon ausgegangen werden, daß die gefährliche Annäherung unausweichlich wurde. Somit mußte auf volle Fahrt zurück gegangen werden, um die Fahrt völlig aus dem Schiff zu nehmen. Natürlich wäre um 12.42 Uhr noch Zeit vorhanden gewesen, um durch ein energisches Steuerbordmanöver die Kollisionsgefahr im Nebel zu beseitigen bzw. zu vermindern. Dieses Manöver hätte mit einer Herabsetzung der Geschwindigkeit verbunden werden müssen.

Aus dem vom Kapitän angefertigten Annäherungsschema ist ersichtlich, daß das energische Manöver nach Steuerbord die Situation rechtzeitig bereinigt hätte und dem Manöver, die Fahrt völlig aus dem Schiff zu nehmen, vorzuziehen war. Die Bewertung der Handlungen des Wachoffiziers muß aber von der tatsächlich vorhandenen Lage ausgehen. Ihm waren die Bewegungselemente des Zieles nicht klar geworden. Der Schattensektor machte ihn unsicher. Der Kapitän hatte die Brücke verlassen. In jedem Fall hätte er den Kollisionsverhütungsregeln von 1960 entsprochen, wenn er die Fahrt aus dem Schiff genommen hätte. Aber auch energischere Maßnahmen in Form eines Steuerbordmanövers wären regelgerecht gewesen. Auf dem Schiff „K“ wurde jedoch weder das eine noch das andere getan. Anstatt wenigstens noch im letzten Moment den Kapitän auf die Brücke zu rufen und entschlossene Handlungen zur Verhinderung des Zusammenstoßes einzuleiten, begann der 2. Offizier mit Hilfe der Manöverspinne die Bewegungselemente des Entgegenkommers zu ermitteln. Die Geschwindigkeit des Schiffs wurde nicht herabgesetzt. Dies ist ein Beweis für seine unzureichende praktische , aber auch theoretische Ausbildung. Die Bewegungselemente des Ziels hätten mit einer für die Praxis in diesem Fall ausreichenden Genauigkeit in wenigen Sekunden im Kopf

errechnet werden können, wenn man nur eine Stoppuhr zu Hilfe genommen hätte. Nachdem der Wachoffizier zwei Minuten später die dritte berechnete Position auf die Manöverspinne aufgetragen hatte und der Abstand zwischen den Schiffen auf 14 kbl zusammengeschrumpft war, ließ er das Ruder um 10° nach Steuerbord legen. Nach weiteren zwei Minuten, d. h. um 12.49 Uhr, stellte er keine Echosignale mehr fest.
Offensichtlich wurde vorher die Beobachtung des Radarbildschirms unterbrochen. Das ergibt sich aus einer Reihe von Tatsachen. Nach zwei bis drei Minuten war das Ziel in den Schattensektor gelangt, in dem es auf die geringe Entfernung nicht mehr eingesehen werden konnte. An einer Aufhellung des Bildschirms infolge Seegangs kann das nicht gelegen haben. Es herrschte Seegang Stärke 1 bis 2. Der Kutter muß in der Zeit von 12.45 Uhr bis 12.47 Uhr eine Backborddrehung ausgeführt haben. Dies beweist der rechte Winkel, in dem er die Backbord-Bordwand des Schiffs „K" rammte.
Bei einer ununterbrochenen Beobachtung des entgegenkommenden Schiffs wäre auch um 12.49 Uhr noch genügend Zeit gewesen, um eine Steuerborddrehung bei gleichzeitiger Herabsetzung der Geschwindigkeit auszuführen. Aber nichts dergleichen geschah. Das Schiff lief mit voller Fahrt in Richtung Kollisionsposition und erreichte diese nach 3 min.
Abschließend sei festgestellt, daß der Zusammenstoß im Ergebnis der falschen Handlungen auf dem Kutter unvermeidlich wurde. Er führte das falsche Backbordmanöver in dem Zeitraum aus, der der Kollision unmittelbar vorausging. Aber es ist auch

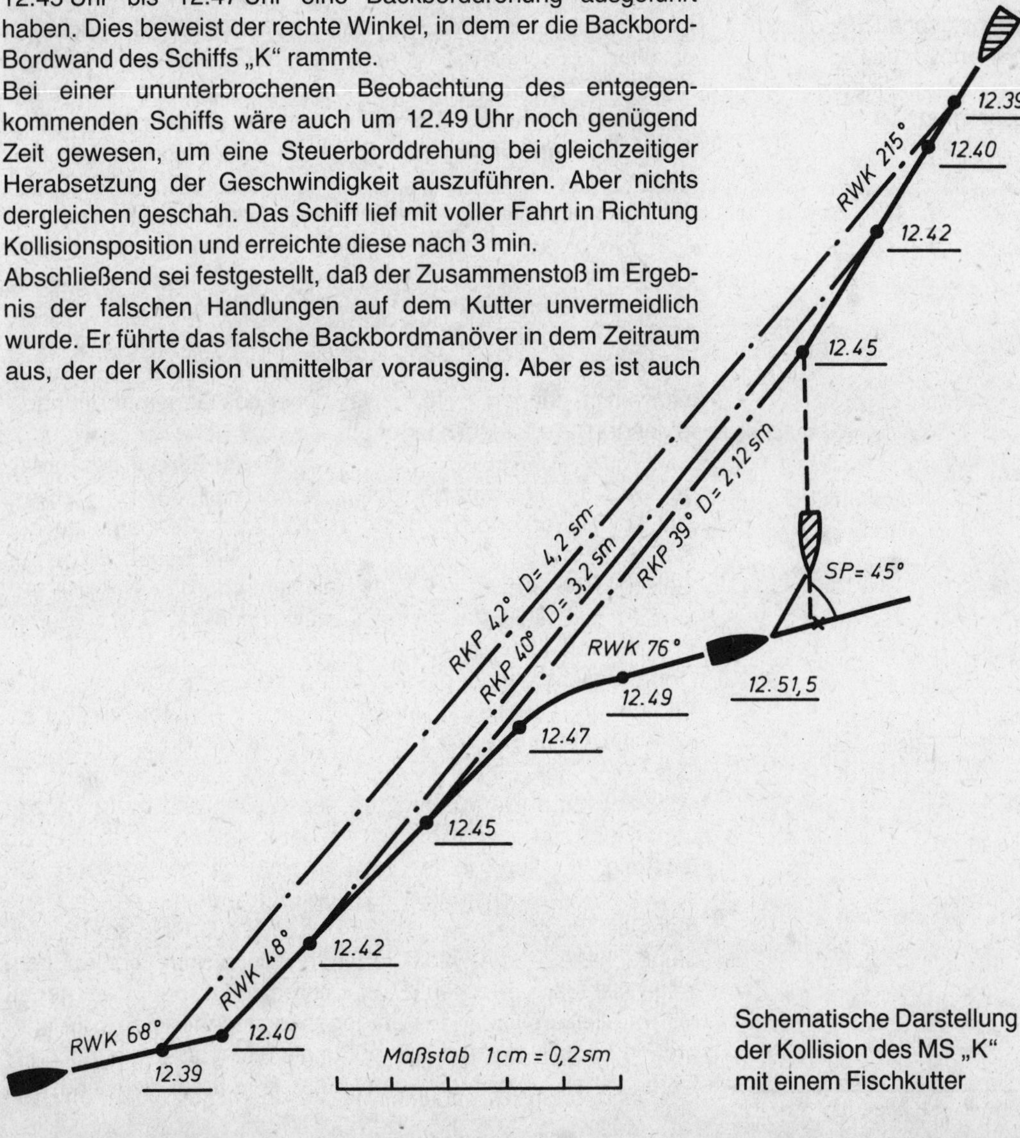

Schematische Darstellung der Kollision des MS „K" mit einem Fischkutter

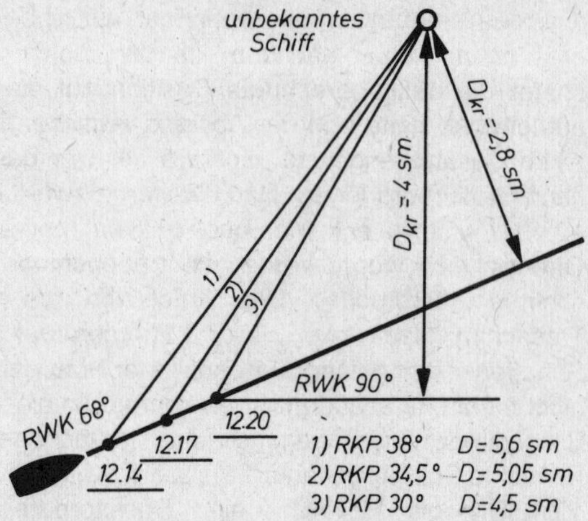

Schematische Darstellung der Manöver des Fischkutters vor dem Zusammenstoß

nicht unschwer zu erkennen, daß bei Ausführung der allgemein üblichen Vorsichtsmaßnahmen, die in den Kollisionsverhütungsregeln KVR-60 empfohlen werden, und ausgehend vom gesunden Menschenverstand, der Zusammenstoß allein schon durch einseitige Handlungen auf „K" leicht zu verhindern gewesen wäre

Die Hauptursache für den vorstehend behandelten Seeunfall aber war die unzureichende Ausbildung sowie die persönliche Undiszipliniertheit des wachhabenden 2. Offiziers. Die detaillierte Aufzeichnung des Manövers im Verlaufe *einer halben Stunde vor dem Zusammenstoß* im Schiffstagebuch, die offensichtlich von der Gewissenhaftigkeit bei der Nutzung der Radarinformation zeugen sollte, beweist eher das Gegenteil. Im nachfolgenden ist sie wiedergegeben:

„... Steuern KRK 68° ... 12.14 Uhr auf 15-sm-Bereich des Radargeräts „Don" Echoanzeige eines Ziels mit RKP 38°, D_r = 5,6 sm, Ziel auf Radarkarte eingetragen. 12.17 Uhr Echoanzeige des Ziels mit RKP 34,5°, D_r = 5.05 sm. 12.20 Uhr Echoanzeige des Ziels mit RKP 30°, D_r = 4,5 sm, Hart Steuerbord, neuer KRK 90°, um dem Ziel mit Abstand 4 sm auszuweichen. 12.28 Uhr – Ziel im Abstand von 4 sm passiert."

Ohne jegliches Plotten kann sofort gesagt werden, daß eine Annäherung von 0,55 sm innerhalb von drei Minuten oder 1,1 sm in sechs Minuten einer Geschwindigkeit von 11 kn entspricht. Das kam der Eigengeschwindigkeit des Motorschiffes „K" (12,5 kn) nahe. Daraus mußten der Kapitän und der 2. Offizier den Schluß ziehen, daß es sich bei dem anderen Schiff um ein in paralleler Richtung laufendes Fahrzeug handelt, dessen Geschwindigkeit höchstens 1,5 kn beträgt oder das treibt. Hätte man das Radargerät nur für zwei Minuten auf den 6-sm-Bereich umgeschaltet, dann wäre die 5 mm lange „Spur" der Echoanzeige sichtbar geworden. Sie ist charakteristisch für ein genau mit Parallelkurs laufendes entgegenkommendes Schiff. Bei der großen Entfernung zum Ziel mußte die Situation so eingeschätzt werden, daß überhaupt keine Manöver erforderlich sind. Ein

zusätzliches Auswerten der Anzeigen auf der Karte hätte dann erst recht jeden Zweifel beseitigen und zu der Erkenntnis führen müssen, daß das andere Schiff treibt und die geringste Annäherungsdistanz bei Beibehaltung des Kurses und ohne zusätzliche Manöver 2,8 sm betragen wird. Das reichte aber dem Kapitän nicht aus. Er ließ eine Kursänderung nach Steuerbord ausführen, um dem Schiff in einem Abstand von 4 sm auszuweichen. Er bewies damit eine „Übervorsicht". Aber eine halbe Stunde später hielt der 2. Offizier einen Passierabstand von 1 kbl für ausreichend. Dazu erübrigt sich jeder Kommentar.
Der untersuchte Seeunfall macht deutlich, wohin es führt, wenn die elementaren Methoden für die Aufrechterhaltung der Sicherheit des eigenen Schiffs außer acht gelassen werden.

2.1.12. Ungerechtfertigte Kursänderung nach Backbord, geringe aufeinanderfolgende Änderungen des Kurses und der Geschwindigkeit

Eine Situation, bei der eine Kursänderung nach Backbord zum Zusammenstoß führte, wird anschaulich durch die bereits beschriebene Kollision des Tankers APE illustriert. Deshalb soll im nachfolgenden nur dargestellt werden, wozu geringfügige Änderungen des Kurses und der Geschwindigkeit, verbunden mit einer Backborddrehung, führen können.

+ + + Das Motorschiff INGUR (3560 BRT) befand sich auf der Überfahrt von Conakry nach Leningrad. Es hatte die südwestliche Ostsee erreicht und lief um 15.35 Uhr in ein Nebelgebiet ein. Daraufhin wurde das Radargerät auf den 6-sm-Entfernungsbereich und auf True motion geschaltet. Abhängig von der Lage wurde zunächst die Geschwindigkeit herabgesetzt und anschließend wieder erhöht. Um 15.57 Uhr ortete man voraus in einem Abstand von 4 bis 5 sm ein Ziel. Die Geschwindigkeit wurde auf ganz langsame Fahrt herabgesetzt. Aufgrund eines Blicks auf den Bildschirm – bei True motion wird nicht geplottet – nahm der Kapitän an, daß sich die Schiffe mit Steuerbordseite passieren werden. Um den Passierabstand zu vergrößern, wurde um 16.14 Uhr und 16.16 Uhr der Kurs um 4° bzw. 5° nach Backbord geändert. Da man die Veränderung der Echoanzeige auf dem Bildschirm verfolgte, wurde um 16.17 Uhr festgestellt, daß sich das Ziel der INGUR näherte. Der Abstand zum entgegenkommenden Schiff belief sich zu diesem Zeitpunkt auf weniger als 1 sm. Deshalb wurde eine Backborddrehung eingeleitet. Fast im gleichen Moment wurde an der Steuerbordseite in geringer Entfernung ein Schiff ausgemacht, das den Kurs kreuzen mußte. Es handelte sich um das Motorschiff MONARDA, das um 16.18 Uhr mit der INGUR an der Steuerbordseite zusammenstieß, wodurch diese so beschädigt wurde, daß eine kritische Situation eintrat. + + +

MS INGUR

2.2. *Analyse der Schiffszusammenstöße (Kollisionen)*

2.2.1. *Statistische Übersicht*

An der Gesamtzahl der nautischen Seeunfälle sind die Schiffszusammenstöße mit einem Anteil von 29 % beteiligt. Die Verletzungen einzelner Regeln der Kollisionsverhütungsregeln von 1972 untergliedern sich bei Schiffszusammenstößen **unter normalen Sichtverhältnissen** wie folgt:

Regel 5 – 53,8 %
Regel 6 – 21,6 %
Regel 7 (a) – 31,6 %
Pflicht zur Nutzung des Radargeräts für die Situationseinschätung
Regel 7 (b) – 18,1 %
(darunter das Plotten zur Einschätzung der Begegnungssituation – 5,8 % und unbegründete Annahmen – 12,3 %)
Regel 8 (a) – in allen Fällen
Regel 8 (b) – 3,5 %

Regel 9 – 18,1 %
Regel 13 – 18,1 %
Regel 14 – 22,8 %
Regel 15 – 21,6 %
Regel 16 – 43,3 %
Regel 17 (a) – 6,5 %
(darunter Punkt (a) (i) – 1,8 % und (a) (ii) – 4,7 %)
Regel 17 (b) – 9,4 %
Regel 17 (c) – 1,2 %
Regel 34 – 9,8 %
lokale Bestimmungen und obligatorische Vorschriften – 18,0 %

Die Verletzungen einzelner Regeln der KVR-72 untergliedern sich bei Kollisionen **unter verminderter Sicht** wie folgt (prozentual zur Gesamtzahl der Kollisionen):

Regel 5 – 72,6 %
Regel 6 – 76,2 %
Regel 7 (b) – 48,8 %
(darunter die Pflicht zur Beobachtung auf großen Entfernungsbereichen = 10,7 %, Handlungen, die auf der Grundlage einer unzulänglichen Radarinformation unternommen wurden = 27,4 %)

Regel 8 (a) – in allen Fällen
Regel 8 (b) – 8,3 %
Regel 9 – 19,0 %
Regel 19 (b) – 76,2 %
Regel 19 (d) – 29,7 %
Regel 19 (e) – 35,7 %

Der prozentuale Anteil der **Nebelkollisionen** verteilt sich wie folgt:

ungenügende Beobachtung
- nicht ausgemacht wurden die Ziele in . . . . 26,2 %
- im Abstand von 0,2 ... 1 sm wurden die Ziele ausgemacht in . . . . 28,6 %
- im Abstand von 1 ... 3 sm wurden die Ziele ausgemacht in . . . . 17,9 %

gesamt . . . . 72,7 %

unterlassene Handlungen bei rechtzeitiger Ortung
- Bewegungselemente des Ziels wurden nicht ermittelt und Ausweichmanöver nicht berechnet . . . . . . 19,0 %
- Schiff wurde nicht gestoppt . . . . 26,2 %
- bei Ortung im Abstand von 0,2 ... 1,0 sm wurde nicht Fahrt zurück gegeben . . . . 9,5 %

gesamt . . . . 54,7 %

Da bei jeder Kollision i. allg. mehrere Ursachen wirken, kann die Gesamtsumme der Prozentzahlen nicht 100 betragen.
Aus den Statistiken wird deutlich, daß die Hauptursache für das Eintreten von Kollisionen die mangelhafte optische und Radarbeobachtung ist.

2.2.2. Radarbeobachtung

Die Ursachen für Fehler und Verstöße bei Fahrten unter verminderten Sichtverhältnissen sind i. allg. weniger die schlechten Reflexionseigenschaften der Objekte als vielmehr die unbefriedigende Nutzung der Radargeräte sowie eine unzureichende Organisation der Radarbeobachtung. Das bezieht sich insbesondere auf das Unvermögen, die Station optimal abzustimmen, die Entfernungsbereiche richtig zu nutzen und die Bildschirmanzeigen ununterbrochen auszuwerten sowie auf die Nichtbeobachtung der Schattensektoren.
Bei der Aufzählung dieser Fehler muß aber auf einen besonderen Umstand eingegangen werden. In vielen Fällen kommt man nicht umhin, festzustellen, daß bei Fahrt unter verminderten Sichtverhältnissen der *Lotse Initiator von falschen Handlungen* war. Die vorliegenden Berichte zeugen davon, daß der Lotse durch seinen fehlerhaften Rat an den unrichtigen Entscheidungen des Schiffsführers in den meisten Fällen mitbeteiligt war. Dabei sollte man immer berücksichtigen, daß der Lotse in der Regel nur Berater des Kapitäns sein soll, oft aber praktisch das Schiff führt. Bei dieser „Schiffsführung" zeigen sich die Lotsen selbstsicher und treten in vielen Fällen autoritär auf. Zu erklären ist ihr Verhalten nur mit der Tatsache, daß sie hunderte, ja tausende Male die Beratung richtig durchgeführt haben. Dies schafft ein „Routineverhalten", das nur durch kritische Überwachung der Handlungen bzw. Ratschläge der Lotsen kompensiert werden kann. Das verlangt vom Schiffsführer ein sorgfältiges Studium des Einsatzgebiets, in dem er sich erstmals befindet. Gerade hier ist er gezwungen, sich umfassend auf den Lotsenrat zu verlassen. Es entbindet ihn jedoch nicht von der Pflicht, offensichtlich riskante Handlungen des Lotsen (wie Erhöhung der Geschwindigkeit oder Überholen unter Bedingungen, die dem Kapitän zweifelhaft erscheinen), zu verhindern. Man sollte andererseits den Lotsen nicht ständig „am Ärmel zupfen". Die Kenntnis der Schiffahrtsvorschriften, gepaart mit der Sicherheit des Kapitäns und seiner exakten Argumentation bei einer erforderlichen Änderung der Lotsenanweisung (die häufig durch unzureichende englische Sprachkenntnisse auf beiden Seiten nicht verstanden wird), verhindern i. allg. weitere risikovolle Handlungen.
Auf Schiffen, die aber nur über eine Radaranlage ohne Tochtersichtgerät verfügen, ist es beispielsweise nicht möglich, die Handlungen des Lotsen bei Nebel oder Dunkelheit zu überwachen, da dieser für die Erfüllung seiner Pflichten die Möglichkeit haben muß, jederzeit den Bildschirm zu nutzen oder bei Bedarf eine ständige Radarbeobachtung durchzuführen.

Im letzten Fall und besonders dann, wenn der Tubus auf den Bildschirm aufgesetzt ist, hat der Kapitän fast keine Möglichkeit mehr, die Lage zu überwachen und die Fahrt des Schiffs zu kontrollieren. Da der Lotse seine Aufmerksamkeit nicht nur auf die entgegenkommenden Schiffe konzentrieren kann, können diese auch nicht durchgängig auf dem Bildschirm verfolgt werden, so daß ihre Beobachtung nicht immer gesichert ist. In bestimmten Gebieten muß das Schiff, auch wenn plötzlich starker Nebel aufkommt, seine Fahrt fortsetzen. Zu derartigen Gebieten gehören zum Beispiel Abschnitte des Nord-Ostsee-Kanals von den letzten Weichen bis zu den Schleusen von Brunsbüttel und Holtenau, einzelne Abschnitte auf dem Fluß Sena sowie einiger anderer europäischer Flüsse. Im Nord-Ostsee-Kanal ist es beispielsweise den Schiffen nicht gestattet, bei Nebel in einer der Schleusen liegenzubleiben. Sie müssen die Schleusen verlassen und in die Elbe einlaufen. Dort ist es nicht immer möglich, infolge einer starken Ansammlung von Schiffen, die Lage sofort richtig zu beurteilen. Die Situation wird noch dadurch verschärft, daß, bedingt durch den starken Strom, ein Stoppen des Schiffs vor dem Erreichen der Ankerposition gefährlicher sein kann als die Fortsetzung der Fahrt. Deshalb kann man unter diesen konkreten Verhältnissen eine zu hohe Geschwindigkeit nur formal den Schiffsführern anlasten.

2.2.3. *Subjektive und objektive Voraussetzungen beim Eintritt von Kollisionen*

Die Fähigkeit, die Situation schnell einzuschätzen und die für eine außergewöhnliche Lage geeignetsten Maßnahmen zu ergreifen, gehört in erster Linie zu den individuellen Eigenschaften und zum psychischen Zustand des Menschen. Obwohl Erfahrungen nicht immer die entscheidende Rolle spielen, haben solche Fertigkeiten, wie das richtige Schätzen von Entfernungen auf See und im Hafen, die anwendungsbereiten Kenntnisse der Trägheits- und Manövriereigenschaften des eigenen und des gegnerischen Schiffs, die Wirkung der hydrometeorologischen Faktoren auf das Manöver, eine große Bedeutung. Diese antrainierbaren Fertigkeiten ermöglichen es, negative Eigenschaften und deren Auswirkungen im Gefahrenfall in Grenzen zu halten. Das Problem ist aber viel umfassender und vielschichtiger. Es ist bekannt, daß auf das Verhalten des Seemanns, insbesondere aber auf das des Offiziers, auch solche Faktoren wirken, wie die Länge der Fahrt, individuelle Charaktereigenschaften u. a. Sie beeinflussen seine Fähigkeit, konzentriert zu beobachten, die richtigen Schlußfolgerungen zu ziehen und daraus die exakten Entschlüsse zu fassen. Die emotionale Anspannung, die bei verschiedenen Menschen in Abstumpfung übergeht, kann aber auch die Ursache für Fehlverhalten sein.

Eine der Ursachen, die die stärkste und am klarsten ausgeprägte Auswirkung hat, ist die Müdigkeit. Es sind schwere Seeunfälle bekannt, bei denen die Hauptgründe für Fehler und Unterlassungen der Kapitäne gerade in ihrer Ermüdung zu suchen sind.

Am häufigsten beruht die auftretende Ermüdung auf einer ununterbrochen langen Fahrt in Schiffahrtsballungsgebieten, besonders bei Nacht und Nebel. Neben der unmittelbaren, zeitweiligen Ermüdung, die durch angespannte Arbeit ohne ausreichende Erholung verursacht wird, gibt es die sich ansammelnde Ermüdung. Sie kann auftreten bei systematischer Überarbeitung und ungenügendem Schlaf, bei häufigen und langandauernden Sturmfahrten, bei ständiger Vibration und Lärmbelästigung, bei Nichtabgeltung von Urlaub und freien Tagen über längere Zeit. All das trägt zu einer erhöhten Erschöpfung bei.
Zu den *objektiven Voraussetzungen für Zusammenstöße*, bei denen sich dann auch Mängel in der theoretischen und praktischen Ausbildung der Schiffsführer auswirken, gehören die geographischen und die hydrometeorologischen Faktoren, die Intensität des Schiffsverkehrs, die Trägheits- und Manövriereigenschaften des Schiffs, das Fehlen einer zweiten Radaranlage oder eines Tochtersichtgeräts usw.

2.2.4. Verteilung der Kollisionsfälle nach geographischen Gesichtspunkten

Die Aufschlüsselung der Kollisionen auf unterschiedliche Seegebiete geht aus Tabelle 5 hervor. Der hohe Anteil in den europäischen Gewässern ist auf den starken Schiffsverkehr, das dichte Passieren in engen Fahrwassern und Kanälen sowie auf die hier übliche hohe Geschwindigkeit zurückzuführen.
Tabelle 6 enthält den Anteil an Kollisionen im Nebel in den einzelnen Seegebieten jedes Einsatzgebiets von der Gesamtzahl an Schiffszusammenstößen in den gleichen Gebieten.
Dabei wird die Gesamtzahl mit 100 % angesetzt.
Die hier angeführten Zahlen belegen, daß bei anderen, gleichartigen Bedingungen das Fahrtrisiko im Nebel, besonders in Gebieten mit intensivem Schiffsverkehr, erheblich ansteigt.

Tabelle 5

Seegebiete	Aufschlüsselung der Gesamtzahl von Kollisionen auf die Einsatzgebiete in %				Gesamt
	Süd	Nordwest	Fernost	weitere	
Flüsse und Kanäle	11,0	17,5	-	1,6	30,1
Meerengen und Fahrwasser	7,4	7,8	5,2	1,6	22,0
Häfen und Reeden	5,8	5,8	6,5	3,9	22,0
Offenes Meer und Küstengebiete	6,2	7,4	9,4	2,9	25,9
Insgesamt	30,4	38,5	21,1	10,0	100,0

Tabelle 6

Seegebiete	Schiffskollisionen im Nebel, aufgeschlüsselt auf Einsatzgebiete in %				Gesamt
	Süd	Nordwest	Fernost	weitere	
Flüsse und Kanäle	18,2	78,8	-	3,0	100,0
Meerengen und Fahrwasser	13,0	60,9	26,1	-	100,0
Häfen und Reeden	30,4	21,8	47,8	-	100,0
Offenes Meer und Küstengebiete	17,6	35,4	38,2	8,8	100,0

2.2.5. Einfluß äußerer Bedingungen

Die Tageszeit. Bei der Annäherung von Schiffen unter normalen Sichtverhältnissen ist das Hauptelement für die visuelle Einschätzung der Situation die perspektivische Verkürzung des Schiffs. Am Tage kann diese perspektivische Verkürzung augenblicklich gewertet werden. Bei Dunkelheit dagegen wird die Größe des Schiffs durch Besonderheiten der Lichterführung und die Bauweise des Schiffs beeinflußt, wodurch die genaue Bestimmung der perspektivischen Verkürzung und die Schnelligkeit der Einschätzung der Lage insgesamt erschwert werden. Die Unterschiede beim Fahren nachts oder am Tage kommen in stärkerem Maße beim Einsatz in Gebieten mit intensivem Schiffsverkehr und besonders in Meerengen und auf Fahrwassern sowie auf Flüssen und Kanälen zur Wirkung. Hier kann bereits ein kurzzeitiges Nachlassen der Aufmerksamkeit dazu führen, daß die Lichter eines sich gefährlich nähernden Schiffs zu spät ausgemacht werden.

Der große Teil der Kollisionen ereignete sich unter normalen Sichtbedingungen. Es treten aber merkliche Unterschiede zwischen der Zahl der Schiffszusammenstöße nachts und am Tage auf. Die Anzahl der bei Dunkelheit kollidierenden Schiffe liegt um das 1,7- bis 1,8fache höher. Daher ist der Einfluß der Tageszeit besonders zu berücksichtigen.

2.2.6. Gefährliche Zeitabschnitte

Das potentielle Risiko für Kollisionen verteilt sich nicht gleichmäßig auf die Seewachen. Um das zu veranschaulichen, wurden alle Momente der Kollisionen für einen langjährigen ununterbrochenen Zeitraum im nachstehenden Schema dargestellt.

Die Zahl der kollidierten Schiffe in rein theoretisch festgelegten Einheiten wird für jede Stunde angegeben, wobei eine Untergliederung der einzelnen Stunden nicht vorgenommen wurde.

Auf der graphischen Darstellung heben sich deutlich die Spitzenzeiten ab, die in den ersten Stunden der Nacht- und der Tageswache des 2. Offiziers und während des Wachwechsels auftreten.

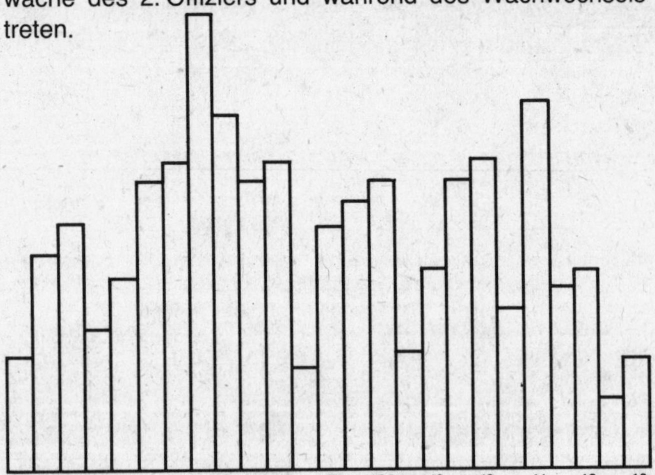

Verteilung der Gesamtzahl an Kollisionen auf die Tageszeit

Eine der Ursachen für die erhöhte Häufigkeit der Kollisionen besteht darin, daß *bei der Wachablösung die Beobachtung etwas vernachlässigt* wird. Der Zeitraum des Wachwechsels beläuft sich auf 35 Min., d. h. 15 Min. der letzten Stunde der alten Wache und 20 Min. der ersten Stunde der neuen Wache. Etwa für 15 Min. und länger verläßt der wachhabende Matrose die Brücke, um die neue Wache zu wecken und den Bilgenwasserstand zu peilen. Zur gleichen Zeit vergleicht der wachhabende Offizier die Kompasse, präzisiert die Eintragungen in der Wachkladde und bestimmt den Schiffsort. Häufig reicht das schon aus, um eine gefährliche Lageänderung zu übersehen.
Insgesamt ereigneten sich etwa 20 % der Schiffszusammenstöße während des Wachwechsels. Das heißt mit anderen Worten, daß die Häufigkeit der Kollisionen während der Wachablösungen eineinhalb Mal höher liegt als die Häufigkeit zu anderen Zeiten.

2.2.7. Abhängigkeit des Schweregrads der Kollisionen von den Fahrtbedingungen

Bei der Einschätzung des Schweregrads der Kollisionen (unabhängig von der offiziellen Klassifizierung der Fälle) wurde von der mittleren Schadensumme ausgegangen, die auch die Kosten für die Bergung in Umrechnung auf ein Schiff für jedes zu analysierende Merkmal (äußere Bedingungen und Einsatzgebiet) umfaßt. Die schwersten Kollisionen ereigneten sich auf dem offenen Meer, in Meerengen und auf Fahrwassern, was sich aus den höheren Geschwindigkeiten erklärt. Die geringsten Beschädigungen treten bei vorsichtig ausgeführten Manövern, d. h. vor allem in Hafengewässern und auf Reeden, auf. Bei verminderten Sichtverhältnissen ist die Schwere von Schiffszusammenstößen insgesamt größer als bei guter Sicht.
Im Ergebnis eines längeren Zeitraums wird erkennbar, daß im offenen Meer sowie in Meerengen und auf Fahrwassern die mittlere Schadensumme, die auf eine Kollision bei Dunkelheit entfällt, doppelt so groß ist wie am Tage.
Auf Flüssen und Kanälen, auf denen die Geschwindigkeit durch bestimmte Festlegungen beschränkt wurde, besonders aber in Häfen und auf Reeden, wo mit minimalen Geschwindigkeiten und äußerster Vorsicht manövriert werden muß, gibt es keinen Unterschied in der Schwere der Schiffszusammenstöße als Folge der Tageszeit.
Nachstehend sollen einige Angaben die Größe und Gefahr von Seeunfällen illustrieren. Fast die Hälfte aller Verluste entfallen allein auf vier Schiffszusammenstöße, an denen folgende Schiffe beteiligt waren: die SVETLOGORSK und AQUARIUS, die ALAGIR und ALPILES, die MOZDOK und LOM, die IVAN SECHENOV und NICOLAS MARIS. Bei 39 % aller Seeunfälle dieser Art überstiegen die Verluste 10000 Rubel. Im einzelnen betragen die Schadensummen im Bereich von 10000 bis 50000 Rubel 27 %, von 50000 bis 100000 Rubel 4,7 % und über 100000 Rubel 7,3 %.

Die schwersten Kollisionen ereigneten sich bei verminderter Sicht und nachts.

Zusammenstöße mit vor Anker liegenden Schiffen weisen im Vergleich zu den „klassischen" Kollisionen einige Besonderheiten auf. Sie bestehen in erster Linie darin, daß Schiffe vor Anker sehr begrenzte Möglichkeiten haben, selbst aktiv zu handeln. Fast 90 % dieser Unfälle sind auf Flüssen und Kanälen, in Meerengen und auf Fahrwassern zu verzeichnen. Von dieser Zahl ereigneten sich nahezu alle auf den Ansteuerungen zu Häfen und Ankerplätzen. Mehr als die Hälfte der Schiffe kollidierte im Nebel und etwa 70 % bei Dunkelheit, wobei bei allen Kollisionen am Tage Nebel herrschte.

3. Schiffsberührungen

3.1. Ursachen für die Schiffsberührungen

3.1.1. Definition der „Schiffsberührung"

Unter dem Terminus *„Berührung"* versteht man eine

- schadenverursachende Berührung eines Schiffs mit einem anderen oder mit einer hydrotechnischen Anlage beim An- und Ablegen, vor Anker oder beim Längseitsgehen oder
- schadenverursachende Berührung eines Schiffs mit einem anderen oder mit einer hydrotechnischen Anlage unter dem Einfluß ungünstiger hydrometeorologischer Bedingungen.

Die **erste Gruppe** dieser Art von Seeunfällen geht auf bewußtes und gewolltes Handeln der Schiffsführung zurück. Die durchzuführenden Manöver des Schiffs sind aus den verschiedensten Gründen notwendig geworden. Bei ihrer Ausführung begeht der Schiffsführer einen Fehler. Dieser führt zur „Berührung". Dabei ist der Anlaß für das Manöver (z. B. Längseitssgehen in See, um ein Besatzungsmitglied auf ein anderes Schiff übersteigen zu lassen) ohne Belang.

Die **zweite Gruppe** dieser Art von Seeunfällen wird ohne menschliches Zutun herbeigeführt. Die „Berührungen" treten infolge des Wirkens von Sturm, Strom oder anderen hydrometeorologischen Erscheinungen auf. Die „Berührung" konnte von der Besatzung nicht rechtzeitig verhindert werden (z. B. durch Bruch der Ankerkette erfolgt Auftreiben auf einen anderen Ankerlieger).

Die Ursachen der „Berührungen" liegen bei der ersten Gruppe meistens in subjektiven „Fehlern" des Schiffsführers, bei der zweiten Gruppe dagegen war mit dem Wirken von objektiven Einflüssen zu wenig gerechnet worden. Daher war die Aufmerksamkeit des Ausgucks unzureichend, die Maschine nicht in Bereitschaft befohlen, oder die Organisation des Dienstes an Bord oder bei den Behörden an Land entsprach nicht den objektiven Bedingungen. Nachstehend einige Beispiele.

3.1.2. Zu hohe Geschwindigkeit

+ + + Der Tanker LYUDINOVO von der Noworossisker Reederei, vermessen mit 23110 BRT, traf am 7. September 1975 um 15.00 Uhr auf der Reede von Ventspils ein. Beladen war er mit 20500 t Masut und Wasserballast. Nach der Übernahme des Lotsen lief das Schiff mit halber Fahrt in den Hafen ein. Um 15.25 Uhr wurde langsame Fahrt und um 15.34 Uhr – in der Hafeneinfahrt – ganz langsame Fahrt befohlen. Nach weiteren vier Minuten wurde die Maschine gestoppt und um 15.40 Uhr wurden bei Vorausfahrt des Schiffs die Leinen von der Back an den Schlepper SATURN und vom Heck an den Schlepper ORION übergeben. Der dritte Schlepper MERKUR II sollte nach einer Drehung des Tankers über Steuerbord um 180° diesen an die Pier drücken. Hierzu begann der Schlepper SATURN nach Steuerbord und der Schlepper ORION nach Backbord zu laufen. Infolge der hohen Geschwindigkeit konnte sich der Schlepper SATURN nicht in dem notwendigen Winkel zum Tanker halten. Er wurde anfangs an der Schleppleine nach Steuerbord gedreht und bald gefährlich an die Bordseite des Tankers gedrückt. Um ein Kentern zu verhindern, wurde auf dem Schlepper SATURN die Schleppleine geslippt. Der Tanker war zu dieser Zeit etwas mehr als eine halbe Schiffskörperlänge von der Stirnseite der Pier entfernt. Befohlen wurde volle Fahrt zurück. Der Backbordanker wurde mit eineinhalb Kettenlängen fallengelassen. Jedoch erwiesen sich diese Maßnahmen schon als unzureichend und hoffnungslos zu spät. Nach einigen Sekunden bohrte sich das Schiff in die Stirnseite der Pier. + + +

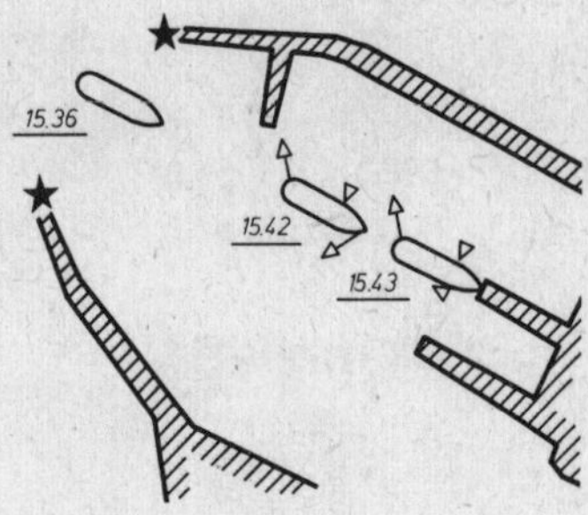

Schematische Darstellung der Berührung des Tankers LYUDINOVO mit der Erdölpier

Die unmittelbare Ursache der Berührung war offensichtlich die übermäßig hohe Geschwindigkeit. Das allein hätte nicht zu dem Seeunfall geführt, wenn nicht gleichzeitig auch noch andere Fehler begangen worden wären. Untersuchen wir diesen Fall etwas näher.

In den Hafen wurde bei Nordwind mit Stärke 6 und guten Sichtverhältnissen eingelaufen. Der Kapitän wollte eine ausreichend hohe Geschwindigkeit beibehalten, um das Schiff in der mitlaufenden Dünung zuverlässig führen zu können. Der Platz zum Aufstoppen des Tankers im Außenhafen (mehr als 0,5 sm) war vollkommen ausreichend, und die Schlepper warteten. Beim Passieren der Einfahrt in den Außenhafen beschränkte sich der Kapitän nur auf das Stoppen der Maschine, ohne die Restfahrt aus dem Schiff zu nehmen. Er mußte aber wissen, daß sich bei der noch vorhandenen Fahrt von 6 bis 6,5 kn die Schlepper als wirkungslos erweisen können. Erst in unmittelbarer Nähe der Anlegepier – die Entfernung bis zu dieser betrug weniger als eine Schiffslänge – als der Bugschlepper ablaufen mußte, erkannte der Kapitän schließlich die Gefahr. Aber auch in diesem Moment

MS LYUDINOVO

unternahm er nicht alle möglichen Maßnahmen. Er zeigte sich der Lage nicht gewachsen. Die Ankerkette mit eineinhalb Kettenlängen stand bei 17 m Wassertiefe praktisch auf und nieder und hatte keinerlei Einfluß auf die Verringerung der Schiffsgeschwindigkeit. Es ist zu bezweifeln, ob es bei rechtzeitigem Werfen des Ankers gelungen wäre, die Berührung zu verhindern, aber ihre Folgen wären weniger ernsthaft gewesen.

+ + + Das Containerschiff PIONER VLADIVOSTOKA der Fernöstlichen Reederei, vermessen mit 4787 BRT, lag am 7. Januar 1977 im Hafen Wostotschnyi vor Anker und wartete auf das Freiwerden der Anlegepier. Um 09.00 Uhr ging das Containerschiff PIONER VLADIVOSTOKA, nachdem der Lotse übernommen worden war, Anker auf und bewegte sich durch feingebrochenes Eis in Richtung Pier. Es wurde von den Schleppern PARTIZAN und SADKO begleitet. Die Maschine machte langsame Fahrt voraus. Das Wetter war gut. Festgelegt war, die Pier unter einem Winkel von 60° anzulaufen und nach einer Drehung nach Steuerbord mit der Backbordseite anzulegen. Das war durch die geringe Größe des Hafenbeckens und der dort herrschenden Wassertiefe sowie durch das Eis begründet. Um 09.15 Uhr wurde die Maschine bei einer Entfernung des Schiffes von 300 bis 400 m bis zur Pier gestoppt. Das Schiff machte durch die Massenträgheit weiter schnelle Fahrt voraus. Zwei Minuten später, der Abstand bis zur Pier betrug nur noch 100 bis 150 m, erkannten der Kapitän und der Lotse die zu hohe Geschwindigkeit des Schiffs. Sie hatten die hemmende Wirkung des Eises auf die Vorausbewegung des Schiffs falsch eingeschätzt, denn das Eis war „zermahlen“. Das Schiff war jedoch nur noch 40 bis 50 m von der Pier entfernt. Eine halbe Minute später rammte das Motorschiff mit dem Schanzkleid den Pfeiler einer Containerverladebrücke. Dabei entstanden am Pfeiler und am Schiff Beschädigungen, deren Beseitigung 250 000 Rubel kosteten. + + +

MS PIONER VLADIVOSTOKA

Die unmittelbare Ursache für die Berührung war die zu hohe Geschwindigkeit. Der Kapitän besaß eine 15jährige Diensterfahrung. Ihm hätte die Situation mit dem Eis auffallen müssen. Aber wie in so vielen anderen behandelten Seeunfällen, verließ er sich völlig auf den Lotsen, dem er die Schiffsführung überließ. Dieser Seeunfall wurde auch noch dadurch begünstigt, daß die Hafenarbeiter die Containerverladebrücke nicht von der Anlegepier des Schiffs verholt hatten, obwohl dies ihnen angewiesen worden war.

+ + + Das Motorschiff LOKSA (3145 BRT) der Estnischen Reederei lief am 1. Juli 1976 unter Lotsenberatung mit einem

MS LOKSA

Schlepper durch das Hafengebiet Albertdock des Hafens von Antwerpen. Die Maschine machte langsame Fahrt voraus. Sicht und Wetter waren gut. Zum Einlaufen in den engen Hafen Nr. 3 stand eine Drehung um etwa 80° nach Steuerbord bevor. Beim Anlaufen des Drehpunkts wurde, um eine Berührung mit dem recht voraus an der Pier liegenden Schiff zu verhindern, das Ruder hart Steuerbord gelegt und der Steuerbordanker mit einer Kettenlänge fallengelassen. Diese Handlungen erwiesen sich jedoch als zu spät und eine Minute später rammte die LOKSA dieses Schiff mit dem Vordersteven. In diesem Fall ließ der Kapitän, nachdem der Lotse die Schiffsführung ausübte, das Schiff mit einer zu hohen Fahrt laufen, eliminierte nicht die Massenträgheit beim Anlaufen des Drehpunkts, steuerte die Maschine zu spät auf volle Fahrt zurück um. Der Anker fiel nicht rechtzeitig genug. + + +

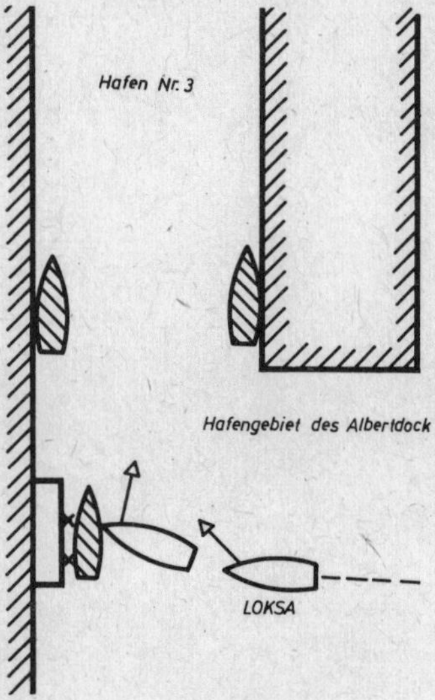

Schematische Darstellung der Berührung des MS LOKSA mit einem an der Pier liegenden Schiff

+ + + Der Tanker SABUNCHI der Kaspischen Reederei, vermessen mit 3821 BRT, lief am 7. Oktober 1975 um 22.04 Uhr bei gutem Wetter und guter Sicht vollbeladen mit halber Fahrt in den Hafen Apscheron ein. Um 22.05 Uhr wurde 3,5 kbl von der Pier entfernt volle Fahrt zurück befohlen und in unmittelbarer Nähe der Pier der Steuerbordanker fallengelassen. Unter der Wirkung des Steuerbordankers brach das Schiff nach Steuerbord aus und rammte die Erdölpier. Die wesentliche Ursache für diesen Vorfall war die bei der Einfahrt überhöhte Geschwindigkeit und die Nichtannahme eines Schleppers, obwohl sich dieser in Bereitschaft befand. + + +

MT SABUNCHI

3.1.3. Übertragung der Schiffsführung an den Lotsen

An den meisten Anlege- und Ablegemanövern nimmt ein Lotse teil. Es ist bekannt, daß infolge der spezifischen Bedingungen in den verschiedenen Häfen, der Besonderheiten der Nachrichtenverbindung zu den Schleppern, ihrer Manövriereigenschaften sowie der Arbeit der Leinenkommandos dem Wesen nach der Lotse das Schiff führt. Daher ist es für den Kapitän schwer, sich in die Handlungen des Lotsen einzumischen. Bei diesen Manövern wird die Zeit in Minuten und Bruchteilen davon gemessen. Der Abstand beträgt Meter. Aus diesem Grunde ist eine Korrektur der Lotsenweisungen nur bei offensichtlich falschen und gefährlichen Handlungen des Lotsen gerechtfertigt. Dafür steht dem Kapitän nur eine Reaktion im letzten Augenblick zur Verfügung.
Der Versuch, ein Manöver während der Ausführung zu verändern oder zu „mäßigen", ist gewöhnlich gefährlicher, als es ausführen zu lassen. Das besagt aber nicht, daß eine Übertragung der Schiffsführung auf den Lotsen unvermeidlich ist. Vom Kapitän muß immer verlangt werden, daß er sich gründlich auf die Fahrt unter Lotsenberatung vorbereitet. Ein detailliertes Studium der Lage, der Bedingungen und Besonderheiten des Fahrens auf der Ansteuerung und unmittelbar beim Anlegen, eine vorherige Absprache mit dem Lotsen über die Fahrtgeschwindigkeit, der Erhalt operativer Informationen über Ort und Art der Ausführung von Drehungen und anderer Manöver, über die Führung der Schlepper usw. gehören zur Vorbereitung und Durchführung der Fahrt unter Lotsenberatung. Leider geschieht das meistens nicht. Die umfassende Sachkenntnis und die Erfahrungen des Kapitäns, die im Gespräch mit dem Lotsen zum Ausdruck kommen, erinnern den Lotsen an seinen Status als Berater und dienen gleichzeitig zur Herstellung eines sachlichen und wohlwollenden Kontakts. Der Kapitän gibt die Befehle für den Rudergänger und an die Maschine. Er übernimmt hierzu die Kommandos des Lotsen. Ist der Kapitän jedoch gezwungen, diese zu korrigieren, wird er das so tun (in einer „beratenden", weniger in einer höflich-fordernden Form), daß es zu keinen Spannungen in den gegenseitigen Beziehungen kommt, von denen in dieser Zeit die Sicherheit des Schiffs in entscheidendem Maße abhängt. Wenn solch ein sachliches Verhältnis zwischen Kapitän und Lotsen aus bestimmten Gründen nicht hergestellt werden kann oder (wie das in einigen ausländischen Häfen immer noch vorkommt) die Qualifikation des Lotsen Zweifel aufkommen läßt, sollte der Kapitän folgende Vorschläge berücksichtigen:

Vorschläge an den Kapitän

- Warten auf günstigere Bedingungen für das Anlaufen und Anlegen;
- Verringerung der Geschwindigkeit vor einschneidenden Veränderungen;
- Verstärkung des Ausgucks, Nutzung der Radaranlage;
- selbständige Führung des Schiffs mit einer kritischen Bewertung der Empfehlungen des Lotsen;

– entschiedene Unterbindung oder Aufhebung der gefährlichen Kommandos des Lotsen, wenn diese vom Brückenpersonal direkt zu befolgen sind.

Folgende Beispiele zeigen, wohin die Nichtbeachtung dieser, i. allg. doch bekannten praktischen Verfahren führt.

Folgen der Nichtbeachtung

+ + + Das Dampfschiff CHUGUYEV von der Asowschen Reederei, vermessen mit 2483 BRT, beendete am 27. Oktober 1978 die Beladung im italienischen Hafen Taranto. Nach der Übernahme des Lotsen legte das Schiff um 21.00 Uhr von der Pier ab. Zum Ablegen waren zwei Schlepper zu je 1000 PS bestellt worden. Der Schlepper am Heck traf rechtzeitig ein und unterstützte das Ablegen des Schiffs. Der zweite Schlepper kam nicht. Der Kapitän, der die entstandenen Umstände berücksichtigte, schlug vor, mit dem Bug zur Ausfahrt zu drehen, wozu genügend Platz vorhanden war. Der Lotse bestand jedoch darauf, daß das Schiff über das Heck mit Hilfe des einen Schleppers ausläuft. Während der Fahrt zur Ausfahrt bemerkte der Kapitän, daß das Schiff zuviel Fahrt machte. Er schlug dem Lotsen vor, Fahrt voraus aufzunehmen und damit die Fahrt des Schiffes zu mindern. Der Lotse jedoch empfahl, so weiter zu laufen und ging in die Brückennock. Ungeachtet der offensichtlichen Gefährlichkeit einer solchen Fahrt erklärte sich der Kapitän durch Schweigen mit der Meinung des Lotsen einverstanden. Und erst als der Kapitän die Meldung vom Heck erhalten hatte, daß sich das Schiff schnell der Mole nähert, gab er das Kommando „Volle Fahrt voraus". Dieses Kommando wurde bald darauf (die Maschine lief schon mit Vorausfahrt) auch vom Lotsen wiederholt. Weder das Anlassen der Maschine noch die verspätete Weisung an den Schlepper, das Heck von der Mole wegzuziehen, halfen. Die eingeleiteten Maßnahmen erwiesen sich als zu spät und die CHUGUYEV rammte mit dem Heck den Wellenbrecher. + + +

DS CHUGUYEV

Dieser Seeunfall ist ein anschauliches Beispiel für die Folgen der Übertragung der Schiffsführung auf den Lotsen. Zweimal hat der Kapitän gesehen, daß die Maßnahmen, die vom Lotsen vorgeschlagen und auf seine Kommandos hin ausgeführt wurden, gefährlich waren. Beide Male hat der Kapitän auf die Erfahrungen und Ortskenntnisse des Lotsen vertraut. Aber es war doch offensichtlich, daß mit einem Schlepper am Heck und ohne fallengelassene Anker sich das Schiff schlecht steuern läßt. Keine Erklärungen des Lotsen hätten den Entschluß des Kapitäns über das Drehen mit dem Bug zur Ausfahrt erschüttern dürfen. Wenn er nun schon diesen zweifelhaften Ratschlägen des Lotsen folgte, dann hätte er wenigstens ununterbrochen die Radaranzeige der zu passierenden Wellenbrecher beobachten

müssen. Das war zu doublieren durch die Abstandsmeldungen zum Hindernis von der Heckstation. Auch die Schlepprichtung des Schleppers war bei dem Entschluß, den Anker fallenzulassen, zu berücksichtigen. Aber all dies wurde verabsäumt.
Die Mehrzahl dieser Seeunfälle ist in bedeutendem Maße von dem Hauptmangel vorherbestimmt worden – von der Übertragung der Schiffsführung auf den Lotsen.
Es ist nicht notwendig, noch andere Beispiele anzuführen. Bei fast der Hälfte der Berührungen waren die Hauptursache die Handlungen der Lotsen, die unumschränkt, im stillen Einverständnis mit den Kapitänen, die Schiffe führten.
Die Seeunfälle konnten durch eine Einmischung der Kapitäne im letzten Moment nicht mehr verhindert werden. Sie waren nicht auf eine selbständige Schiffsführung vorbereitet und begannen mit Verspätung zu handeln.

3.1.4. Eingehen eines unbegründeten Risikos

Es wurde schon davon gesprochen, daß das Risiko ein objektives Merkmal jeder Unternehmung, jeder Fahrt eines Schiffs und des Einsatzes der Flotte ist. Und welche Beschwörungen anläßlich dieses „sakramentalen" Begriffs auch ausgesprochen werden, bei den Schiffsführungs-Entscheidungen des Kapitäns ist das Risiko immer beteiligt, besonders beim Manövrieren unter komplizierten Bedingungen. Selbstverständlich geht auch die Seeversicherung von der Tatsache der Existenz des Risikos aus. Die ganze Frage dreht sich um das vertretbare Risiko, um den Grad seiner Zulässigkeit und Beherrschbarkeit.
Es kommt vor, daß die Fortsetzung einer extrem langsamen Fahrt (stoßweise) in einem Kanal mit einer Breite von 100 Metern bei plötzlich aufkommendem dichten Nebel ungefährlicher ist, als der Versuch, in unmittelbarer Nähe von Gegenkommern oder mitlaufenden Schiffen vor Anker zu gehen. Es kommt aber auch vor, daß die Beibehaltung einer hohen Geschwindigkeit (Fahrt über Grund) in Meerengen, die mit Verkehrsleitsystemen ausgestattet sind, ungefährlicher ist, als langsame Fahrt mit vielen Begegnungssituationen. Leider wird nicht selten ein Risiko eingegangen, obwohl die konkrete Lage mit gewöhnlichen, aber vorbeugenden Maßnahmen hätte bereinigt werden können. Auf die Berührungen bezogen heißt dies, daß schon mit einer erheblichen Herabsetzung der Geschwindigkeit des Schiffs das Risiko, z. B. bei einer Passage, in vertretbaren Grenzen gehalten wird. Das soll an einigen Beispielen gezeigt werden.

+ + + Das Motorschiff BELOZERSKLES der Nordreederei, vermessen mit 4520 BRT, lag am 28. Juli 1976 auf der Innenreede von Dickson vor Anker. Um 15.47 Uhr ging das Schiff Anker auf und lief mit ganz langsamer Fahrt zur Straße von Prewen. Die Sicht betrug zu dieser Zeit etwa 1 kbl, und es wehte ein West-Nord-West-Wind Stärke 8. Der Standort des Schiffs wurde mit Hilfe der Funkmeßstation kontrolliert, die im 2,5-sm-

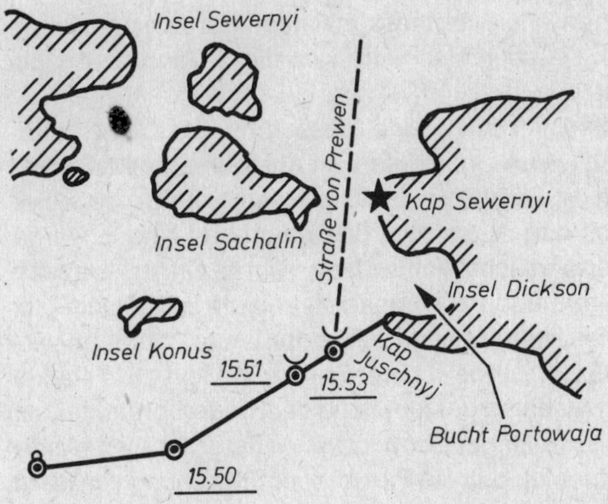

MS BELOZERSKLES

Schematische Darstellung der Berührung des MS BELOZERSKLES mit der Pier

Bereich arbeitete. Um 15.53 Uhr, das Schiff lief mit einem Kurs von 60°, fiel die Funkmeßstation aus. Der Kapitän entschloß sich, die Fahrt fortzusetzen. Eine Minute lang wurde blind gelaufen, danach gab der Kapitän das Kommando „Ruder Backbord 10“, um auf den Kurs zu drehen, der in die Straße von Prewen führt. Im Moment des Andrehens wurden recht voraus schemenhafte Umrisse eines Hindernisses ausgemacht, das sich als eine Pier herausstellte. Darauf war der Kapitän jedoch nicht gefaßt. Er war so perplex, daß ihm keine Manöver zur Verhinderung der Berührung mehr einfielen. Das Schiff setzte noch eine Minute mit der gleichen Geschwindigkeit die Fahrt voraus fort, indem es langsam nach Backbord drehte. Erst als es praktisch die Pier berührte, wurden volle Fahrt zurück gegeben und beide Anker fallengelassen. + + +

Wo liegen die Ursachen für diesen Seeunfall? Bei einer Sicht von 1 kbl hätte man nicht Anker aufgehen dürfen, um in die enge Straße zu laufen. Vernünftiger wäre es gewesen, eine solche Besserung der Sicht abzuwarten, bei der man visuell den eigenen Standort bis zum Auslaufen aus der Straße von Prewen hätte kontrollieren können. Aber auch unter den entstandenen konkreten Bedingungen hätte die Sicherheit des Fahrzeugs gewährleistet werden können.

Nach dem Ausfall der Radaranlage hätte die Fahrt sofort gestoppt werden müssen. Man hätte vor Anker gehen und eine Besserung der Sicht abwarten müssen. Statt dessen entschloß sich der Kapitän, die Fahrt fortzusetzen.

Bei diesem Seeunfall zeigt sich das Eingehen eines nichtvertretbaren Risikos, weil die sicherstellenden Maßnahmen für den Fall des Ausfallens des Radargeräts weder vorbereitet, noch durchgeführt wurden.

+ + + Das Motorschiff VASILIY YAN der Asowschen Reederei, vermessen mit 3587 BRT, lief am 14. Oktober 1977 von Taganrog nach Kertsch. Um 06.00 Uhr, nachdem es den Lotsen übernommen hatte, lief es in den Kertsch-Jenikal-Kanal ein. Bis

zur Drehung in den Ansteuerungskanal nach Kertsch verblieben noch etwa 2 sm. Da verschlechterte sich die Sicht bis auf 1 bis 2 kbl.
Der Kapitän entschloß sich, eine Besserung der Sicht abzuwarten und in den Hafen einzulaufen. Im Ansteuerungskanal verschlechterte sich die Sicht bis auf 100 m. Wegen der Gefahr einer Versetzung durch den Strom über den Kanalrand hinaus wurde die volle Manöverfahrt acht Minuten lang nicht verringert. Danach wurden die Umdrehungen auf langsame und um 07.42 Uhr – mit dem Erreichen des Hafengebiets – auf ganz langsame Fahrt verringert. Um 07.45 Uhr wurde in einer Entfernung von etwa 1,5 kbl von der Pier die Maschine gestoppt und der Steuerbordanker mit einer Kettenlänge fallengelassen. Zwei Minuten später wurde von der Back gemeldet, daß die Pier in einer Entfernung von 80 m ausgemacht werde und daß sich die Entfernung bis zur Pier schnell verringert. Es wurde volle Fahrt zurück aufgenommen und das Ruder hart Steuerbord gelegt. Diese Maßnahmen kamen jedoch zu spät. Nach ungefähr einer Minute rammte das Schiff, das noch Fahrt voraus machte, mit dem Steven die Pier und mit der Back einen Portalkran, der für längere Zeit ausfiel. + + +

MS VASILIY YAN

Auch in diesem Falle wurde ein unbegründetes Risiko eingegangen. Man hätte darauf verzichten sollen, unter Verletzung der üblichen Verfahren einer guten Seemannschaft den engen Kanal bei dichtem Nebel und einer starken Querströmung zu befahren. Das um so mehr, da eine Verordnung für den Handelshafen von Kertsch ein solches Befahren untersagt. Unter diesen Bedingungen bestand schon die Gefahr des Festkommens im Kanal. Nach seiner glücklichen Passage und dem Erreichen des Hafengebiets wäre es notwendig gewesen, die Fahrt aus dem Schiff zu nehmen und vor Anker zu gehen, um eine Besserung der Sicht abzuwarten. Wollte man dennoch die Fahrt fortsetzen, dann hätte die Geschwindigkeit mit Hilfe der Funkmeßanlage kontrolliert werden müssen. Aber selbst eine visuelle Schätzung der Geschwindigkeit des Vorbeilaufens des Wassers an der Bordwand wurde nicht vorgenommen und die Funkmeßbeobachtung nur mit Unterbrechungen geführt.
Aus diesem Grund verlor der Kapitän, nachdem er die Pier visuell in einem weit geringeren Abstand als angenommen ausmachte, den Kopf und war zu Handlungen nicht mehr fähig.
Der zweite Anker wurde nicht fallengelassen und der fallengelassene zur Erhöhung der Bremswirkung nicht gefiert, obwohl hierfür Möglichkeiten vorhanden gewesen waren.
Wie wir sehen, war auch hier das Eingehen eines unbegründeten Risikos die Ausgangsursache für diesen Seeunfall. Hinzu

kommt, daß der Lotse es entgegen den Bestimmungen gestattete, den Ansteuerungskanal von Kertsch im Nebel zu befahren.

+ + + Der Tanker NIKOLAS BARATASHVILI von der Grusinischen Reederei, vermessen mit 15034 BRT, legte am 24. September 1977 nachts, nachdem er 21 000 t Dieselkraftstoff übernommen hatte, von der Pier im Hafen von Batumi mit Hilfe eines Schleppers ab. Zum Auslaufen aus dem Hafen mußte der Tanker entlang der Anleger laufen, die an der Backbordseite in Fahrtrichtung des Schiffs unter einem Winkel von etwa 90° angeordnet waren.
Um 03.45 Uhr wurde nach dem Hieven des Ankers die Verbindung mit dem Schlepper gelöst. Es wurde ganz langsame Fahrt voraus aufgenommen und das Ruder hart Steuerbord gelegt. Nachdem man feststellte, daß das Schiff langsam nach Steuerbord dreht, wurde um 03.57 Uhr die Fahrtstufe auf halbe Fahrt und nach einer weiteren Minute auf volle Fahrt erhöht. Bei Fortsetzung der Fahrterhöhung und der Drehung nach Steuerbord kam es um 03.59 Uhr zu einer Berührung zwischen der Backbordseite des Tankers und dem Tragflügelschiff KOMETA sowie anderen Booten, die am Passagierkai lagen. Die vom Tanker zugefügten Schäden beliefen sich auf 400000 Rubel. + + +

MT NIKOLAS BARTASHVILI

Auch hier liegt die Ursache im Eingehen eines unbegründeten Risikos. Die Hilfe eines Schleppers wurde nicht in Anspruch genommen. Statt dessen entschloß sich der Kapitän, den Drehkreisradius durch Erhöhung der Geschwindigkeit zu verringern. Solche Handlungen zeugen davon, daß der Kapitän die Manövriereigenschaften seines Schiffs ungenügend kannte.

3.1.5. Unzureichende Beobachtung

Die unzureichende Beobachtung ist eine der verbreitetsten Ursachen für die Schiffsberührungen. Zeigen wir dies an Beispielen.
+ + + Der Tanker LEBEDIN der Noworossisker Reederei, vermessen mit 22078 BRT, traf am 24. Juni 1976 aus Tuapse kommend im Erdölhafen Schescharis zur Bebunkerung ein. Um 05.10 Uhr begann das Schiff, kleine Fahrt voraus laufend, gleichmäßig nach Steuerbord zu drehen, um nach einem Drehkreis von 180° anzulegen. Um 05.24 Uhr wurde die Maschine gestoppt. Um 05.26 Uhr wurden vom Achterschiff und vom Bug die Leinen an zwei Schlepper übergeben. Sie begannen das Schiff zu drehen. Zum Heck lief ein weiterer Schlepper, dem um 05.30 Uhr ebenfalls eine Schleppleine übergeben wurde. Nach Ablauf einer weiteren Minute wurde von der Back durch den 3. Offizier die

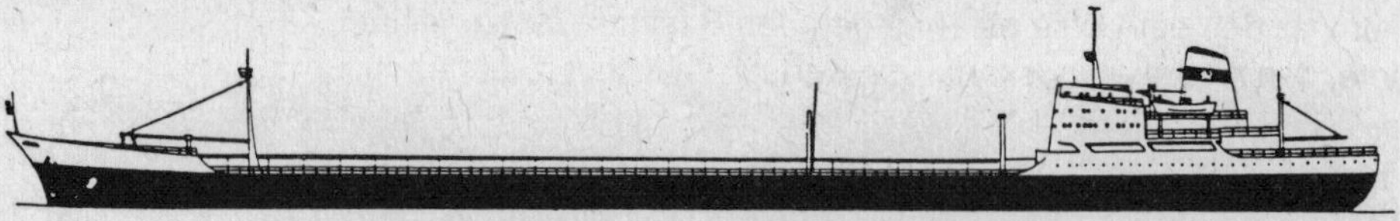

MT LEBEDIN

Meldung gegeben, daß der Abstand bis zur Pier noch 5 m beträgt. Daraufhin wurde volle Fahrt zurück aufgenommen. Diese Maßnahme erwies sich jedoch als zu spät, und es kam zu einer Berührung des Tankers mit der Pier. + + +
Bei den Schiffen vom Typ „Lisichansk", zu dem der Tanker LEBEDIN gehört (Länge 207 m), beträgt die Entfernung von den Aufbauten bis zum Bug fast 1 kbl. Aus diesem Grunde müssen zuverlässige Entfernungsangaben von der Back an die Brücke gemeldet werden. Die sich vermindernde Entfernung zum Anleger müßte im Radar kontrolliert werden. Dazu ist der kleinste Entfernungsbereich einzuschalten. In diesem Bereich muß erprobt und festgelegt sein, auf welche Entfernung das Ziel im Mittelpunkt untergeht. Mit Hilfe dieser Festlegung können die geschätzten Angaben von der Back überprüft werden. Das optische Erfassen und Einschätzen der Entfernung des Tankers zur Pier beim Anlegen muß von den Seeleuten auf der Back (Heck) ständig geübt werden.
Leider waren auf dem Tanker LEBEDIN weder das Einschätzen der Geschwindigkeit und Entfernung von der Back aus noch die Kontrolle durch das Radar trainiert worden. Verwunderlich ist außerdem, daß die Nautiker auf der Brücke in dem Moment, als sich der Abstand bis zur Pier bis auf einige Meter verkürzte, die Lage als nicht gefährlich einschätzten. Eine der Ursachen hierfür war ihre starke Ermüdung nach der anstrengenden Beladung in Tuapse und der kurzen Überfahrt bis Noworossisk. Das betraf allerdings nicht den Lotsen. Man kann begründet feststellen, daß die Hauptursache für die Berührung des Tankers LEBEDIN eine ungenügende Beobachtung von Back und Brücke (Radar) war.

+ + + Das Motorschiff TOLYA KOMAR der Murmansker Reederei, vermessen mit 3373 BRT, bunkerte am 17. Mai 1974 im kanadischen Hafen Toronto und war längsseits an der INDIGIRKA (7481 BRT) festgemacht, einem Schiff mit dieselelektrischem Antrieb. Um 19.30 Uhr wurde, nachdem das Bunkern abgeschlossen und der Lotse übernommen worden war, mit dem Ablegen begonnen. Da weder Wind noch Strom vorhanden waren, wurde auf Empfehlung des Lotsen ohne Schlepper abgelegt. Das Eindampfen über die Vorspring begann um 19.51 Uhr. Nach dem Eindampfen auf 20° bis 25° wurden die Vorleinen gelöst und langsame Fahrt zurück aufgenommen. Fast gleichzeitig mit der Fahrtaufnahme begann das Schiff zur Seite der INDIGIRKA zurückzufallen. Der Kapitän entschloß sich, wieder anzulegen und Schlepperhilfe in Anspruch zu nehmen. Der Lotse war jedoch der Auffassung, daß es hierfür keine Notwendigkeit gebe. Der Kapitän bestand nicht auf seinem Ent-

MS TOLYA KOMAR

DES INDIGIRKA

schluß. Um 19.53 Uhr wurde die Fahrtstufe auf ganz langsame Fahrt zurück verringert. Nach einer weiteren Minute wurde vom Heck gemeldet, daß sich das Schiff schnell der Ecke der Pier nähert. Das Stoppen der Maschine und ihre Umsteuerung auf Fahrt voraus kamen zu spät und konnten den Seeunfall nicht mehr verhindern. Zur Beseitigung der entstandenen Schäden waren 4 Tage erforderlich. + + +

Die Hauptursachen waren der Verzicht auf Schlepperhilfe und das Befolgen des Lotsenrats. Aber auch die ungenügende Beobachtung und das Fehlen einer rechtzeitigen Abstandsmeldung vom Heck waren mit ursächlich für den Seeunfall.

3.1.6. Ausfall der Hauptmaschinen und Fehler des Leitenden Technischen Offiziers (LTO)

Durch den Ausfall der Hauptmaschine kommt es jährlich durchschnittlich zu zwei Berührungen. Ohne auf die technischen Details der Fehler der LTO einzugehen, sollen die Umstände solcher Seeunfälle und einige Maßnahmen zu ihrer Verhinderung untersucht werden.

+ + + Das Passagierfrachtschiff PITSUNDA von der Asowschen Reederei, vermessen mit 1 002 BRT, lag am 3. Juli 1974 im Hafen von Sotschi und war mit Steuerbordseite an der Pier Nr. 1 vertäut. Um 17.30 Uhr wurde in die Vorspring eingedampft und mit ganz langsamer Fahrt zurück von der Pier abgelegt. Der Kapitän brachte das Schiff bis in die Mitte des Hafens. Hier wollte er über Backbord auf den Kurs von 270° drehen. Nachdem er sich davon überzeugt hatte, daß das Manöver mit Fahrt voraus nicht gelingt, wurde um 17.35 Uhr die Maschine gestoppt und danach halbe Fahrt zurück aufgenommen. Das Schiff machte Fahrt achteraus und drehte durch das Arbeiten der Schraube mit dem Heck nach Backbord. Nach einer Minute wurde das Kommando „Halbe Fahrt voraus" gegeben. Der Kapitän stellte fest, daß das Schiff weiter Fahrt zurück machte. Den Hebel des Maschinentelegraphen legte er nun über „Stopp" in die Stellung „Volle Fahrt voraus". Der LTO, der an der Umsteuereinrichtung stand, wiederholte das Kommando richtig, aber die Maschine sprang auf Fahrt zurück an. In diesem Moment befand sich das Schiff fast querab von der Pier. Die Entfernung bis zur Pier betrug weniger als 100 m. Der Kapitän stellte die schnelle Annäherung fest. Er erfaßte aber nicht sofort die eingetretene Lage und gab den Befehl, beide Anker fallenzulassen und die Ankerkette mitzufieren. Die Maschine stoppte er jedoch nicht. Das Schiff näherte sich immer schneller der Pier. 15 m von der Pier entfernt befahl der Kapitän, die Ketten festzusetzen, was jedoch nichts mehr half. Das Schiff rammte die Pier. + + +

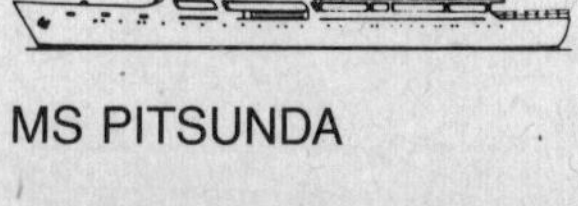

MS PITSUNDA

DS RYAZHSK

DS VYGOSERO, ein Schwesterschiff des DM RYAZHSK

+ + + Der Dampfer RYAZHSK von der Sachalinischen Reederei, vermessen mit 2233 BRT, traf am 5. Mai 1976 in Wanino ein, um beladen zu werden. Um 09.45 Uhr begann das Schiff mit Hilfe eines Schleppers mit der Backbordseite an einer Pier anzulegen. Das Anlegemanöver war kompliziert, weil es hinter einem schon festgemachten Fahrzeug und der rechtwinklig verlaufenden Anschlußpier erfolgen sollte. An dieser Anschlußpier war eine Schute festgemacht. Der Schlepper drückte das Heck zur Anlegepier. Um 09.47 Uhr, als die Entfernung des Bugs der RYAZHSK bis zur Schute noch 80 bis 100 m betrug, wurde langsame Fahrt zurück aufgenommen. Das Schiff kam nicht zum Stehen. Als das der Kapitän bemerkte, wiederholte er (bis zur Schute waren es nicht mehr als 40 m) zweimal das Kommando „Volle Fahrt zurück!“ und der Anker wurde mit einer Kettenlänge fallengelassen.
Um 19.48 Uhr beendete der Schlepper das Herandrücken. Das Schiff erhöhte sofort die Fahrt voraus und rammte die Schute in die Bordseite. + + +

Es stellte sich heraus, daß der LTO, der an der Umsteuereinrichtung stand, anstelle auf Fahrt zurück auf Fahrt voraus umgesteuert hatte. Weder der Kapitän noch sein 1. Offizier hatten den Umdrehungsanzeiger beobachtet. Und jetzt Beispiele von Berührungen durch Ausfall der Maschine.
+ + + Das Motorschiff DASHAVA der Murmansker Reederei, vermessen mit 6753 BRT, lag am 17. Oktober 1978 im Hafen Bremen und wurde beladen. Um 05.25 Uhr wurde, nachdem der Lotse übernommen worden war, mit Hilfe von Bug- und Heckschlepper bis in die Mitte des Fahrwassers verholt, um in ein anderes Hafenbecken zur weiteren Beladung einzulaufen. Das Wetter und die Sicht waren gut. Mit langsamer und ganz langsamer Fahrt voraus lief das Schiff zur Anlegestelle. Die Schlepper liefen am Bug und am Heck mit, hielten die Schlepperleinen lose und übten keinen Einfluß auf die Bewegung des Schiffs aus. Um 05.31 Uhr wurde 14 kbl von der Schleuse entfernt, die sich recht voraus befand, die Maschine gestoppt. Die Geschwindig-

MS DONSKOY, ein Schwesterschiff des DS DASHAVA

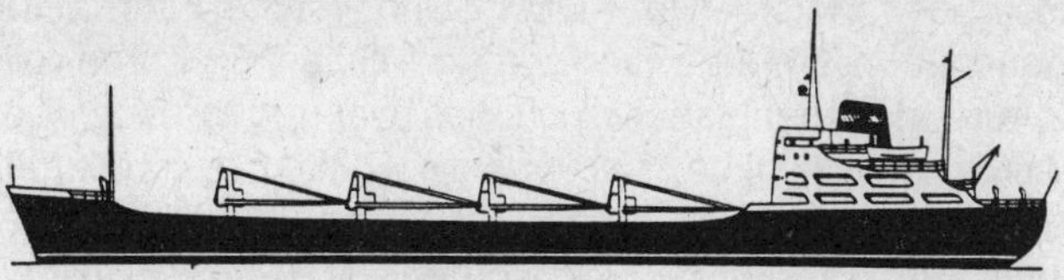

MS DASHAVA

keit des Schiffs betrug zu diesem Zeitpunkt 4 kn. Um 05.35 Uhr wurden in einer Entfernung von 1,5 kbl von der Schleuse zuerst langsame und dann sofort volle Fahrt zurück befohlen. Nachdem anhand des Umdrehungsanzeigers festgestellt worden war, daß die Maschine nicht reagierte, wurde der Hebel des Maschinentelegrafen auf „Volle Fahrt zurück" gelegt, die Maschine reagierte jedoch auch jetzt nicht. Der Kapitän informierte unverzüglich den Lotsen, der die Schlepper anwies, das Schiff aufzustoppen. Um 05.36 Uhr wurde auf Befehl des Kapitäns 130 m von der Schleuse entfernt der Backbordanker mit zwei Kettenlängen fallengelassen und um 05.37 Uhr bei einer Entfernung von 70 m bis zur Schleuse der Steuerbordanker. In diesem Moment drehte der Bugschlepper längs des Schiffskörpers der DASHAVA auf Gegenkurs und versuchte, die Vorausbewegung des Dampfers aufzuhalten. Der Heckschlepper reagierte auf die Anweisung des Lotsen nicht. Um 05.38 Uhr rammte die DASHAVA mit geringer Restfahrt die Schleusentore und fügte diesen erhebliche Beschädigungen zu. Die Verluste der Reederei durch diesen Seeunfall betrugen 200 000 Rubel. + + +

Wir können feststellen, daß das Nichtanspringen der Maschine, obwohl das die unmittelbare Ursache für den Seeunfall war, nicht zu solchen Folgen geführt hätte, wenn die Geschwindigkeit des Schiffs geringer gewesen wäre und entschlossenere Maßnahmen zum Stoppen des Schiffs unternommen worden wären. Tatsache ist, daß sich von 05.36 Uhr bis 05.37 Uhr die Entfernung bis zur Schleuse von 130 m bis auf 70 m verringerte. Das entspricht einer durchschnittlichen Geschwindigkeit von 3 kn. Beim Fallenlassen des Backbordankers muß die Geschwindigkeit noch etwas größer gewesen sein. Man kann dem Kapitän den Vorwurf machen, daß er nicht gleichzeitig beide Anker fallengelassen hat. Es ist fraglich, ob diese Maßnahme die Berührung verhindert hätte. Aber die Folgen der Berührung wären nicht so schwerwiegend gewesen.

+ + + Das Motorschiff AKADEMIK KRYLOV von der Baltischen Reederei lief am 4. Juli 1972 nach Mitternacht mit kleiner Fahrt eine Pier im Hafen von Szczecin an, um mit der Backbordseite zwischen zwei Schiffen an diese anzulegen. Das eine von den beiden Schiffen war ein polnisches und sollte am Heck liegen. Bei dem anderen Schiff handelte es sich um das sowjetische Motorschiff KOMILES (4533 BRT). Um 00.23 Uhr wurde die Maschine gestoppt und mit der Restfahrt weitergelaufen. Um 00.30 Uhr wurde beim Passieren des polnischen Schiffs der Steuerbordanker mit einer Kettenlänge fallengelassen. Um 00.35 Uhr wurde in einer Entfernung von 100 bis 120 m vom Heck des Motorschiffs KOMILES langsame Fahrt zurück aufgenommen. Die Maschine sprang nicht an. Es wurde volle Fahrt zurück gegeben, aber auch das war ergebnislos. Daraufhin wurde auf Befehl des Kapitäns die Ankerkette weiter gefiert. Zu dieser Zeit verkürzte sich der Abstand auf 40 bis 50 m. Nachdem zwei Kettenlängen gesteckt worden waren, wurde die Kette festgesetzt. Der Abstand bis zum Schiff hatte sich bis auf 15 bis 20 m verringert. Die langsame Vorausfahrt fortsetzend berührte die AKADEMIK KRYLOV mit ihrem Steven das Heck des Motorschiffs KOMILES. Es entstanden Schäden, für deren Beseitigung 5 Tage benötigt wurden. + + +

MS AKADEMIK KRYLOW

MS KOMILES

Es ist nicht schwer festzustellen, daß sich die Berührungen durch Ausfall der Maschine nach dem Charakter ihrer Ursachen unterscheiden. Zum einen sind dies Fehler der LTO, die beim Umsteuern die Richtung verwechseln, und zum anderen treten Störungen beim Anlassen der Maschine auf. Die ersteren sind meistens gefährlicher. Am zweckmäßigsten ist es in einem solchen Fall die Maschine zu stoppen und gleichzeitig den Fehler dem Maschinenleitstand zu melden. In der Regel ist es notwendig, ohne die Ergebnisse abzuwarten, die Anker und die Schlepper einzusetzen. Das muß unverzüglich geschehen, weil die Anlage des Manövers von einem normalen Betrieb der Maschine ausgeht. Im Prinzip muß man einen Maschinenausfall bei jedem Manöver einkalkulieren und prophylaktisch berücksichtigen. Eine allgemeine Vorsichtsmaßnahme ist die Verringerung der Geschwindigkeit. Wenn der Schiffsführer mit dem

Schiff jedoch gezwungen ist, unter Wind- und Seeeinfluß zu manövrieren oder anzulegen, dabei noch in Ballast, dann muß unbedingt Schlepperhilfe in Anspruch genommen werden. Ist das nicht zu erreichen, so ist eine Wetterbesserung abzuwarten. Wurde Rückwärts- oder Vorausfahrt befohlen und gelegt, dann ist die Ausführung am Umdrehungsanzeiger zu kontrollieren. Das anfängliche Ausschlagen des Zeigers zur erforderlichen Seite ist noch keine Garantie für das richtige Anspringen der Maschine. Wenn die Drehrichtung beim Umsteuern verwechselt wurde, darf die Fahrtstufe, was für Umstände auch immer vorliegen mögen, mit dem Maschinentelegrafen nicht „ergänzt" werden, ohne das Stoppen der Maschine abzuwarten. Solch eine „Ergänzung" verschärft die Situation meistens. Springt die Maschine beim ersten Anlaßversuch nicht an, muß man so handeln, als ob sie für das ganze Manöver ausgefallen sei. Auch hier sind die wichtigsten vorbeugenden Maßnahmen die Verringerung der Geschwindigkeit durch unverzügliches Fallenlassen des Ankers und die Inanspruchnahme von Schlepperhilfe. Es muß unterstrichen werden, daß ein Festhalten der Ankerkette fast genauso gefährlich ist wie ein verzögertes Fallenlassen des Ankers. Eine Untersuchung aller Berührungen zeigt, daß in den meisten Fällen der Anker mit Verzögerung fallengelassen wurde, daß die Länge der gesteckten Ankerkette unzureichend war oder der zweite Anker verspätet fallengelassen wurde, als er schon keine wesentliche Rolle mehr beim Abstoppen der Fahrt des Schiffs spielen konnte.
Es kommt jedoch auch vor, daß der Kapitän in Bruchteilen von Sekunden einen folgenschweren Entschluß über das Fallenlassen des Ankers fassen muß, sagen wir an einer Stelle, wo Kabel auf dem Grund verlegt sind. Läuft das Schiff schnell auf die Schleusentore zu und der Zusammenstoß ist nur noch mit dem Anker zu verhindern, dann kann die Zerstörung des Kabels weit weniger katastrophale Folgen nach sich ziehen als die Zerstörung eines Docktores bei z. B. nicht ausgeglichenem Wasserstand. Wenn das Schiff sich unter den gleichen Umständen einer Pier nähert, an der keine Schiffe liegen oder auf der keine Krane gefährdet werden, so ist es vernünftiger, die Anker nicht fallenzulassen. Eine Reparatur der Pier und des Schiffs ist in diesen Fällen billiger als die Instandsetzung des Kabels.
In der Praxis ist die richtige Entscheidung gewöhnlich wesentlich komplizierter. Sie hängt von vielen Umständen ab, in erster Linie von den Erfahrungen des Kapitäns, von seinem Kontakt zum Lotsen und von vielen anderen Faktoren. Ich muß nochmals auf das Nichtanspringen der Maschine zurückkommen. Hat man sich vom ordnungsgemäßen Arbeiten des Maschinentelegrafen oder der sonstigen Befehlseinrichtung überzeugt, dann sollte man nicht ununterbrochen den gegebenen Befehl wiederholen. Einerseits begreift der LTO die Situation und unternimmt alles zum schnellsten Anlassen der Maschine. Andererseits muß die Automatik erst das eingegebene Programm abarbeiten, ehe es zum neuen Anlaßvorgang kommt.

3.1.7. *Unterschätzung der hydrometeorologischen Bedingungen des Liegeplatzes*

Aus diesen Gründen kam es zu einer ganzen Reihe von Berührungen mit Anlegern, meistens verbunden mit schweren Beschädigungen am Schiff und an der Kaianlage. Dazu einige konkrete Beispiele.

+ + + In den ersten Januartagen des Jahres 1976 lag das Motorschiff HO SHI MIN von der Fernöstlichen Reederei, vermessen mit 9941 BRT, in Noworossisk am Anleger Nr. 9 zur Beladung. Der Kapitän war davon informiert worden, daß das Liegen an diesem Anleger bei Wind aus südlichen Richtungen gefährlich ist. Das Schiff war mit Backbordseite festgemacht. Der Anker befand sich querab. Es waren 7 Kettenlängen gesteckt. Vorn waren 7, achtern 6 Leinen ausgebracht. Die Maschine befand sich in 1-Stunden-Bereitschaft. Am 3. Januar um 22.30 Uhr wurde von der Hafenaufsicht telefonisch übermittelt, daß nach Mitternacht eine Zunahme des Windes aus Südwest bis auf 14 bis 21 m/s, in Böen bis auf 24 m/s sowie See 4 bis 5 erwartet wird. Um 04.30 Uhr nahm der Südostwind bis auf Stärke 5 zu. Für die Maschine wurde 15-Minuten-Bereitschaft angeordnet. Um 08.15 Uhr kam im Hafengebiet Grundsee auf – das Vorzeichen eines nahenden Sturms. Von der Hafenbehörde wurde festgelegt, den Anleger unverzüglich zu verlassen. Obwohl das Schiff hierüber, wie es sich gehört hätte, nicht informiert wurde, kannte man auf der HO SHI MIN das Vorhaben des Hafens, weil auf dem Schiff ein UKW-Gespräch des Leiters des Lotsendienstes mit dem Wachleiter der Hafenaufsicht mitgehört wurde. Um 09.00 Uhr wurde ein Lotse zum Schiff entsandt. Die Schlepper – der eine mit 2300 PS und der andere mit 1200 PS – wurden angewiesen, zur HO SHI MIN zu laufen, um das Schiff vom Anleger zu verholen. Der Dispatcher des Hafens erhielt die Weisung, ein Leinenkommando bereitzustellen. Um 09.20 Uhr hatte der Südostwind bis auf Stärke 6 zugenommen. Der Lotse traf auf dem Schiff ein. Um 09.35 Uhr war die Maschine klar. Um 09.40 Uhr wurden dem 2300-PS-Schlepper, der das Heck ange-

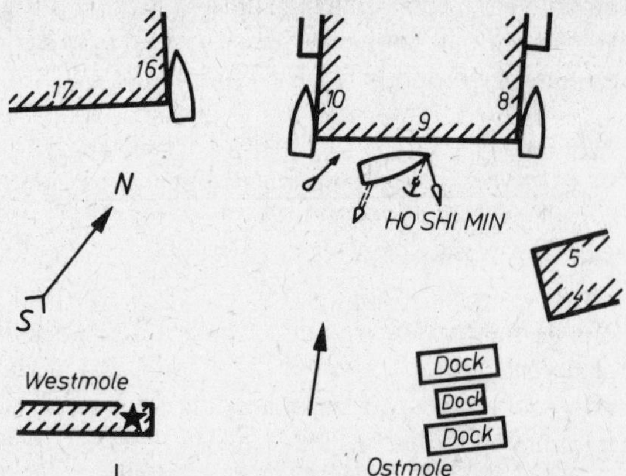

Schematische Darstellung der Berührung des MS HO SHI MIN mit dem Anleger

MS HO SHI MIN

laufen hatte, zwei 175-mm-Kapronleinen übergeben. Eine gleiche Leine wurde von der Back an den Kopfschlepper übergeben. Ein dritter Schlepper sollte nach dem Abtauen des Hecks zwischen Bordwand und Anleger laufen und drücken. Um 10.15 Uhr wurden die Festmacherleinen losgeworfen. Zu dieser Zeit hatten der Wind und der Seegang weiter heftig zugenommen. Um 10.30 Uhr brach eine der Schleppleinen zum Heckschlepper, während die zweite selbständig slippte. Das von der Wirkung der Schleppleinen befreite Heck der HO SHI MIN drehte schnell zur Seite des Anlegers und schlug auf ihn auf. Am Schiffskörper entstand ein Leck. Leinen wurden zum Land übergeben. Man begann, Stahltrosse für die Übergabe an die Schlepper vorzubereiten. Der 1200-PS-Kopfschlepper wurde gegen einen stärkeren 2300-PS-Schlepper ausgewechselt. Zu dieser Zeit erreichte der Wind Stärke 9 und die Wellenhöhe betrug 3 m. Das erschwerte wesentlich die Arbeiten der Schlepper. Die ganze Zeit über schlug das Schiff stark auf den Anleger. Um 11.28 Uhr kam es zum Wassereinbruch. Es wurde Leckrolle ausgelöst. Um 12.15 Uhr wurden die Stahltrossen an die Schlepper übergeben und festgemacht. Man begann mit dem Abtauen des Hecks. Aber 5 Minuten später brach erneut die achtern ausgebrachte Schlepptrosse. Das Heck schlug wieder gegen den Anleger. Zur Hilfeleistung beim Verholen des Schiffs wurden zwei weitere Schlepper eingesetzt. Jedoch alle Versuche blieben ergebnislos. Erst um 17.45 Uhr, als der Wind bis auf Stärke 6 abgenommen und *auf Süd-West gedreht hatte*, gelang es, das Schiff zu verholen. Im Ergebnis des Aufschlagens auf den Anleger trug das Schiff Beschädigungen davon, für deren Beseitigung 150000 Rubel aufgewendet werden mußten. Stark beschädigt war auch der Anleger, der für lange Zeit nicht benutzt werden konnte. Die Kosten für die Reparatur des Anlegers beliefen sich auf rund 60000 Rubel. + + +

Die unmittelbare Ursache für diesen schweren Seeunfall war die Wetterlage. Die schwierige Situation, in die das Schiff am Anleger geraten war, ist auf andere Ursachen zurückzuführen. Kurz gesagt, hier hatte die Unterschätzung der Größe der Gefahr des Liegens an der „Sturmpier" schuld. Am Abend des Vortags war immerhin eine Sturmwarnung empfangen worden.

Es ist richtig, daß bis zu diesem Zeitpunkt ähnliche Vorhersagen einige Male nicht zutrafen. Hierauf ist die unberechtigte Gelassenheit des Kapitäns und der Arbeiter an Land zurückzuführen. Natürlich wirken sich die häufigen längeren Unterbrechungen der Umschlagsarbeiten wesentlich auf den Hafenbetrieb aus. Daher wäre zu verstehen gewesen, wenn man am Tage aufmerksam den Wetterablauf verfolgt hätte, bevor das Schiff verholt wurde. In diesem Fall aber erfolgte die Warnung für die Nachtstunden. Das Verholen im Dunkeln ist mit größeren Schwierigkeiten verbunden. Daher hätte das Schiff bei Zunahme des Windes – ohne noch weitere Zeit zu verlieren – sofort verholt werden müssen. Dies wurde jedoch nicht getan. Ungefähr um 5 Uhr morgens begann sich die Vorhersage zu bewahrheiten, wenn auch mit einer gewissen Verzögerung und aus Süd-Ost-Richtung. Zu dieser Zeit war es noch nicht zu spät für ein Verholen des Schiffs. Der Wind nahm immer mehr zu und im Hafengebiet kam Grundsee auf – eine eindeutige Bestätigung für das Herannahen eines Sturms. Jedoch diese drohenden Anzeichen wurden erst um 08.15 Uhr zur Kenntnis genommen. Aber auch jetzt wäre es noch nicht zu spät für ein Verholen des Schiffs gewesen, wenn alle, die es betraf, die Gefahr erkannt, Alarm geschlagen und Sofortmaßnahmen zum Verholen des Schiffs eingeleitet hätten. Statt dessen wurden nach einem einstündigen „Abwarten" an Land, ohne daß das Schiff hierüber informiert wurde, Schlepper zum Verholen des Schiffs entsandt, und es traf der Lotse ein. Die Gelassenheit des Kapitäns zeugte ebenfalls davon, daß er die tatsächliche Situation überhaupt nicht erfaßt hatte, denn von 9 bis 10 Uhr morgens war der Kapitän an Land gegangen. Die eingetretenen Ereignisse bedürfen wohl kaum eines weiteren Kommentars.

MT SURAKHANY

+ + + Der Motortanker SURAKHANY (3821 BRT) der Kaspischen Reederei lag am 24. Januar 1977 zum Beladen an der Pier des Betriebs Neftjanye Kamni. Zwei Stunden nach Beginn des Beladens nahm der schwache Nordostwind bis auf Stärke 5 zu und drehte auf Nord. Das meldete der Wachhabende dem Kapitän. Dieser verließ mit dem Schiff nicht den Liegeplatz. Bereits nach einer viertel Stunde lief eine schwere Grundsee und das Schiff begann gegen die Pier zu schlagen. Erst hiernach wurden die Beladearbeiten unterbrochen und mit dem Klarmachen des Schiffs zum Ablegen begonnen. Nach vierzig Minuten lief das Schiff von der Pier ab. In dieser Zeit hatte das Schiff durch das starke Aufschlagen auf den Anleger ernsthafte Beschädigungen am Schiffskörper erhalten. Die Unterschätzung der heraufziehenden Gefahr durch den Kapitän war hier ursächlich für den Seeunfall. + + +

Eine etwas andere Ursache haben die Berührungen von vor Anker liegenden Schiffen mit anderen Schiffen bei Aufkommen von schlechtem Wetter. Im Grunde genommen ist es das nicht rechtzeitige Feststellen des Vertreibens vom Ankerort.

+ + + Das Motorschiff RUZA der Nordreederei, vermessen mit 4531 BRT, lag am 7. August 1975 auf der Solombalski-Reede in Archangelsk vor Anker. Zu Wasser waren drei Ketten-

MS RUZA

MS RUZA

längen. Die Maschine befand sich in Halbstundenbereitschaft. Um 08.00 Uhr trat der 2. Offizier seine Wache an. Weder der Kapitän noch der 1. Offizier befanden sich an Bord. Bald darauf wurde die Warnung über eine Zunahme des Winds bis auf 17 m/s übermittelt. Der Wachoffizier kontrollierte ungenügend die Abdrift des Schiffs, und weitere Kettenlängen ließ er nicht stecken. Um 14.00 Uhr traf der 1. Offizier an Bord ein. Er stellte fest, daß das Schiff in Richtung auf die RIONGES (5080 BRT), einem Schiff mit dieselelektrischem Antrieb, vertreibt, das achteraus lag. Der 1. Offizier gab die Weisung, die Maschine in ständige Betriebsbereitschaft zu bringen. Weitere Maßnahmen leitete er jedoch auch nicht ein. Erst um 15.30 Uhr, als sich der Abstand zur RIONGES bis auf 15 bis 20 m verringert hatte, ließ er Anker aufgehen und die Maschine mit langsamer Fahrt voraus laufen, um das Schiff gegen den Wind zu halten. Der Wind hatte zu dieser Zeit die Stärke 7 bis 8. Um 15.43 Uhr meldete der Bootsmann von der Back, daß sich die Ankerkette unter dem Schiffskörper befindet. Der 1. Offizier ließ langsame, dann halbe und danach volle Fahrt zurück aufnehmen. Mit voller Fahrt lief die Maschine zwei Minuten. Das Schiff konnte nicht im Ruder gehalten werden.

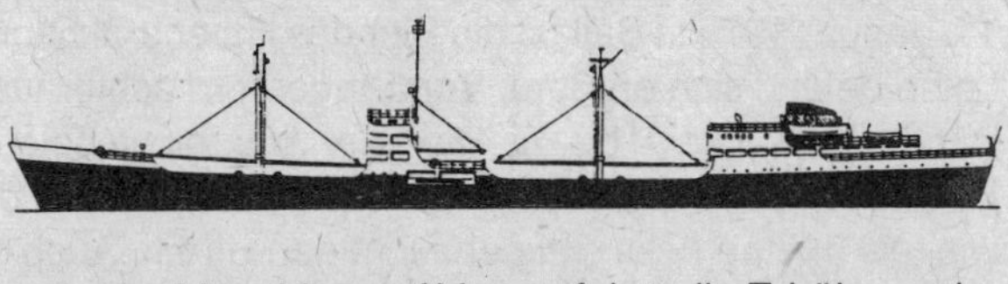

DES RIONGES

Das Umsteuern der Maschine auf Vorausfahrt, die Erhöhung der Fahrtstufe bis auf volle Fahrt und das Ruderlegen als Versuch, eine Berührung mit der RIONGES zu verhindern, erwiesen sich als ergebnislos. Um 15.47 Uhr lief die RUZA bei voller Fahrt voraus mit ihrer Backbordseite in Höhe der mittleren Aufbauten auf den Vorsteven der RIONGES auf. Hierbei erhielt die RUZA

Beschädigungen, für deren Beseitigung mehr als 40000 Rubel aufgewendet werden mußten. + + +

Eine der Ursachen für diesen Seeunfall liegt in der unzuverlässigen Wachausübung durch den Wachoffizier. Auch der 1. Offizier hat nach dem Feststellen des Vertreibens nicht reagiert. Der zweite Anker wurde nicht fallengelassen und die Ankerkette nicht gefiert. Zu handeln begann er erst, nachdem er solange gewartet hatte, bis die Lage gefährlich wurde. Seine Handlungen waren aber, wie schon beschrieben, erfolglos geblieben.

+ + + Unter ähnlichen Bedingungen kam es am 3. Juni 1976 zu einer Berührung des Motorschiffs GEOKCHAY (3398 BRT) von der Kaspischen Reederei mit dem Motorschiff SAATLY (3398 BRT) von derselben Reederei.

Das Schiff lag auf der Flußreede in Astrachan vor Anker und hatte zwei Kettenlängen gesteckt. Um 14.00 Uhr nahm der Wind bis auf Stärke 8 bis 9 zu. Um eine Berührung des Hecks mit dem Ufer zu vermeiden, entschloß sich der Kapitän, den Ankerplatz zu wechseln. Nach dem Hieven des Ankers lief das Schiff stromaufwärts. Um 14.40 Uhr wurden der Backbordanker mit zwei Kettenlängen und der Heckanker fallengelassen. Da die Länge der Kette eindeutig zu gering war, drehte das Fahrzeug quer zur Strömung und begann schnell in Richtung auf das Motorschiff SAATLY zu treiben. Weder das Arbeiten mit den Maschinen noch das Fallenlassen des zweiten Ankers halfen. Um 14.53 Uhr kam es zu einer Berührung mit dem Steven des genannten Schiffs. + + +

MS GEOKCHAY, ein Schwesterschiff des MS SAATLY

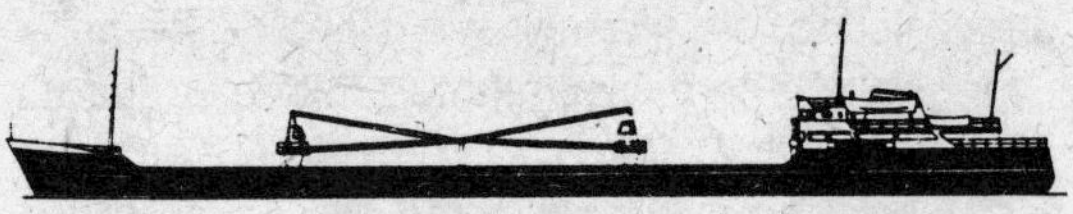

Ein sehr verbreiteter Fehler ist das Anlaufen eines Anlegers im Dunkeln bei ungenügender Beleuchtung desselben. In solchen Fällen können der kleinste Berechnungsfehler, ein starker Windstoß, eine Veränderung der Geschwindigkeit des Stroms oder seiner Richtung zu Seeunfällen führen.

+ + + Das Motorschiff ALEKSANDER GERTSEN von der Schwarzmeer-Reederei, vermessen mit 10109 BRT, lief am 11. Januar 1975 in Ballast die Pier des Hafens Oktjabrskij an. Ein Lotse befand sich an Bord. Von Steuerbord achteraus wehte ein Wind mit Stärke 4 bis 5. Die Pier war nicht beleuchtet. Der Kapitän und der Lotse irrten sich in der Auswahl des Anlaufwinkels und berücksichtigten nicht den Strom. Auch das Fallenlassen beider Anker und volle Fahrt zurück konnten den Fehler

MS ALEKSANDER GERTSEN

nicht neutralisieren. Das Schiff rammte mit dem Steven das Kopfende der Pier und erhielt Beschädigungen am Schiffskörper. + + +

Gelegentlich bietet in den Fällen, da keine Schlepper vorhanden sind und nichts gegen das Fallenlassen des Ankers spricht, ein Anlegen mit zwei gesteckten Kettenlängen die Möglichkeit, mit einer etwas größeren Fahrtstufe (nicht Geschwindigkeit) zu laufen, zuverlässiger in unmittelbarer Nähe der Pier zu manövrieren und bei unvorhergesehenen Fällen schneller zu stoppen.

+ + + Das Motorschiff KARL KRUSHTEYN (1 153 BRT) von der Estnischen Reederei berührte am 22. November 1976 im Dunkeln beim Fahren eines Drehkreises auf der Reede des französischen Hafens Calais eine Tonne, die daraufhin sank. Die Ursache für die Berührung war das Nichtberücksichtigen der Richtung und Stärke des Stroms. + + +

MS KARL KRUSHTEYN

+ + + Auf dem Motorschiff BELOMORSKLES (4520 BRT) von der Nordreederei berücksichtigte man am 10. Mai 1979 in Bremen beim Anlaufen zur Schleuse nicht den Einfluß des Stroms, der beim Öffnen der Schleusentore auftritt. Ungeachtet des Vorhandenseins von zwei Schleppern kam es zu einer Berührung. + + +

MS BELOMORSKLES

Die Verluste infolge dieser Berührungen sind in der Regel unbedeutend, und die Beschädigungen der Schiffe beeinträchtigen nicht ihre Seetüchtigkeit. Nicht selten sind sie auch das Ergebnis eines vertretbaren wirtschaftlichen Risikos.

Eine der verbreitetsten Ursachen für das Auftreten von Berührungen ist die Unfähigkeit, richtig mit den Ankern zu arbeiten. In nicht wenigen Fällen kam es durch das nicht rechtzeitige Fallenlassen des Ankers zu einer Berührung. Natürlich kann man nicht immer aktiv die Anker einsetzen, aber für Schiffe mittlerer Tonnage ist solch ein Anlegeverfahren, besonders wenn keine Schlepper vorhanden sind, normal und gewährt Sicherheit und Ruhe. Nicht zu vergessen sind die Einflüsse mangelhafter landseitiger Sicherstellung auf die Manöver. Zu diesen gehören: eine schlechte Beleuchtung der Pier, ein ungenaues Arbeiten der Schlepper, das Fehlen von Leinenkommandos, eine Aufstellung der Krane dicht an der Kaikante.

3.2. Analyse der Schiffsberührungen

An der Gesamtzahl der nautischen Seeunfälle sind die Berührungen mit einem Anteil von 37 % beteiligt. In dieser Zahl sind alle Berührungen enthalten, die Gegenstand einer offiziellen Untersuchung wurden und die Erarbeitung amtlicher Abschlußberichte erforderten. Den Anteil dieser oder jener Ursache an der Gesamtzahl der Berührungen zeigt die nachfolgende Aufstellung:

3.2.1. Statistische Übersicht

Übermäßig hohe Geschwindigkeit	25,8 %
Übertragung der Schiffsführung an den Lotsen	39,0 %
Ausfall der Maschinen, Fehler des LTO	6,1 %
Keine oder falsche Berücksichtigung des Stroms und des Windes	11,3 %
Unentschlossenheit, verspätetes Handeln	33,3 %
Unbegründetes Risiko	12,2 %
Unbefriedigende Beobachtung	23,9 %
Fehler bei der Berücksichtigung der Manövrierfähigkeit des Schiffs	12,2 %
Nichtinanspruchnahme von Schleppern oder Inanspruchnahme einer ungenügenden Anzahl von Schleppern	21,1 %
Schlechte Verbindung zu den Schleppern, mit der Back und dem Achterschiff	5,6 %
Schlechte Führung der Schlepper	2,8 %
Nichtübereinstimmung der Festigkeit der Schleppleine mit den Anlegebedingungen	2,8 %
Vertreiben vor Anker	7,0 %
Nichtberücksichtigung der hydrometeorologischen Bedingungen beim Anlaufen	13,6 %

Da bei jeder Berührung in der Regel mehrere Ursachen vorliegen, ist die Gesamtsumme der Prozente nicht gleich 100. Im täglichen Bordbetrieb gibt es außerdem eine Vielzahl von Gelegenheiten, die zu einer Berührung führen. Durch das Vorbeifahren eines anderen Schiffs am Liegeplatz z. B. arbeitet das liegende Schiff in den Leinen. Es berührt mit den Fendern oder direkt mit der Bordwand die Pier. In diesen Fällen wird der Vorgang im Schiffstagebuch vermerkt. Bei anderer Gelegenheit kann das Anlaß für eine Meldung an die Reederei sein.

Solche Berührungen entstehen in der Regel aus einem begründeten betrieblichen Risiko. Ihr „belehrender Wert“ ist gewöhnlich sehr gering. Daher werden sie nicht als Seeunfälle (auch nicht in der obengenannten Prozentzahl) im Sinne von „Berührungen“ erfaßt.

3.2.2. Einfluß geographischer Bedingungen

Hinsichtlich der Verteilung der Berührungen nach geographischen Bedingungen haben statistische Erhebungen ergeben, daß die Häfen der Länder Nordeuropas nicht nur nach der absoluten Anzahl, sondern auch nach der Häufigkeit dominieren. Besonders oft treten sie in Antwerpen und Alexandria auf.

Beengtheit und starke Strömung sind hier die Ursachen für erhöhte Schwierigkeiten, bei denen häufig Fehler oder Versäumnisse begangen werden. In Alexandria werden die äußerst beengten Verhältnisse nicht selten durch ungenügende Informationen sowie durch die nicht immer qualifizierte Arbeit der Lotsen und der Schlepper weiter erschwert.

Von den sowjetischen Häfen können Odessa, Archangelsk und Baku genannt werden.

3.2.3. Einfluß äußerer Bedingungen

Die Verteilung der Gesamtanzahl der Berührungen nach den Einsatzbereichen in Abhängigkeit von der Tageszeit und den Sichtverhältnissen ist in der Tabelle 7 enthalten.
Der geringe Prozentsatz von Berührungen im Nebel ist im Grunde genommen damit zu erklären, daß ein Anlegen unter solch komplizierten Bedingungen nur in Ausnahmefällen durchgeführt wird. Aber auch bei dem geringen Prozentsatz ist die Häufigkeit der Berührungen im Nebel fast um 1,4 mal größer als bei normalen Sichtverhältnissen (im Einsatzgebiet Nordwest um das 2,8fache). Es macht auch der Umstand auf sich aufmerksam, daß die Häufigkeit der Berührungen bei Nebel im Hellen wesentlich größer ist, als im Dunkeln. Möglicherweise liegt es daran, daß bei sehr dichtem Nebel die Ausmachentfernung von Lichtern nachts größer ist als von anderen Gegenständen am Tage.

Tabelle 7

Einsatzgebiet	Verteilung der Berührungen abhängig von den äußeren Bedingungen in % klar		Nebel		insges.	
	Tag	Nacht	Tag	Nacht	Tag	Nacht
Süd	17,6	12,5	0,8	–	18,4	12,5
Nordwest	16,1	17,5	6,2	4,0	22,3	21,5
Fernost	5,7	5,1	1,4	0,6	7,1	5,7
Weitere	6,5	4,0	1,1	0,9	7,6	4,9
Insgesamt	45,9	39,1	9,6	5,4	55,5	44,5

3.2.4. Abhängigkeit des Schweregrads der Berührungen von den äußeren Bedingungen

Der Schweregrad der Berührungen wird, wie das auch bei anderen Seeunfällen der Fall ist, durch die auftretenden Schäden und Verluste bestimmt. Erinnern wir uns, daß hierzu die Ausgaben zur Instandsetzung der Seeunfallbeschädigungen und zur Rettung von Schiff und Besatzung gehören. Die letzteren Ausgaben sind bei dieser Art des Seeunfallgeschehens selten.
Eine Gegenüberstellung der mittleren Schäden und Verluste durch Berührungen im Nebel und bei normalen Sichtverhältnissen (Darstellung a) zeigt, daß sie bei Nebel doppelt so groß sind. Das zeugt von der unterschiedlichen Qualität des Ausmachens des Gegners und der erforderlichen Reaktion des Schiffsführers bei Funkmeß- oder visueller Beobachtung. Die Schwere der Folgen einer Berührung im Nebel weisen meistens auf eine zu hohe Geschwindigkeit hin. Das visuelle Beobachten einer schnell näherkommenden Pier hat oft eine direkte emotionale Wirkung, die zum rechtzeitigen Aufstoppen der Fahrt Anlaß gibt.
Auf Darstellung b ist zu sehen, daß die Schwere der Berührungen am Tage etwas größer ist (berücksichtigt wurden die Berührungen sowohl im Nebel als auch bei guten Sichtverhältnissen). Wenn man die unbedeutende Anzahl von Berührungen im Nebel nicht berücksichtigt, so sind die Unterschiede in der Schwere der

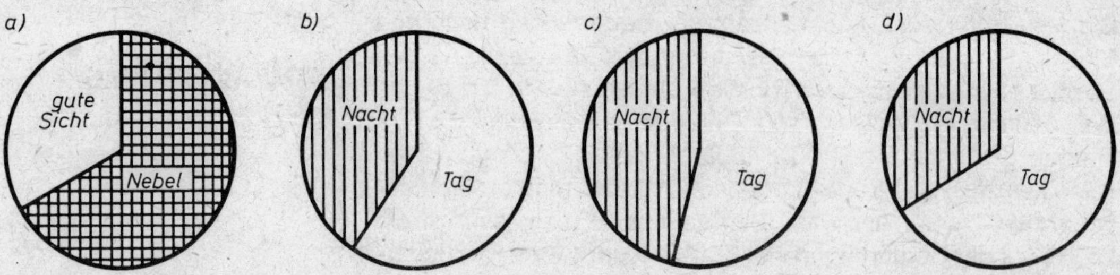

Die Abhängigkeit der Schwere der Berührungen von den äußeren Bedingungen

Berührungen am Tage und in der Nacht bedeutend angeglichener (Darstellung c). Hier machen sich die höheren Geschwindigkeiten und die geringere Vorsicht bemerkbar. Darstellung d zeigt, daß die Schwere der Berührungen bei begrenzten Sichtverhältnissen nachts um das Doppelte geringer ist als am Tage.

4. Ergänzungen des Herausgebers

4.1. Leitungsstruktur des Seeverkehrs in der DDR und in der UdSSR

Der Autor kann bei dem Leserkreis in der UdSSR die Kenntnis über Struktur, Aufgabenbereiche und Kompetenzen der Seeflotte der UdSSR und über den Inhalt bestimmter, sie betreffender Rechtsnormen als bekannt voraussetzen. Dies kann vom DDR-Leser nicht erwartet werden. Die Erläuterung bestimmter Teile des strukturellen Aufbaus der Leitungsorgane der sowjetischen und der DDR-Handelsschiffahrt, der Art und Weise der Seeunfalluntersuchung und der Durchführung der Seewache auf der Brücke geschieht unter dem speziellen Gesichtspunkt dieses Buchs. Dem Leser sollte immer bewußt sein, daß nicht nur die UdSSR als Land, sondern auch ihre Seeflotte um ein Vielfaches größer ist als die DDR und ihre Flotte. Dies allein erfordert unterschiedliche Lösungen. Nicht vergessen sollte man dabei, daß der Aufbau, die Struktur und die Einsatzprinzipien historisch gewachsen sind und auch aus diesem Grund unterschiedliche Wege beschritten wurden. Die Struktur und die anderen Bestimmungen entsprechen dem Stand von Anfang 1986. Die sowjetische Leitungsstruktur befindet sich zur Zeit in einem Prozeß weiterer Vervollkommnung.

4.1.1. Leitungsstruktur des Seeverkehrs in der DDR

Das Organ des Ministerrats zur Leitung und Planung des Verkehrswesens ist das Ministerium für Verkehrswesen (MfV). Es verwirklicht u. a. zentrale Koordinierungs- und Kontrollaufgaben und erfüllt wichtige Funktionen bei der Vorbereitung und Durchführung der Gesetze und Beschlüsse der Volkskammer und der Entscheidungen des Ministerrats. Zum Verantwortungsbereich des MfV gehört u. a. der Seeverkehr (Statut des Ministeriums für Verkehrswesen. Beschluß des Ministerrats vom 14. 08. 1975. GBl. I Nr. 34 S. 621). Das Ministerium wird vom Minister nach dem Prinzip der Einzelleitung und kollektiven Beratung der Grundfragen geleitet. Das beratende Organ des Ministers ist das Kollegium. Der Minister legt die Verantwortung seiner Stellvertreter fest. Einer seiner Stellvertreter ist verantwortlich für den Seeverkehr und die Binnenschiffahrt. Dem mit dem Aufbau und der Struktur volkseigener Kombinate und Betriebe vertrauten DDR-Leser gibt das Strukturschema hinreichend Auskunft über die Aufgabenstellung und Verantwortung des Ministers für Verkehrswesen für den Seeverkehr der DDR.

Das Kombinat Seeverkehr und Hafenwirtschaft – Deutfracht/Seereederei – ist dem Ministerium für Verkehrswesen unterstellt (Statut des VE Kombinat Seeverkehr und Hafenwirtschaft – Deutfracht/Seereederei – vom 02. 12. 1981, bestätigt vom Minister für Verkehrswesen am 30. 12. 1981. In Kraft getreten am 01. 01. 1982). Das Kombinat sichert als Wirtschaftseinheit im Verkehrswesen der DDR die einheitliche Leitung, Planung und Durchführung des Seetransports und des Seehafenumschlags von Gütern sowie die Personenbeförderung auf Fracht- und Passagierschiffen über See. Es ist verantwortlich für die effektive Gestaltung und weitgehend geschlossene Organisierung seines Reproduktionsprozesses.

Dem Kombinat unterstehen Kombinatsbetriebe. Von diesen ist der VEB Deutsche Seereederei (DSR) ein volkseigener Betrieb des einheitlichen sozialistischen Verkehrswesens der DDR und Stammbetrieb des VE Kombinat Seeverkehr und Hafenwirtschaft – Deutfracht/Seereederei.

Der DSR obliegt die Durchführung von Seetransporten für den Außenhandel der DDR und für ausländische Auftraggeber, die Be-

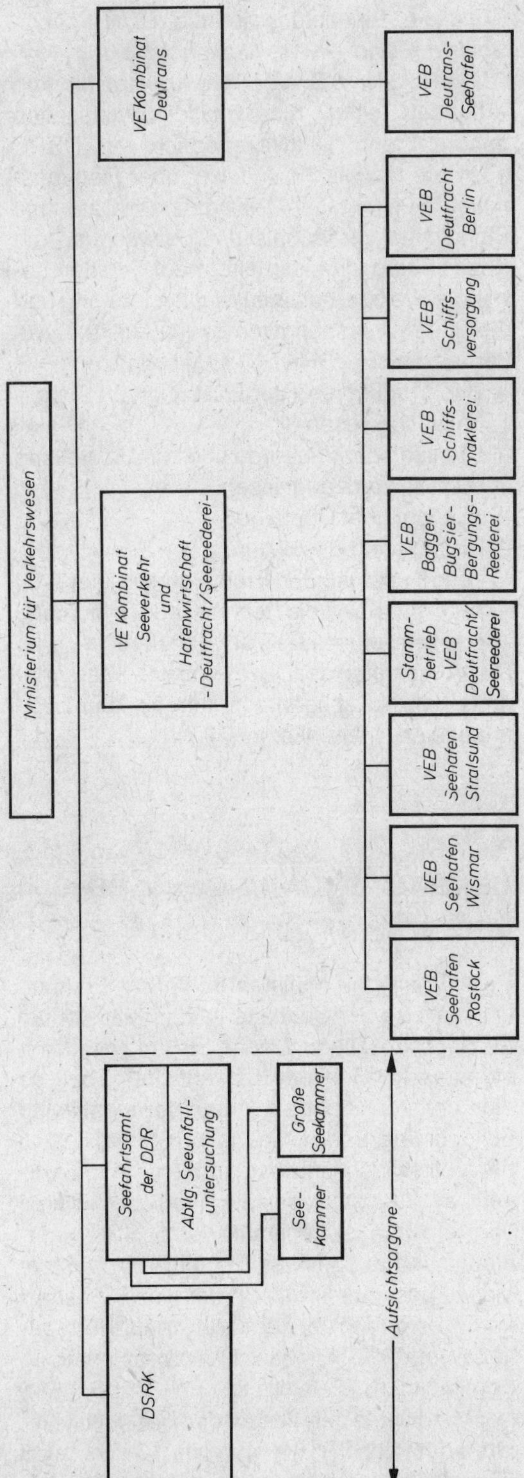

Auszugsweise Darstellung der Leitungsstruktur des Seesverkehrs der DDR

frachtung von Seeschiffen und die Realisierung der Passagierfahrt.

Die DSR wird durch den Generaldirektor nach dem Prinzip der Einzelleitung bei kollektiver Beratung in Grundfragen und umfassender Mitwirkung der Werktätigen geleitet. Der Generaldirektor ist dem Minister für Verkehrswesen direkt unterstellt und ihm gegenüber für die Erfüllung der Aufgaben der DSR verantwortlich und rechenschaftspflichtig. Das Unterstellungsverhältnis einiger nachgeordneter Leiter im Zusammenhang mit aufgetretenen Seeunfällen ist aus nachstehendem Strukturschema zu ersehen.

Im Unterschied zur Sowjetunion sind im Seeverkehr der DDR die Aufsichts- und Kontrollaufgaben des Ministers zwei speziellen staatlichen Organen (Seefahrtsamt und DSRK) übertragen.

Zur Gewährleistung der nautisch-seemännischen und der personellen Schiffssicherheit sowie der Ladungssicherheit, der Verkehrssicherung, des Seenotrettungsdienstes und der Sicherheit aller anderen Operationen, einschließlich der Untersuchung und Auswertung von Seeunfällen, wird die Schiffahrtsaufsicht auf den Seegewässern und auf anderen Seegebieten, die der Hoheitsgewalt der DDR unterliegen, vom *Seefahrtsamt der DDR* ausgeübt (GBl. I 1980 Nr. 16 S. 146). Neben diesen Aufgaben gehören zum Tätigkeitsbereich des Seefahrtsamtes auch die Verwaltung, Instandhaltung und der Ausbau der dem Ministerium für Verkehrswesen zugeordneten Seegewässer und Verkehrsanlagen. Außerdem ist das Seefahrtsamt bevollmächtigt zur

- Aufsicht über die Einhaltung der für die Ordnung, Disziplin und Sicherheit in der Seefahrt geltenden nationalen und internationalen Vorschriften,
- Aufsicht über das Lotswesen,
- Durchführung des Eisdienstes,
- Durchführung des Strandungswesens,
- Führung des Schiffsregisters und des Schiffsbauregisters der DDR sowie Verleihung des Flaggenführungsrechts der Seeschiffe.

Weiterhin obliegt dem Seefahrtsamt die

- Vermessung von Seeschiffen,
- Festlegung von Hörwachen im Funkdienst,

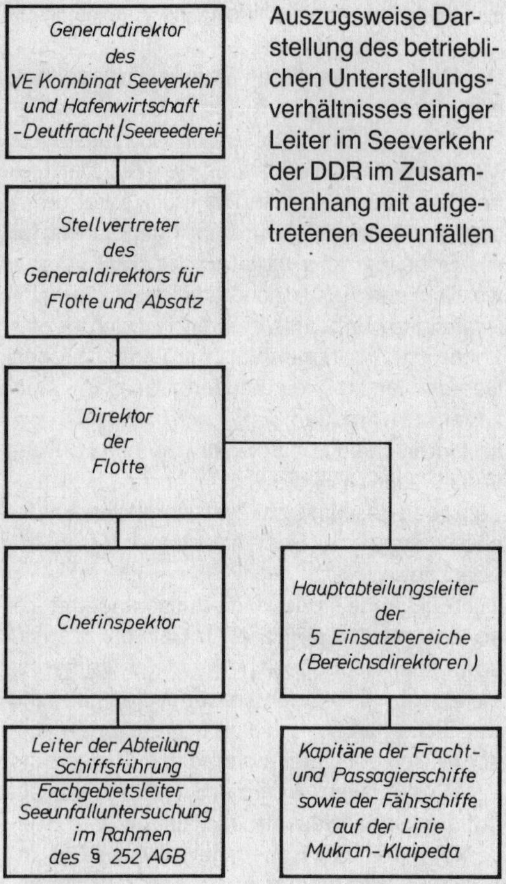

Auszugsweise Darstellung des betrieblichen Unterstellungsverhältnisses einiger Leiter im Seeverkehr der DDR im Zusammenhang mit aufgetretenen Seeunfällen

- Einflußnahme auf die Aus- und Weiterbildung der Seeleute sowie die
- Ausstellung von Seefahrtsbüchern und Berechtigungsnachweisen für die Seefahrt und
- die Zulassung von Fahrzeugen zur Seefahrt sowie von nautisch-seemännischer Ausrüstung und die zur Zulassung von Anlagen und Einrichtungen der Schiffsführung erforderliche nautisch-seemännische Beurteilung.

In Übereinstimmung mit den bestehenden internationalen Übereinkommen führen Mitarbeiter des Seefahrtsamts (Hafenkapitäne) operative Sicherheitskontrollen verwaltungsrechtlicher Art durch.

Zur Gewährleistung der technischen Sicherheit von Wasserfahrzeugen besteht in der DDR für Seeschiffe, Binnenschiffe und technische Geräte die Pflicht zur technischen Aufsicht bzw. Klassifikation. Die dafür zuständige staatliche Einrichtung ist die *DDR-Schiffs-Revision und -Klassifikation (DSRK)* (vgl. GBl. I 1973 Nr. 3 S. 42). Neben den bekannten Aufgaben einer Klassifikationsorganisation gehören zum Tätigkeitsbereich der DSRK auch die technische Aufsicht über Rettungsmittel, Funkanlagen, Navigationsgeräte und Signalmittel, die technische Überwachung von Kesseln und Druckbehältern auf Schiffen sowie die Freibordbestimmung, die Eichung und die Platzvermessung von Binnenschiffen. Außerdem ist die DSRK bevollmächtigt zur

- Besichtigung und zur Erteilung von Sicherheitszeugnissen,
- Erteilung der Freiborde und zur Ausstellung von Freibordzeugnissen,
- Aufsicht über Container,
- Prüfung und Besichtigung von Schiffshebezeugen gemäß den Empfehlungen der ILO,
- Aufsicht über die technische Einrichtung des Umweltschutzes auf Schiffen.

Die Vorschriften der DSRK und des Seefahrtsamts berücksichtigen alle zutreffenden internationalen Übereinkommen.

4.1.2. Leitungsstruktur des Seeverkehrs in der UdSSR

Das Organ des Ministerrats für die Planung und Leitung der Seeflotte ist das Ministerium für Seeflotte. Die rechtliche Stellung des Ministeriums für Seeflotte besteht darin, daß es einerseits das zentrale Organ der staatlichen Leitung des Seetransports als einem Zweig der Volkswirtschaft des Landes und andererseits das Organ ist, das die staatliche Aufsicht über die Handelsschiffahrt der UdSSR wahrnimmt und ausgestattet ist mit Vollmachten, die die gesamte Schiffahrt der UdSSR betreffen (Verordnung über das Ministerium für Seeflotte vom 02. 01. 1967, Gesetzessammlung des Ministerrats der UdSSR Nr. 26, S. 188). Nach Artikel 6 des Kodex der Handelsschiffahrt der UdSSR (KTM) vom 17. 09. 1968 (Gesetzessammlung des Obersten Sowjets der UdSSR Jahrgang 31, Nr. 39/1437 vom 25. 09. 1968) wurde dem Ministerium die staatliche Aufsicht über die Handelsschiffahrt übertragen, das heißt

- die Kontrolle über die Einhaltung der Gesetzgebung, die die Handelsschiffahrt betrifft (z. B. durch die Seeunfalluntersuchungsordnung vom 12. 02. 1957),
- die Einhaltung der internationalen Konventionen, an denen die UdSSR beteiligt ist,
- die Aufsicht über den Zustand der Seewege,
- die Aufsicht über das Register der UdSSR,
- die Ausbildung von Kadern und die Ausgabe von Befähigungszeugnissen sowie die Besetzung der Schiffe,
- der Lotsendienst,
- der Bergungs- und Seenotrettungsdienst.

Für diese Aufgaben trägt der Minister gesamtstaatliche Verantwortung und kann Anordnungen erlassen, die für alle Ministerien, Behörden, Organisationen und Einrichtungen (Betriebe) sowie Bürger verbindlich sind.

Der Minister für Seeflotte leitet in direkter Leitungslinie das Ministerium, die Reedereien und die Unternehmen (Betriebe). Dem Minister für Seeflotte unterstellt und von den Stellvertretern des Ministers angeleitet, bestehen *Allunionsvereinigungen,* die sowohl wirtschaftliche, als auch zum Teil administrative Aufgaben des Ministeriums erfüllen. An der Spitze steht meistens ein Präsident, der Mitglied des Kollegiums des Ministers für Seeflotte sein kann.

Das Ziel der Bildung dieser Allunionsvereini-

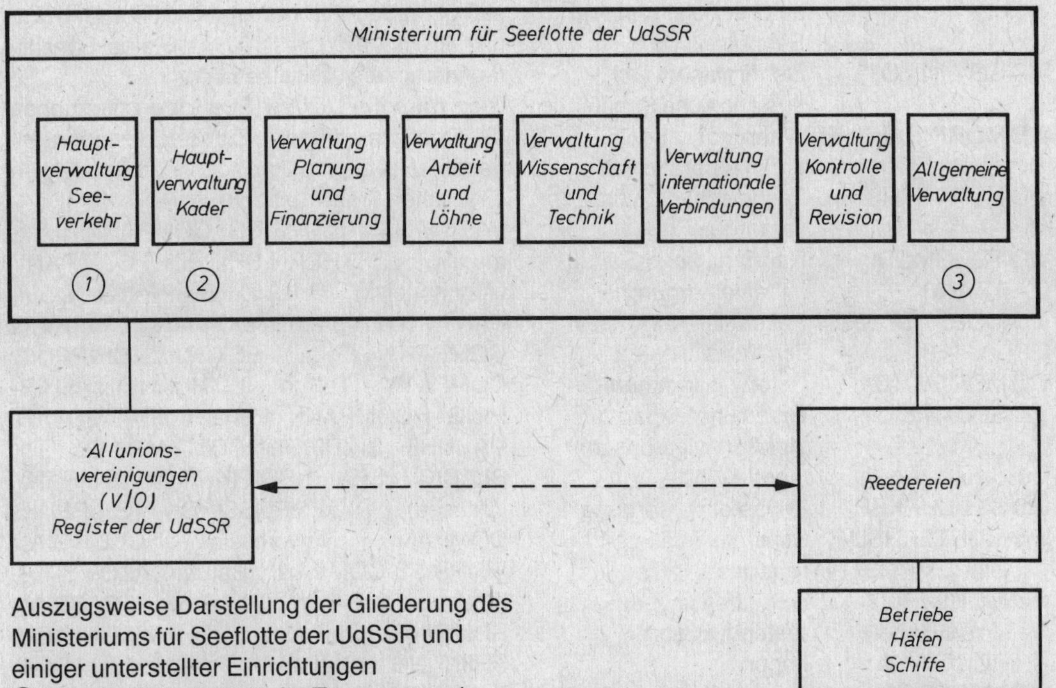

Auszugsweise Darstellung der Gliederung des Ministeriums für Seeflotte der UdSSR und einiger unterstellter Einrichtungen

① Glawflot ist zuständig für Transport und Betrieb der Flotte und der Häfen mit den Bereichen Trockenflotte, Sevsapflot, Jushflot, Dalflot, Donau/Mittelasien-Kaspi, Fähren und Leichter, Öl und flüssige Güter, Betrieb der Häfen, kommerzielle Fragen, Instandhaltung Häfen, Hauptingenieur.

② Glawkadri ist zuständig für die Arbeit mit den Seeleuten in der Auslandsfahrt, Kader- und Studieneinrichtungen.

③ Die Allgemeine Verwaltung umfaßt das Sekretariat des Ministers, die Zentrale Buchhaltung, die Abteilung Automatisiertes System der Leitung, die Abteilung für Recht und Arbitrage, die Abteilung für technische und ökonomische Begutachtung von Projekten, die Abteilung für Arbeitsschutz und technische Sicherheit und die Abteilung für ökonomische Forschung.

gungen besteht in der Beherrschung der mit der Seehandelsflotte entstehenden gesellschaftlichen Prozesse. Diese dem Ministerium für Seeflotte unterstellten Führungsorgane gewährleisten den richtigen Einsatz der Schiffe, ihren Bau, ihre Auslastung, Reparatur und Versorgung sowie die Möglichkeit der Kostensenkung, Qualitätserhöhung der Arbeit, Verbesserung der Struktur und ständigen Führung (die russische Abkürzung für Allunionsvereinigung lautet V/O).

Zur Zeit bestehen folgende Allunionsvereinigungen:

V/O SOVFRACHT	Befrachtung
V/O MORCONTAINER	Container- und Liniendienst
V/O MOREPLAVANIE	**ehemalige Hauptinspektion** für Sicherheit der Schiffahrt und Seenotrettung
V/O SOVINFLOT	Generalagent für ausländische Schiffe
V/O MORINRASCHET	Währungs- und Finanzoperationen
V/O MORTEKHSNAB	Technische Schiffsversorgung
V/O TORGMORTRANS	Nahrungs- und Genußmittelversorgung
V/O MORPASFLOT	Passagier- und Kreuzschiffahrt
V/O MORSVJAZSPUTNIK	Satellitenkommunikation und Reparatur elektronavigatorischer Geräte
V/O SOVBUNKER	Treibstoffversorgung
V/O MORTEKHSUDOREMPROM	Schiffbau und Schiffsreparatur
V/O MORSTROYZARGRANPOSTAVKA	Hafenbau und -ausrüstung, Export, Import
V/O MORTEKHINFORMREKLAMA	wissenschaftliche und technologische Informationen und Lizenzvergabe
UdSSR Register of Shipping	sowjetisches Register (mit der DSRK vergleichbar)

Die **V/O MOREPLAVANIE** ist verantwortlich für die Sicherheit der Seefahrt, Rettung von Menschen und Schiffen aus Seenot, Unterwasserarbeiten und Taucherwesen.

Der Allunionsvereinigung obliegen:

- Aufsicht und Kontrolle auf der Grundlage internationaler und nationaler Rechtsnormen zur Gewährleistung der Sicherheit der Seefahrt,
- Organisation und Durchführung von Bergungsoperationen in nationalen und internationalen Gewässern,
- Durchführung von Verschleppungen von Wasserfahrzeugen zu allen Häfen der Welt,
- Ausführung von Schiffshebungen und Unterwasserarbeiten bis zu Tiefen von 60 m.

Die Vereinigung hat in allen maritimen Regionen der UdSSR die Möglichkeit, Rettungs- und Bergungsfahrzeuge, Schlepper mit Antriebsanlagen von 1200 bis 9000 PS, selbstangetriebene Schwimmkrane mit Hebekapazität von 100 bis 1600 t und eine Spezialtaucherflotte einzusetzen.

Dem **Ministerium für Seeflotte** unterstehen die Reedereien direkt. Zur Zeit bestehen folgende *Reedereien* (in der gebräuchlichen englischen Transliteration):

MURMANSK SHIPPING COMPANY (Murmansk), NORTHERN SHIPPING COMPANY (Archangelsk), BALTIC SHIPPING COMPANY (Leningrad), LATVIAN SHIPPING COMPANY (Riga), ESTONIA SHIPPING COMPANY (Tallinn), LITHUANIAN SHIPPING COMPANY (Klaipeda), SOVIET DANUBE SHIPPING COMPANY (Ismail), BLACK SEA SHIPPING COMPANY (Odessa), NOVOROSSIYSK SHIPPING COMPANY (Noworossisk), GEORGIAN SHIPPING COMPANY (Batumi), AZOV SHIPPING COMPANY (Shdanow), CASPIAN SHIPPING COMPANY (Baku), MIDDELASIA SHIPPING COMPANY (Tchardzhow), FAR-EASTERN SHIPPING COMPANY (Wladiwostok), PRIMORSK SHIPPING COMPANY (Nachodka), SAKHALIN SHIPPING COMPANY (Cholmsk), KAMCHATKA SHIPPING COMPANY (Petropawlowsk).

Die Reederei. In der gültigen Struktur der Leitung des Seetransportes ist die Reederei das Glied, dem die Einrichtungen (Betriebe) unterstehen. Die besondere rechtliche Stellung der Reederei besteht darin, daß sie gleichzeitig *selbständige wirtschaftliche Organisation*, die eine bestimmte Tätigkeit realisiert, *und Organ der staatlichen Verwaltung* gegenüber den ihr unterstellten Betrieben und Organisationen ist. Als Wirtschaftsorganisation leitet die Reederei die ihr unterstellten Handels- und Passagierschiffe, Seehandelshäfen und Schiffsreparaturwerften, die Einheiten des Bergungs- und Seenotrettungsdienstes, des Verschleppungs- und Taucherdienstes, die Bauorganisationen u. a. Sie trägt die Verantwortung für die Erfüllung der staatlichen Pläne durch die Betriebe und Organisationen.

Als Verwaltungsorgan ist die Reederei mit den Rechten der Leiter einer Hauptverwaltung der Unionsministerien ausgestattet. Soweit es in ihren Aufgabenbereich fällt, sorgt sie für die Einhaltung der Bestimmungen der internationalen Konventionen und der nationalen Gesetze, führt die Aufsicht über den Zustand der Seewege, ist verantwortlich für die Ausgabe der Befähigungszeugnisse sowie für die Besetzung der Schiffe, für die Aufsicht und Kontrolle der administrativen Aufgaben, die dem Hafenkapitän der der Reederei unterstehenden Seehandelshäfen obliegen. Für die Erfüllung der Aufgaben der Schiffssicherheit besteht in der Reederei eine besondere Abteilung. Sie ist u. a. auch für die Erfassung und Auswertung der Seeunfälle verantwortlich. Den Reedereien unterstehen direkt die Unternehmungen (Betriebe). Hierzu gehören in erster Linie bestimmte **Seehandelshäfen**. Diese nehmen unter den Betrieben eine besondere Stellung ein. Hierzu heißt es im Artikel 60 KTM: „Die Seehäfen, die zur Betreuung der im Artikel 9 dieses Kodex genannten Schiffe bestimmt sind, befinden sich in der Zuständigkeit des Ministeriums für Seeflotte der UdSSR (Seehandelshäfen). Einzelne Seehandelshäfen können sich in der Zuständigkeit des Ministeriums für Binnenflotte der UdSSR oder der Verwaltungsorgane für Binnenschiffahrt der Unionsrepubliken befinden. In der Zuständigkeit anderer Ministerien und Ämter befinden sich Seehäfen, die zur Betreuung entsprechender Volkswirtschaftszweige – Fischerei-, Tanker-, Holz- und andere spezialisierte Seehäfen – bestimmt sind.“

An der Spitze eines Seehandels- oder Fischereihafens steht der Leiter des Hafens. Neben den üblichen wirtschaftlichen Aufgaben erfüllt der Seehandelshafen folgende Funktionen zur Gewährleistung von Schiffssicherheit und Ordnung im Hafen:

1. Aufsicht über die Einhaltung der Gesetze und Regeln der Seeschiffahrt sowie der sich auf die Handelsschiffahrt beziehenden internationalen Konventionen und Verträge, an denen sich die UdSSR beteiligt.
2. Führung des Schiffsregisters und Ausstellung der Schiffspapiere.
3. Ausstellung der Befähigungszeugnisse und Musterrollen (Seefahrtsbücher).
4. Überprüfung der Schiffspapiere und Besetzung der Schiffe.
5. Ein- und Ausklarieren der Schiffe (Ein- und Auslaufgenehmigung).
6. Leitung des Lotsendienstes.
7. Leitung des Eisbrecherdienstes (Eisbrecher-Lotsung) im Bereich der ihm unterstehenden Seegewässer.
8. Wrackbeseitigung, Taucherarbeiten, Bergungs- und Seenotrettung.
9. Genehmigung von Bauarbeiten in den Seegewässern.
10. Untersuchung von Seeunfällen.

Die Aufgaben unter 1 bis 10 werden von einem *Hafenkapitän* (und den ihm unterstehenden Inspektoren) erfüllt und durchgesetzt. Sowohl im Seehafen als auch in der Reederei sind die für die staatlichen Kontrollfunktionen hinsichtlich Sicherheit der Seeschiffahrt und Einhaltung internationaler und nationaler Rechtsnormen Verantwortlichen dem jeweiligen Leiter (Leiter des Seehafens oder Chef der Reederei) sowie unmittelbar der zuständigen Allunionsvereinigung (Präsident, Leiter) oder der Hauptverwaltung (Glawflot) unterstellt (doppelte Unterstellung).

4.2. Seeunfalluntersuchung nach DDR- und UdSSR-Vorschriften

In allen Etappen der Schiffahrtsentwicklung traten Seeunfälle auf. Etwa 80 % werden durch menschliche Fehlleistungen verursacht. Aber auch die objektiven Gefahren der See (Sturm, Seegang, Unterwasserhindernisse, Mängel im Schiffbau u. a.) können durch menschliches Handeln positiv oder negativ beeinflußt werden. Schiffsuntergänge, Kollisionen, Grundberührungen, Brände und Explosionen bewirken große materielle und finanzielle Verluste. Sie zwingen den Betreiber des Fahrzeugs zur gründlichen Untersuchung der Ursachen des eingetretenen Schadens. Dies geschah im Verlauf der Schiffahrtsgeschichte auf unterschiedliche Art und Weise. Im Zeitalter des Kapitalismus der freien Konkurrenz beginnend, forderten die Reeder vom Staat die Untersuchung eingetretener Seeunfälle, um die auf See im Konkurrenzkampf gescheiterten Kapitäne aus der Schiffahrt entfernen zu lassen. Gleichzeitig sollten Erkenntnisse gewonnen werden, die es ermöglichten, den katastrophalen Auswirkungen der Schiffsuntergänge entgegenzuwirken (z. B. kamen 1882 auf englischen Schiffen neben dem durch Strandung oder Kollision von Schiffen verursachten Lebensverlust 3118 Menschen durch Schiffsuntergänge auf See ums Leben).

Nicht zuletzt gingen für die Schaffung einer staatlichen Seeunfalluntersuchung Impulse von den Seeleuten aus, deren Interessenvertretungen wirkungsvoll für erhöhte Schiffssicherheit kämpften. Aber auch die Empörung weiter Kreise der Öffentlichkeit über die vielen schweren Schiffskatastrophen, denen zahlreiche Menschen zum Opfer gefallen waren, spielte eine wesentliche Rolle.

Die erste staatliche Regelung zur Untersuchung von Seeunfällen schuf Großbritannien durch die Merchant Shipping Act im Jahre 1854. Deutschland folgte 1877, ebenso wie weitere europäische Staaten. Abgesehen vom klassenbedingten Auftrag der Seeunfalluntersuchung im Kapitalismus (Kapital- und Reederschutz), erfüllt die Seeunfalluntersuchung in allen Schiffahrtsstaaten die Aufgabe, aus den Ursachen, Umständen und Folgen der Seeunfälle Erkenntnisse für die nachfolgende Beseitigung oder Verminderung ähnlicher Gefahren und Unfallquellen zu sammeln. Entsprechend dieser Zielstellung ist während der Untersuchung festzustellen, ob die Seeunfälle

- durch schuldhaftes Verhalten der Schiffsführung verursacht wurden,
- auf Mängel in der Bauart, Einrichtung, Beschaffenheit oder Bemannung des Schiffs zurückzuführen sind,
- durch Unzulänglichkeiten und Mängel des Fahrwassers, der Anlagen, des verwendeten Kartenmaterials, des Lotswesens oder der sonstigen Hilfseinrichtungen der Schiffahrt aufgetreten sind.

Sind die ermittelten Ursachen des Seeunfalls technischer Art, so ist die Möglichkeit gegeben, daß die Seeunfalluntersuchungsbehörden die zuständigen Schiffahrtsbetriebe und -Institutionen von den Untersuchungsergebnissen verständigen, damit diese für die Beseitigung der festgestellten Mängel sorgen. Liegt ein Verschulden von Mitgliedern der Schiffsbesatzung vor, sehen die Seeunfalluntersuchungsorgane ihre Aufgabe darin, durch kritische Hinweise und gegebenenfalls Entzug des Befähigungszeugnisses darauf einzuwirken, daß die Betroffenen sich entweder umfangreiche Erfahrungen und Kenntnisse aneignen oder von der Führung eines Schiffs (Maschinenanlage) ausgeschlossen werden. *Damit entspricht die Seeunfalluntersuchung vieler Länder der Forderung des Kapitels I Teil C – Unfälle – Regel 21 Schiffssicherheitsvertrag (1974).* Es zeigt sich, daß diese Zielsetzung der Seeunfalluntersuchung am konsequentesten in den sozialistischen Ländern verwirklicht wird. In der sozialistischen Gesellschaftsordnung sind die Gesetze des kapitalistischen Konkurrenzkampfes beseitigt. Daher ist es sozialistischen Ländern möglich, dem humanitären Anliegen der Forderung des Schiffssicherheitsvertrags ohne behindernde Einschränkungen nachzukommen, indem sie die Seeleute und die übrigen im Bereich der Seeschiffahrt beschäftigten Werktätigen zur höchsten Sorgfalt gegenüber dem menschlichen Leben und dem anvertrauten Eigentum erziehen. Auch die Forderung nach einer Zusammenarbeit beider Kollisionsgegner bei der Untersuchung des Seeunfalls wird von den sozialistischen Ländern unterstützt. *Diese Forderung des Art. 94 Abs. (7) der Seerechtskonvention* – 1982 wird nur in dem Maße Wirklichkeit werden, wie es gelingt, die ökonomischen Zwänge des kapitalistischen Konkurrenzkampfs von den Seeunfalluntersuchungsorganen fernzuhalten. Im Sozialismus steht dieser Zusammenarbeit nichts im Wege.

Dies beweist die tägliche Praxis, zum Beispiel im Austausch aller Ermittlungsergebnisse und Einschätzungen zwischen den staatlichen Untersuchungsorganen im Falle des Untergangs des MS SEEADLER der DDR nach Kollision mit MS INZHENIER NICHIPORENKO der UdSSR am 31. 03. 1978 im Rigaer Meerbusen (Irbenstraße) im dichten Nebel.

Ohne die gegenwärtigen unterschiedlichen Festlegungen der verschiedenen Länder zum Seeunfall näher darzulegen, kann verallgemeinernd festgestellt werden, daß viele Staaten das Vorliegen eines Seeunfalls für gegeben halten, wenn durch ein Ereignis an Bord oder außerhalb des Schiffs dessen Sicherheit beziehungsweise die der Besatzung oder Ladung nicht mehr gewährleistet ist oder, ausgehend vom Schiff, die Sicherheit der Schiffahrt beeinträchtigt, die menschliche Gesundheit gefährdet beziehungsweise der Meeresumwelt erheblicher Schaden zugefügt wird.

Diese einheitliche Auffassung spiegelt sich deutlich im Text des Artikels 94 Abs. 7 Seerechtskonvention – 1982 wider. **Kriterien eines Seeunfalls** sind danach gegeben, wenn ein Schiff:

- den Verlust des Lebens oder schwere Verletzungen von Bürgern des anderen Staats,
- einen ernsthaften Schaden für die Schiffahrt oder
- für die Anlagen des anderen Staats oder
- für die Meeresumwelt verursacht hat.

Zum einen bestehen die Kriterien eines Seeunfalls in der Aufzählung der negativen Auswirkungen der Schiffsunfälle. Dabei ist zu beachten, daß zum Beispiel Tod oder schwere Verletzung von Menschen, Schiffsuntergang, Schaden an Schiff oder Ladung sowie Umweltverschmutzungen nur Folge eines anderen, die Schiffssicherheit negativ beeinflussenden Ereignisses sind.

Zum anderen dienen bestimmte typische Ereignisse in der Schiffahrt als Kriterien für den Seeunfall (Kollision, Grundberührung, Stranden, Vorfall in der Seeschiffahrt, Vorfall an Bord eines Fahrzeugs oder außerhalb von ihm). Sie charakterisieren die Art und Weise der Herbeiführung eines Seeunfalls.

Die *Deutsche Demokratische Republik hat ihre Auffassung*, zu den Versuchen und Bestrebungen auf internationaler Ebene zu einer inhaltlichen Bestimmung des *Begriffs Seeunfall* zu gelangen, im § 3 SeeUO zum Ausdruck gebracht, indem sie unter Berücksichtigung aller in verschiedenen internationalen Konventionen genannten Kriterien den Begriff des Seeunfalls umfassend regelte. Ein **Seeunfall** liegt **gemäß § 3 SeeUO** bei Eintritt folgender Ereignisse vor:

- Aufgeben, Verschollenheit oder Sinken eines Schiffs.
- Kollisionen in ihren verschiedenen Erscheinungsformen gemäß § 12 SeeVO (Anordnung zur Regelung des Seeverkehrs – See-

MS SEEADLER

MS INZHENIER NICHIPORENKO

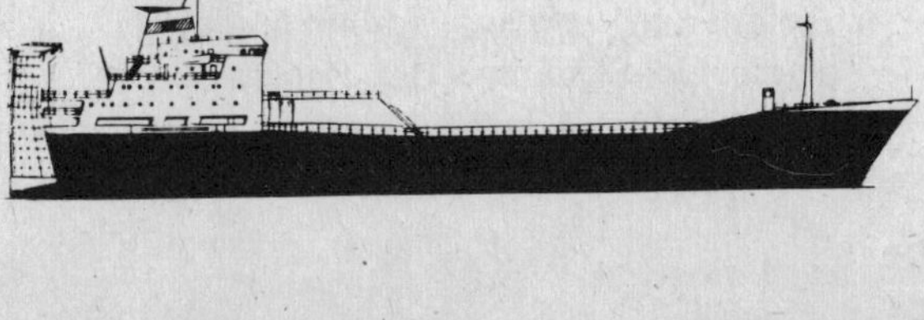

verkehrsordnung (SeeVO) vom 18. Oktober 1978, GBl. Sonderdruck Nr. 993), das heißt, Kollisionen von Fahrzeugen, Grundberührung, Kollision mit Netzen, Unterwasserhindernissen oder Verkehrsanlagen.

- Schäden, die dem Schiff oder seiner Maschinenanlage oder anderen Einrichtungen an Bord zugefügt werden und die die Sicherheit der an Bord befindlichen Personen, des Fahrzeugs oder der Ladung in der Regel für länger als 12 Stunden nicht gewährleisten.
- Tod oder erhebliche Körperbeschädigungen von Personen mit Ausnahme von Arbeitsunfällen.
- Fernschädigung.
- Verursachen einer Umweltgefahr durch Ablassen oder Abgeben von umweltverschmutzenden Stoffen.
- Bei vom Direktor des Seefahrtamts gemäß § 4 SeeUO bestimmten anderen Vorkommnissen in der Seefahrt.

Da gemäß § 4 SeeUO bestimmte, als Störfälle bezeichnete, meist weniger schwerwiegende Seeunfälle und alle anderen Gefährdungen der Schiffahrt dem Seefahrtsamt zu melden sind, werden in der DDR alle die Sicherheit des Schiffs und, ausgehend vom Schiff, die Sicherheit der Menschen, der Schiffahrt und der Meeresumwelt beeinträchtigenden Ereignisse weitestgehend erfaßt und können umfassend ausgewertet werden. Diese gesetzliche Festlegung unterscheidet sich aber in vielen Einzelheiten von den Regelungen anderer Länder. Die Seeunfalluntersuchungsordnung der DDR hat den Begriff des Seeunfalls möglichst weit gefaßt und von der Verwendung des Begriffs Havarie Abstand genommen. Der Begriff Seeunfall entspricht dem internationalen Sprachgebrauch und schließt national eine Verwechslung mit dem Begriff der Havarie (Havarie-grosse), mit der ökonomischen Institution der Havariekommissare und der Verordnung der DDR vom 13. 08. 1981 über den Havarieschutz aus.

Der Begriff des Seeunfalls, des Störfalls und der Gefährdung erfaßt nunmehr alle Ereignisse, die die Sicherheit der Schiffahrt der DDR, der anderen Partner auf den Meeren und die Meeresumwelt gefährden können. Die Seeunfalluntersuchungsordnung geht entsprechend der internationalen Praxis davon aus, daß das Hoheitsrecht des Flaggenstaats die Untersuchung von Seeunfällen der Schiffe umfaßt, die von ihm zugelassen sind. Dies trifft auch zu, wenn sich solche Seeunfälle auf dem offenen Meer, in den Territorialgewässern oder der Anschlußzone einschließlich der „ausschließlichen Wirtschaftszone" eines anderen Staats ereignet haben. Aus der Gebietshoheit der Küstenstaaten ergibt sich weiterhin deren Recht, alle Unfälle in ihren Territorialgewässern, Seewasserstraßen und Seehäfen (Reeden) zu untersuchen, an denen sowohl in- als auch ausländische Schiffe beteiligt sind. Dies wird von anderen Küstenstaaten (u. a. der Sowjetunion) ebenfalls so gehandhabt.

Die Seeunfalluntersuchung der DDR ist

1. in die Untersuchung der Seeunfälle durch das Seefahrtsamt und
2. in die Verhandlung durch die Seekammer in den vom Gesetz vorgesehenen Fällen

unterteilt.

Damit ist die Untersuchung dem Seefahrtsamt übertragen. Die Seeunfallverhandlung erfolgt durch die Seekammer in gesellschaftlich gerechtfertigten Gründen sowie im Beschwerde- und Nachprüfungsverfahren. Mit dieser Zuordnung ist eine einheitliche und effektive Leitung der staatlichen Schiffahrtsaufsicht durch das Seefahrtsamt gegeben.

Da sowohl Seeunfälle als auch andere Vorkommnisse in der Seefahrt von allen Schiffseignern unabhängig von der Funktion des Schiffs, mit Ausnahme der Schiffe der bewaffneten Organe, *dem Seefahrtsamt meldepflichtig* sind, ist eine *zentrale staatliche Erfassung und Analyse* gewährleistet. Sie gestattet dem Seefahrtsamt das Erkennen gleichgearteter anderer Ereignisse in den unterschiedlichen Schiffahrtsbetrieben. Die Seeunfallmeldung bewirkt unverzügliche Einleitung der Seeunfalluntersuchung durch das Seefahrtsamt, Erfassung von Beweismitteln, Feststellung des Sachverhalts und des Verhaltens der Beteiligten. Nach Vorliegen des abschließenden Untersuchungsberichts, der auch die Rechtspflichtverletzungen des Beteiligten enthalten muß, trifft der **Direktor** des

Seefahrtsamts nach Anhören des Seekommissars eine der folgenden **Entscheidungen:**

1. Abgabe der Verfahrensunterlagen an die Seekammer zur Durchführung einer Seeunfallverhandlung, wenn diese wegen der Schwere des Seeunfalls oder wegen seiner Bedeutung, Folgen und Zusammenhänge erforderlich ist.
2. Durchführung eines Ordnungsstrafverfahrens, soweit dem Direktor des Seefahrtsamts eine Ordnungsstrafbefugnis in der verletzten Rechtsvorschrift übertragen ist und dies zur Erreichung des Erziehungsziels ausreicht.
3. Einstellung des Verfahrens, wenn
   a) die Untersuchungsergebnisse an ein anderes zuständiges staatliches Organ zur weiteren Rechtsverfolgung übergeben werden;
   b) der Seeunfall nicht aufgeklärt werden kann;
   c) der Sachverhalt sowie die Ursachen und Bedingungen des Seeunfalls eindeutig festgestellt wurden und weitere erzieherische Maßnahmen durch das Seefahrtsamt nicht erforderlich sind;
   d) ein gesellschaftliches Interesse an der Durchführung einer Verhandlung nicht besteht.

Diese Entscheidung wird durch eine kollektive Beratung mit einem nicht dem Minister für Verkehrswesen unterstehenden Beauftragten des sozialistischen Staats (Seekommissar) vorbereitet, der seinerseits als Angehöriger der Volksmarine mit den Erfahrungsgrundsätzen der Seefahrt vertraut ist. Dies bedeutet bereits in diesem Stadium des Verfahrens das Einbringen eines hohen Maßes an speziellen Sachkenntnissen von beiden staatlichen Vertretern, um im Interesse der Wahrheitsfindung unter Beachtung der erforderlichen Rechtssicherheit richtig zu entscheiden. Die Seekammer führt in der Seeunfallverhandlung die durch das Seefahrtsamt begonnene Untersuchung fort. Die Wertung und Beurteilung eines Seeunfalls geschieht in den genannten Fällen in der mündlichen Verhandlung und findet ihren offiziellen Ausdruck und Abschluß im *Spruch der Seekammer*. Hat ein Beteiligter schuldhaft eine für den Seeverkehr oder den Betrieb von Fahrzeugen geltende Rechtsvorschrift oder Berufspflicht (Berufsregel) verletzt, kann die Seekammer auf eine der folgenden **Erziehungsmaßnahmen** erkennen:

- Vorwurf.
- Entzug eines vom Seefahrtsamt ausgestellten Berechtigungsnachweises auf Bewährung.
- Zeitlich begrenzter oder dauernder Entzug eines vom Seefahrtsamt ausgestellten Berechtigungsnachweises mit oder ohne Einschluß nachgeordneter oder selbständiger Berechtigungen.

Diese *Erziehungsmaßnahmen der Seekammer sind verwaltungsrechtlicher Natur*. Gegen den Spruch der Seekammer ist das Rechtsmittel der Beschwerde möglich, über die von der *Großen Seekammer* endgültig entschieden wird.

Die **Untersuchung von Seeunfällen sowjetischer Seeschiffe** erfolgt auf der Grundlage der „Ordnung über das Verfahren zur Untersuchung von Seeunfällen der Seeschiffe“, die vom Ministerium für Seeflotte mit der Anordnung Nr. 43 vom 12. 02. 1957 in Kraft gesetzt wurde. Alle sowjetischen Seeschiffe unterliegen unabhängig von ihrer Funktion oder den Eigentumsverhältnissen (Rechtsträgerschaft) beim Auftreten eines Seeunfalls der oben genannten Ordnung. Dies trifft auch auf Binnenschiffe zu, wenn sie einen Seeunfall in Seegewässern erleiden. Die Seeunfalluntersuchungsordnung klassifiziert die Seeunfälle (аварийные случай) in

- Schiffbruch (кораблекрушение)
- Seeunfall (авария)
- Seezwischenfall (аварийное происшествие)

Als **Schiffbruch** wird ein Vorkommnis bezeichnet, in dessen Ergebnis der *Untergang eines Schiffs*, oder seine völlige *Zerstörung* eintrat.

Als **Seeunfall** wird ein Vorkommnis bezeichnet, in dessen Ergebnis ein *Schiff* so *beschädigt* wurde, daß es nicht mehr seetüchtig ist und *mindestens 48 Stunden* erforderlich sind, um es wieder flott zu machen. Zu Seeunfällen zählen weiterhin *Beschädigungen von Küsteneinrichtungen* durch ein Schiff, wenn deren Beseitigung die Außerbetriebsetzung dieser Einrichtung für mindestens 48 Stunden erforderlich macht, sowie das *Festkommen eines Frachtschiffs* länger als 48 Stunden bzw. eines *Fahrgastschiffs* von mehr als 12 Stunden, und zwar unabhängig davon, ob dabei Beschädigungen aufgetreten sind oder nicht.

Als **Seezwischenfall** wird ein Vorkommnis bezeichnet, in dessen Ergebnis ein *Schiff* so *beschädigt* wurde, daß es nicht mehr seetüchtig ist und *weniger als 48 Stunden* erforderlich sind, um es wieder flott zu machen. Zu Seezwischenfällen zählen weiterhin *Beschädigungen von Küsteneinrichtungen* durch ein Schiff, wenn deren Beseitigung die Außerbetriebsetzung dieser Einrichtung für weniger als 48 Stunden erforderlich macht, sowie das *Festkommen eines Frachtschiffs* für weniger als 48 Stunden bzw. eines *Fahrgastschiffs* für weniger als 12 Stunden, und zwar unabhängig davon, ob dabei Beschädigungen aufgetreten sind oder nicht.

Unter „Beschädigung eines Schiffs" wird die Beschädigung des Schiffskörpers, der Antriebsanlage (Motoren, Turbinen, Kessel u. a.), der Schiffsführungssysteme, der Schiffseinrichtungen, der Masten und Krane und anderer Elemente des Schiffs verstanden. Seeunfälle, die zu Opfern an Menschenleben führen, werden ausnahmslos als Seeunfall untersucht und unterliegen der höchsten Dringlichkeit.

Nicht zu den Seeunfällen gehören alle anderen Beschädigungen, die nicht zum Verlust der Seetüchtigkeit des Schiffs führen. Aber auch bei Grundberührungen oder Auflaufen auf eine Untiefe liegt kein Seeunfall vor, wenn das Schiff ohne eine Beschädigung erlitten zu haben, innerhalb eines Zeitraums von 6 Stunden selbständig freikommt.

Untersuchen muß den Seeunfall (der drei Kategorien) *der Hafenkapitän* des nächstgelegenen sowjetischen Hafens. Befindet sich das Schiff in entfernten Seegebieten, dann wird die Untersuchung im ersten sowjetischen Hafen vorgenommen, den das Schiff nach dem Seeunfall anläuft. Dabei wird zwischen einem See*handels*hafen, der dem Ministerium für Seeflotte untersteht, und den *Seehäfen* unterschieden, die anderen Ministerien oder Behörden zugeordnet sind (z. B. dem Ministerium für Fischwirtschaft). Der Hafenkapitän des jeweiligen angelaufenen Hafens ist nur für die Seeunfälle zuständig, die Schiffe mit mehr als 500 BRT oder 500 PS – bei Fischereifahrzeugen mit mehr als 80 PS – erlitten haben. Seeunfälle von Schiffen mit weniger als 500 BRT oder 500 PS – bei Fischereifahrzeugen mit weniger als 80 PS – werden unmittelbar von den Schiffseignern untersucht. Dies trifft auch auf die Seezwischenfälle und die Vorkommnisse zu, die keine Seeunfälle darstellen. Die Erfassung dieser Zwischenfälle und Vorkommmnisse sowie die Kontrolle über diese Untersuchungen übt der Hafenkapitän des für das Schiff zuständigen Hafens aus.

Abweichend von der Regel ist in den nachstehend genannten Fällen für die Untersuchung des Seeunfalls ausschließlich der Hafenkapitän eines dem Ministerium für Seeflotte unterstehenden *Seehandelshafens* zuständig, wenn

- an einer Kollision Schiffe beteiligt sind, die zwei Schiffseignern gehören,
- eine Grundberührung, ein Zusammenstoß mit Unterwasserhindernissen sowie Feuer oder Explosion sich im Aquatorium eines Hafens, seiner Zufahrten, Kanäle oder betonnten Fahrwasser ereignen, die dem Ministerium für Seeflotte unterstehen.

Bei der Untersuchung sind Vertreter der Schiffseigner hinzuzuziehen. Der Kapitän des Schiffs ist verpflichtet, unverzüglich nach Eintritt des Seeunfalls seiner Reederei *Meldung* zu erstatten.

Ereignet sich der Seeunfall in ausländischen Seegewässern, dann ist außerdem die Agentur oder die Handelsvertretung der UdSSR, der sowjetische Konsul oder in dringenden Fällen die entsprechende sowjetische Botschaft zu informieren, um sich ihrer Mitwirkung und Hilfe zu versichern.

Nach Eintreffen im ersten sowjetischen Hafen übergibt der Kapitän des Schiffs dem Hafenkapitän eine schriftliche Seeunfallmeldung mit dem in der Seeunfallordnung vorgeschriebenen Inhalt und den geforderten Anlagen. Der Hafenkapitän prüft die Unterlagen, stellt weitere Ermittlungen an und ist berechtigt,

Sachverständige und Vertreter des Schiffseigners hinzuzuziehen. Fällt die Untersuchung des Seeunfalls in die Kompetenz der Schiffseigner, dann übergibt der Hafenkapitän die Unterlagen an diese.

Unabhängig von der Aushändigung der Seeunfallmeldung an den Hafenkapitän entscheidet der Kapitän des Schiffs in eigener Zuständigkeit über das Ablegen eines Seeprotests (staatliches Notariat).

Nach Abschluß der Seeunfalluntersuchung fällt der Hafenkapitän einen *Spruch* (eine Entscheidung принимает решение). Dieser sollte enthalten

- eine eingehende Beschreibung der Umstände und Bedingungen, unter denen sich der Seeunfall ereignete,
- Ursachen, die zum Seeunfall führten,
- schuldhaftes Handeln von am Seeunfall beteiligten Personen,
- Folgen des Seeunfalls,
- Angaben über die materiellen und finanziellen Verluste,
- Vorschläge für die Verhinderung derartiger Seeunfälle.

Den Spruch und alle Unterlagen übergibt der Hafenkapitän dem Schiffseigner (Reeder) und der Hauptschiffahrtsinspektion des Ministeriums für Seeflotte (seit 1982 V/O MOREPLAVANIE). Liegen Verstöße gegen Strafrechtsnormen vor, übergibt der Hafenkapitän eine Ausfertigung der Unterlagen dem Staatsanwalt.

Die *Bestrafung* des (oder der) Schuldigen am Eintritt des Seeunfalls erfolgt durch den Leiter der Reederei oder durch besonders von ihm Beauftragte. Grundlage für die Bestrafung ist die Disziplinarordnung für die Angehörigen des Minsteriums für Seeflotte der UdSSR, bestätigt vom Ministerrat der UdSSR am 11. 06. 1964 Nr. 496.

Der Entzug des Befähigungszeugnisses wird durch den Leiter der Reederei oder durch von ihm Beauftragte vorgenommen. Der Entzug kann nur erfolgen, wenn der Schuldige solche Disziplinarverstöße begangen hat, die zur Gefährdung der Sicherheit der Schiffahrt führten.

Die *Erfassung, Kontrolle und Auswertung der Seeunfälle* liegt in der Zuständigkeit der jeweiligen Ministerien oder Behörden (z. B. das Ministerium für Seeflotte für alle dem Ministerium für Seeflotte unterstehenden Schiffe und das Ministerium für Fischwirtschaft für die ihm zugeordneten Fischereifahrzeuge usw.).

Im Ministerium für Seeflotte unterliegt die Erfassung und Kontrolle der Seeunfälle der Hauptschiffahrtsinspektion (seit 1982 V/O MOREPLAVANIE).

Durch sie werden seit langer Zeit die Seeunfälle statistisch erfaßt und rechnergestützt aufbereitet. Der Autor konnte dieses wertvolle Material bei der Erarbeitung seines Buchs umfassend nutzen.

Zu einigen Begriffen im Seeunfallgeschehen, die in der sowjetischen Schiffahrtspraxis nicht mit dem gleichen Inhalt wie in der Schiffahrtspraxis der DDR verwendet werden. Die nachstehenden Ausführungen dienen vor allem den Schiffsoffizieren zum besseren Verständnis beim Zusammenwirken mit den sowjetischen Partnern.

Kollisionen. Entsprechend der Definition der Hauptschiffahrtsinspektion des Ministeriums für Seeflotte (seit 1982 V/O MOREPLAVANIE). ist eine Kollision der *Zusammenstoß von Schiffen in Fahrt*. Meyers Neues Lexikon (Leipzig 1962) bestimmt die Kollision allgemein als schadensverursachende Berührungen. In der Regel wird in der DDR unter einer Kollision der Zusammenstoß zweier Schiffe oder eines Schiffs mit einer Landanlage, einem Seezeichen oder Ankerlieger usw. verstanden. Laut § 12 Abs. 1 Buchst. c SeeVO ist eine unbeabsichtigte Grundberührung ebenfalls eine Kollision. Das Ausmaß des Schadens spielt beim Begriff Kollision keine Rolle. Auch „leichte“ Berührungen zwischen Schiff und Schiff oder Schiff und einem anderen Gegenstand werden dem Oberbegriff Kollision zugeordnet.

Grundberührungen und Festkommen. Die *Grundberührung* ist der *Kontakt des Schiffsbodens mit dem Meeresboden.* Die sowjetische Seeunfallordnung unterscheidet hiervon das *Festkommen*: Auflaufen, Wasserstandsänderungen am Liege- oder Ankerplatz bzw. durch Netzhacker mit dem Boden in Verbindung kommen und *hierdurch manövrierunfähig* werden. Diese scharfe Trennung der beiden Arten der Berührung mit dem Meeresboden ergibt sich aus der Art der Charakterisierung des Seeunfalls in der Seeunfallordnung der UdSSR.

Grundberührungen sind nach sowjetischer Ansicht nur Berührungen mit dem Meeresboden, die zu keinem längeren Festkommen geführt haben.

Das *Festkommen* dagegen geht über einen längeren Zeitraum, der letzten Endes den Inhalt des Begriffs Festkommen bestimmt, d. h. den Meeresboden für mehr oder weniger als 48 Stunden zu berühren. Die Höhe des eingetretenen Schadens hat keinen Einfluß auf den Inhalt beider Begriffe.

Die SeeUO der DDR kennt in § 3 Absatz 4 nur „eine Grundberührung oder eine Berührung mit einem Unterwasserhindernis, soweit sie nicht den speziellen Einsatz des Fahrzeugs bedingt".

In der Seeunfallstatistik der DDR werden Festkommen, Auflaufen und Berührung des Meeresbodens unter dem Begriff **Grundberührung** erfaßt.

Unter dem Begriff *„Berührung"* wird in der sowjetischen zivilen Flotte verstanden:

- eine schadensverursachende Berührung eines Schiffs mit einem anderen oder mit einer hydrotechnischen Anlage beim An- und Ablegen, vor Anker oder beim Längsseitsgehen oder
- eine schadensverursachende Berührung eines Schiffs mit einem anderen oder mit einer hydrotechnischen Anlage unter dem Einfluß ungünstiger hydrometeorologischer Bedingungen.

Die **erste Gruppe** dieser Art von Seeunfällen geht auf bewußtes und gewolltes Handeln der Schiffsführung zurück. Die durchzuführenden Manöver des Schiffs sind aus den verschiedensten Gründen notwendig geworden. Bei ihrer Ausführung begeht der Schiffsführer einen Fehler. Dieser führt zur „Berührung". Dabei ist das Motiv (der Anlaß) für das Manöver (z. B. Längsseitsgehen in See, um ein Besatzungsmitglied auf ein anderes Schiff übersteigen zu lassen) ohne Belang.

Die **zweite Gruppe** dieser Art von Seeunfällen wird ohne menschliches Zutun herbeigeführt. Die „Berührungen" treten infolge des Wirkens von Sturm, Strom oder anderen hydrometeorologischen Erscheinungen auf. Die „Berührung" konnte von der Besatzung nicht rechtzeitig verhindert werden (z. B. durch Bruch der Ankerkette erfolgt Auftreiben auf einen anderen Ankerlieger).

Der Autor schätzt diese von der Hauptschiffahrtsinspektion (seit 1982 V/O MOREPLAVANIE) vorgenommene Bestimmung des Inhaltes des Begriffs Berührung kritisch dahingehend ein, „daß somit der Begriff der Kollision laut Kollisionsverhütungsregeln-1972 in der Sowjetunion nur eingeschränkt angewendet wird. So werden Kollisionen mit vor Anker liegenden Schiffen häufig als Berührung bezeichnet, was der Logik des Ereignisses widerspricht." Er hält diese Zuordnung für falsch und ordnet sie den Kollisionen zu.

Die Seeunfalluntersuchungsordnung der DDR kennt den Begriff der „Berührung" nicht. Sie ordnet diese Ereignisse den Kollisionen zu. Dabei ist es im deutschen Sprachgebrauch üblich, die Stärke des Zusammenstoßes mit dem Begriff „Berührung" – als einem leichten „Anstoßen" oder „Gegenkommen" – zu charakterisieren. Eine besondere Kategorie der Kollisionen, wie sie durch den Abschnitt „Berührungen" in diesem Buch zum Ausdruck kommt, ist in der Schiffahrt der DDR nicht bekannt.

Der im § 3 Abs. 7 SeeUO gesondert definierte Begriff des *Fernschadens* wird in der sowjetischen Seeunfalluntersuchungsordnung vom Begriff des Seeunfalls mit erfaßt.

Die *Herbeiführung einer Umweltgefahr* ist in der sowjetischen Flotte meldepflichtig und wird unabhängig von den Seeunfällen untersucht.

4.3. Dienst- und Wachdurchführung auf DDR- und UdSSR-Handelsschiffen

Das Leben an Bord von Seeschiffen erfordert von allen Besatzungsmitgliedern zu jeder Zeit Disziplin und Ordnung sowie gegenseitige Rücksichtnahme und kameradschaftliche Unterstützung. Diese Erkenntnis ist so alt wie die Seefahrt. Diesem Erfordernis wurde in der Vergangenheit und wird in Gegenwart und Zukunft u. a. mit Hilfe der hierzu erlassenen Bestimmungen und durch Beachtung der seemännischen Praxis entsprochen. Dabei stellen die Bestimmungen und konkreten Regeln gesetzliche Pflichten und die sonstigen Vorsichtsmaßnahmen der seemännischen Praxis Berufsregeln dar, die im Zusammenhang mit der in der Seefahrt zur Berufspflicht erhobenen Sorgfaltspflicht als Arbeitspflichten von den Besatzungsmitgliedern zu erfüllen sind. Auch aus dem Seemannsbrauch lassen sich für das Leben an Bord Verhaltensregeln ableiten. Diese Normen und Regeln entstehen in einer bestimmten Gesellschaftsordnung. Sie sind daher klassenbedingt und haben zum Teil erhebliche nationale Besonderheiten.

In der DDR wurden Anfang der fünfziger Jahre mit Beginn der Hochseeschiffahrt und -fischerei die gesetzlichen Grundlagen für den Einsatz und das Leben der Besatzungsmitglieder an Bord von Seeschiffen durch eine *Schiffsbesetzungsordnung* und eine *Seemannsordnung* (GBl. 1953 S. 583) geschaffen. In dem Maße, wie sich die sozialistische Gesellschaft in der DDR weiterentwickelte, vergrößerte sich die Hochseeflotte und gewann eigene Erfahrungen. Dem entsprach die bis 1969 erarbeitete „Verordnung über die Arbeit und das Verhalten an Bord von Seeschiffen – Seemannsordnung" vom 02. 07. 1969 (GBl. Teil II Nr. 58 S. 381) und die auf ihrer Grundlage geschaffene „Dienstordnung für das seefahrende Personal des VEB Deutsche Seereederei" vom 01. 01. 1971 zur Regelung der besonderen Rechte und Pflichten der Seeleute und zur Vervollkommnung der sozialistischen Leitungstätigkeit an Bord. Die *Seemannsordnung* enthält bestimmte Grundsatzregelungen über die Schiffsbesatzung, die Leitung des Schiffsbetriebs und Mitwirkung der Besatzungsmitglieder, die Pflichten und Rechte der Mitglieder der Schiffsbesatzung, die sozialistische Disziplin an Bord und besondere Vorkommnisse an Bord. Diese Seemannsordnung ist zur Zeit in Kraft.

Die Dienstordnung der Handelsflotte wurde mit Wirkung vom 01. 09. 1978 durch die *Arbeitsordnung Flotte* des VEB Deutfracht/Seereederei (DSR) ersetzt. Sie ist das zur Zeit und auf der Grundlage des § 92 Abs. 1 AGB geschaffene arbeitsrechtliche Grundsatzdokument, das die Leitungstätigkeit in der Handelsflotte zur Erfüllung der gestellten Transportaufgaben regelt. Sie trägt zur Gewährleistung einer hohen Effektivität der Arbeit an Bord der Schiffe, zur Festigung der Arbeitsmoral und -disziplin der Werktätigen und zur Durchsetzung von Ordnung und Sicherheit bei und fördert die Herausbildung und Entwicklung neuer sozialistischer Kollektivbeziehungen.

Für das Verständnis der im vorliegenden Buch durch den Autor vorgenommenen Einschätzungen bestimmter Handlungen der Kapitäne (Wachoffiziere) und der von ihnen geforderten Überlegungen, Reaktionen oder Unterlassungen ist die Kenntnis der von der DDR und der UdSSR erlassenen Bestimmungen, die zum Teil merklich voneinander abweichen, erforderlich. Über die internationale Entwicklung, auf der Grundlage gemeinsam beschlossener Normen zur Vereinheitlichung der Praxis an Bord zu kommen, wird noch zu sprechen sein. Für den Zeitraum von 1970 bis 1980 gab es solche abgestimmten Festlegungen noch nicht.

Die Arbeits- und Lebensbedingungen an Bord der Handelsschiffe der DDR werden anhand der Arbeitsordnung Flotte von 1978 dargestellt, die sich zur Zeit in Überarbeitung befindet. Entsprechend dieser Ordnung setzt sich

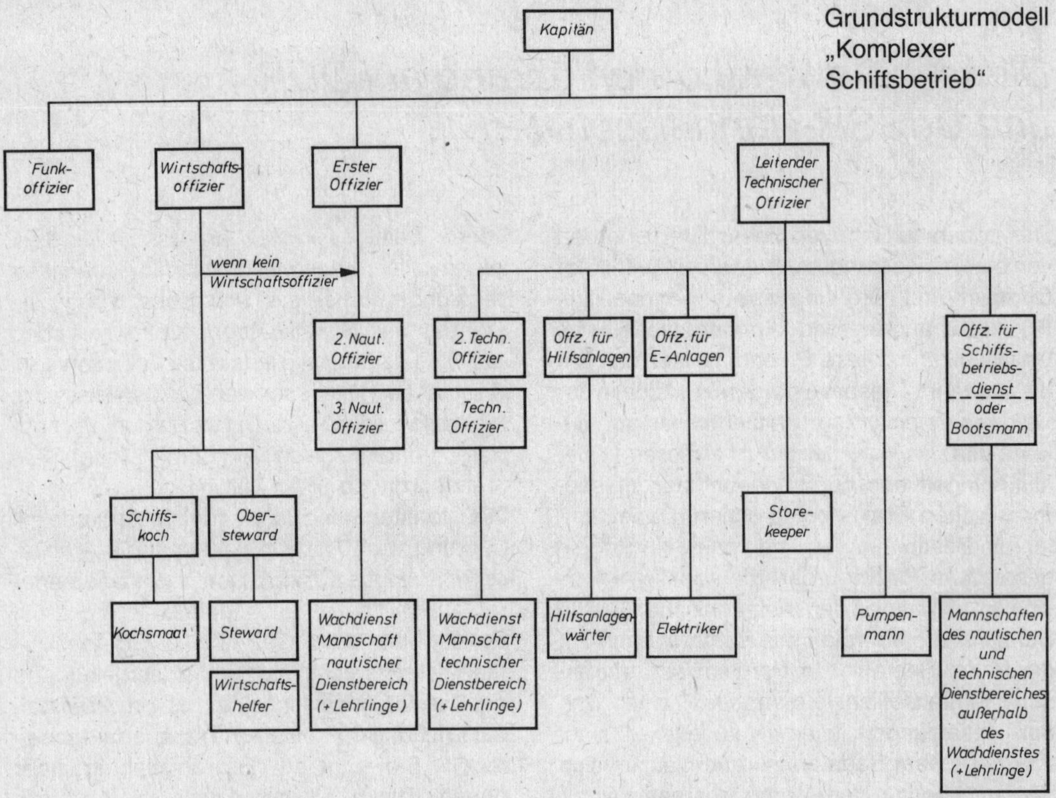

Grundstrukturmodell „Komplexer Schiffsbetrieb"

die Schiffsbesatzung aus Offizieren, Unteroffizieren und Mannschaften zusammen. Der Schiffsbetrieb wird durch den Kapitän nach dem Prinzip der Einzelleitung bei umfassender Mitwirkung der Besatzung geleitet. Der Kapitän untersteht dem Hauptabteilungsleiter des Einsatzbereiches.

Die Besatzungsmitglieder werden entsprechend den auszuführenden Aufgaben gemäß ihren fachlichen Kenntnissen im Schiffsbetrieb den Dienstbereichen des Schiffs zugeordnet.

Dienstbereiche sind:

- Der Dienstbereich „Nautische Schiffsführung und Ladungsdienst", der – abweichend von der Tradition in der deutschen und sowjetischen Handelsflotte – mit Inkrafttreten der Dienstordnung des VEB DSR am 01. 01. 1971 vom 1. Offizier geleitet wird. Dies geschah aufgrund der Erkenntnis, daß dem nach dem Kapitän erfahrensten nautischen Offizier die ökonomisch besonders verantwortungsvolle Funktion des Ladungsoffiziers übertragen werden mußte, um hierdurch das Grundanliegen der Handelsschiffahrt – den Transport von Gütern über See – personell in hoher Qualität abzusichern.
- Der Dienstbereich „Technischer Schiffsbetrieb", der vom Leitenden Technischen Offizier (LTO) geleitet wird.
- Der Dienstbereich „Wirtschaft", der vom Wirtschaftsoffizier (auf Passagierschiffen vom Oberzahlmeister) geleitet wird. Ist an Bord kein Wirtschaftsoffizier eingesetzt, wird der Dienstbereich „Wirtschaft" durch den 1. Offizier geleitet.
- Die Offiziere, die keinem Dienstbereich zugeordnet sind, unterstehen dem Kapitän unmittelbar.

Die Organisation des komplexen Schiffsbetriebs auf Schiffen des VEB DSR trägt den Erfahrungen mit hochgradig automatisierten Schiffen und daher stark reduzierter Besatzung Rechnung. Das Grundstrukturmodell „Komplexer Schiffsbetrieb" gibt über die strukturelle Zuordnung der Besatzungsmitglieder Auskunft. Die Komplexbrigade besteht aus dem Offizier für Schiffsbetriebsdienst bzw. dem Bootsmann, den Unteroffizieren und Mannschaften des nautischen und technischen Dienstes. Der Offizier für Schiffsbetriebsdienst bzw. der Bootsmann untersteht dem LTO, da dieser für die gesamte Instandhaltung des Schiffs verantwortlich ist. Für die Zeit der See- bzw. Maschinenwache unterstehen die den Wachdienst ausübenden Besatzungsmitglieder dem jeweiligen Wachhabenden. Für die Vorbereitung und Durchführung des Umschlagprozesses ist der 1. Offizier verantwortlich. Hierzu unterstellt der LTO dem 1. Offizier die erforderlichen Mitarbeiter der Komplexbrigade. Diese, von jahrzehntelang geübter Arbeitsorganisation abweichende Regelung hat sich an Bord der Schiffe der DDR bewährt.

Auch hinsichtlich der Seewache (Brücke) gibt es neue Organisationsformen. Wie auch schon vor Jahrzehnten hat der Kapitän bei An- und Ablegemanövern sowie bei verminderter Sicht den Wachdienst Brücke als Wachhabender zu übernehmen. Die gleiche Verpflichtung gilt bei Revierfahrten sowie für kritische und schwierige Situationen. In dieser Zeit hat der Wachoffizier seine Aufgaben weiterhin zu erfüllen und den Kapitän bei der Schiffsführung voll zu unterstützen. Bei längerer Fahrt unter solchen Bedingungen aber kann sich der Kapitän vom 1. Offizier ablösen lassen bzw. das Wachsystem umstellen. Diese Umstellung des Wachsystems geht von der Tatsache aus, daß im Fahrtbereich „Große Fahrt" der Kapitän grundsätzlich nicht in den Wachdienst einbezogen wird. In allen anderen Fahrtbereichen (3-Wachen- und 2-Wachen-Schiff) kann er einbezogen werden. Übernimmt der Kapitän als Wachhabender bei Nebel oder in anderen länger andauernden Gefahrenlagen die Führung des Schiffs auf der Brücke ununterbrochen für mehrere Tage (oder „ruht" er mit wachen Sinnen im hinteren Teil der Brücke – während der Wachoffizier das Schiff führt –), so sind seine physischen und psychischen Kräfte nach einer bestimmten Zeit erschöpft. Es kann bei erforderlich werdenden Reaktionen zu folgenschweren Fehlhandlungen kommen. Dies kann besonders in nautisch schwierig zu befahrenden Gewässern der Fall sein.

Aus diesem Grunde wurde in den siebziger Jahren das System der *Doppelwachen* als eine besondere Form der Seewache auf Drei-Wachen-Schiffen mit wachfreiem Kapitän eingeführt. Doppelwachen sind mit mindestens 2 Inhabern von Befähigungszeugnissen zu besetzen, von denen der Ranghöchste die Funktion des Wachhabenden ausübt (Kapitän bzw. 1. Offizier, der in seiner Wache die volle Verantwortung für die sichere Führung des Schiffes hat). Dies trifft auch für den LTO bzw. den 2. TO zu. Der wachfreie Wachhabende – in diesem Wachsystem der Kapitän oder der 1. Offizier – kann nach seiner Wache die Brücke verlassen und in den 4 wachfreien Stunden in seiner Kammer ruhen (schlafen). Dies schafft die Möglichkeit einer echten Erholung, da eine ständige Anwesenheit auf der Brücke nicht mehr gefordert wird, weil der 1. Offizier in voller eigener Verantwortung als Schiffsführer tätig ist. Meistens gehen der Kapitän mit dem 3. Offizier und der 1. Offizier mit dem 2. Offizier zusammen doppelt besetzte Seewache Brücke. Auf Drei-Wachen-Schiffen, die neben dem Kapitän mit nur 2 nautischen Offizieren besetzt sind, ist die Doppelwache für den Wachdienst Brücke so geregelt, daß der 2. Offizier den jeweiligen Wachhabenden beim Befahren besonders schwieriger Teilabschnitte unterstützt. In der Regel werden **Doppelwachen** gefahren in

- Seegebieten und Revieren mit hoher Verkehrsdichte,
- Meerengen, Passagen, Kanälen,
- Seegebieten, für die Informationen über außergewöhnliche Verhältnisse vorliegen,
- engen Fahrwassern und Revieren,
- Gewässern, in denen mit häufig und schnell auftretenden extremen meteorologischen Bedingungen (z. B. langanhaltender Nebel) zu rechnen ist.

Andere, schon langjährig geübte Praktiken des See- und Maschinenwachegehens (auf See, auf Reede und im Hafen) auf DDR-Handelsschiffen und auf den dem Ministerium für Seeflotte unterstehenden Schiffen werden zusammengefaßt nach der Schilderung der Besonderheiten des Wachegehens auf Schiffen der UdSSR dargelegt.

Auch auf *sowjetischen Handelsschiffen* ver-

MS KHASAN

läuft das Leben der Besatzungsmitglieder und aller übrigen Personen nach den vom Ministerium für Seeflotte erlassenen Bestimmungen. Die Rechte und Pflichten der Besatzungsangehörigen ergeben sich in erster Linie aus der Dienstordnung (ustav slushba).

Diese Ordnung ist vom Minister im Einverständnis mit der Gewerkschaft der Seeleute und Binnenschiffer erlassen worden. Die Arbeits- und Lebensverhältnisse an Bord werden in wichtigen Teilen durch den Inhalt dieser Dienstordnung bestimmt. Sie legt das Weisungs- und Unterstellungsverhältnis fest. Sie regelt den täglichen Arbeitsablauf an Bord und enthält einen ausführlichen Funktionsplan, in dem die Rechte und Pflichten jedes einzelnen Besatzungsmitgliedes genau beschrieben sind. Verantwortung und Aufgaben der Wachoffiziere sind genauso festgelegt, wie die Aufgabenstellungen für die verschiedenen Dienstbereiche. In der speziellen Schiffsordnung sind Regeln für das Zusammenleben an Bord enthalten. Auch die Fragen des Umweltschutzes finden hier Erwähnung.

Aus den Seeunfallbeispielen des vorliegenden Buchs geht eindeutig hervor, daß für bestimmte Bereiche an Bord der sowjetischen Handelsflotte die traditionelle Organisation und Struktur erhalten geblieben ist.

Der Kapitän ist Einzelleiter und trägt die Verantwortung für Besatzung, Schiff und Ladung. Ihm sind alle Besatzungsmitglieder unterstellt. In Fragen der politischen und Parteiarbeit untersteht der Offizier für politische Arbeit dem Leiter der Politabteilung der Reederei.

Der 1. Offizier (der im russischen Sprachgebrauch verwendete Begriff „Gehilfe des Kapitäns“ oder „Steuermann“ wurde mit 1., 2. oder 3. Offizier übersetzt) ist der Vertreter des Kapitäns. Dem 1. Offizier unterstehen die übrigen Nautischen Offiziere, die Unteroffiziere des nautischen Dienstbereiches und Mannschaften (Decksmannschaft und Schiffsbedienungspersonal). Der 1. Offizier ist verantwortlich für den Schiffskörper, die Aufbauten und alle für die seemännischen Manöver und den Ladungsdienst erforderlichen Anlagen (z. B. Laderäume, Masten, Ladegeschirr, Ankereinrichtung, Rettungsmittel, Brandschutzinventar u. a. m.). Er teilt die Wachen ein. Befinden sich mehr als 3 nautische Offiziere an Bord, geht er in 24 Stunden nur eine Wache von 04.00 bis 08.00 Uhr. Der 2. Offizier ist der Ladungsoffizier. Er trägt die Verantwortung für das Beladen, das Packen, Separieren, Entladen und die Übergabe der Ladung. Der 3. Offizier ist für die nautische Sicherstellung des Schiffes verantwortlich. Er überprüft die elektro-nautischen Geräte, führt die Seekarten und Bücher und berichtigt sie.

Die Wacheinteilung ist wie folgt festgelegt:

00.00 bis 04.00 Uhr	12.00 bis 16.00 Uhr	2. Offizier
04.00 bis 08.00 Uhr	16.00 bis 20.00 Uhr	1. Offizier
08.00 bis 12.00 Uhr	20.00 bis 24.00 Uhr	3. Offizier

Der Leitende Technische Offizier ist der Vertreter des Kapitäns für den technischen Teil des Schiffs und Vorgesetzter aller Besatzungsmitglieder, denen die Wartung und Inbetriebnahme der Haupt- und Hilfs- und Decksmaschinen übertragen ist (Maschinenbemannung). Der Funkstellenleiter und der Wirtschaftsoffizier unterstehen dem Kapitän.

Bei den Mannschafts- und Unteroffiziersdienstgraden wird die „Schiffsmannschaft“ eingeteilt in:

- Decksmannschaft, d. h. Bootsmann, Kabelgattmatrose, Matrosen, Taucher, Matrosenlehrlinge u. a., die dem 1. Offizier unterstehen;
- Maschinenbemannung, d. h. Storekeeper, Maschinisten, Pumpenmann, Elektriker, Kühlanlagenfahrer, Heizer, Lehrlinge u. a., die dem LTO unterstehen;
- Bedienungspersonal, d. h. Schiffskoch, Kochsmaat, Wirtschaftshelfer, Steward(ess), Bufettiers u. a., die dem Wirtschaftsoffizier oder, wenn dieser nicht gefahren wird, dem 1. Offizier unterstehen.

Auf Drei-Wachen-Schiffen mit wachfreiem Kapitän (dem Normalfall auf sowjetischen Handelsschiffen, gleich in welchem Fahrtbereich) ist wie auf den DDR-Handelsschiffen der Kapitän – ob in See, auf Reede oder im Hafen – sofort von allen Ereignissen an Bord oder außerhalb des Schiffs zu benachrichtigen. Aus den vom Autor gezogenen Schlußfolgerungen – basierend auf der Dienstordnung – ist zu ersehen, daß der Kapitän für die unmittelbare Wachdurchführung des Wachoffiziers persönlich die Verantwortung trägt. Er muß alle sich bietenden Gelegenheiten zur Kontrolle der Arbeit des Wachhabenden auf der Brücke nutzen. Er muß rechtzeitig in gefährlichen Situationen oder bei Änderung des Wetters die Schiffsführung als Wachhabender übernehmen. Dabei soll die Besetzung der Brücke zunächst mit wachfreien Offizieren vorgenommen werden. Sie haben dann auf Weisung des Kapitäns genau festgelegte Arbeiten zu verrichten. Der Kapitän kann nach längerer Zeit zwar seine persönliche Verantwortung als Wachhabender an den 1. Offizier übergeben, um eine Phase der Erholung auf der Brücke einzulegen; ein System der doppeltbesetzten Wache, wie auf Schiffen der DDR, ist auf sowjetischen Handelsschiffen nicht üblich.

Auf sowjetischen Schiffen existiert die Weisung, daß der Wachoffizier verpflichtet ist, die Ausweichregeln laut Kollisionsverhütungsregeln einzuhalten und selbständig die ent-

MS VIKTOR TKATCHEV

sprechenden Manöver auszuführen. Hierüber hat er sofort dem Kapitän Meldung zu erstatten. Die Brücke ist immer mit einem Ausguck und im Regelfall mit einem Rudergänger zu besetzen.
Die sonstigen Vorschriften für den Wachoffizier entsprechen den in der Arbeitsordnung Flotte festgelegten Pflichten. Sie sind weit höher, als die international vereinbarten Anforderungen an Wachoffiziere.
Am 18. 04. 1984 ist die *Internationale Konvention über Standards für Ausbildung, Zeugniserteilung und Wachdienst für Seeleute* in Kraft getreten, die im weiteren als *STCW*-Konvention bezeichnet wird (GBl. Sonderdruck Nr. 1 153 vom 23. 08. 1984). Damit sind erstmalig in der Geschichte der Seefahrt Vorschriften erlassen worden – ähnlich denen des Internationalen Schiffssicherheitsvertrags von 1974 (SOLAS-74) – die ein wesentliches Gebiet des „menschlichen Faktors" in der Seeschiffahrt, nämlich die Ausbildung, Zeugniserteilung und den Wachdienst an Bord international vereinheitlichen. Der Konvention ist eine Anlage (Annex) beigefügt, die Bestandteil der Konvention ist und deren Regeln verbindliche Festlegungen für die Teilnehmer der Konvention enthalten, denn „jede Bezugnahme auf diese Konvention" heißt es in Artikel 1 Abs. 1 STCW-Konvention, „ist gleichzeitig eine Bezugnahme auf die Anlage". Anders steht es mit den gleichzeitig angenommenen 23 Entschließungen (Resolutionen). Diese sind Beschlüsse der Konferenz, die sich an die Internationale Seeschiffahrtsorganisation (IMO) und interessierte Regierungen richtet, um sie zu veranlassen, die Entschließungen anzuwenden. Die Entschließungen ergänzen wesentliche Teile der relativ kurz gefaßten Regeln. Die DDR beabsichtigt, durch eine Verfügung des Seefahrtsamts diese Entschließungen für verbindlich zu erklären. Die Konvention gilt nicht für Seeleute, die auf Fischereifahrzeugen (für sie ist eine spezielle Konvention vorgesehen), Kriegsschiffen sowie Vergnügungsyachten und Holzschiffen einfacher Bauart Dienst tun. Die formalrechtliche Bedeutung der Konvention besteht darin, daß die in ihrer Anlage enthaltenen Prinzipien durch ihre Übernahme in das nationale Recht eigenständige Verwaltungsrechtsnormen geworden sind.
Der gleiche Gegenstand sollte nun in keiner anderen Vorschrift mehr geregelt sein, es sei denn, betriebliche Gründe verlangen eine Ergänzung (zum Beispiel in der Arbeitsordnung Flotte). Im Zusammenhang mit diesem Buch interessiert vorrangig der Teil, der sich mit dem Wachdienst auf See, auf Reede und im Hafen beschäftigt. Im Kapitel II des Anhangs zur Konvention werden die *Grundsätze für den Brückenwachdienst* zusammengefaßt, die durch die Entschließung Nr. 1 ergänzt werden.
Diese Grundsätze gliedern sich in
- Vorkehrungen für den Wachdienst,
- Diensttüchtigkeit,
- Schiffsführung,
- Navigationsausrüstung,
- Pflichten und Verantwortung bei der Führung des Schiffs,
- Ausguck,
- Fahren mit einem Lotsen an Bord,
- Schutz der Meeresumwelt.

Da sich einzelne Grundsätze überschneiden bzw. ergänzen, werden sie in nachstehender Zusammenfassung behandelt.
Die *Vorkehrungen für den Wachdienst* konzentrieren sich hauptsächlich auf die personelle quantitative und qualitative Zusammensetzung der Wache. Der Kapitän ist für das Vorhandensein einer sicheren Brückenwache verantwortlich. Unter seiner allgemeinen Verantwortung sind die Wachoffiziere während ihrer Wache für die sichere Führung des Schiffs verantwortlich. Den Bestand der Brückenwache macht die Konvention von einer Reihe von Umständen abhängig, so z. B. von den Wetterverhältnissen, der Tageszeit, in der Nähe befindlichen Gefahrenstellen, der Ausrüstung des Schiffs mit Navigationshilfen, einer automatischen Ruderanlage oder den elektronischen Geräten. Die Brücke darf zwar niemals unbesetzt sein, der gleichmäßige Bestand der Brückenwache aber ist von den konkreten Lagebedingungen abhängig.
Das *Wachsystem* (z. B. das Dreier-Wachsystem mit 4 Stunden Brückenwache und 8 Stunden Arbeits- und Erholungszeit) muß so aufgebaut sein, daß die Leistungsfähigkeit

der Mitglieder der Seewache nicht durch Ermüdung beeinträchtigt wird. Das ist eine eindeutige Bestimmung, die keines Kommentars bedarf. Auf ein sehr wesentliches Problem weist der zweite Teil dieses Grundsatzes hin, wonach der Brückendienst so organisiert sein muß, „daß die erste Wache bei Reiseantritt wie auch die darauffolgenden Wachen genügend ausgeruht und auch sonst diensttüchtig sind." Die Erfüllung dieser Forderung bereitet auf den Schiffen der DSR immer dann Kopfschmerzen, wenn das Be- und Entladen im Hafen nachts erfolgt und das Schiff am frühen Morgen ausläuft. Speziell die Relation Rostock – Kontinenthäfen bietet in diesem Zusammenhang besondere Schwierigkeiten, es sei denn, der Kapitän entschließt sich, die Wache des 1. Offiziers – er ist ja gerade der hoch beanspruchte Ladungsoffizier – von 04.00 bis 08.00 Uhr dem 1. Offizier abzunehmen und diesen ruhen zu lassen.

Die *Pflichten des Wachoffiziers* ergeben sich aus den Abschnitten Schiffsführung und Navigationsausrüstung. Die hier vermerkten Forderungen können in 4 Handlungsgebiete unterteilt werden:

- Planung der Reise,
- Vertrautmachen mit der vorhandenen nautischen Ausrüstung,
- Schiffsführung,
- Verhältnis Kapitän–Wachhabender und Übergabe und Übernahme der Wache.

Die *Planung der Reise* wird umfassend in § 5 SeeVO als sogenannte „Reisevorbereitung" schon seit langem in der Seeschiffahrt der DDR gefordert. Diese Forderungen gehen über die Berücksichtigung aller einschlägigen Informationen und die Überprüfung der festgelegten Kurse vor Reiseantritt laut Konvention weit hinaus.

Der *Wachoffizier* muß sich auf der Brücke aufhalten, die er unter keinen Umständen verlassen darf, es sei denn, er wurde abgelöst. Der Wachantritt muß so rechtzeitig erfolgen, daß er sich vor der Wachübernahme mit der gekoppelten und der wahren Position des Schiffs, dem zu steuernden Kurs, der zu fahrenden Geschwindigkeit, den zu erwartenden Gefahren auf der vor ihm liegenden Reiseroute vertraut machen kann. Es genügt nicht, sich nur mit den Eintragungen im Schiffstagebuch zufrieden zu geben. Der die Wache übergebende Wachoffizier kann die Übergabe der Wache verweigern, wenn er der Annahme ist, daß der übernehmende Offizier nicht in der Lage ist, seine Pflichten ordnungsgemäß zu erfüllen (Erkrankung, vorübergehende Indisposition ungeachtet ihrer Ursache). Ein solcher Umstand muß dem Kapitän unverzüglich gemeldet werden. Die Übergabe der Wache an einen nicht dazu fähigen Wachoffizier kann im Falle einer Kollision oder einer Grundberührung die Mitschuld des die Wache übergebenden Offiziers begründen.

Während der Wache hat der Wachoffizier sich aktiv zu verhalten, indem er den gesteuerten Kurs, die Geschwindigkeit und die Position des Schiffs regelmäßig überprüft. Es wird als normal betrachtet, die Position des Schiffs alle 20 Minuten in die Seekarte einzutragen. Der Wachoffizier muß nicht nur den Standort aller Navigationsausrüstungen kennen, sondern vor allem auch ihre Wirkungsweise beherrschen. Dies trifft auch auf die Sicherheitseinrichtungen zu. Zu den Aktivitäten des Wachoffiziers gehört es, ohne zu zögern das Ruder, die Maschinen und die Schallsignalanlagen zu benutzen. Das Recht und die Pflicht, so zu handeln, ergeben sich aus der Verantwortung, die der Wachoffizier für die sichere Führung des Schiffs trägt. Es stellt also einen eklatanten Verstoß gegen diese Bestimmungen der STCW-Konvention dar, wenn Kapitäne ihren Wachoffizieren verbieten, selbständig Ausweichmanöver vorzunehmen, oder diese von ihrer Zustimmung abhängig machen. Erscheint der Kapitän auf der Brücke, so ist die Verantwortlichkeit für die Schiffsführung eindeutig zu klären. Der Wachoffizier bleibt so lange für die sichere Führung des Schiffs allein verantwortlich, bis der Kapitän den Wachoffizier ausdrücklich davon in Kenntnis setzt, daß er die Schiffsführung übernommen hat. Beide müssen dies auch so verstanden haben. Dieser Grundsatz wurde für die Seeschiffahrt der DDR bereits 1965 durch einen Seekammerspruch für verbindlich erklärt. Es wird also auch in Zukunft notwendig sein, daß die Kapitäne die Übernahme der Schiffsführung laut und eindeutig zum Ausdruck bringen. Der

Wachoffizier ist verpflichtet, diese Tatsache sofort unter Angabe der Uhrzeit in das Schiffstagebuch einzutragen. Konkludente Handlungen (wie das erste vom Kapitän an das Ruder oder an die Maschine gegebene Kommando) sollten nur ausnahmsweise in Notlagen als eine Willenserklärung zur Übernahme der Schiffsführung gewertet werden. Aber auch nach der Übergabe der Schiffsführung an den Kapitän hat der Wachoffizier weiterhin seine Pflichten zu erfüllen und den Kapitän, vor allem bei der Navigation oder bei anderen ihm übertragenen Aufgaben, zu unterstützen. Er hat auch jetzt den Kapitän zu unterrichten, wenn er im Zweifel ist, welche Maßnahmen im Interesse der Sicherheit des Schiffs zu ergreifen sind. Bei Nichterfüllung dieser Pflicht kann dem Wachoffizier der Vorwurf gemacht werden, bei einem Unfall an diesem mit beteiligt gewesen zu sein, obwohl der Kapitän als Wachhabender die Schiffsführung inne hatte.
Zu Recht messen die Regeln dem *Ausguck* eine besondere Bedeutung bei. Zum Erfassen der Lage und des Erkennens der möglichen Gefahr einer Kollision, einer Strandung oder sonstiger Gefahren für das Schiff ist ein gehöriger Ausguck zu halten. Der Ausgucksmann darf keine anderen Aufgaben zugewiesen bekommen oder verrichten, deren Wahrnehmung die Durchführung der vorgesehenen Aufgabe beeinträchtigen könnte. Eine Konsequenz dieser Festlegung ist die ausdrückliche Trennung der Pflichten des Ausguckmanns und des Rudergängers. Die Schiffsbesetzungsordnung der DDR präzisiert diese Bestimmungen dahingehend, daß bei eingeschalteter Selbststeueranlage der Rudergänger nicht erforderlich ist. (Dies trifft auch auf kleine Schiffe zu, wo vom Steuerstand aus eine ungehinderte Rundsicht gewährleistet wird.) Aber noch (AO Nr. 2 zur SSBO vom 22. 10. 1984, GBl. Sonderdruck Nr. 787/1) fordert die Seeschiffsbesetzungsordnung der DDR als Mindestbesetzung der Brücke einen Wachoffizier und einen Ausguck, obwohl die Regel über den Ausguck bestimmt, daß „der Wachoffizier bei Tag den Ausguck allein versehen kann“. Die Verbindung der Pflichten des Wachoffiziers mit den Aufgaben des Ausgucks ist nach STCW-Konvention abhängig von einer Reihe subjektiver und objektiver Faktoren, das heißt, der Wachoffizier darf nur am Tag allein auf der Brücke Wache gehen, wenn die Lage sorgfältig eingeschätzt wurde und keine Zweifel an der Ungefährlichkeit dieses Vorhabens bestehen (z. B. außerhalb der Schiffahrtsroute zwischen Aden und Karachi). Gleichzeitig werden die Faktoren (Wetterlage, Sichtverhältnisse, Verkehrsdichte u. a.) aufgezählt, die unbedingt zu berücksichtigen sind, wenn der Wachoffizier die Aufgaben des Ausgucks mit übernimmt. In jedem Fall aber muß gewährleistet sein, den Ausgucksmann sofort auf die Brücke zu beordern, wenn die Lage es erfordert. Dies trifft auch auf den Rudergänger zu.
Beim *Fahren mit einem Lotsen an Bord* reduziert sich die Regel auf die Wiederholung des bei vielen Kapitänen unpopulären Grundsatzes, daß die Anwesenheit des Lotsen auf der Brücke weder den Kapitän noch den Wachoffizier von seinen Pflichten und seiner Verantwortung für die Sicherheit des Schiffs entbindet. Schon früher galt der Grundsatz, daß sich Kapitän und Lotse gegenseitig über die Manöver, die örtlichen Verhältnisse und die Eigenschaften des Schiffs unterrichten. Neu ist aber der Grundsatz, wonach der Kapitän den Handlungen des Lotsen gegenüber kritisch eingestellt sein soll und daher zwar eng mit ihm zusammenarbeitet, aber „die Position und die Bewegungen des Schiffs genau unter Kontrolle“ halten muß.
Im Rahmen des Brückenwachdienstes sind die Kapitäne und Wachoffiziere verpflichtet, alle nur möglichen Vorsichtsmaßnahmen zu treffen, um eine *Verschmutzung der Meeresumwelt* zu verhindern. Dabei sind von ihnen die Bestimmungen der Helsinkier Konvention von 1974 und der Konvention MARPOL 73/78 einzuhalten. Die hier dargelegten Grundsätze für den Brückenwachdienst sind in der Entschließung (Resolution) Nr. 1 durch „Empfehlungen über Tätigkeitsrichtlinien für Wachoffiziere der Brückenwache“ ergänzt. In vielen Abschnitten stellen sie eine Bekräftigung, Wiederholung oder auch Ergänzung der Grundsätze dar. Gemeinsam ersetzen sie die Festlegungen im Teil 1 vieler Wachorderbücher an Bord der Schiffe der DSR. Speziell

Forschungsschiff
MS VASILIY GOLOVIN

wird in der Entschließung auf die Einhaltung der Bestimmungen der Kollisionsverhütungsregeln hingewiesen. Eine der Forderungen verlangt die Kenntnis der Manöverkennwerte des Schiffs (Stoppstrecke, Drehkreis, Auslaufstrecke) und die Beachtung der Tatsache, daß andere Schiffe andere Manöverkennwerte haben können. Sehr eingehend sind die Bedingungen dargelegt, die der Wachoffizier bei der Übernahme der Wache zu erfüllen hat. Mehrere Punkte der Entschließung enthalten Forderungen zur periodischen Überprüfung der Navigationsgeräte, über den richtigen Einsatz des Rudergängers bei Betrieb der Selbststeueranlage, den Einsatz der elektronautischen Geräte, insbesondere des Radargeräts. Für die Navigation in Küstengewässern enthält die Entschließung Hinweise, ebenso für das Fahren bei klarem Wetter oder unter eingeschränkten Sichtverhältnissen. Unter der Überschrift „Benachrichtigung des Kapitäns“ sind 9 Situationen zusammengestellt, über die der Wachoffizier, sollten sie eintreten, den Kapitän unverzüglich zu informieren hat. In diesem Zusammenhang wurde wieder betont, daß der Wachoffizier dennoch nicht von seiner Pflicht befreit ist, ohne Zögern Sofortmaßnahmen einzuleiten, bevor der Kapitän auf der Brücke erscheint.

Schließlich sind unter der Überschrift *Schiff vor Anker* in 9 Punkten die Pflichten des Wachoffiziers beim Liegen des Schiffes vor Anker aufgezählt.

Die *Grundprinzipien für die Wache im Hafen* enthält Regel II/7 der STCW-Konvention. Sie verweist auf die Entschließung (Resolution) Nr. 3, die die Empfehlungen über Grundsätze und Tätigkeitsrichtlinien für nautische Wachoffiziere im Hafen enthält. Der Wachdienst und seine Organisation, die Wachübernahme und die Ausübung des Wachdienstes – das sind die drei Überschriften in den Empfehlungen. Sie legen ebenfalls detaillierte Grundsätze und Richtlinien fest, die die Aufgabe haben, die Sicherheit der Menschen, des Schiffes, der Ladung und des Hafens zu gewährleisten und die auf die Einhaltung der Vorschriften sowie auf die Aufrechterhaltung von Disziplin und Ordnung und einen normalen Dienstablauf gerichtet sind.

Auf der Grundlage der international vereinheitlichten Standards für Ausbildung, Zeugniserteilung und Wachdienst für Seeleute hat in der Welthandelsschiffahrt der schwierige Prozeß begonnen, diese Normen auf den Schiffen durchzusetzen, die bisher solche Festlegungen nicht kannten. Dieses Vorhaben wird durch *Kontrollrechte der Vertragsstaaten* unterstützt, wie sie Artikel X der STCW-Konvention vorsieht.

4.4. Erscheinungen und Bedingungen der Seefahrt

4.4.1. Internationale Regeln zur Verhütung von Zusammenstößen auf See

In dem Zeitraum zwischen 1970 und 1980 waren für die Weltseeschiffahrt nacheinander 2 „Regeln zur Verhütung von Zusammenstößen auf See" in Kraft. Aus diesem Grund werden im vorliegenden Buch für die gleichen Situationen auf See unterschiedliche Regeln als Rechtsgrundlage für das Handeln des Wachoffiziers herangezogen.
Die Anlage B der Schlußakte der internationalen Konferenz von 1960 zum Schutz des menschlichen Lebens auf See enthielt die Regeln zur Verhütung von Zusammenstößen auf See. Diese Regeln wurden z. B. in der DDR mit Wirkung vom 01. 01. 1966 in Kraft gesetzt (GBl. Sonderdruck Nr. 531 a vom 10. 02. 1966). Wichtige Ergänzungen enthielten die Empfehlungen für den Gebrauch von Radarinformationen zur Verhütung von Zusammenstößen auf See (GBl. Sonderdruck Nr. 531 a vom 10. 02. 1966).

Die Regeln von 1960 waren wie folgt gegliedert:

Teil A: Allgemeines

Geltungsbereich und Begriffsbestimmungen — Artikel 1

Teil B: Lichter und Signalkörper

Topp und Seitenlichter — Artikel 2
Schleppendes oder schiebendes Maschinenfahrzeug — Artikel 3
Manövrierunfähige Fahrzeuge und Spezialfahrzeuge bei der Arbeit — Artikel 4
Segelfahrzeuge und geschleppte Fahrzeuge — Artikel 5
Behelfsmäßige Führung der Seitenlichter — Artikel 6
Lichterführung auf Kleinfahrzeugen — Artikel 7
Lotsenfahrzeuge — Artikel 8
Fischereifahrzeuge während des Fischens in Fahrt oder vor Anker — Artikel 9
Hecklicht — Artikel 10
Vor Anker liegende und auf Grund sitzende Fahrzeuge — Artikel 11
Signale zur Erregung der Aufmerksamkeit — Artikel 12
Sonderlichter sowie Führung von Lichtern und Signalkörpern auf Kriegsschiffen und Wasserflugzeugen — Artikel 13
Segelfahrzeug mit Maschinenkraft — Artikel 14

Teil C: Schallsignale und Verhalten bei verminderter Sicht

Einleitung
Schallsignale bei verminderter Sicht — Artikel 15
Verhalten bei verminderter Sicht — Artikel 16

Teil D: Fahrregeln

Einleitung
Segelfahrzeuge untereinander — Artikel 17
Maschinenfahrzeuge untereinander als Gegenkommer — Artikel 18
Maschinenfahrzeuge auf kreuzenden Kursen — Artikel 19
Maschinenfahrzeug gegenüber Segelfahrzeug, Pflichten der Wasserfahrzeuge — Artikel 20
Pflichten des Kurshalters – Verhalten bei unmittelbarer Gefahr — Artikel 21
Ausführung des Ausweichmanövers — Artikel 22

Herabsetzen der Geschwindigkeit	Artikel 23
Überholer	Artikel 24
Enge oder unübersichtliche Fahrwasser	Artikel 25
Wegerecht für fischende Fahrzeuge	Artikel 26
Nautische Vorsicht	Artikel 27
Teil E: Schallsignale für Fahrzeuge in Sicht	
Kurssignale	Artikel 28
Teil F: Verschiedenes	
Beachtung weiterer Vorsichtsmaßregeln aus dem Seemannsbrauch	Artikel 29
Vorbehalt bezüglich der Vorschriften über die Schiffahrt in Häfen und Binnengewässern	Artikel 30
Notsignale	Artikel 31

Eine **Revision** der 1960 beschlossenen Regeln zur Verhütung von Zusammenstößen auf See wurde erforderlich wegen

- der Erhöhung der Geschwindigkeit der Fahrzeuge, der hieraus resultierenden
- zunehmenden Verkehrsdichte in den Seegebieten,
- der technischen Weiterentwicklung der Radargeräte,
- der Ballung des Schiffsverkehrs in bestimmten Seeräumen.

Der Unterausschuß der IMCO – Sicherung der Seefahrt – wurde beauftragt, eine Revision der Regeln vorzunehmen. Das Ergebnis dieser Revision wurde als Entwurf auf der XXV. Tagung des Schiffssicherheitsausschusses vorgelegt und den Mitgliederstaaten der IMCO zur Stellungnahme übergeben. Auf ihrer Tagung vom 04. bis 20. 10. 1972 beschloß die internationale Staatenkonferenz die zur Unterzeichnung vorliegenden Regeln. Die Regeln wurden aus dem Schiffssicherheitsvertrag herausgelöst und als eigene Konvention verabschiedet. Damit ist eine Revision dieser Regeln unabhängig vom Schiffssicherheitsvertrag – und damit schneller und unkomplizierter – möglich.

Das internationale Inkrafttreten der Regeln zur Verhütung von Zusammenstößen auf See erfolgte am 15. 07. 1977. Die Internationalen Regeln zur Verhütung von Zusammenstößen auf See 1972 – Kollisionsverhütungsregeln (KVR) – (früher national als Seestraßenordnung bezeichnet) sind in der DDR als Anlage Nr. 1 Bestandteil der Anordnung zur Regelung des Seeverkehrs – Seeverkehrsordnung (SeeVO) – vom 18. 10. 1978 (GBl. Sonderdruck 993 vom 15. 05. 1979). Die Besonderheit der Veröffentlichung der Kollisionsverhütungsregeln in der DDR besteht darin, daß sie auch die Sondervorschriften für die Gewässer der DDR (früher national als Seewasserstraßenordnung bezeichnet) mit enthält.

Die nachstehend aufgeführte Gliederung der Kollisionsverhütungsregeln zeigt im Vergleich zu den Regeln von 1960 die umfassende **Neugliederung** und deutet in den Überschriften zu den Regeln auch ihren vielfach neuen Inhalt an:

Teil A: Allgemeines	
Anwendung	Regel 1
Verantwortung	Regel 2
Allgemeine Begriffsbestimmungen	Regel 3
Teil B: Ausweich- und Fahrregeln	
Abschnitt I Verhalten von Fahrzeugen bei allen Sichtverhältnissen	
Anwendung	Regel 4
Ausguck	Regel 5
Sichere Geschwindigkeit	Regel 6
Möglichkeit der Gefahr einer Kollision	Regel 7
Manöver zur Vermeidung von Kollisionen	Regel 8
Enge Fahrwasser	Regel 9
Verkehrstrennungsgebiete	Regel 10
Abschnitt II Verhalten von Fahrzeugen die einander in Sicht haben	
Anwendung	Regel 11
Segelfahrzeuge	Regel 12
Überholen	Regel 13
Entgegengesetzte Kurse	Regel 14
Kreuzende Kurse	Regel 15
Maßnahmen des ausweichpflichtigen Fahrzeugs	Regel 16

Einzelheiten kann der Leser entnehmen aus Reinhold, Werner; Hoefs, Werner; Schilling, Rolf: Seestraßenordnung (SSO). – transpress, Berlin 1971 und Hilgert, Helmut und Schilling, Rolf: Kollisionsverhütung auf See. Kommentar zu den internationalen Regeln zur Verhütung von Zusammenstößen auf See. – transpress, Berlin 1985.

IALA (International Association of Lighthouse Authorithes) – **Betonnungssystem.**
Die diesem Buch beigefügten Lageskizzen stimmen in der Bezeichnung der Fahrwasser und Schiffahrtshindernisse nicht mit den Seekarten überein. Das ist darauf zurückzuführen, daß bis weit in das 20. Jh. hinein eine Vielzahl von unterschiedlichen Betonnungsregeln existierte. So gab es Anfang der siebziger Jahre mehr als 30 verschiedene Betonnungssysteme auf der Welt. Die IALA nahm sich der Aufgabe an, eine weltweite Vereinheitlichung der Systeme zu erreichen. Dies stieß auf besondere Schwierigkeiten, weil hinsichtlich der Kennzeichnung der Fahrwasserseiten mit roten und grünen Tonnen unterschiedliche Auffassungen bestanden. Es wurden daher 2 Systeme geschaffen, nämlich das *System A (Rot an Backbord)* und das *System B (Rot an Steuerbord)*. Die Regeln des Systems A wurden 1976, die des Systems B 1980 fertiggestellt. Das System A gilt für die europäischen und afrikanischen Gewässer, den Indischen Ozean und Teile des Pazifik. Das System B findet Anwendung rings um den nord- und südamerikanischen Kontinent sowie in den Gewässern um Japan, Korea und die Philippinen. Beide Regelwerke ähnelten sich so, daß sie schließlich zu einem einzigen zusammengefaßt werden konnten, das die Bezeichnung „Maritimes IALA-Betonnungssystem“ erhielt. Das System A (Rot an Backbord) wurde 1980 in den Seegewässern der DDR und später auch im gesamten Ostseeraum eingeführt.
Nunmehr ist die Umstellung in den europäischen Gewässern abgeschlossen. Sie soll insgesamt bis 1990 beendet sein. Hieraus ergibt sich die Tatsache, daß die in den siebziger Jahren verwendete Kennzeichnung der Fahrwasser laut Lageskizzen keine Widerspiegelung in den dem Buch beigefügten Seekarten findet. Zum besseren Verständnis der Seekarten nachstehend die charakteristischen Merkmale des Betonnungssystems A – Kombiniertes Kardinal- und Lateralsystem (rot

an Backbord). Die Regeln sind im Sonderdruck Nr. 1028 zum Gesetzblatt der DDR vom 22. 02. 1980 sowie vom Seehydrographischen Dienst der DDR im Beiheft Nr. 8401 zum Handbuch der Ostsee (Nr. 8101) im Jahre 1982 veröffentlicht worden.

Nach dem IALA-Betonnungssystem gibt es die folgenden 5 Arten von **Seezeichen:**

- Lateralseezeichen,
- Kardinalseezeichen,
- Einzelgefahrenseezeichen,
- Mittelfahrwasserseezeichen,
- Sonderseezeichen.

Die *Lateralseezeichen* werden in Verbindung mit einer festgelegten Betonnungsrichtung verwendet und kennzeichnen die Backbord- und die Steuerbordseite. Für sie gibt es nur die Farben rot und grün als Anstrich. Als Unterscheidungsmerkmale tragen die grünen Lateralseezeichen an der Steuerbordseite ungerade und die roten Lateralseezeichen an der Backbordseite gerade Zahlen fortlaufend im Sinne der Betonnungsrichtung, also von einem in einen Hafen einlaufenden Schiff aus gesehen.

Die *Kardinalseezeichen* werden in Verbindung mit der Kompaßrichtung verwendet und zeigen an, in welcher Richtung befahrbares Gewässer vorhanden ist. Für sie werden nur die Farben gelb und schwarz für den Anstrich verwendet. Sie tragen in jedem Fall ein Doppelkegeltoppzeichen. Bei Leuchttonnen ist für jeden Quadranten eine spezielle oder schnelle Funkelkennung vorgeschrieben.

Die *Seezeichen für einzelne Gefahren* zeigen einzeln liegende Gefahren von begrenzten Ausmaßen an, in deren unmittelbarer Umgebung befahrbares Gewässer vorhanden ist. Sie tragen in jedem Fall ein Doppelballtoppzeichen. Ihre Farbe ist schwarz mit einem breiten waagerechten roten Band.

Die *Mittelfahrwasserseezeichen* zeigen an, daß ein rund um die betreffende Position befahrbares Gewässer vorhanden ist. Mit ihrem markanten rot-weiß senkrecht gestreiften Anstrich unterscheiden sie sich besonders deutlich von allen anderen schwimmenden Seezeichen.

Die *Sonderseezeichen* dienen nicht in erster Linie der Navigation, sondern kennzeichnen Gebiete oder Punkte, die in den nautischen Veröffentlichungen bekanntgemacht werden. Mit ihrem gelben Anstrich (Leuchttonnen gelbes Licht) und (bei Bedarf) Kreuztoppzeichen bilden sie eine spezielle Kategorie, die alle früher üblichen individuellen Seezeichen zusammenfaßt.

Diese neuen Betonnungsregeln haben sich bewährt, und die nautische Sicherheit hat sich dadurch erhöht.

Einige für die **Befeuerung** von Fahrwassern verwendeten Begriffe werden wie folgt definiert:

Leitfeuer sind Einzelfeuer, die durch Sektoren verschiedener Kennung (Leit- und Warnsektoren) ein Fahrwasser, eine Hafeneinfahrt oder einen freien Seeraum zwischen Untiefen bezeichnen.

Torfeuer sind 2 Feuer gleicher Feuerhöhe, gleicher Lichtstärke und gleicher Kennung, die rechtwinklig zu beiden Seiten der Fahrwasserachse und von der Fahrwasserachse gleichweit entfernt angeordnet sind.

Richtfeuer sind Feuer, die zu zweien durch Deckpeilungen oder zu mehreren Symmetriewirkungen des Feuerbildes i. allg. einen Kurs im Fahrwasser, durch eine Hafeneinfahrt oder im freien Seeraum zwischen Untiefen bezeichnen.

4.4.2. Regelung des Lotswesens

Der Lotse ist Berater des Kapitäns. Er ist ein revierkundiger, besonders erfahrener Nautiker, der entweder den Kapitän während der Fahrt des Schiffs durch ein bestimmtes Fahrwasser oder Seegebiet berät oder die Führung des Schiffs übernimmt. Dementsprechend unterscheidet man Beratungslotsen und Führungslotsen.

Der Lotse hat die Aufgabe, aufgrund seiner besonderen Fahrwasserkenntnisse den Kapitän des zu lotsenden Schiffs mit allen Besonderheiten des zu befahrenden Seegebietes vertraut zu machen und ihn so zu beraten, daß das Schiff sicher an seinen Bestimmungsort gelangt.

Zu dem Fahren mit einem Lotsen an Bord bestimmt die STCW-Konvention im Kapitel II Ziffer 11:

„Ungeachtet der Pflichten und Aufgaben eines Lotsen befreit seine Anwesenheit den Kapitän oder den Wachoffizier nicht von seinen Pflichten und Aufgaben in bezug auf die Sicherheit des Schiffs. Der Kapitän und der Lotse unterrichten sich gegenseitig über die Manöver, die örtlichen Verhältnisse und die Eigenschaften des Schiffs. Der Kapitän und der Wachoffizier arbeiten eng mit dem Lotsen zusammen und behalten die Position und die Bewegungen des Schiffs genau unter Kontrolle."

Erstmals wurde damit in einer völkerrechtlich verbindlichen Form festgelegt, daß die Schiffsführung voll verantwortlich in den Händen des jeweiligen Kapitäns verbleibt. Die Informationen des Lotsen dienen seiner Entscheidungsfindung und sind keine Weisungen, sie sind Qualifizierung der Fähigkeiten des Kapitäns, das Schiff sicher zu führen. Gleichzeitig aber wurde die Rechtsgrundlage für die Forderung an den Kapitän geschaffen, die Ratschläge eines Lotsen kritisch einzuschätzen, insbesondere all die Ratschläge, die den Erfahrungen des Kapitäns, die er mit dem Manövrierverhalten seines Schiffs gewonnen hat, und die der gegebenen Situation nicht entsprechen (Andrehverhalten, Stoppstrecke, Rückwärtsfahrt usw.). Der Kapitän muß auch dann dem Lotsenrat nicht mehr folgen, wenn er offensichtlich gegen bestehende und ihm bekannte Rechtsvorschriften oder Regeln verstößt.

In den meisten Staaten üben die Lotsen, unabhängig davon, ob ihre Annahme kraft nationaler Bestimmungen zur Pflicht gemacht wird, lediglich eine beratende Tätigkeit aus. Der Kapitän bleibt daher für die im Ergebnis dieser Beratung getroffenen oder unterlassenen Maßnahmen verantwortlich, während der Reeder Dritten gegenüber für die Folgen der von einem Lotsen gegebenen Hinweise einzustehen hat.

Nur in ganz seltenen Fällen (z. B. im Panamakanal) übernehmen die Lotsen im Einklang mit der nationalen Gesetzgebung des Küstenstaats die Führung des Schiffs (Führungs- oder Zwangslotsen). Aber selbst dann bleibt der Kapitän für das Schiff verantwortlich. Artikel 5 des Internationalen Übereinkommens zur einheitlichen Feststellung von Regeln über den Zusammenstoß von Schiffen (Brüssel 1910) legt zudem fest, daß der Reeder auch für ein Verschulden eines Zwangslotsen haftet.

Im übrigen ist die Lotsung eine Dienstleistung, der regelmäßig ein Vertragsverhältnis zugrunde liegt.

Die materielle Verantwortlichkeit des Lotsen gegenüber dem Reeder des gelotsten Schiffes ist nur auf nationaler Basis geregelt. In der DDR z. B. beträgt die Schadensersatzpflicht des VEB Bagger-Bugsier- und Bergungs-Reederei für Schäden infolge fehlerhafter Lotsung bis zur Höhe des Zehnfachen des Lotsenentgelts, wenn der Kapitän des gelotsten Fahrzeugs nicht erkennen konnte, daß die Lotsung fehlerhaft war und er den Schaden nicht abwenden konnte (§§ 13 und 14 der Seelotsverordnung vom 9. 12. 1982 GBl. I Nr. 3 S. 13 vom 28. 01. 1983). Auch hier wird wieder die Forderung nach kritischer Einstellung zum Lotsenrat deutlich. Ungeachtet der zivilrechtlichen Regelung ist der Lotse während des Lotsvorganges für die fehlerfreie Lotsung des Schiffs verantwortlich. Begehen Kapitän oder Lotse während der Lotsung fehlerhafte nautische Handlungen, die zu einem Seeunfall führen, dann müssen sich beide für ihr Tun oder Unterlassen vor der Seeunfalluntersuchungsbehörde ihres Landes in einem i. allg. verwaltungsrechtlichen Verfahren verantworten. Wird nachgewiesen, daß der Kapitän und/oder der Lotse den Seeunfall schuldhaft durch Pflichtverletzung ursächlich herbeigeführt haben, dann können sie verwaltungsrechtlich (oder auch gerichtlich) zur Verantwortung gezogen werden.

Mangels einer völkerrechtlichen Festlegung sind die einzelnen Küstenstaaten im Hinblick auf den Lotsendienst an keine Normative gebunden, so daß sowohl die Organisation des Lotswesen als auch die rechtliche Stellung der Lotsen unterschiedlich geregelt sind. In jedem Fall aber erfüllt der Küstenstaat auf dem Wege der Zulassung, Beaufsichtigung oder der direkten Anstellung von Lotsen seine internationale Verpflichtung, für die

Sicherheit des Seeverkehrs in seinen Gewässern Sorge zu tragen.

4.4.3. Das Risiko in der Seeschiffahrt

Der Seeschiffahrt sind Risiken immanent. Das ist allgemein anerkannt, jedoch wird dabei vornehmlich das Risiko im Zusammenhang mit einer möglichen Gefahr gesehen. Eine solche Betrachtungsweise ist zu eng gefaßt. Aus heutiger Sicht muß der Begriff des Risikos umfassender und zugleich aber auch in seiner Differenziertheit gesehen werden. Ganz allgemein sind Risiken in sehr unterschiedlichen Formen und Zusammenhängen objektiv auftretende Umbestimmtheiten hinsichtlich des erfolgreichen Ausgangs bewußt zielstrebiger menschlicher Handlungen. Bezogen auf die Seeschiffahrt ist daraus zu schlußfolgern, daß im Verlauf einer jeden Seereise, obwohl das betreffende Seefahrzeug in jeder Beziehung seetüchtig ist und eine gute Reisevorbereitung durch den Kapitän vorgenommen wurde, Unbestimmtheiten auftreten können. Sie bewirken u. a. einen anderen als den beabsichtigten Reiseverlauf und haben unterschiedliche Ursachen. Es können Faktoren sein, die von außen das Schiff oder seinen Seetransport- bzw. den Fang- oder den Produktionsprozeß beeinflussen. Das kann abhängig oder auch unabhängig vom menschlichen Handeln geschehen. Von außen wirken z. B. Umweltfaktoren der Natur wie das Wetter, Eis oder Strom.

Aber auch solche Ereignisse wie der Schiffsverkehr selbst, die Verhängung einer Blokkade, kriegerische und ähnliche Auseinandersetzungen, haben möglicherweise Risiken zur Folge. Andererseits können die Unbestimmtheiten auch aus dem eigenen Schiff, seiner Besatzung oder seiner Ladung resultieren. Exemplarisch sei verwiesen auf Ladungsbrände, Maschinenschäden, auftretende Massenerkrankungen oder auch menschliches Versagen im Arbeitsprozeß allgemein, etwa eines Nautikers bei der Navigation. Die Erkennbarkeit der Welt und ihrer gesetzmäßig ablaufenden Prozesse machen ein Erfassen der Risikofaktoren im Prinzip möglich. Hierzu tragen insbesondere die fortschreitenden und wachsenden Erkenntnisse der Wissenschaften, aber auch die zunehmenden empirischen Erfahrungen der Menschen bei. Die Folgen der einzelnen Risiken können immer besser und exakter vorausschauend eingeschätzt und bei der Gestaltung bzw. im Ablauf der beabsichtigten Produktions- und Arbeitsprozesse berücksichtigt werden. Einen völligen Ausschluß von Risiken gibt es aufgrund ihres objektiven Charakters jedoch nicht. Hieraus ist abzuleiten, daß sich niemand auf die Dauer diesen Unbestimmtheiten entziehen kann – niemand kann ohne Risiko leben. Es muß deshalb von jedem Seemann, insbesondere von den Kapitänen und Schiffsoffizieren, erwartet werden, daß sie sich stets dieser Tatsache bewußt und zu entsprechendem Reagieren bereit sind. Die seemännische Sorgfaltspflicht als eine allgemeine Berufspflicht der Seeleute stellt auch hier anzuwendende bzw. zu beachtende Verhaltensanforderungen.

Allen auftretenden Risiken ist das Eingehen von Wagnissen gemeinsam. Es liegt im „teilweisen oder völligen Unbekanntsein vom Verlauf oder Ausgang einer Handlung sowie im aktuellen Rechnenmüssen mit dem Eintreten von unerwünschten Schäden ... beim Vollzug der Handlung mit Risikocharakter“, heißt es bei Hörz und Seidel. Das richtige Beurteilen und Einschätzen des mit einem Risiko einhergehenden Wagnisses ist mit eine der Bemessungsgrundlagen für eine gesellschaftliche Rechtfertigung. Zur Bestimmung eines *gesellschaftlich gerechtfertigten Risikos* in der Seeschiffahrt und Hochseefischerei sind allgemein folgende **Merkmale** bedeutungsvoll:

1. *Das Risiko muß der Erfüllung der dem Schiff gestellten Aufgaben dienen.* Aufgaben werden dem Schiff in Form eines Reiseauftrags übergeben. Der Reiseauftrag enthält u. a. Angaben für die Reiseroute, den Fahrplan, die Ladung, die Charter, die navigatorischen Schwerpunkte der Reise, die Sicherheitsübungen. Ist das Risiko bei der Erfüllung der dem Schiff gestellten Aufgaben aus volkswirtschaftlichen Erwägungen heraus notwendig, dann ist es in vielen Fällen dem Wirtschaftsrisiko zuzuordnen. Die Aufgabe könnte aber auch auf die Erforschung hydrometeorologischer Gegebenheiten bestimmter Aquatorien gerichtet sein; dann wäre das Risiko dem Forschungs- und Entwicklungsrisiko zugehörig. Der Schutz der DDR zur See würde Aufgaben stellen können, die im Bereich der physischen Risiken liegen könnten. In jedem Fall aber muß das riskante Handeln der Erfüllung einer gesellschaftlich relevanten Aufgabe, nicht aber der Befriedigung ausschließlich persönlicher Interessen dienen.

2. *Es muß bewußt ein Erfolg im Sinne eines gesellschaftlichen Nutzens angestrebt werden,* wobei in der Regel der Erfolg im hohen Grade wahrscheinlicher als der Mißerfolg sein muß. Die Hochgradigkeit kann natürlich nicht in einem festen Prozentsatz angegeben werden. Für die Seefahrt muß jedoch eine hohe Erfolgschance gefordert werden, weil hier neben erheblichen materiellen Werten auch immer Menschenleben in Gefahr gebracht werden können.

3. Der Erfolg wird unter Anwendung der derzeitigen *wissenschaftlich-technischen Erkenntnisse* und/oder praktischen Erfahrungen angestrebt, wobei alle Vorkehrungen zur Eingrenzung der Unbestimmtheiten getroffen werden. Hier ist die Beachtung der seemännischen Sorgfaltspflicht unerläßlich.

4. Die *Auswirkungen eines möglichen Mißerfolges müssen in einem vertretbaren Verhältnis zum volkswirtschaftlichen Aufwand oder zur gesellschaftlichen Bedeutung des angestrebten Zieles stehen.*

5. Eine *Gefährdung des Lebens und der Gesundheit der an Bord befindlichen Personen darf nicht oder nur mit geringer Wahrscheinlichkeit auftreten* bzw. zu erwarten sein. Ist damit zu rechnen, so sind rechtzeitig alle möglichen und notwendigen Sicherheitsmaßnahmen zu treffen, um die Gefahr so gering wie möglich zu halten.

6. Das Eingehen des *Risikos hat bewußt auf der Grundlage eines durchdachten Entschlusses des Verantwortlichen (Leiterentscheidung) zu erfolgen,* dessen Handlungsspielraum durch rechtliche und betriebliche Normen und/oder die Umstände der Lage bestimmt wird. Risikohandlungen – z. B. Fischen im Eis, Einlaufen in einen Hafen, Durchqueren eines Sturmtiefs, hohe Geschwindigkeit im Nebel – müssen auf einem vorher gefaßten Entschluß beruhen. Im Schiffstagebuch sollten die Leiterentscheidung und die zur Eingrenzung der Unbestimmtheiten getroffenen Vorkehrungen kurzgefaßt niedergeschrieben werden. Bei einem Mißerfolg lassen sich dann die vorher angestellten Überlegungen und getroffenen Maßnahmen dokumentarisch belegen. Das Eingehen des Risikos muß vorher überlegt, vertretbar und gesellschaftlich gerechtfertigt gewesen sein. Die Entscheidung über eine Risikohandlung muß einbeziehen die

- Faktoren, die ein Risiko bewirken, zu analysieren, möglichst zu quantifizieren und schriftlich festzuhalten;
- mögliche Verlustgefahr durch entsprechende Maßnahmen zu vermindern;
- möglicherweise dennoch eintretenden negativen Auswirkungen durch rechtzeitige Maßnahmen zur Verhinderung weiterer Folgeschäden zu begrenzen.

Der Handlungsspielraum ergibt sich aus den im § 2 (1) SeeVO und in der Regel 2 KVR/72 formulierten Generalklauseln, die von allen Besatzungsmitgliedern Handlungen fordern, wie sie die allgemeine seemännische Praxis oder besondere Umstände des Falles verlangen. Vor Eingehen eines Risikos soll der Entscheidungsbefugte alle 6 Merkmale des gesellschaftlich gerechtfertigten Risikos prüfen. Es liegt nur dann ein vertretbares Risiko vor, wenn alle Merkmale zutreffen.

Treffen auf ein Risiko die vorgenannten Merkmale nicht zu, so ist es als *gesellschaftlich ungerechtfertigt (nicht vertretbar)* einzustufen. Das läßt sich dann auch an einem oder an mehreren der nachfolgenden Merkmale überprüfen:

1. Der *Mißerfolg ist wahrscheinlicher als der Erfolg* bzw. ein positiver Handlungsverlauf oder -ausgang ist nicht mit einem hohen Wahrscheinlichkeitsgrad zu erwarten. Bei Befahren einer Fahrrinne mit einer Tauchtiefe des Schiffs, die der Wassertiefe der Rinne entspricht, ist der Mißerfolg (Grundberührung) als sicher anzunehmen.

2. Die derzeitigen *wissenschaftlich-technischen Erkenntnisse und/oder praktischen Erfahrungen reichen für die beabsichtigten* riskanten Handlungen als Entscheidungsgrundlage *nicht aus*.

3. Die *Vorkehrungen zur Eingrenzung der objektiv auftretenden Unbestimmtheiten sind unzureichend* oder nicht realisierbar. Der § 5 SeeVO fordert vom Fahrzeugführer vor jeder Reise, diese ordnungsgemäß vorzubereiten. Die Kriterien einer ordnungsgemäßen Vorbereitung zur Eingrenzung der auftretenden Unbestimmtheiten sind in dem genannten Paragraphen erfaßt. Es handelt sich beispielsweise um die

- Herstellung der Seetüchtigkeit des Schiffs;
- Auswertung der für die bevorstehende Reise erforderlichen nautischen Druckerzeugnisse und der Informationen über außergewöhnliche Verhältnisse in den zu befahrenden Seegebieten;
- Beratung und Festlegung von besonderen Maßnahmen zur Gewährung der Sicherheit für die an Bord befindlichen Personen, das Fahrzeug und die Ladung (z. B. ausreichend Trinkwasser, Anzahl der Schlepper, Pegelstand, Art der Verzurrung einer Oberdecksladung);
- in schwierigen Seegebieten erneut zu treffenden derartigen Vorbereitungen.

Über diese Maßnahmen zur Eingrenzung der objektiv auftretenden Unbestimmtheiten sind entsprechende Eintragungen im Schiffstagebuch vorzunehmen. Sind diese Maßnahmen unzureichend (ein Übergehen der Ladung ist vor dem Auslaufen zu erkennen, oder das Einholen des Pegelstands vor dem Befahren eines dem Tiefgang des Schiffs etwa gleichtiefen Fahrwassers ist nicht möglich), dann muß von der beabsichtigten Maßnahme Abstand genommen werden.

MS KHUDOZNIK SARYAN

4. Das *angestrebte Ergebnis ist auch ohne riskante Handlung erreichbar.*

5. Eine *Inkaufnahme der Gefährdung von Leben oder Gesundheit von Menschen ist ungerechtfertigt.* Das heißt, die Gefährdung tritt mit einer zu hohen Wahrscheinlichkeit auf, oder zu ihrer Reduzierung bzw. Beseitigung sind ausreichende Sicherheitsmaßnahmen nicht möglich, nicht anwendbar oder wurden nicht getroffen.

Zusammenfassend ist festzustellen, daß Risiken in der Seeschiffahrt eine objektive Erscheinung sind. Hieraus allgemein auf eine unzureichende Sicherheit in der Seefahrt zu schließen ist ungerechtfertigt. Die Bekämpfung und Einengung der Unbestimmtheiten ist mit fortschreitenden Erkenntnissen in Wissenschaft und Technik sowie durch verstärkt bewußtes Handeln der Seeleute immer besser möglich. Eine völlige Beseitigung der Risiken gibt es jedoch nicht. Damit ist die Entscheidung, ob ein eingegangenes Risiko gesellschaftlich gerechtfertigt ist oder nicht, jetzt und auch künftig von eminenter Bedeutung. Dies trifft in besonderem Maß auf den Entschluß zu, einen Wirbelsturm weiträumig zu umfahren oder zu durchqueren.

Taifun und Hurrikan

Taifun ist die Bezeichnung für einen tropischen Wirbelsturm im NW-Pazifischen Ozean (Philippinen, China, Japan).

Hurrikan ist die Bezeichnung für einen tropischen Wirbelsturm im Nordatlantischen Ozean (Mexiko, Florida, USA).

Windgeschwindigkeiten bis über 100 kn werden von den tropischen Wirbelstürmen entwickelt. Sie entstehen dicht nördlich des Äquators in 10° bis 15° nördlicher Breite, wobei die Wassertemperatur der Meeresgebiete +29 bis 30 °C beträgt. In diesen Breiten beginnt sich die Erdkrümmung bereits auszuwirken. In der Höhe werden die Wirbelstürme von der Höhenströmung gesteuert, nach unten setzt sich der Wirbelsturmschlauch bis zur Erd- oder Meeresoberfläche durch. In der Mitte der Achse befindet sich eine windstille Zone, das „Auge“ des Wirbelsturms. Der Orkan hört ganz plötzlich auf und bricht nach 15 bis 30 Minuten ebenso unvermittelt wieder hervor, aber nun aus der entgegengesetzten Richtung.

Tropische Wirbelstürme führen oft zu folgenschweren Seeunfällen, wie z. B. zum Untergang des Segelschulschiffs PAMIR. Sie rufen auch an den Küsten durch ihre meterhohen Flutwellen schwere Schäden hervor. Die Wirbelstürme werden von der Schiffahrt im Hafen mehr gefürchtet als auf hoher See.

Tabelle 8
Windstärketafel nach Beaufort

Beaufort	Bezeichnung	m/s	kn	km/h	Winddruck kg/m^2
0	Stille	0 ... 0,2	1	-	< 1
1	leiser Zug	0,3 ... 1,5	1 ... 3	0,5	1 ... 5
2	leichte Brise	1,6 ... 3,3	4 ... 6	1,5	6 ... 11
3	schwache Brise	3,4 ... 5,4	7 ... 10	3	12 ... 19
4	mäßige Brise	5,5 ... 7,9	11 ... 15	5	20 ... 28
5	frische Brise	8,0 ... 10,7	16 ... 21	8	29 ... 38
6	starker Wind	10,8 ... 13,8	22 ... 27	13,5	39 ... 49
7	steifer Wind	13,9 ... 17,1	28 ... 33	20	50 ... 61
8	stürmischer Wind	17,2 ... 20,7	34 ... 40	30	62 ... 74
9	Sturm	20,8 ... 24,4	41 ... 47	40	75 ... 88
10	schwerer Sturm	24,5 ... 28,4	48 ... 55	50	89 ... 102
11	orkanartiger Sturm	28,5 ... 32,6	56 ... 63	60	103 ... 117
12	Orkan	> 32,6	> 63	> 60	> 117

Die WMO-Äquivalente wurden in dieser Tafel nicht berücksichtigt.

Bildquellen

ADN-ZB, Berlin (2)

B. u. K. Bock, Die roten Handelsflotten, Herford 1977 (Seitenrisse)

H. Buchmann, Wernigerode (2)

G. Dame, Wismar (2)

F. Elchlepp, Rostock (7)

H.-D. Foerster, Halle (S) (15)

Hansa, 1/1979 (1)

R. Kramer, Rostock (9)

Schäfer, Rostock-Warnemünde (4)

Svensk Sjöfarts Tidning, 38/1963 (2)

Umweltprobleme der Nordsee, Sondergutachten Juni 1980 (1)

VEB Kombinat Schiffbau, Rostock (7)

Wijsumller Digest, May 1968, 6, (1)